Le DICO des parents

Natacha Guilbert
et Docteur Alain Benoit

Ouvrage réalisé
sous la direction de Véronique Mougin

Le DICO des parents

Tout savoir sur le bébé de 0 à 3 ans

KERO

ISBN : 978-2-36658-100-3

Avant toute chose, Madame, Monsieur, félicitations !

Vous venez d'entrer, de nouveau ou pour la première fois, dans le monde des parents. Vous êtes sans doute heureux, probablement fatigués, en tout cas une chose est sûre : vous n'êtes pas au bout de vos découvertes.

Même désiré, même prévu, même mille fois dessiné en songe, chaque enfant est une surprise. Il est fort probable que le vôtre ne sera pas exactement tel que vous l'aviez imaginé. Il grandira à sa façon, sans vous ressembler en tous points, sans suivre la route que vous aviez tracée pour lui ni le même chemin que ses frères et sœurs, s'il en a. Ce petit garçon ou cette petite fille aura sa personnalité, et aussi ses mystères. Il sera bien sûr merveilleux et parfois déconcertant. Voire l'inverse.

Disons-le tout de go : un jeune enfant n'est pas toujours facile à comprendre. Qu'on le regrette ou non, il n'est pas livré avec son mode d'emploi. Par le passé, quand les générations vivaient sous le même toit et les communautés en cercle resserré, chacun avait l'occasion de prendre soin des plus jeunes ; ainsi apprenait-on, parmi les anciens, l'art d'accommoder les bébés et d'élever les enfants. De nos jours, les futurs parents ne bénéficient plus de cette instruction pratique. En revanche, ils sont assommés de théories.

Sans doute avez-vous reçu une foule d'avis et de conseils depuis que vous attendez cet enfant, et plus intensément encore depuis qu'il est né. « Il faut », « y a qu'à », « tu devrais »... Vos proches amis, les membres de votre famille, vos collègues, voire des gens que vous connaissez très peu vous ont dispensé – parfois sans même que vous leur demandiez – leurs meilleurs tuyaux pour prendre soin de ce bébé, l'habiller, le nourrir, l'éduquer. Sur Internet, dans les journaux, à la télévision : là aussi, vous avez vu et lu tout un tas de commentaires sur « la bonne façon de faire ». Les blouses blanches, médecins, sages-femmes, vous ont probablement détaillé les besoins du nourrisson, sur la base des dernières découvertes médicales. Les fabricants de matériel de puériculture et les « marketeurs » de tous poils en ont ajouté une dernière couche, en vous enjoignant d'acheter tel ou tel produit in-dis-pen-sa-ble pour bien choyer bébé.

Résultat : vous croulez sous les avis des uns et des autres, parfois contradictoires. Cela ajoute encore un poids à la pression que vous, jeunes parents, mettez parfois sur vos épaules.

« Pression », oui, c'est une réalité dans nombre de nouvelles familles.

Parce qu'ils ont très souvent « choisi » d'avoir un bébé, « planifié » son arrivée et « bien vécu » avant sa naissance, beaucoup de couples du XXIe siècle mettent en effet un point d'honneur à être de « bons parents » ; pour la plupart, ils souhaitent « se consacrer pleinement » à leur nouveau-né. Alors, beaucoup d'entre eux cogitent, et doutent, et craignent de rater. Ils s'épuisent parfois à tenter d'être tout de suite « au top », comme si être eux-mêmes ne suffisait pas.

Or, leur enfant n'a que faire de leur perfection. Comme l'a écrit le pédiatre et psychanalyste Donald Winnicott, pour bien grandir le bébé a besoin d'une mère qui s'estime « suffisamment bonne ». Tous les parents possèdent en eux ce qu'il faut pour être « suffisamment bons ». Même si certains en doutent ou manquent de confiance en eux, ils sont les premiers experts de leur enfant. Personne ne le connaît mieux qu'eux. Personne n'y est plus sensible. Personne ne sait mieux qu'eux ce qu'ils ont envie de lui transmettre et comment ils souhaitent l'élever.

Pour débuter dans la vie de famille, les couples n'ont donc nul besoin de conseils généraux, dogmatiques et finalement stressants. Il n'est pas non plus nécessaire de leur dire comment agir ou qu'acheter pour leur bébé — en matière de puériculture, les modes changent. Sur le chemin de la parentalité, les mères et les pères prendront leurs propres décisions, trouveront leurs propres réponses, apprendront de leurs propres erreurs et, grâce à ce bébé unique qui est le leur et qui les guidera, ils façonneront au fil du temps leur propre façon d'être parents.

Cela ne se fait pas en un jour ; cela ne s'apprend pas dans un livre.

En revanche, pour faire leurs propres choix, les parents d'aujourd'hui doivent pouvoir s'appuyer sur des informations fiables. Quand on plonge dans la parentalité, où les courants sont parfois forts, comprendre aide à naviguer.

Le sommeil du bébé, comment ça marche ? Le lait maternel est-il vraiment plus sain que le lait industriel ? Pourquoi un petit enfant tombe-t-il souvent malade ? Quelles sont les grandes étapes de son développement ? Est-ce inquiétant qu'un bébé ne fasse pas de quatre pattes ? Est-ce normal qu'un bambin se roule par terre au supermarché ? Doit-on vraiment lui donner du lait de croissance ? « Diversification », « mouche-bébé », « RGO » : mais qu'est-ce que ça veut dire, au juste ?

Informer les parents afin qu'ils puissent sereinement accompagner leur enfant, c'est le but des auteurs de ce dictionnaire. Ils sont deux, parce qu'un bébé, ça le vaut bien !

Natacha Guilbert a travaillé en crèche dans une vie antérieure, puis elle a été mère au foyer. Rédactrice en free-lance, elle jongle désormais entre ses trois « bébés » : un garçon de 8 ans, une fille de 4 ans et un blog (www.cranemou.com), consacré à son quotidien de maman, où se retrouvent des milliers d'internautes. Dans le dictionnaire que vous tenez entre les mains, elle dévoile, sans langue de bois mais non sans humour, ce qui change vraiment dans notre existence lorsque l'enfant paraît.

Alain Benoit, lui, est pédiatre, père et grand-père. Ancien réanimateur de bébés, responsable d'un des tout premiers groupes de parole de pères dans les maternités, il a exercé dans des hôpitaux, des crèches, des pouponnières ; il a également enseigné sa discipline. Aujourd'hui pédiatre dans un cabinet en région parisienne, il livre ici le fruit de trente années de pratique et distingue en toute indépendance le vrai du faux.

Une mère qui raconte sans tabou, un pédiatre qui analyse sans intox : il faut bien cela pour évoquer de A à Z ces trois années qui séparent la naissance de bébé de son entrée à la maternelle. Trois années riches en rebondissements, trois années pendant lesquelles vous apprendrez le métier de parents : guider, nourrir, protéger, transmettre…

Votre enfant fera le reste.

Bonne route !

Abnégation

Avant l'enfant

Sacrifice de son intérêt personnel.

Honnêtement, avant de devenir parent, ce concept nous concerne peu. Éventuellement, on en fait preuve le matin, quand on laisse notre place dans le bus à une vieille dame dont on juge la canne un peu fébrile. On la subit régulièrement dans notre salle de bains, lorsqu'on s'épile la gambette pour plaire à notre moitié. Notre expérience de l'abnégation s'arrête là. Est-on égoïste ? Nan, juste sans enfants.

Après l'enfant

Décentrage attentionnel, de notre nombril vers le nouveau-né.

Ben oui. « Vivre dans l'intérêt d'autrui » est le premier apprentissage du nouveau parent. Et autrui, c'est le bébé, bien sûr. Il y a trois ans, auriez-vous cru possible de laisser quelqu'un vous vomir dessus sans vous plaindre ? Vous seriez-vous estimé capable de bercer 3,5 kilos chaque soir jusqu'à vous faire un tennis-elbow ? Avant, portiez-vous le poil long ? Non. Maintenant, c'est le cas. Devenue mère, il arrive en effet qu'on renonce à éradiquer notre pelage de mammifère plus de deux fois par an (les années bissextiles). Pourquoi ? Mais pour gagner du temps bien sûr !

Dis-po-ni-bles nous sommes, car l'héritier le vaut bien. Et il aime ça, être avec Môman, partout, tout le temps. Tant et si bien qu'une légère réévaluation des frontières de notre intimité s'impose peu à peu, notamment au niveau de la porte des toilettes. On connaît des mères tout à fait saines d'esprit qui ne sont pas allées aux W.-C. seules depuis trois ans. (Vous avez bien lu.)

Depuis la naissance de l'héritier, notre agenda a subi un discret mais efficace lifting. Jogging, zumba et palpé-roulé ont peu ou prou disparu au profit d'autres activités ô combien parentales (square, baby-gym, pâte à modeler). On relativise : pas grave, profitons-en, les enfants grandissent tellement vite ! Après 374 balades au parc, on finit par trouver « sympa » notre nouveau statut d'accompagnatrice de minipousses. On s'inscrit même à la sortie mensuelle de la crèche. Même pas peur, on se rend au zoo avec 28 braillards, sans boule Quies ni Ibuprofène – depuis que nous sommes parents, on s'est habitués à tout, même aux acouphènes. Le dernier spectacle qu'on a vu ? Guignol. Le dernier DVD ? *Oui-Oui et sa caisse à outils*. On ne se souvient plus de la dernière fois qu'on a fait du shopping sans poussette. D'ailleurs, notre dressing pense à porter plainte...

C'est souvent à cette période-là que fuse LA sentence irrévocable d'un proche, accompagnée d'un regard coulé sur notre pull bouloché : « Il faudrait que tu penses à toi maintenant… »

Nanméoh ! De quoi il se mêle, celui-là ? Est-ce que je lui ai sonné les cloches ? Et si ça nous plaît, à nous, de vivre comme ça ?

Au fait, est-ce que ça nous plaît vraiment ?

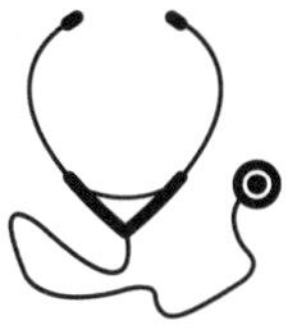

Le mot du pédiatre

Devenir parents rend fou. Fou de joie, mais pas uniquement. Des bouleversements majeurs, psychologiques et physiologiques, ont lieu chez la jeune femme qui vient juste d'accoucher. Si vous pouviez jeter un œil à l'intérieur de son cerveau, vous n'y verriez qu'une obsession : son bébé. La mère ne parle que de lui, ne songe qu'à lui et passe ses journées à tenter de le décoder. Les premiers temps, elle cherche à être en osmose avec lui. Ce n'est pas la peine de lui parler boulot ou romance : la jeune mère s'en fiche pas mal. À ce moment-là, elle est davantage maman que salariée ou épouse. Alors que l'enfant vient juste de naître, elle lui prête même des pensées, des émotions, voire des habitudes : « il a l'air content », « il veut téter », « ce n'est pas son style de pleurer comme ça ». Bref, elle n'est pas vraiment dans le monde des adultes, mais dans celui de son bébé.

Cet état second a un nom : « préoccupation maternelle primaire ». C'est le pédiatre et psychanalyste

Donald Winnicott qui a analysé le premier cette forme de folie douce, dès les années 1950. Aujourd'hui, on l'explique scientifiquement par des modifications neuro-hormonales profondes. Une chose est sûre : elle a sans doute permis la survie de l'espèce. Car la mère devient légèrement dingo, certes, mais son hypersensibilité au bébé lui permet d'entendre les besoins de cet être totalement dépendant. Le père, lui aussi, quoique de manière bien moindre, est physiologiquement transformé par la naissance de son enfant : une récente étude philippine prouve que, s'il s'occupe de son bébé, son taux de testostérone, l'hormone mâle, diminue à cette occasion. Comme si, sa libido moins stimulée, il était incité à consacrer plus de temps à ses tâches parentales. Bref, lorsque l'enfant paraît, l'homme devient un peu moins homme, un peu plus papa et c'est *idem* pour la femme, de manière plus prononcée encore. Ce phénomène est psychologique, neurobiologique, nécessaire et indispensable. Bref, c'est normal, et c'est parfaitement temporaire.

Mais de nos jours, ce délire parental a tendance à durer. Certains adultes renoncent durablement aux plaisirs de leur vie antérieure à partir du moment où ils ont un enfant.

Jadis, quand bébé était le résultat inopiné de la rencontre d'un homme et d'une femme, le couple « faisait avec ». On peut imaginer qu'il y avait le grizzli à chasser, ou les champs à moissonner, ou le conjoint à découvrir, bref, les parents avaient sans aucun doute mille autres choses à faire que d'être parents. Les enfants venaient en plus, ils devaient se faire une place.

En notre début de XXIe siècle, tout a changé. Avant même d'être né, l'enfant se voit réserver le meilleur fauteuil. Les couples attendent bien plus longtemps que leurs aïeux avant de procréer (à l'heure actuelle, les mères françaises ont 28 ans, en moyenne, lorsqu'elles accouchent pour la première fois). Bébé arrive rarement par hasard ou par fatalité : il est très souvent le résultat d'un projet, mûrement réfléchi et ardemment désiré. Les hommes et les femmes se sont bien amusés avant. Ils ont fait connaissance, fait leur vie, fait les fous, fait leur carrière, ils ont attendu « le bon moment » et souhaitent désormais se « consacrer vraiment à leur enfant », qui est « ce qu'il y a de plus important, finalement ».

C'est ce qu'on entend, régulièrement, dans l'intimité des cabinets de pédiatrie.

En un mot, l'investissement parental est plus fort que jamais.

Ce n'est ni mieux ni moins bien qu'autrefois ; c'est ainsi. Les adultes d'aujourd'hui envisagent avec sérieux et application leur rôle de parents. Ils s'informent, ils prévoient, ils réfléchissent. Ils veulent tellement bien faire !

Souvent féconde, cette pression peut être toxique. Certains adultes en pâtissent. Certains enfants aussi. Quand les parents oublient d'être des hommes, des femmes, des amoureux, des salariés, des cinéphiles, des sportifs, des adultes enfin, avec leurs hobbys et leurs projets, leur progéniture le ressent. Un enfant comprend, très vite, très jeune, qu'il est le centre des préoccupations de ses géniteurs. Il devine quand son parent ne vit que pour lui et tire son plaisir, voire sa raison d'être, des soins qu'il lui apporte. Alors, l'enfant va aller dans son sens. Pour faire exister son père, sa mère, pour leur faire plaisir, parce qu'il ne veut pas qu'ils s'écroulent, parce qu'il les veut heureux, bébé va solliciter leur parentalité. Beaucoup.

C'est alors que les pédiatres voient débouler des familles sens dessus dessous. Exténuées. Déboussolées. « Mon fils ne dort jamais, docteur ! », « À 2 ans, ma fille nous réveille encore huit fois par nuit », « Il pleure dès que je le quitte, il refuse d'aller à la crèche et chez sa mamie… »

Ces parents voulaient se consacrer « pleinement » à leur progéniture ? Celle-ci leur en donne l'occasion, 24 heures sur 24, en refusant de se séparer d'eux. Il n'y a pas plus conciliant qu'un petit enfant !

Le rôle des parents est de protéger leur enfant, de le nourrir, de lui donner un cadre, de lui montrer l'exemple et de partager des émotions, avec lui et autour de lui. C'est beaucoup, et cela suffit amplement.

La parentalité n'a que faire de trop d'abnégation. Un bébé n'a nul besoin qu'on lui sacrifie sa vie antérieure, ni qu'on soit tout le temps à ses côtés. Au contraire. Faire de lui le centre magnétique de votre vie vous privera certainement de joies personnelles ou professionnelles. Pour votre enfant, cela ne facilitera pas forcément l'acquisition de l'autonomie. Le meilleur service à lui rendre, c'est d'exister vous-mêmes. Entouré d'adultes heureux avec lui et heureux sans lui, il apprendra certainement le plaisir de vivre.

Ce n'est déjà pas mal, n'est-ce pas ?

Des astuces en plus

Avoir un enfant : quoi de plus efficace pour transformer un agenda déjà chargé en marathon quotidien ? Pour souffler quelques instants, certaines mères n'hésitent pas à…

• Instaurer *le jeu du chapeau,* à la maternité. Dans un chapeau, mettre des petites feuilles sur lesquelles sont inscrites des tâches à déléguer : « venir à la maison avec le dîner complet », « bon pour un baby-sitting », « tu m'aimes tellement que tu viendras bien boire un café (et m'aider à trier le linge propre) »… Les visiteurs venus admirer le nouveau-né sont invités à piocher dans le chapeau. Ils gagnent le droit de donner un coup de main aux jeunes parents. Gonflé ? Peut-être, mais d'expérience, beaucoup de gens se prêtent au jeu de bonne grâce, pour permettre aux parents de récupérer…

• *Payer quelqu'un pour être aidé(e).* De multiples entreprises de services à domicile (ménage, repassage, baby-sitting…) existent, moyennant finance. Si on n'en a pas les moyens, il est toujours possible de demander cela en cadeau pour Noël ou pour votre anniversaire.

• *Mutualiser les enfants* avec des voisins sympas ou des amis : tu me gardes mon enfant samedi et je prends le tien la semaine suivante. Et hop ! un après-midi en solitaire de gagné.

• *Accepter systématiquement l'aide proposée.* Pas de fausse pudeur, un coup de main c'est toujours ça de gagné. Et si quelqu'un (voisin, ex-collègue, belle-mère, conjoint) vous conseille de « davantage penser à vous » ou de « vous décoller du bébé », sautez donc sur l'occasion ! Sortez votre agenda séance tenante et prenez date : si votre interlocuteur se préoccupe tant de votre bien-être, il saura se rendre disponible dès demain pour garder Pioupiou tandis que vous courrez chez la masseuse, non ? Sinon, pas grave : collez illico presto le marmot dans les bras du donneur de leçons et filez prendre un bain. Porte fermée.

L'abnégation, ça doit être contagieux. Sinon, ce n'est pas drôle.

Accident domestique

Avant l'enfant

Conséquence parfois tragique et souvent ridicule d'un comportement inadapté.

Notons que, de façon générale, l'accident domestique arrive fréquemment pendant ou après la fête. Exemples ? On ripe avec le couteau à huîtres ; on glisse sur la flaque de champagne mal essuyée la veille. Victime d'un violent mal aux cheveux le lendemain matin, on empoigne le rasoir manuel pour se brosser les dents. Bilan : on a aussi mal aux gencives.

Après l'enfant

Angoisse parentale récurrente, qui peut induire une légère obsession sanitaro-sécuritaire. Existe aussi chez les grands-parents (qui pourtant nous promenaient jadis en voiture sans ceinture et fumaient à table).

Autant le savoir : la perspective d'un accident bête transforme certaines néo-mères en ayatollahs de la sécurité domestique. Chez elles, l'opération Vigipirate est déclenchée dès l'arrivée du bébé et ce jusqu'à ce qu'il ait dignement fêté ses 45 ans (environ) : elles se font poser un stérilet pour éviter que bébé — dit le Scotch —

prenne leur pilule pour des Smarties, elles planquent les produits d'entretien au coffre à la Banque de France, elles verrouillent les fenêtres à la super glu et bétonnent les fonds de piscine. Elles arrachent les griffes du chat, les dents du chien et les manches des casseroles. Les escaliers sont transformés en toboggans tandis que la baignoire s'agrémente d'un système d'alarme (pas électrique, sinon ça compte pas). Chez elles, c'est la fête du trait d'union : protège-coins partout même sur les phalanges, cache-prises, bloque-portes. Il est probable que leur petit casse-pieds réussisse tout de même à se coller une bille dans la narine. Pour Noël, elles demanderont donc 120 heures de secourisme.

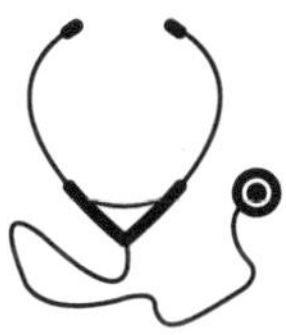

Le mot du pédiatre

Les accidents domestiques sont la première cause de mortalité des petits. Chaque jour, 2 000 enfants de moins de 6 ans sont victimes d'un « accident de la vie courante ». Près de 300 mineurs de moins de 15 ans en meurent tous les ans. Sans virer paranoïaque, mieux vaut donc prévenir. Bon à savoir :

• *Sécuriser* la piscine, le balcon, les fenêtres, les vieilles prises électriques : tout cela est nécessaire, mais rien ne remplace la surveillance de l'adulte. Y compris dans le bain. Ne laissez jamais un enfant seul dans l'eau, même s'il est calé dans un « anneau de bain ». Par ailleurs, il est possible très tôt d'*expliquer* à l'enfant ce qu'il ne faut pas faire (même s'il est tout petit, ce n'est jamais perdu).

• Le *rangement* est la meilleure des préventions : les produits toxiques en hauteur, les médicaments sous clé, ou l'inverse, mais inaccessibles.

• *Méfiance avec les sources de chaleur* : les queues de casserole doivent être retournées pour que l'enfant ne puisse pas s'y cramponner, et la bouilloire placée hors d'accès de l'enfant. Le jour du barbecue, mieux vaut garder une bassine d'eau à côté, au cas où. Attention aussi à l'heure du thé, les brûlures à cause de liquides sont très fréquentes.

• Dans les maisons, statistiquement, *le garage est LA pièce à haut risque* : s'y entassent pléthore de produits et de machines, pour la plupart toxiques, dangereux et/ou disposés n'importe comment. L'enfant n'y va jamais, sauf le jour où, poussé par sa curiosité naturelle, il y va quand même. Donc, on en bloque bien l'accès, ou alors on le range façon *kid-friendly*.

• *Les chutes sont la cause numéro un des accidents domestiques*. On ne laisse jamais un enfant seul sur la table à langer ou sur un lit. Même s'il est tout bébé. Le jour où il saura se retourner, il ne préviendra pas la veille. Idem avec la chaise haute : il est calme ? On l'attache quand même, systématiquement. Le cosy avec bébé dedans, posé sur la table ou sur une chaise ? Mauvaise idée. Il est bien mieux par terre — il ne tombera pas plus bas. Quant aux trotteurs ou youpalas, ces engins roulants qu'on offre aux enfants pour « leur apprendre à marcher » (et qui n'ont, à la vérité, aucun intérêt), mieux vaut les éviter, car ils sont dangereux. Dans son élan, bébé s'entrave dans un fil électrique et se prend la lampe sur le nez, ou alors finit sa course dans les escaliers… Les possibilités d'accidents sont infinies. Au placard, donc. Ce n'est pas pour rien que la vente de ces joujoux est controversée dans plusieurs pays et carrément interdite au Canada.

• Si vous êtes l'heureux possesseur d'un escalier et que vous n'installez pas de barrières, soyez vigilants quand l'enfant grimpe. *Apprenez-lui le plus vite possible à descendre et à monter les marches (à quatre pattes)*. Si, à l'inverse, vous optez pour l'installation de barrières d'escalier, fermez-les systématiquement et redoublez d'attention le jour où vous rendez visite à mamie, qui a un escalier mais point de barrière. Un enfant qui n'a pas appris à descendre l'escalier a de très grands risques d'y tomber.

Les indispensables anti-bobos

Mieux vaut toujours avoir sous la main :

De la glace. Une poche pleine de gel à placer dans le congélateur, vendue en pharmacie, ou bien un bête paquet de petits pois surgelés. Le froid, anti-inflammatoire et antalgique, est idéal pour de très nombreux traumatismes physiques : cheville tordue, hématomes, brûlures…

Un désinfectant pour les plaies, non alcoolisé. L'éosine, rouge, n'est pas obligatoirement la meilleure solution. Elle assèche beaucoup et parfois creuse la plaie. Elle tache les doigts et la table à langer. À part prouver qu'on s'est occupé du petit blessé, elle a peu d'intérêt ; beaucoup de produits fonctionnent aussi bien, voire nettement mieux. Optez plutôt pour une solution aqueuse de chlorhexidine, incolore et efficace — il en existe une vingtaine sur le marché, de marques différentes. Toutes les marques se valent.

Des pansements (sobres ou, mieux encore, à l'effigie d'un super-héros). Chez les petits, le pansement est un médicament en soi. Il montre à l'enfant amoché qu'on s'occupe bien de lui et répare son ego mis à mal par la chute. Il cache l'affreux bobo sanguinolent mais permet quand même au blessé de frimer (« mate un peu comme je suis courageux avec ma blessure ! »). Le pansement a un effet magique : affublé d'un superbe sparadrap à tête de Spiderman ou de Kitty, l'enfant est à moitié guéri. Le spray de désinfectant réconforte aussi fort bien. Un « pschiiiiit » détourne l'attention du blessé et peut faire passer la crise de larmes. À utiliser sans modération.

LES NUMÉROS D'URGENCE

Pompiers : 18

Samu : 15

SOS Médecin : 36 24

Police secours : 17

Centre antipoison : http://www.centres-antipoison.net/

Appel d'urgence en Europe : 112

Activités

Avant l'enfant

Fait d'être actif, d'agir. Syn. : loisirs.

Avant de devenir parents, on est plein de vie ET plein de temps libre, alors on en profite, on sort, on va danser, on mange au restaurant, on discute, on glandouille sur Internet, on se fait un jogging ou un ciné, on part en mission shopping, on se fait bronzer en terrasse. Nos activités extraprofessionnelles sont rythmées par nos envies et besoins. Mises à part quelques menues obligations (courses à Carrefour, virée à l'hôtel des impôts), elles sont choisies dans le but de rendre notre existence plus riche et plus intéressante.

Après l'enfant

Fait d'éveiller l'enfant afin de le rendre plus malin/habile/polyglotte. Syn. : dopage.

Le greffon est parmi nous, nous voilà sommés de toutes parts de lui organiser un emploi du temps ministériel et de choisir de multiples activités visant à booster son autonomie, son QI, sa sociabilité, bref à faire de lui un être nettement supérieur. On pense bêtement qu'il l'est déjà, supérieur, mais les magazines, les émissions TV et notre belle-mère nous mettent le doute : « À son âge, les enfants apprennent comme ils respirent, c'est le moment ou jamais de le stimuler un max, cet enfant. » Soit.

Va pour la formule enrichie.

À nous les joujoux top-bien-pensés, encastrement-empilement-tour de cubes à la fois, les tableaux d'éveil avec 34 options et sonneries diverses et variées ! À nous les comptines du Brésil, du Pérou et de Navarre, pour l'ouvrir au monde ! À nous la baby-gym (bonne pour sa motricité) et l'english premier âge (bon pour son avenir) ! À nous l'éveil musical, l'éveil corporel, l'éveil artistique et son inénarrable cohorte de travaux manuels prompts à transformer le Scotch en Picasso nain : gribouillages/pâte à sel et à modeler/gommettes/collages/origami/gravure sur verre, on en passe et des meilleures.

Vous soupirez de désespoir en songeant aux trente minutes d'embouteillage pour assister à une heure de bébé nageur ? Vous donneriez un rein pour squeezer le spectacle organisé par la prof d'éveil musical ? Vous n'êtes pas indignes, nananan, vous êtes normaux. Et vous méritez une médaille, pour avoir tenté d'intégrer, comme tout le monde, le club des « parents parfaits », dont le ticket d'entrée est assez coûteux.

En effet, c'est comme ça qu'on se retrouve, nous, adultes libres et responsables, avec un bonnet de bain de la lose sur le crâne TOUS LES SAMEDIS, réduisant à néant nos efforts capillaires. C'est ainsi qu'on s'oblige, la veille du spectacle de fin d'année, à coudre un costume de brocoli taille 2 ans, puis à écouter notre greffon battre son xylophone comme si sa vie (et pas ses tympans visiblement) en dépendait. C'est aussi en l'honneur du dieu Éveil qu'on passe des dimanches matin entiers à enfiler des perles/essuyer les traces de peinture à doigts/décoller la pâte à modeler des lattes du parquet. Côté stimulation enfantine, c'est réussi : à l'heure de la sieste, ravie de cette débauche d'activités ludiques, votre progéniture est plus éveillée que jamais.

Vous, en revanche, êtes morts de fatigue et il reste malheureusement deux bassines de linge à trier. Noir d'un côté, couleurs de l'autre : avec un peu de chance, ça pourrait amuser le greffon...

Le mot du pédiatre

Longtemps, tout le monde a cru le nouveau-né sans intelligence ni pensée autonome. On pensait qu'il était aveugle, incapable de toute sensation, bref parfaitement simplet et totalement inintéressant. Et puis des études scientifiques ont été menées, dans les années 1970 notamment, qui ont ouvert les yeux des médecins et des parents : le bébé, dès sa naissance, possédait des compétences extraordinaires. Il voyait, il sentait, il pensait, son cerveau fourmillait de cellules grises ! Cette découverte renversante eut – et a encore aujourd'hui – deux effets pervers.

Dans les mentalités parentales, une drôle d'idée a commencé à cheminer : puisque, dès son premier âge, le bébé était intelligent comme tout, il fallait en profiter pour faire fructifier son potentiel, afin de mettre toutes les chances de son côté pour l'avenir. L'anxiété contemporaine des adultes a fait le lit de cette frénésie de « stimulation » enfantine. Dans un monde concurrentiel, des apprentissages précoces pouvaient faire la différence, non ? Le petit enfant étant compétent, on a voulu qu'il devienne performant. Pour son bien. Les industriels du jouet, de l'enseignement, du loisir, tous se sont engouffrés dans la brèche, proposant mille et une activités ou objets visant à booster les savoirs de l'enfant. Les parents d'aujourd'hui baignent dans cette ambiance de dopage organisé, et beaucoup d'entre eux s'inquiètent désormais que leur bébé n'apprenne pas assez vite.

« Docteur, c'est formidable, nos amis chinois ont accepté de venir parler à notre tout-petit ! À cet âge on apprend les langues très facilement, n'est-ce pas ? »

« Docteur, Enzo va aux bébés nageurs, c'est fou, il flotte déjà. Bientôt la brasse, hein ? »

« La grand-mère de Tom Pouce lui a offert un chariot de marche hypertechnologique pour son premier anniversaire. Mais même avec ce truc, il ne marche toujours pas, c'est grave, docteur ? »

Plus vite, plus tôt, plus fort ! Dans cette course à la performance, chacun oublie l'essentiel : les enfants ne sont pas des robots tous sortis du même moule, dont on peut régler le débit et augmenter le retour sur investissement !

Prenons l'exemple de l'acquisition de la marche. Certains bébés marcheront à 9 mois, d'autres à 20 mois, c'est parfaitement normal et à l'âge adulte, cela ne fera aucune différence. Pire : on ne pourra jamais « apprendre à marcher » à un enfant. C'est lui qui apprend, sous l'œil bienveillant des adultes éventuellement, mais à son rythme, selon sa propre maturation physiologique et neurologique. Les parents auront beau faire des pieds et des mains pour accélérer le tempo, cela n'y changera pas grand-chose : le petit d'homme acquiert une compétence supplémentaire quand il est prêt, ni avant, ni après. Le rôle parental est seulement de l'accompagner. En étant patient. Dur, dur, mais nécessaire : forcer la cadence des apprentissages s'avère souvent parfaitement inutile. Gageons que l'enfant de 2 ans qui aura fréquenté un cours d'anglais ne retiendra strictement rien de la langue de Shakespeare. Une langue, pour être retenue par l'enfant, doit être pleine d'émotions parentales ; il faut qu'elle soit utilisée régulièrement par l'entourage très proche. Autre exemple : un ex-bébé nageur n'apprendra pas forcément plus vite qu'un autre gamin à nager comme un grand, car pour maîtriser la brasse, il faut savoir s'allonger, or le nourrisson nage verticalement. Bref, bien des activités proposées aux enfants sont amusantes, mais il ne faut guère en escompter une amélioration des performances.

Au pire, les apprentissages précoces peuvent générer l'effet inverse de celui que l'on recherche. N'étant pas prêt physiologiquement, le petit enfant acquiert mal la compétence désirée et/ou rate lamentablement. Pour lui apprendre à échouer, c'est idéal. Cette volonté mal placée de « stimuler » les enfants, qui commence dès le berceau, culmine à l'entrée en maternelle, où l'on tente désormais d'apprendre à tracer des lettres cursives le plus vite possible, en moyenne section. Certains enseignants, poussés par des parents soucieux de la réussite scolaire de leur progéniture, ont tendance à débuter cet apprentissage de l'écriture de plus en plus tôt. Il demande pourtant beaucoup de coordination motrice ! À l'âge de 3 ou 4 ans, bien des élèves ne sont absolument pas prêts, au niveau psychomoteur, à cette performance. Malgré tout, certains y arrivent, alors haut les cœurs, on pousse tous les autres ! Résultat : de plus en plus d'enfants souffrent de troubles de la graphie et peinent durablement à écrire. À marche forcée, on crée un problème là où il n'y en avait pas.

Le petit enfant est naturellement intelligent… Cette découverte a pour autre malheureux corollaire de miner la confiance des parents dans leurs propres compétences ! À l'époque où M. Bébé était considéré à la naissance comme un sous-doué aveugle, ses géniteurs ne s'inquiétaient guère. Observant leur gamin, ils se rengorgeaient même devant le moindre acquis : « le mien a l'air de comprendre beaucoup de choses, et de voir plutôt bien ». Fierté parentale ! Maintenant que l'on sait que le petit enfant est une machine complexe et maline, bien des adultes doutent de leur capacité à la faire marcher et à l'exploiter à plein. Ils se disent, à tort, qu'eux seuls ne seront pas suffisants, ou pas au niveau. Alors, très tôt, ils se tournent vers des tiers, des « gens qui savent » ou des outils technologiques, et c'est parti pour la grande farandole des cours, des ateliers et des jeux d'éveil ultrasophistiqués ! Tout ce barnum n'est pas nécessaire.

Jouer, explorer, partager, paresser : c'est tout ce dont bébé a besoin pour s'éveiller et développer son intelligence. Nul besoin d'organiser pléthore d'activités mirifiques. Nul besoin d'investir ni même de « faire » quelque chose de particulier pour qu'un tout-petit apprenne ! Il apprend naturellement, partout, tout le temps. Mettons-le sous un platane agité par le vent, il découvrira mille choses, mouvements et couleurs, sons et odeurs. Portons-le dans nos bras, il engrangera une foule de nouvelles sensations. Plus tard, c'est *idem*. Une partie de chatouilles, un bon vieux « caché-coucou », la batterie de casseroles, un demi-kilo de pâte à modeler : en matière d'éveil, ce genre d'amusements simples surclasse toutes les plastiqueries *made in China*. Parlons, chantons, lisons, et notre fils/fille acquerra notre langage. Laissons-le seul, et il développera son imagination et partira à la découverte de son univers. Une virée à la piscine ? Formidable ! Mais ne croyez pas qu'un prof fera mieux découvrir l'eau à votre canard que vous-même. Pour que l'enfant s'épanouisse et stimule ses talents, il suffit juste de vivre avec lui et de le laisser vivre. Vous, les parents, êtes véritablement les mieux placés pour cela.

Des astuces en plus

• Ne vous sentez pas obligés d'organiser des activités spécifiques pour votre enfant. Vous suivre dans vos activités quotidiennes lui plaît autant, voire plus (même s'il ralentit votre cadence !). Et il peut se divertir tout seul (pas aussi longtemps qu'on le souhaiterait, mais quand même) : regardez comme il joue bien avec ses pieds/ses poupées/votre clavier d'ordi, là…

• Si vous souhaitez « occuper » l'enfant, pourquoi ne pas choisir une activité qui vous plaît avant tout À VOUS ? Cela vous évitera peut-être de sécher le cours de bébé nageur – payé à l'année – après trois séances.

• Si vous manquez d'inspiration en matière d'activités manuelles, vous trouverez sur Internet moult suggestions originales et gratuites. De nombreux sites et blogs proposent des guides (ou « tutoriels ») pour vous apprendre à créer des bateaux en bouchons de liège, la tour Eiffel en gommettes et autres merveilles faites maison.

www.teteamodeler.com/eveil/activite/index.asp

www.hugolescargot.com

http://pinterest.com/stpkim/diy-pour-enfants/

www.10doigts.fr

http://my-diy.fr/category/enfants/

À part ça, voici un livre fort bien fait :

1 001 activités avec mon enfant, de 0 à 5 ans, Éditions Nathan.

Allaitement

Avant l'enfant

Action de nourrir un nourrisson avec du lait.

C'est tout.

Après l'enfant

Question métaphysique, culpabilisante, polémique et visiblement publique. Syn. : Guerre de tranchées.

À l'annonce de la grossesse, avant même d'avoir eu le temps d'être félicitée, la future mère est parfois confrontée à une question aussi inattendue qu'indiscrète : « Tu vas le nourrir comment ? »

Attention, danger.

À compter de ce jour, toute conversation tournant autour de l'alternative « biberon ou nichon » comporte un risque majeur de se fâcher avec son interlocuteur. Pourquoi ? Parce que chacun, *a fortiori* chacune, a sur ce thème des idées, des expériences, des envies, des convictions, des arguments qui lui sont personnels. Parce que nourrir un bébé est à la fois crucial et intime, chargé émotionnellement et étudié scientifiquement. Parce que la façon des uns n'est pas celle des autres. Parce qu'entre hier et aujourd'hui, la mode a changé, la puériculture aussi. Parce que nous, pères et mères, pensons toujours faire au mieux pour notre rejeton, mais que ce *mieux*-là diffère selon notre âge, notre pays, notre culture, notre médecin, notre histoire, nos modèles parentaux... Pour toutes ces raisons, parler allaitement est l'équivalent désormais, et pour plusieurs mois, d'un sujet polémique comme la politique, la religion ou l'association beurre/confiture. Engager ce genre de discussion entre copines est aussi relaxant qu'une balade digestive sur la bande de Gaza. Sauf à vouloir faire le vide dans votre carnet d'adresses (déjà bien expurgé par la naissance du greffon), il est fortement déconseillé de vouloir convaincre quiconque de la pertinence de votre choix, même votre meilleure amie. Ou votre mère. Ou tata Simone. Qui donne aussi son avis sur ce que vous devriez faire. Bref, que vous optiez pour le bib ou la tétée, une chose est certaine : vous en entendrez des vertes et des pas mûres.

Vous allaitez au sein ?

Personnellement, vous trouvez ça très pratique, mais votre voisine vous dira que, tout de même, « c'est contraignant, déballer sa poitrine toutes les cinq minutes », et puis le lait maternel se digère vite, bébé se réveille la nuit. « Il a tout le temps faim, non ? »

« Tu lui donnes le sein ? Hou là là, c'est malcommode, n'est-ce pas ? Y a pas de graduations sur les seins, on ignore combien bébé mange. Est-ce qu'il prend bien d'abord ? Oui, t'es vraiment sûre ? Ah bon, le pédiatre est content, ah bon. Moi, je le trouve un peu maigre, quand même, ton petit bout. Tu crois que tu as assez de lait ? »

Vous avez du mal à gérer les montées de lait, ça déborde un chouïa, limite on vous prend pour Miss T-shirt mouillé, mais votre cousine vous dira que ses coussinets d'allaitement à elle absorbent parfaitement bien. N'auriez-vous pas trop de lait ?

Le bébé blotti contre vous, discrètement au sein... Vous adorez ce moment de partage avec votre greffon, mais votre mère trouve que vous êtes « bien fusionnelle, tout de même ». Si, plus tard, bébé devenait capricieux, ça ne l'étonnerait pas.

Vous allaitez Bébichou, le papa en profite pour dormir/faire autre chose. C'est chouette. Sauf pour votre copine Justine : « T'as pas peur que ton mari soit jaloux de votre relation ? »

Vous trouvez votre nouveau tire-lait génial. Même quand votre conjoint se l'approprie en mimant un pistolet laser. Même quand votre vieux pote J.-C. annonce que c'est « l'heure de la traite ». Ah, ah, ah !

Vous allaitez au biberon ?

Vous trouvez ça très pratique mais votre voisine vous dira que tout de même « c'est contraignant : faut se lever toutes les nuits pour préparer les bibs, une dose de lait pour 30 ml d'eau, à quatre heures du mat, t'as pas peur de te tromper ? ». Et puis, le lait du commerce est bien consistant. Bébé se réveille quand même toutes les trois heures, « il se tortille, il a mal au ventre, non ? C'est indigeste cette poudre, faut dire... »

« Tu lui donnes le bib ? Hou là là, c'est dangereux, non ? Et les pesticides, t'y as pensé ? Et tous les excipients, les conservateurs ? On ignore ce qu'il y a là-dedans. Ah bon, le pédiatre est rassurant, ah bon. Mais tu sais, les scandales alimentaires, on ne le sait qu'après, enfin je dis ça je ne dis rien... »

Vous avez trouvé THE bon lait en poudre, bon et bio qui plus est, mais tata Maïté, elle, regarde toujours votre enfant d'un œil suspicieux. « Moi, je le trouve un peu dodu, ton petit bout. Tu crois que c'est bon pour lui tous ces trucs industriels ? » Si plus tard bébé devenait obèse, ça ne l'étonnerait pas.

Le père donne le biberon de midi à votre enfant, vous en profitez pour dormir/faire autre chose. C'est chouette. Sauf pour votre copine Justine : « T'as pas peur que ton mec te pique ta place de mère ? »

Vous n'êtes pas peu fière d'avoir déniché cette super marque de biberon en plastique, design ET sans bisphénols… Quand, tout à coup, votre collègue Marthe vous informe que vous êtes à la limite de pactiser avec le Diable : « T'as pas vu le reportage à la télé ? Les plus sains, ce sont les biberons en verre, épicétou ! »

Le mot du pédiatre

En France, il n'existe guère de culture de l'allaitement au sein. Ou, plus exactement, elle s'est perdue avec l'avènement de la bio-industrie, qui a promu le lait artificiel avec beaucoup d'efficacité pendant des décennies. Résultat : dans les années 1980, quand on demandait aux enfants comment se nourrissait un bébé, la réponse était quasi systématiquement la même : « au biberon ». Dans leur écrasante majorité, ces enfants-là avaient eu une mère qui ne les avait pas allaités au sein. Une mère à qui on avait dit que pour l'autonomie de son nourrisson et la sienne, pour ne pas être ficelée à son foyer, pour qu'elle puisse continuer à travailler, il valait mieux qu'elle opte pour le lait en poudre. Ces enfants-là sont les parents d'aujourd'hui, à qui on demande de choisir : biberon ou sein ? Beaucoup sont dans le doute, pris entre deux feux. D'un côté, l'industrie agroalimentaire présente sa poudre comme un équivalent du lait maternel. De l'autre, les militants de l'allaitement au sein promeuvent son côté naturel, épanouissant et facile. Au milieu, surnagent les jeunes parents, croulant sous ces messages contradictoires... et partiellement erronés.

Trions maintenant le vrai et le faux.

Les laits industriels sont nettement moins adaptés aux besoins du bébé, moins digestes et moins immunisants que le lait maternel. Conçus à partir du lait de vache, ils comportent néanmoins des glucides, des sucres, des minéraux, des vitamines, des acides gras essentiels. Ainsi ils permettent à l'enfant de grandir et sont sans danger. Il y a quelques décennies, beaucoup de laits industriels provoquaient des troubles digestifs chez les nouveau-nés. Chaque marque avait sa recette propre, et une fois que bébé supportait tel ou tel produit, il ne fallait surtout plus en changer ! De toute façon, les parents n'avaient guère le choix, il n'y avait pas 36 boîtes différentes en rayon.

Et puis le temps a passé.

Petit à petit, la recherche agroalimentaire a progressé ; les compositions se sont affinées dans le but d'être bien tolérées par la majorité des bébés et, joies du marketing, l'offre de laits pour bébé s'est étoffée. Aujourd'hui, on trouve sur le marché 150 « préparations diététiques pour l'alimentation du nourrisson jusqu'à 12 mois » et, que les choses soient claires, toutes se valent ! Les recettes sont, peu ou prou, équivalentes et les marques ont été happées par de grands groupes industriels. Résultat : les laits Gallia et Blédilait sortent des mêmes chaînes de fabrication Danone, à Steenvoorde, une bourgade du Nord de la France. *Idem* chez Nestlé (qui possède notamment les marques Guigoz et Nidal), sauf que l'usine se trouve en Haute-Savoie. À deux grammes de perlimpinpin près, tous les laits industriels sont donc identiques. Il faut néanmoins mettre à part les recettes spéciales (préparation épaissie pour bébé régurgitant, préparation sans lait de vache pour bébé allergique...) qui répondent aux besoins spécifiques de certains enfants.

Pour les enfants qui ne digèrent pas le lait, il existe désormais des préparations entièrement artificielles, qui coûtent encore plus cher mais permettent aux bébés d'absorber les nutriments nécessaires à leur croissance. Bref, un bébé peut se développer correctement sans avoir jamais goûté une goutte du lait de sa mère.

Cela dit, le lait maternel est, sans conteste, le meilleur aliment pour bébé. Ses nombreux bienfaits le rendent incomparablement supérieur à n'importe quel lait industriel. Ce n'est pas pour rien que toutes les instances sanitaires du monde préconisent l'allaitement maternel exclusif pendant les six premiers mois de la vie, minimum. Le lait maternel est un produit vivant, qui s'adapte presque magiquement au nouveau-né. Entre le début et la fin de la tétée, mais aussi jour après jour puis d'une semaine sur l'autre, la composition du lait se modifie pour coller parfaitement aux besoins de l'enfant qui grandit. Le lait de mère s'avère incroyablement plus varié en acides aminés, en lipides et en sucres, notamment. Exemples ? Alors que les préparations du commerce ne contiennent qu'un seul type de sucre (le lactose), le lait de la mère en contient plus d'une centaine, dont des sucres rares. Par ailleurs, il est riche en acides gras, particulièrement utiles à la formation des structures cérébrales du bébé. Certaines de ses substances permettent de mieux fixer le fer. D'autres protègent le tube digestif des attaques infectieuses (type gastroentérite) et facilitent, globalement, la mise en place de meilleures réponses immunologiques aux virus. Plus particulièrement, le « colostrum », ce liquide secrété par la mère les tout premiers jours suivant son accouchement, est exceptionnellement riche en protéines et en anticorps. C'est un véritable concentré anti-microbes qu'aucune préparation industrielle ne peut égaler.

Néanmoins, l'allaitement maternel n'est pas non plus la panacée – un bébé nourri au sein pourra quand même attraper un rhume, une bronchiolite ou la rougeole. En revanche, côté allergie, le nourisson peut dormir tranquille : le lait maternel est exempt de bêta-lactoglobuline, une protéine du lait de vache extrêmement allergisante pour l'être humain. Enfin, le lait de la mère s'avère parfaitement digeste.

Par ailleurs, *allaiter au sein est bon pour la mère*. Bon pour sa santé : le risque de cancers du sein et de l'ovaire est nettement moindre chez les mères qui ont allaité au sein. Bon pour son moral : bien des femmes vivent l'allaitement comme un moment délicieux de douceur et d'intimité avec leur enfant. Ce lien précoce, solide et tendre né de la tétée est l'un des arguments clés en faveur de l'allaitement maternel. Mais il se discute. Selon qu'on aime donner le sein ou qu'on le fait par obligation ou en peinant, ces bénéfices relationnels varient sans doute infiniment.

Même quand on est motivée, il faut le savoir, réussir à *allaiter au sein ne va pas de soi*. Toutes les mères peuvent y arriver, c'est sûr. Les cas d'impossibilité sont rarissimes. Cela ne signifie pas que cela soit toujours facile ! La lactation est un phénomène naturel et physiologique, mais l'allaitement, sa mise en route et sa conduite nécessitent un réel apprentissage.

D'abord, il faut lâcher prise, c'est la première difficulté. En effet, quand bébé se nourrit du lait de sa mère, ladite mère ne maîtrise plus grand-chose : elle ne sait pas quelle quantité son enfant boit, par exemple. Elle est contrainte de se faire confiance ainsi qu'à son bébé, qui sait quand il n'a plus besoin de manger et quand il a un creux. Oubliée, la pendule ! Le repas, c'est donc quand il veut, quand il peut, « à la demande » ou plutôt « à l'éveil », car tous les bébés ne « demandent » pas clairement ! Au début de l'allaitement, certains bébés prendront 6 tétées par jour, la plupart 10 ou 12, d'autres encore davantage. Dans notre société marquée par un siècle de puériculture standardisée (« telle dose à telle heure, tant de fois par jour, pour tout le monde »), cette petite révolution n'est guère évidente !

Par ailleurs, les premières semaines de l'allaitement au sein sont souvent chaotiques. On dit à la mère de se détendre, facile à dire ! Elle vient d'accoucher, son corps est en vrac, elle n'a pas dormi plus de deux heures d'affilée dans les dernières 48 heures. Dans ces conditions, trouver une position confortable pour allaiter n'est guère évident. D'autant que, du côté du bébé, c'est du sport ! Succion-déglutition-respiration : se nourrir au sein nécessite une certaine coordination motrice. Il faut bien quelques jours au nourrisson, voire davantage, pour la maîtriser. De plus, certains nouveau-nés sont doués pour téter, d'autres non et font mal à leur mère même quand ils ont une bonne position (la tête non tournée sur le côté, les lèvres retroussées...). Quelques-uns, en effet, ont une toute petite bouche, ils n'arrivent pas à saisir tout le mamelon ou placent mal leur langue et là, ça pince.

Les seins, eux aussi, sont tous différents et peuvent comporter des spécificités qui compliquent l'allaitement. Exemples ? Certains comptent beaucoup de canaux lactifères, le lait arrive donc abondamment et le nouveau-né s'étouffe à moitié sous cette corne d'abondance ! D'autres seins, parfois très gros, ne possèdent guère de canaux, par conséquent ils fournissent peu de lait à chaque tétée, et bébé, pour avoir sa dose, réclame à manger vingt fois par jour.

À toutes ces difficultés, il existe des solutions.

Pour les découvrir, le mieux est de dialoguer avec des personnes bien au fait de l'allaitement maternel. Les mères ou belles-mères des jeunes parents n'ont souvent pas allaité au sein ; le soutien transgénérationnel est donc compromis. Certains professionnels de santé (sages-femmes, médecins, pédiatres...) connaissent les bonnes astuces, mais pas tous. L'allaitement maternel est un sujet encore passablement méconnu, sur lequel beaucoup de bêtises sont dites, même par les blouses blanches.

Heureusement, il existe des expertes en la matière, nommées « conseillères en lactation », qui officient dans les institutions (maternités, services de néonatalogie, centres de PMI...) et aussi en libéral. Les bénévoles des associations de soutien à l'allaitement sont aussi remarquablement pointues et dispensent leurs conseils gratuitement. Il est crucial que les mères fassent appel à elles pour être informées, aidées et rassurées sur leur aptitude à allaiter, dont elles doutent si souvent. Malgré les écueils, la très grande majorité des femmes trouveront leur rythme de croisière avec bébé au sein et profiteront ainsi l'esprit tranquille de ces moments si particuliers dans la vie d'une mère...

Et le père dans tout ça ?

On dit souvent de l'allaitement au sein qu'il exclut le père. C'est inexact. Si un bébé est allaité au sein, son papa ne le nourrit pas, c'est un fait – surtout qu'il vaut mieux, dans les premières semaines, éviter de donner en parallèle des biberons si l'on veut que l'enfant apprenne bien à téter le sein. Cela dit, un père a-t-il vraiment besoin de nourrir son enfant pour se sentir père ? Pour être heureux en famille, pour tisser un lien avec leur enfant, hommes et femmes doivent-ils forcément remplir le même rôle parental et investir les mêmes tâches selon le même tempo ?

Le père a, par ailleurs, une importance cruciale dans la réussite de l'allaitement maternel. D'abord, il a son mot à dire ; cette décision d'allaiter au sein doit être prise en couple. Si l'homme n'y est pas favorable ou s'il n'adopte pas, au minimum, une attitude de neutralité bienveillante, l'allaitement au sein aura peu de chance de durer. Le rôle du compagnon est majeur : il doit rassurer sa moitié quand elle doute, et cela arrive fréquemment. Il la sécurise, il l'entoure, il la soutient en cas de difficulté et la valorise dans son choix. Ensuite, le conjoint d'une mère allaitante est loin d'être exclu des soins donnés à l'enfant. S'il veut partager rapidement une intimité avec bébé, ce ne sont pas les occasions qui manquent : il peut donner le bain et changer le nouveau-né, le câliner, le bercer ! Et si Monsieur tient vraiment à « nourrir son bébé », pendant que sa compagne allaite, il peut toujours lui mitonner à l'avance des compotes de pomme maison ou autres gourmandises. Et hop ! au congélateur ! À l'heure de la diversification alimentaire, tout ce dont se régalera l'enfant sera ainsi « *made by* papa ». Chacun son tour !

Enfin, c'est une inquiétude récurrente chez les pères, *l'allaitement maternel n'est pas spécialement toxique pour la vie sexuelle*. De toute façon, qu'elle donne le sein ou le biberon, Madame ne sera pas forcément encline à batifoler dans les premiers temps suivant son accouchement. De plus, avec la naissance d'un enfant, la sexualité de bien des couples se modifie, notamment dans ses rythmes (cf. *Kama-sutra*). Pour en revenir à l'allaitement au sein, certaines femmes qui nourrissent ainsi leur bébé peuvent souffrir de sécheresse vaginale, et certains hommes être légèrement perturbés par ses nouveaux seins « lactés », mais ceci n'est ni systématique ni insoluble. Donc, pas d'inquiétude : avec une bonne communication, l'allaitement au sein est parfaitement compatible avec une sexualité joyeuse et épanouie.

Pour aller plus loin...

Vous allaitez au sein ?

S'informer le plus tôt possible, dès la grossesse, puis être bien accompagnée et obtenir des réponses à ses questions : voici quelques-uns des secrets d'un allaitement au sein réussi.

• Des « conseillères en lactation » se déplacent à domicile et connaissent parfaitement le sujet. On trouve leur liste sur : http://consultants-lactation.org

• Des associations de promotion de l'allaitement maternel existent dans toute la France et proposent des réunions. N'hésitez pas à vous y rendre, même avant d'avoir accouché : ces « groupes de parole » sont gratuits, souvent sympathiques et surtout diablement instructifs.

– La Leche League : pour savoir quand a lieu une réunion près de chez vous, allez sur le site www.lllfrance.org, onglet « réunions ». Très utile également, la hotline, avec des animatrices au bout du fil qui sauront répondre à vos questions diverses et angoisses subites : 01 39 58 45 84.

– Le réseau Solidarilait regroupe des associations locales de soutien à l'allaitement maternel, vous trouverez leurs coordonnées sur le site www.solidarilait.org ; Solidarilait propose également une permanence téléphonique au 01 40 44 70 70.

– Le site de la Coordination française pour l'allaitement maternel (Cofam) vous donnera de multiples informations et, ressource précieuse, l'annuaire des associations locales : www.coordination-allaitement.org

• Quelques autres sites pour davantage d'infos ?

www.info-allaitement.org

www.santeallaitementmaternel.com

• Quelques livres pour y voir plus clair :

L'Allaitement, Marie Thirion, Éditions Albin Michel.

Allaiter et reprendre le travail, Véronique Darmangeat, Éditions Chronique sociale. L'auteur a aussi un blog : www.lactissima.com/a-tire-d-ailes/

Vous allaitez au biberon ?

• Besoin de conseils à propos des quantités selon l'âge/le poids/la croissance de votre enfant ? Votre pédiatre saura vous orienter. Pareil pour les petits soucis de digestion, des laits « spéciaux » peuvent donner de bons résultats. Il n'y a pas de question bête.

• Pour les parents en détresse, le SAV des biberons existe ! Il s'appelle Facebook (hé oui !). En effet, vous trouverez sur le réseau social des pages dédiées aux grandes marques de biberons. Elles sont quasiment toutes présentes et une question sur leur « mur » vous amènera non seulement une réponse de leur part, mais aussi, sans doute, une foule de conseils de parents utilisateurs des mêmes biberons et/ou tétines.

• Petit bonus spécial bébés nomades ! Pour ne pas vous balader avec le gros pack de 500 grammes de lait en poudre lors de votre promenade dominicale, un achat utile : les boîtes doseuses, vendues au supermarché ou dans les magasins spécialisés à prix riquiqui. En général, on les trouve sous la forme de trois petits contenants qui se vissent les uns sur les autres, avec un bouchon « verseur ». On y met la quantité de lait nécessaire pour le ou les prochains bibs, et hop ! on s'en va en balade. On peut aussi préparer la boîte doseuse avant d'aller se coucher : on met le bon nombre de cuillères de poudre dedans et quand greffon réclamera son dû à 4 heures du mat, y aura plus qu'à verser dans le bib et à ajouter l'eau. Aucun risque de se tromper faute de neurones disponibles.

Angelina Jolie

Avant l'enfant

Voleuse d'homme marié. Fam. : « Angie ».

Actrice américaine capable d'envoûter le mâle au point de lui faire dépenser le PIB du Burundi pour sauver des loutres et/ou adopter la moitié des orphelins d'Haïti. Accessoirement, fantasme masculin en short-treillis, fusil à pompe et lance-grappin (et elle s'y connaît en grappin).

Après l'enfant

Syn. : Wonder woman détestable.

Non contente d'avoir, chez les ménagères de moins de 50 ans, réduit à néant tout espoir d'emballer Brad Pitt, Angelina Jolie fait passer la meilleure des mères pour une gueuse. Parallèlement à la top-carrière de comédienne qu'elle mène sans l'aide d'un quelconque agent, elle adopte à tour de bras et accouche même de trois enfants (trois !) dont des jumeaux (des jumeaux !), tout en conservant cette morphologie sculpturale qui lui permet d'entrer dans les colonnes des tabloïds sans dépasser.

D'après une enquête des plus documentées (source : *Voici*, décembre 2011, salle d'attente du pédiatre), Angie dilapide son argent pour de bonnes causes et continue, malgré sa famille XXL et son travail hollywoodien, à avoir une vie sexuelle débordante ET débridée, la mèche toujours brillante ET bien brushée, le regard parfaitement souligné au liner ET rarement cerné.

Si jamais on apprend que, en sus, elle cuisine merveilleusement bien le fraisier à étages les soirs de pleine lune, on est à deux doigts de déclencher une urticaire géante.

On la hait, donc, ce qui est bien naturel. La seule chose qui nous calme, c'est le calcul mental. À raison d'une nounou par enfant, tous les parents seraient capables de faire ce qu'elle fait. Sauf le brushing, hein, on ne naît pas toutes égales en la matière.

Autorité

Avant l'enfant

Pouvoir de se faire obéir.

Certains en sont pourvus naturellement, d'autres moins. Notre patron s'y essaye plus ou moins efficacement, notre conjoint n'y a pas intérêt et en matière d'autorité, nul n'égale notre maman qui, il n'y a pas si longtemps, savait d'un seul coup d'œil bien noir et bien plissé nous faire comprendre que ça n'allait pas être possible.

Après l'enfant

Devoir de se faire obéir. Fonctionne épisodiquement.

On dit...

On dit qu'il faut laisser pleurer le greffon pour qu'il comprenne. Et on dit qu'il ne faut pas le laisser pleurer parce qu'il est encore trop petit.

On dit qu'il faut être ferme, ne pas négocier avec son enfant. Et on dit qu'il faut savoir faire des concessions.

On dit qu'il faut poser des limites. Et garder un peu de souplesse.

Bref, on dit beaucoup de choses qui en piétinent d'autres, et on se retrouve avec un rejeton qu'on ne sait pas trop par quel bout prendre et cette fameuse « autorité parentale » dont on a égaré le mode d'emploi.

Pendant que le greffon pleure pour ne pas dormir (son sport olympique favori), nous oscillons entre l'envie de le cajoler et l'envie de fermer la porte. Alors, on ferme la porte. On compte jusqu'à dix. Il crie toujours. On ouvre la porte, on cajole, on referme la porte et on attend encore cinq minutes. On rouvre la porte, on refait un câlin. Bref, on ne choisit pas.

Lorsque notre enfant chéri se met en tête de comparer la taille de ses petits doigts boudinés avec les encoches de la prise de courant, on hurle un peu fort de ne JAMAIS refaire ça. Évidemment, il le refait dans la seconde, son regard planté dans le nôtre. Une punition pour ce petit malfrat récidiviste ?

« Je compte jusqu'à 3… Unnnn… Deux… Deux et demiiiiii… », et il a toujours les doigts à deux millimètres de la prise (force est de reconnaître que notre ultimatum fait l'effet d'un pétard mouillé).

« Attention, ça va barder, tu retires tout de suite tes doigts ! », zéro réaction de l'enfant (Super Nanny, au secours !).

« Bon, tu es puni, tu vas dans ta chambre !

— NOOOOOOOOOON. »

C'est sa réponse.

Il semblerait que pendant que nous nous demandions comment faire rimer amour avec éducation, le greffon, lui, ait pris méchamment confiance. On en viendrait presque à croire qu'il a attrapé les gènes de Burt Lancaster (dans *Règlement de comptes à OK Corral*, vous voyez ?)

Nous, parents, nous interrogeons sur notre autorité, lui use de la sienne sans état d'âme : il n'en fait qu'à sa tête, tout à sa vie palpitante remplie d'expérimentations plus ou moins dangereuses et/ou salissantes. On crie « STOP ! », « ARRÊTE ! », « NON ! », « NE FAIS PAS ÇA ! », « ATTENTION ! », « J'AI DIT NON ! » mille fois par jour dans l'ordre et dans le désordre, tandis que le greffon refait tomber sa cuillère en rigolant, remet le papier-toilette entier dans la cuvette, repostillonne sa purée sur papy et redit « tagoule » à Mme Mouyette, du premier.

Un jour, soyons-en sûrs, nous allons le trouver, le truc efficace pour le faire obéir. Gros yeux, attitude « Poker Face » (= zéro émotion sur le visage), voix rauque, index qui dit « attention »... Oh ! mon Dieu, ça y est, on ressemble à notre propre mère !

Le mot du pédiatre

Entre 1 et 3 ans, l'enfant est avide de découvertes. Son caractère s'affirme, il aime de plus en plus « faire seul », il exprime son point de vue et entend bien suivre son désir. Résultat : il rechigne parfois à faire ce que vous lui demandez. C'est normal et fréquent, mais guère évident à gérer, surtout de nos jours où « l'autorité » est une valeur qui revient en force chez les jeunes parents. Les adultes d'aujourd'hui veulent avant tout des enfants « bien élevés et obéissants ». C'est légitime, mais sachez qu'un enfant ne peut pas obéir aveuglément, rapidement et toujours. Imposer votre autorité de manière rigide et vous mettre en colère contre votre progéniture ne vous sera d'aucune aide, au contraire. Cela ne servira qu'à créer une multitude de conflits, vous sentir « nuls », vous inciter à plus de sévérité encore et générer chez l'enfant l'habitude de s'opposer.

Mais comment faire pour que votre progéniture vous écoute et « ne dépasse pas les bornes » ?

D'abord et avant tout, il s'agit de *comprendre les limites de son enfant*. Beaucoup de parents ont tendance à attendre de leur progéniture plus que ce qu'elle peut leur donner. Un enfant de 3 ans ou moins n'a pas fini son développement, loin de là. Psychologiquement et même physiquement, il y a beaucoup de choses qu'il est simplement incapable de faire. Obéir rapidement, se souvenir des interdits, anticiper, être discipliné : ceci reste difficile pour lui, voire totalement impossible. Ainsi, il est inutile de demander à un enfant de 3 ans de ranger ses affaires après les avoir utilisées : cela demande des capacités de mémoire et d'anticipation qu'il ne possède pas encore ; en revanche, on peut jouer à ranger avec lui. Votre petit enfant est un petit enfant. Il n'est ni méchant, ni malintentionné, ni désobéissant « exprès », il a simplement son âge.

Un autre exemple : il est temps d'aller au bain, mais votre enfant s'amuse et ne bouge pas d'un pouce malgré votre appel. Ne pensez pas qu'il vous fait tourner en bourrique exprès ! À 2 ou 3 ans, quand un enfant joue avec ses gros Lego, il est mentalement happé par son activité. Qu'il soit l'heure d'aller se laver lui importe peu. La perspective même de prendre un bain est totalement irréelle pour lui. D'où sa difficulté à lâcher ses jouets préférés pour se rendre dans la salle d'eau.

Bien des repères et des valeurs qui nous appartiennent, à nous les adultes, sont inaccessibles aux petits enfants : le respect des horaires, la nécessité de l'hygiène sont ainsi des notions totalement abstraites pour un petit. Dire à un enfant « il est 19 h 12, viens te laver » en espérant qu'il arrive en courant est donc perdu d'avance. Votre autorité n'est pas en cause ; c'est votre demande, qui ne correspond pas à la réalité enfantine. Sachant cela, pas la peine de vous énerver contre votre enfant qui « n'obéit pas » ! Mieux vaut s'adapter.

Pour qu'un enfant obéisse, il faut que votre demande ait un sens pour lui. Il n'obéira pas juste parce que vous le lui demandez. Il obéira parce qu'il comprend. Or, sa compréhension est limitée. Ça peut être agaçant, mais c'est ainsi ! Un petit aura donc le plus grand mal à comprendre pourquoi il peut boire l'eau à table mais pas dans son bain ! N'ayant aucun sens aux yeux d'un tout-petit, cet interdit de boire l'eau du bain est rarement respecté. Vous, les parents, devez donc parler et agir « à hauteur d'enfant » en énonçant des interdits très simples à comprendre : pas la peine de prohiber telle ou telle chose pour des raisons compliquées et subtiles. *Si vous voulez que votre enfant vous obéisse, les interdits doivent être expliqués simplement mais fermement.*

Exemples :

• « N'arrache pas les fleurs que maman vient de planter dans le jardin, parce qu'elles sont jolies, que maman y tient, qu'elles doivent encore pousser... » Votre enfant ne comprendra probablement pas pourquoi il a le droit de cueillir les pâquerettes de la pelouse mais pas les tulipes du massif. À coup sûr, il va récolter un bouquet de tulipes. D'autant plus si vous passez dix minutes à lui expliquer l'importance de ces fleurs, son attention sera violemment attirée par elles. Votre mise en garde aura l'effet inverse de celui que vous recherchez. Si vous souhaitez vraiment conserver vos bulbes, plantez-les dans un pot et placez celui-ci hors de portée de l'enfant. Ce sera bien plus reposant et efficace que de prévenir sans cesse puis de houspiller vos enfants qui piétinent vos plates-bandes. N'usez pas votre autorité en vain.

• « Ne tape pas, ça fait mal, je n'aime pas ça. » C'est court, clair et facile à comprendre pour un tout-petit et dit d'une manière qui ne laisse pas de place à la négociation. Cette consigne a une forte probabilité d'être respectée.

Mieux vaut baisser votre niveau d'exigence et garder votre énergie pour les choses importantes. Votre but n'est pas de dresser ou de formater vos enfants ; de leur côté, ils ne peuvent pas respecter trente-six consignes, surtout d'un jour sur l'autre. Vous gagnerez à *éviter de multiplier les interdits*. Listez les trois ou quatre principes cruciaux qui vous tiennent spécialement à cœur (par exemple : pas de gros mots, on ne frappe pas, on ne touche pas à l'ordinateur) et interdisez clairement, systématiquement, fermement qu'on les transgresse. Sur le reste, pourquoi ne pas faire preuve de souplesse ?

Vous souhaitez que votre enfant fasse quelque chose (quitte le bac à sable/lâche la télécommande/vienne goûter) ? *Prévenez-le* avec des mots qu'il peut comprendre : « il faudra faire ça très bientôt » plutôt que « dans cinq minutes ». Puis, *mettez-vous face à lui*, regardez-le et dites-lui bien clairement que c'est le moment.

Vous souhaitez que votre enfant arrête de faire quelque chose (jeter des cailloux contre la fenêtre/tirer les cheveux de sa sœur ou la moustache du chat) ? *Faire diversion* peut fonctionner : « Oh, regarde, un ballon dans le ciel !/Viens voir, il y a une voiture de pompiers qui passe dans la rue/Tu me ferais un dessin ? » N'hésitez pas à lui expliquer *la bonne façon de faire* : « Lance les cailloux dans ton seau ou aligne-les dans le sable, c'est joli. »

S'énerver empire souvent la situation.

Un exemple : votre fille ne veut pas arrêter de jouer pour aller dîner ? Vous l'appelez deux fois, en vain ? Vous sentez la moutarde vous monter au nez ? *Relativisez* : si elle mange dix minutes plus tard, est-ce si grave ? *Soyez flexibles* et ne vous sentez pas pris en défaut : *ne culpabilisez pas,* c'est normal qu'une enfant n'obéisse pas au quart de tour et rechigne à tout. À 2 ou 3 ans, les petits sont des volcans en éruption permanente ! Vous déprécier ne servira à rien. Agissez plutôt : n'appelez pas vingt fois votre enfant, cela ne sert à rien d'autre qu'à user votre patience et votre autorité (il s'habitue à vous entendre le solliciter en vain). Allez chercher votre fille et plaisantez, riez... *Jouer est la plus sûre façon de vous faire entendre,* le jeu étant le « langage naturel » de l'enfant. « Si tu ne manges pas, ton repas va être dévoré par l'ogre Grossbouff... Allons vite voir s'il est déjà dans la cuisine ! » Le jeu est un outil superbement efficace pour diriger votre enfant là où vous voulez qu'il aille. Si, malgré tout, elle refuse d'aller dîner, mettez-vous à sa hauteur et prévenez-la fermement. *Si votre enfant se roule par terre, coupez net la conversation.*

Plus efficace que la punition et toutes les sanctions possibles et imaginables, le fait de priver l'enfant de votre présence et de votre attention est souvent très efficace pour faire cesser ses crises. Si vous argumentez, si vous insistez, si vous piquez à votre tour une colère, vous servirez de public et donnerez la réplique à votre enfant — et la scène risque de se prolonger. Car l'enfant aime plus que tout provoquer des émotions et en échanger ; plus l'agitation règne autour de lui, plus il trouve cela plaisant, même si on crie ! Si vous voulez faire revenir le calme, donc, quittez la pièce. *Une fois la crise calmée, mieux vaut ne pas en reparler.* Sinon, l'enfant pourra prendre cela comme le signe d'une volonté de votre part de redémarrer ce jeu bruyant ! Parlez plutôt d'autre chose. On peut aussi proposer une activité courte et « dépaysante » : à cet âge, lire un livre prend trois minutes, la dernière page tournée, hop ! on va dîner. Voilà, c'est fini.

Jusqu'à la prochaine fois. Courage, cette période passera !

N'hésitez pas à *donner l'exemple.* L'autorité est une chose, mais ce qui fonctionne le mieux est bien l'imitation : l'enfant nous admire et nous copie, montrons-lui la bonne façon d'être ! Si nous passons nos journées à exiger, aboyer et taper du pied, il sera incité à faire de même. Si nous sommes détendus, coopératifs et souriants avec notre entourage, il y a des chances que notre progéniture le soit aussi.

Pour la même raison, *il ne faut pas frapper votre enfant.* Même une « petite claque ». À ses yeux, il n'y a pas de « petite tape » et de « grande baffe », pour lui, c'est la même chose. Et le jour où il mettra son poing dans le nez de son camarade de parc, il lui sera bien difficile de comprendre que « ça ne se fait pas » dès lors qu'il vous a vus le faire. La fessée enseigne la violence à l'enfant, donc. Elle l'humilie, même si ce n'est pas le but recherché par le parent qui tape. De plus, et outre le fait que la fessée est interdite par la loi, elle n'est pas une sanction efficace : un enfant peut très bien recommencer sa « bêtise » après avoir été frappé. Qu'allez-vous faire alors ? Frapper plus fort ? Sans doute que non. Vous voilà assez désemparé. Enfin, un adulte qui tape se sent, souvent, mal à l'aise ou honteux juste après. Alors qu'un adulte qui explique ou réexplique fermement les règles à son enfant se sent bien dans son rôle d'éducateur. Bref, la fessée, si elle peut « soulager » le parent sur le moment, présente beaucoup d'inconvénients à moyen et long terme.

Si vous vous sentez dépassés et que vous tapez vos enfants régulièrement, peut-être est-ce le moment d'en parler à quelqu'un (ami, famille, médecin, pédiatre...) ?

Parfois nécessaire, la punition ne doit pas servir à vous « venger » de l'enfant. À dire vrai, peu de punitions sont véritablement adaptées, donc efficaces, sur un enfant de moins de 3 ans. Pour tirer une leçon de la punition, encore faut-il en comprendre le principe, ce qui est difficile à un enfant si jeune. L'isoler (dans un coin, sur une chaise, dans sa chambre) a l'avantage de n'être pas humiliant... mais n'est guère efficace non plus ! L'enfant jouera avec le rideau ou avec ses jouets dans sa chambre, vous parlez d'une sanction ! Ou alors il fera la bêtise et se mettra lui-même au coin. Efficacité à peu près nulle.

En cas de bêtise, on peut éventuellement agir de la manière suivante : dire à son enfant que nous, les adultes, n'avons aucun plaisir à le voir faire ça, que la loi de la famille l'interdit (« chez nous on ne fait pas ça »). Il est assez efficace d'avoir le comportement émotionnel adapté à notre discours ferme (grosse voix, yeux froncés...). Si cela ne suffit pas, on peut quitter la pièce et laisser l'enfant en plan. *Pour un petit, l'une des seules sanctions qui ait un véritable impact est la séparation d'avec ses parents, la coupure de l'échange émotionnel.* Vous pouvez tester : éloignez-vous de votre enfant en lui expliquant que « ce qu'il fait n'est pas acceptable » : il sera sans doute bien puni.

La punition doit être courte — quelques minutes — et occasionnelle. Si la punition survient sans arrêt, l'enfant l'intègre comme une routine et elle perd son caractère éducatif.

Mieux vaut ne pas insister sur les « désobéissances » de votre enfant ou sur son « caractère de cochon ». Voilà l'un des grands principes de l'éducation : ce dont on parle le plus risque surtout de perdurer ! Plus on met en valeur l'un ou l'autre de ses traits de caractère, plus l'enfant sera tenté de s'y accrocher, c'est ainsi. Évitez de raconter ses bêtises au téléphone à vos amis quand il peut entendre. Appesantissez-vous plutôt sur ses bons côtés. « Tu peux être fier de toi, tu as drôlement bien géré la situation. » Il prendra alors un malin plaisir à vous donner raison les jours suivants. Les psys appellent cela « le renforcement positif », et ça marche !

Parfois (mais pas tout le temps, de temps en temps), *laissez votre enfant décider pour lui-même.* C'est le jour de se laver les cheveux mais il préfère jouer encore aux pirates dans son bain ? Soit. Reportez le shampooing à demain. Ne vous dites pas que vous lui avez « cédé », que c'est « lui qui gagne », vous n'êtes pas en guerre contre votre enfant. Avoir de l'influence sur sa propre vie est bon pour son ego.

Dramatiser et se projeter dans l'avenir ne sert pas à grand-chose et mine le moral. Si votre enfant n'en fait qu'à sa tête à l'âge de 2 ou 3 ans, ou même bien plus tard, cela ne signifie pas du tout qu'il deviendra un ado ingérable ou un adulte hors la loi. C'est simplement un passage obligé de son développement. Il façonne son identité, il grandit. C'est ainsi. Tenez bon ! (Cf. *Colère.*)

Que faire si j'ai tapé ?

Fessée, gifle... Même si vous culpabilisez, nul besoin d'en parler à l'enfant pendant quinze jours, ni de lui présenter des excuses comme on le ferait entre adultes (« je suis désolé » est flou et n'explique rien). Il importe simplement *de poser des mots clairs* sur ce qui s'est passé et *de mettre à plat les émotions* qui ont traversé cet épisode. Le but est d'expliquer, de soulager l'enfant comme le parent et de rétablir une communication sereine. Par exemple : « Je t'ai tapé, je n'en ai pas le droit mais j'ai été débordé, je ne savais plus quoi faire d'autre. Ça fait mal et ce n'est pas rigolo. La prochaine fois, nous allons essayer de mieux nous comprendre toi et moi, de mieux nous écouter, pour ne pas revivre cette situation pénible pour toi comme pour moi. » On le dit, on le fait et on passe à autre chose.

Pour aller plus loin...

Si le greffon devient le seul maître à bord et que vous perdez pied, il est toujours possible de rectifier le tir avec l'aide d'un professionnel (à commencer par le pédiatre).

On peut se mettre à bouquiner, aussi.

J'ai tout essayé !, Isabelle Filliozat, Éditions Lattès. Opposition, pleurs, colères : comprendre et traverser sans dommage la période de 1 à 5 ans. Un livre plein de conseils judicieux et de situations concrètes.

Parler pour que les enfants écoutent, écouter pour que les enfants parlent, Adèle Faber et Elaine Mazlich, Éditions du Phare. La bible pour les partisans de l'éducation non violente.

La Discipline positive. En famille et à l'école, comment éduquer avec fermeté et bienveillance, Jane Nelsen, Éditions du Toucan. L'éducation sans crier, mode d'emploi. Un best-seller.

Poser des limites à son enfant et le respecter, Catherine Dumonteil-Kremer, Éditions Jouvence. Un livre qui explique comment poser des limites en fonction des besoins de l'enfant et en écoutant ses émotions, sans avoir recours à la violence ni à la punition.

Se faire obéir sans (forcément) punir, Gilles-Marie Valet, Éditions Larousse. À l'opposé du livre précédent, voilà un pédopsychiatre qui défend la sanction et répond à une question fréquente chez les parents : comment punir en restant juste ?

De l'enfant roi à l'enfant tyran, Didier Pleux, Éditions Odile Jacob. Dépassé par votre petit dictateur ? Ce livre clair et pragmatique explique aux parents comment « retrouver la bonne autorité ».

Plus global sur l'opposition, les « crises », la désobéissance… Le livre de T. Berry Brazelton, pédiatre : *Écoutez votre enfant. Comprendre les problèmes normaux de la croissance,* Petite Bibliothèque Payot.

Un blog : www.superparents.com (« conseils et ressources en parentalité bienveillante et respectueuse »). Tenants de la parentalité positive, sans violence ni punition, les auteurs de ce blog partagent leur expérience de parents de trois enfants. À lire : leurs fiches pratiques sur les étapes du développement de l'enfant de 0 à 6 ans, très utiles pour comprendre ce que l'on peut légitimement demander à un enfant et ce qu'il n'est pas encore en mesure de pouvoir faire (www.supersparents.com/par-ou-commencer/).

Baby blues

Avant l'enfant

Titre de chanson.

« Baby blues », c'est pas de Nicoletta ? De Boney M, alors ? Bon, allez, on donne notre langue au chat. Eddy Mitchell ? Ah, oui ? Oui : « *Elle perd confiance, se sous-estime. Puis part se noyer dans la ville, perdue dans la foule, anonyme. C'est l'baby blues. Depuis que nous sommes trois, elle s'est évadée. Quand il n'était pas là, elle semblait rayonner.* » Mouais. Perso, le thème nous parle moyennement. On préfère le tube de Gene Vincent, moins dépressif : « *Well, I've got a brand new lover, I love her, yes I do. She's my one and only and her name is Baby Blue. Well now, baby, baby, baby, baby, Baby Blue. Yeah.* » C'est pas du Proust, mais ça swingue.

Après l'enfant

Claque sentimentale.

Et tout à coup, bébé est là. Dans nos bras, dans son landau, dans son lit, et ça swingue aussi, violent. Nous le regardons sans trêve ni répit quand une grande vague de sentiments nous submerge. L'inquiétude nous prend aux tripes sans prévenir, un vague à l'âme nous engloutit et les larmes jaillissent. Bienvenue, baby blues ! Le regard posé sur notre nouveau-né se fait distant quelques instants : pour lui, serai-je suffisamment forte, suffisamment grande, suffisamment... mère ?

« Pas sûr », nous soufflent nos chiennes d'hormones. Vidée, pas belle, pas bien... C'est nous, vue par nous-mêmes. Estime de soi au ras des pâquerettes, tout est soudain difficile, impossible, infranchissable. Les idées noires s'amoncellent, nous passant à la moulinette.

Et les larmes se font sanglots.

Ainsi coulent cette nouvelle fatigue, ce nouveau stress, ces nouveaux doutes, ces responsabilités inédites et pesantes. Nous y sommes, mères enfin, le moment tant attendu est arrivé. L'enfant dans nos bras, dans toute son innocence, nous jette pourtant dans un tourbillon de craintes.

Les larmes roulent toujours.

Chamboulement hormonal, chamboulement de rythme, de sentiments, de vie tout court.

Le baby blues, temps à part. Parenthèse pendant laquelle nous nous lavons de l'angoisse dans des torrents de pleurs inexpliqués. L'apaisement arrive peu après les larmes, elle est là, la sérénité, dans le souffle paisible de cet enfant qui s'endort. Notre enfant.

Le mot du pédiatre

Joie, peur, anxiété, culpabilité, découragement, tristesse… Quelques jours après la naissance de son bébé, la mère déborde littéralement d'émotions. C'est le baby blues, ou « syndrome du troisième jour », tempête émotionnelle passagère qui terrasse bien des femmes à la maternité.

Expliquons ce phénomène. Au neuvième mois de grossesse, Madame possède en elle plus de progestérone que jamais. Cette hormone a un fort effet anxiolytique et lénifiant. En clair : elle rend zen, calme, un peu molle même. Mais tout de suite après la naissance de l'enfant, en l'espace de deux ou trois jours, ce taux exceptionnel chute vertigineusement pour atteindre celui d'une fillette de 2 ans. *Exit* le sentiment de sérénité.

Par ailleurs, les suites de couches sont un moment extrêmement complexe psychologiquement. D'abord, les patientes viennent de vivre un séisme physique et psychique, l'accouchement. Elles perdent du sang, du lait, des larmes et une part d'elle-même, l'enfant, s'en est allée : elles connaissent donc un réel sentiment de morcellement. Cette impression de dislocation les saisit juste au moment où elles font face à une responsabilité nouvelle, et quelle responsabilité ! Quand on y pense sérieusement, se retrouver en charge d'un autre être humain n'est pas rien ; pas étonnant que les parturientes soient déboussolées quelques jours.

Autre source de stress : les autres. Tandis que la maman est mentalement et physiquement happée par son bébé, ses proches la sollicitent. Elle a des appels, des visites, elle est souvent en « représentation » alors que son esprit est ailleurs et que son corps, ma foi, n'est pas au top de sa forme. C'est, là encore, un facteur qui explique le blues de l'accouchée, ce premier reflet dans le miroir après la naissance du petit, ce sentiment de vide et cette allure encore ronde.

Enfin, tout ne s'est pas forcément passé comme la jeune maman l'avait prévu : l'accouchement a pu se révéler plus long ou plus difficile qu'on ne le lui avait prédit, les débuts de l'allaitement sont parfois plus compliqués. Enfin, son nourrisson lui-même ne correspond pas toujours à l'idée qu'elle s'en faisait, avant.

Avant. Elle l'avait imaginé blond ou brun, maigrichon ou dodu, avec les yeux de sa mère, la bouche de son père, et c'est l'inverse qui est sorti. Elle l'avait imaginé mignon comme une pub Nivea mais son nourrisson a une tête oblongue à cause des forceps, ou un teint légèrement violacé, ou un nez un peu écrasé par l'accouchement – ça va passer mais bon, en attendant, c'est surprenant. La jeune maman s'était imaginée la première nuit, lovée tranquillement contre son mini-bébé tout neuf, tout calme, tout tendre. Mais cet enfant-là crie non-stop et ne veut pas dormir.

Le « bébé imaginaire » était très gratifiant, le bébé réel l'est beaucoup moins.

C'est Michel Soulé, pédopsychiatre, qui a développé cette notion de « bébé imaginaire » pour décrire ce bébé des songes, celui que nous avons inventé dès notre tendre enfance en jouant à la poupée, celui qui a vécu dans notre esprit tandis que nous profitions de notre vie de célibataire, celui qui s'est mué un beau jour en projet de couple et à qui nous avons prêté mille qualités et mille vertus, celui qui a éclos, enfin, pendant neuf mois, dans nos pensées. Le vrai gros choc de la parentalité est sans conteste la confrontation entre ce nourrisson fantasmé et le nouveau-né de chair et d'os, qui s'avère tout différent.

Le réajustement auquel la jeune mère doit alors se plier explique en partie l'état de fragilité dans lequel elle se trouve quelques jours après son accouchement. Elle peut ressentir de la déception, ou l'impression de ne pas être à la hauteur de ce petit être plus complexe à décrypter que prévu. Elle peut se sentir dépassée. « Qu'est-ce que tu dois être heureuse ! », lui serine pourtant le monde entier, une coupe de champagne à la main, alors qu'elle-même reste soucieuse, en culpabilisant parfois de ne pas rayonner de bonheur.

Les professionnelles de santé (sages-femmes, médecins), qui connaissent bien les rouages du baby blues et à qui il arrive d'être enceintes, sont pour la plupart persuadées qu'elles échapperont à cette déprime postnatale. Et on les retrouve à la maternité, sur leur lit, les yeux rougis, en pleine éruption lacrymale, tout étonnées elles-mêmes de connaître à leur tour cet épisode existentiel à la fois violemment sismique et terriblement banal.

Bonne nouvelle : *le baby blues s'en va comme il est venu, rapidement.* La tempête hormonale se calme, l'ajustement mère-enfant se fait, les émotions reprennent un cours plus serein et au bout de quelques jours le cafard de la maman n'est souvent plus qu'un souvenir doux-amer. Sauf pour certaines femmes, chez qui la faille ouverte par la naissance de leur enfant ne se referme pas et laisse durablement remonter les peurs, les drames et autres fantômes tristes du passé.

Si cet état dure depuis plusieurs semaines, s'il s'aggrave ou revient périodiquement, si vous vous sentez profondément découragée, irascible, fatiguée, triste, incompétente, si vous avez du mal à penser, à agir, si vous en voulez à vous-même et/ou à votre bébé, ce n'est plus un simple baby blues mais, peut-être, une véritable dépression dite « du post-partum » (après l'accouchement). Cette pathologie n'est ni exceptionnelle ni anodine : elle toucherait 2 à 10 % des mères dans les mois qui suivent leur accouchement. S'accompagnant parfois de troubles physiques, elle nécessite une prise en charge médicale et n'empêchera nullement les femmes qui en souffrent d'être de très bonnes mamans.

Au secours, je déprime !

Vous êtes toute perturbée, vous venez d'accoucher héroïquement, vous êtes encore à la maternité où les plateaux-repas sont ce qu'ils sont, le baby blues vous tombe dessus, c'est pile-poil le moment de demander du réconfort : fleurs, diamants, rochers Suchard, câlins serrés (à votre compagnon, hein, sinon les chances de succès sont plus aléatoires... quoique). C'est également le moment d'appeler à l'aide. Parlez de votre tristesse aux médecins, aux sages-femmes, à vos amis, à vos proches. En discutant, elle va sans doute s'estomper, passagèrement peut-être mais ce n'est déjà pas mal.

Dorlotez-vous physiquement. Ostéopathie, sophrologie, yoga, massages, peu importe : vu ce qu'il a enduré ces neuf derniers mois, votre corps le vaut bien !

Que vous ayez souffert du baby blues ou pas, les premiers temps à la maison s'avèrent parfois durs, les questions nombreuses et le moral en berne. Sachez que des sages-femmes libérales se déplacent à domicile. Une bonne occasion de « lâcher » un peu de votre stress et de pouvoir causer avec une professionnelle.

L'assurance maladie prend même en charge à 100 % cet accompagnement personnalisé post-accouchement, jusqu'au 12e jour après la naissance. Au-delà, le remboursement sera moindre mais potentiellement pris en charge par votre mutuelle. Renseignements à la Sécu, joignable au 36 46. La maternité peut vous fournir une liste de sages-femmes libérales. Sinon, trouvez-en une dans les Pages jaunes ou via la PMI (Protection maternelle et infantile) de votre secteur (www.allopmi.fr).

Votre cafard empire, vous vous sentez nulle, vous regrettez d'avoir fait cet enfant, vous pataugez dans votre morosité ? Parlez-en autour de vous, et surtout consultez un médecin. Vous êtes peut-être en train de couver une véritable « dépression du post-partum ».

(Cf. *Défenestration.*)

Un site à fréquenter sans modération

http://www.maman-blues.fr

Fondé en 2004, ce site Internet est une mine d'informations sur la difficulté d'être maman. Baby blues, dépression post-partum, difficultés avec les enfants, détresse parentale… De nombreux articles détaillent les différentes facettes du « mal de mère » et le forum du site, qui fourmille d'échanges et de témoignages, est un véritable lieu de soutien pour toutes celles qui perdent pied. Des antennes « mamans blues » ont ouvert dans plusieurs départements, afin d'accueillir physiquement, d'écouter et d'orienter les femmes pour qui « la maternité n'est pas forcément synonyme de bonheur ». Certains de ces relais proposent également des groupes de parole. D'utilité publique, on vous dit !

Baby clash

Avant l'enfant

Nan mais qu'est-ce que c'est que ce truc ?
Jamais entendu parler.

Quelques semaines avant la naissance, le bébé nage dans le ventre et ses parents dans le bonheur. Lovés sur le canapé, ils guettent la moindre manifestation de leur futur nourrisson, et rien ne peut faire vaciller leur douce conviction : leur couple est en titane. Solide, quoi. Après tout, il a survécu à l'adversité (séparation géographique plus ou moins longue, vacances avec les copains/les parents de l'autre, éventuellement organisation du mariage). Bientôt, la famille s'agrandira et ce bébé tout neuf fortifiera leur amour. Qu'ils pensent.

Après l'enfant

Épreuve d'immunité du couple fraîchement parent.

Le bébé est arrivé, avec son lot de joies et, comment dire..., de changements.

La fatigue, les doutes, le manque de temps, les bouleversements hormonaux, la nécessaire réorganisation familiale, les nouvelles responsabilités... Vous découvrez les affres de la vie de famille en même temps que la signification de « baby clash » (c'est-à-dire « dispute due à l'enfant »). En réalité, les sujets de discorde conjugale sont globalement les mêmes qu'avant la naissance du greffon. Ce sont juste les détails qui changent.

• **Sujet du clash :** « T'as vu ce que t'as dépensé pour ce... c'est quoi d'abord ce truc ? » Avant la naissance : le sac à main de Kate Moss, des jantes alliage, un huitième jean. Après la naissance : une poussette carrossée comme une Ferrari. Une turbulette de créateur en coton bio d'Égypte. Une blouse tellement mignonne que Kate Middleton a pris la même pour baby George.

Antidote au clash : Le mensonge éhonté. « Mais nooon, qu'est-ce que tu vas penser là, ces pantoufles à tête de tigre pointure 22 n'ont pas coûté le PIB du Tuvalu, mais 8,50 euros. Oui, il y a des soldes n'importe quand, maintenant. »

• **Sujet du clash :** « J'en peux pluuuus, ta mère se mêle de tout ! » Avant : du contenu de notre frigo, de notre rythme de travail, de la couleur de notre papier peint. Après : de tout ce qui a trait à l'enfant.

Antidote au clash : La méditation de pleine conscience/ le yoga/le verre de whisky sec ou n'importe quelle technique qui permet de garder un calme olympien quand belle-maman nous rend visite. Et surtout : la fausse grippe, à dégainer à l'annonce d'une future visite (« désolée, pas possible, je suis très contagieuse »).

• **Sujet du clash :** « Tu pourrais m'aider quand même. » Avant : à changer les draps, à faire la vaisselle, à finir les valises, à nettoyer les W.-C. Après : à changer le bébé, à l'emmener chez le pédiatre, à nettoyer les W.-C.

Antidote au clash : Le compliment, suivi de la fuite sans sommation. « Tu sais bien comme Minipousse adoooooore être avec toi. Et comme elle est rassurée quand elle se blottit dans tes bras ! Allez, fais-lui plaisir, emmène-la chez le médecin/mets-lui son pyjama. Et n'oublie pas de ranger les courses, tu es si organisé, c'est tellement mieux fait quand c'est toi qui t'y colles. Bye ! »

• **Sujet du clash :** « Fais pas comme ça enfin ! » Avant : la quiche chèvre-tomate, le montage d'un meuble en kit, le créneau arrière en Twingo, les préliminaires. Après : le bain de bébé, le change de bébé, le repas de bébé.

Antidote au clash : Celui qui fait a raison. Sans exception. Si on pense que « si c'était nous, ce serait mieux », surtout on ne le dit pas.

• **Sujet du clash :** « Je ne t'attire plus, c'est ça ? » Avant : tu ne penses qu'au boulot, y en a marre. Après : tu ne penses qu'au bébé, y en a marre.

Antidote au clash : Prendre un baby-sitter et sortir de la maison. Maintenant.

Baby clash : mieux vaut prévenir…

Après la naissance d'un enfant, la crise de couple est plus fréquente qu'on ne veut bien le croire. Bien des parents ont envie de tout envoyer promener, le conjoint avec. Pour éviter ça, on peut agir en amont :

• Les petites attentions ne coûtent pas grand-chose et entretiennent l'affection : un bouquet de fleurs, un dîner traiteur improvisé, un petit plaisir genre bon gâteau à partager tous les deux sur le canapé… Cela peut atténuer les tensions.

• Quand le cœur vous en dit, pourquoi pas une sortie ? En laissant le tout petit bébé à une personne très proche, si vous êtes sur vos gardes. Et puis à mesure qu'il grandit, il peut être gardé par un(e) baby-sitter, voire par des amis, à charge de revanche… Une heure de balade avec votre amoureux/amoureuse, une expo, un ciné, puis, soyons fous, un ciné plus un resto : rien de tel pour apaiser l'ambiance à la maison.

SOS crise de couple !

• Des conseillers conjugaux et familiaux reconnus par l'État accompagnent les couples, dans toute la France. Pour obtenir leurs coordonnées :

L'Association nationale des conseillers conjugaux et familiaux, www.anccef.fr

L'Association Cler amour et famille, www.cler.net

La Fédération nationale couples et familles, www.couples-et-familles.com

L'Association française des centres de consultation conjugale, www.afccc.fr

L'École des parents, www.ecoledesparents.org

• Quelques livres apaisants et instructifs en période de tangage conjugal post-partum :

Le Baby Clash : le couple à l'épreuve de l'enfant, Bernard Geberowitcz et Colette Baroux, Éditions Albin Michel.

Ce bébé qui change votre vie, « Les premiers mois dans la famille », Élisabeth Darchis, tome 2, Éditions Fleurus.

Et aussi, éventuellement, pour les petits :

Papa et Maman se disputent, Diane Barbara et Alice Charbin, Éditions Sorbier, collection « Mouss ».

Baby-sitter

Avant l'enfant

Homme ou femme plus ou moins motivés et désireux de gagner de l'argent en regardant la télé.

On EST baby-sitter, parce qu'on est jeune, étudiant ou salarié, et fauché. C'est un job en or, franchement. Suffit d'avoir du bon sens et d'aimer les enfants. Ou pas, d'ailleurs, car la plupart du temps on arrive quand les petits sont couchés ou presque, et on peut tranquillement mater un DVD/réviser nos cours/zoner sur Facebook tout en étant payé. Les plus pénibles, nettement, ce sont les parents. Et que je te pose 36 000 questions avant de t'embaucher, et que je t'envoie 72 textos pour savoir si Cœurchéri s'est bien lavé les dents. (Soit dit en passant, Cœurchéri fait barboter ses Lego dans la cuvette des W.-C. dès que ses géniteurs ont le dos tourné.) À part ça, plus tranquille comme boulot, tu meurs. Sauf les soirs « pas de bol » où l'enfant a décidé de déclencher une gastro. Là, forcément, on rigole moins.

Après l'enfant

Superhéros de la vie sociale.

Une fois parents, on PREND un ou une baby-sitter. Pour sauver notre peau/notre couple/prendre un bol d'air, parce que les vendredis soirs devant NCIS à plier les langes propres, ça va bien cinq minutes (ou cinq mois, ou cinq ans, ça dépend des gens).

Avant de se lancer dans l'aventure, ouvrons les yeux et notre carnet d'adresses, à la recherche d'alternatives. Une grand-mère disponible, une amie dévouée, un frère célibataire ? Si vous avez ça en stock, tant mieux, parce que restau + ciné + baby-sitter = le prix d'un rein. Si vous devez rémunérer quelqu'un pour garder vos enfants de temps en temps, ça vaut tout de même un petit casting en règle. Pour partir danser l'esprit léger, quelques conseils :

1. Se fier au bouche à oreille, quitte à piquer le/la baby-sitter de votre voisine d'en face. Au jeu de la perle rare, c'est œil pour œil ! Si vous n'osez pas le kidnapping, interrogez ladite perle : aurait-elle une copine tout aussi merveilleuse qu'elle ? Demander, c'est pas voler.

2. Mettre votre candidat(e) en situation, avec quelques questions de routine. Exemples ? « Que faites-vous si mon enfant se réveille ? », « si mon enfant semble malade ? », « s'il y a un problème à la maison ? »... En tant que nouveau parent, les scénarios catastrophes, ça vous connaît ; c'est le moment de les faire partager ! À vous de juger si l'aspirant(e) baby-sitter est digne d'un(e) Lara Croft/Indiana Jones de la puériculture. Ou, du moins, si elle répond à vos besoins et apaise vos craintes.

3. Lui demander ce qu'il/elle va faire de sa soirée. Si elle répond « je vais bosser mes cours », elle ment sûrement, mais au moins a-t-elle suffisamment de jugeote pour ne pas répondre « je vais écouter de la musique à fond puis passer trois heures en ligne à batifoler avec mon nouveau mec ».

4. Fixer avant toute chose deux ou trois « détails » : d'abord le prix (qui varie souvent suivant les villes). Ensuite, les conditions. Votre perle rare aura-t-elle

besoin d'être reconduite chez elle ? Aura-t-elle dîné avant de venir ? Et enfin, les règles de base de la maison. Par exemple, lui spécifier que tout ce qui touche aux enfants (jouets, vêtements...) devra être rangé. Pareil si elle se mitonne un casse-croûte chez vous, histoire que vous n'ayez pas à faire le ménage en rentrant. Cela paraît évident, ça ne l'est pas pour tout le monde.

5. Lui fournir une liste exhaustive des numéros de téléphone d'urgence : Samu & Cie, mais aussi les vôtres, ceux des grands-parents, de votre frère, de votre voisine et même du facteur s'il le faut. Le tout est d'être rassurée en partant, peu importe si votre baby-sitter, du haut de ses 17 ans, vous prend pour une vieille maboule.

6. Lui laisser à portée de main, au moins la première fois, le nécessaire en cas d'accident de parcours : couches, lingettes, biberon, mouchoirs, pyjama de rechange, faisceaux lumineux au sol indiquant la sortie et masques à oxygène (on n'est jamais trop prudent).

7. Lui faire jurer sur son profil Facebook qu'elle vous enverra un texto toutes les demi-heures. Ou au moins un quand Cœurchéri sera endormi. Et un de plus vers minuit, tiens, pour confirmer que tout va bien. Les ados d'aujourd'hui sont hyperconnectés, autant que ça serve.

P.-S. Pensez à lui demander de laisser les toilettes aussi propres qu'elle les a trouvées en entrant. Non mais parce que la dernière fois qu'on a fait appel à un baby-sitter, il a réussi à boucher les cabinets, on se demande bien comment. Saleté de jeunes.

Où trouver mon/ma baby-sitter ?

D'abord, le bouche-à-oreille, rien de tel pour dénicher la perle rare. À défaut, on la cherche dans les petites annonces : celles du journal local, celles qui sont punaisées chez la boulangère ou à l'école des aînés. Autre piste : les sites Internet spécialisés où attendent sagement des milliers de candidatures (www.bebe-nounou.com, www.yoopala.com, yoopies.fr, www.famihero.com, www.yokoro.fr…).

Pour info, il n'y a pas que les jeunes gens qui font du baby-sitting : les mamies aussi ! Désireuses d'arrondir leur retraite ou de rester actives, des seniors expérimentées gardent vos enfants. Certaines de ces mamies-sitters le font même bénévolement. Pour dénicher la vôtre : www.maniseandkids.com, www.seniorsavotreservice.com, www.mamieaupair.fr, www.mamie-nounou.fr

Bain

Avant l'enfant

Moment de détente post-traumatique.

Prenez une quelconque journée d'hiver, ponctuée de valeurs Celsius négatives et de vent piquant nos joues, cryogénisant nos oreilles et hérissant nos poils. Plongez-vous alors dans un bain fumant aux vapeurs délicieusement odorantes ; la baignoire est immaculée, encadrée de petites bougies parfumées, un coussin vous cale la nuque et un bon magazine people traîne à portée de main. On respire, on décompresse, on n'est pas bien, là ?

Après l'enfant

Gymnastique pluri-hebdomadaire du parent, aquasplash de l'enfant.

Dès la maternité, alors qu'on vous demande de laver votre enfant, émerge la crainte qu'il se transforme en savonnette et finisse sur le lino de la salle de bains. Vous comprenez dès cet instant que l'étape quotidienne du décrassage ne sera pas de tout repos.

Au départ, vous allez vous casser le dos, quoi qu'il arrive. Normal : tant que bébé ne tient pas assis, vous passez dix minutes courbé(e) au-dessus de la baignoire, la main gauche agrippée à l'aisselle du Scotch de peur qu'il ne bascule dans ses sept centimètres d'eau. Plus il grandit, plus vous récupérez les fonctions initiales de votre colonne vertébrale, laquelle reprend peu à peu une courbure presque normale. Sauvé ? Naaaaan. Tout à coup, l'enfant découvre la joie primale de taper des mains à la surface de l'eau. Joie que bien des parents ne manquent pas d'immortaliser à grand renfort de Caméscope, Smartphone et autres gadgets technologiques. Erreur ! L'enfant ainsi admiré est certain de nous offrir le plus grand des cadeaux en transformant notre salle de bains en Atlandide postapocalyptique. Tenter d'expliquer à Chouchéri que finalement, non, ce n'est pas drôle (alors qu'on lui a fait répéter le même geste quatorze fois pour avoir le bon angle à la caméra) s'avère peine perdue : notre cohérence en a pris un coup.

On finit donc par écoper le carnage au verre à dents, plié en deux (et pas de rire), nous permettant de parfaire, finalement, cette petite cyphose débutante.

Après toutes ces émotions, on aimerait bien, nous, les adultes, nous détendre à notre tour dans un bon bain bien chaud. Ça ne coûte rien de tenter le coup, hein. De préférence lorsque notre progéniture dort chez ses grands-parents, histoire de ne pas être interrompue toutes les quatre minutes par des questions du type : « pourquoi on fait pipiiii, mamaaaan ? » (oui, on a enlevé le verrou de la salle de bains, comme celui des toilettes d'ailleurs, trop peur que le greffon s'y enferme). Surprise : nos bougies à la vanille ont disparu (égarées ? mangées ? mystère), le coussin de nuque sert désormais de doudou au chien et une armée fluo a colonisé les lieux. Bienvenue à trois milliards de petits poissons lanceurs d'eau, de Playmobil plongeurs et autres joujoux en plastique. Pas grave, on plonge quand même. À défaut d'onduler langoureusement dans l'eau, nous sommes solidement arrimé(e) à la paroi – merci aux petits poulpes/canards/poissons/dauphins à ventouses antidérapantes collés sous notre fessier. Notre magazine people ? Cœurchéri s'en est servi pour faire du crabouillage, mais rassurons-nous, nous ne nous ennuierons jamais dans le bain *kid-friendly* : des lettres en mousse adhèrent à la paroi de la baignoire, y a donc moyen de devenir champion en mots croisés de salle de bains. Il n'y a pas de petit profit, sur un CV, dans la catégorie « hobby », ça peut faire la différence.

Le mot du pédiatre

Le bain est le moment idéal pour passer du bon temps ensemble, et se laver bien sûr. Mais…

Pas trop. En matière d'hygiène, nul besoin de faire de zèle, même avec un nouveau-né, ce n'est guère utile. Un bon bain une ou deux fois par semaine dans une pièce bien chaude, c'est largement assez (sauf après une activité très salissante). Le reste du temps, une toilette de chat quand le besoin s'en ressent – fesses, cou, visage à l'eau et au savon – et voilà tout. La peau n'a pas besoin d'être récurée, cela risque de perturber son équilibre bactérien, qui joue un rôle protecteur. De plus, la couche de sébum qui la recouvre permet une meilleure hydratation, surtout si l'enfant a tendance à la peau sèche et à l'eczéma, il faut donc la préserver.

Pas juste pour se laver. La plupart des enfants adorent le milieu aquatique, n'hésitez pas à y jouer, même avec un tout-petit. Faites flotter votre nourrisson en le tenant juste sous la nuque, il aimera ça très vite !

Pas toujours la mère. Le bain est un moment magique d'intimité avec son enfant, particulièrement pour les pères, qui ont moins l'occasion de connaître une proximité physique avec leur tout-petit.

Pas forcément tout seul. Il n'y a aucune contre-indication sanitaire à ce que les parents se baignent avec leur progéniture. On peut éventuellement, nous, les adultes, nous savonner avant, surtout si on revient du foot ou qu'on s'est roulé dans la boue. Mais pas besoin d'astiquer la baignoire à la javel ou de paniquer à l'idée que bébé attrape nos poux ou nos mycoses. Le seul milieu stérile pour l'enfant est le ventre maternel. Dès qu'il en sort, notre enfant partage nos microbes au quotidien (c'est d'ailleurs à la suite de ce constat qu'on ne stérilise plus les biberons et qu'on ne désinfecte plus les seins des femmes avant la tétée). Le « bain familial », donc, n'est d'aucun danger, et, quand on l'apprécie, reste l'une des plus agréables fabriques de souvenirs de la toute petite enfance…

Le bain, en pratique

Il existe environ 372 façons de laver son enfant : dans le lavabo, dans la baignoire familiale ou dans une baignoire petit format, spéciale pour bébé, laquelle se pose par terre, ou sur des pieds, ou encore dans notre grande baignoire. Chacun son truc !

Certains parents, après avoir testé une dizaine d'accessoires avec leur progéniture, finissent par la baigner à l'ancienne, dans une bassine en plastique toute simple, avec leur bras comme rehausseur.

D'autres ne jurent que par les transats de bain (sorte de hamac incliné où allonger bébé, pour avoir les mains libres) ou par les anneaux de bain, qui calent le nourrisson en position assise (dans ce cas, attention à ne jamais laisser le bébé seul même une seconde, cf. *Accident domestique*). Bref, chacun son truc.

Notons tout de même l'existence de gadgets bien pratiques :

• La barrière de bain (chez Red Castle, notamment) pour éviter que l'enfant ait accès au robinet bouillant ou se cogne la tête dessus.

• Le réducteur (de marque Babydam ou autre), sorte de mur en plastique qui permet de rétrécir notre grande baignoire : pour qui veut économiser l'eau sans utiliser une petite baignoire spéciale bébé, c'est idéal.

• La baignoire pliable (Stokke), ou gonflable (Badabulle, Tomy, Oxybul, Carrefour…), ou pop-up (Saro) pour permettre à bébé de prendre un bain… quand ses parents ne possèdent qu'une douche !

Quel que soit le gadget utilisé, il ne faut jamais laisser son bébé seul, sans surveillance, dans une baignoire, même labellisée aux normes NF.

Balade

Avant l'enfant

Activité visant à s'aérer l'esprit et le corps afin de se détendre.

Avant de procréer, se balader se résumait souvent à aller baver devant la nouvelle collection de sacs à main d'un créateur, à rentrer dans une dizaine de boutiques, à rêvasser sur un banc, les yeux au ciel et un bout de cheesecake à la commissure des lèvres. La journée pouvait alors se terminer dans un bain chaud en fantasmant sur la prochaine balade… Peu importe où, pourvu que ça nous relaxe le genou.

Après l'enfant

Activité visant à aérer l'esprit et le corps du greffon afin de le détendre. Pour les parents, moment de plaisir, de flottement ou d'insondable ennui, cela dépend des gens.

9 h 41 : Tiens, si on allait se faire une petite balade pour tuer le temps et aérer le greffon ?

9 h 43 : Bon, alors, récapitulons.

Couches : Check

Lingettes : Check

Affaires de rechange : Check

Biberon : Check

Jouets : Check

Plaid : Check

Je rajoute le coupe-ongles aussi, tiens. Et le peigne. Le bavoir et un casse-croûte, mieux vaut prévoir. Bon, allez, je prends aussi le carnet de santé (on ne sait jamais).

10 h 15 : On peut y aller. Ah non ! J'oubliais le doudou.

10 h 18 : Bon, où va-t-on ? Au même square, il aime bien ce square, le Scotch, on ne va pas lui changer ses habitudes.

10 h 28 : Su-per, le greffon s'est lié d'amitié avec une flaque de boue. Lessive en perspective.

10 h 29 : Peut-on s'ennuyer davantage qu'au parc, franchement ? Je ne le pense pas. Heureusement, j'ai la 4G sur le portable.

10 h 35 : NON ! J'ai dit « pas le toboggan à l'envers » !

10 h 48 : J'ai les bras aussi musclés que Mauresmo à force de hisser le Scotch en haut de ce fichu toboggan (puisqu'il ne sait pas monter à l'échelle, le bougre).

10 h 55 : Pleurs. Ma fille vient de se prendre un coup de râteau en travers du visage. En même temps, elle avait piqué la pelle du petit Édouard, elle l'a bien cherché.

11 h 08 : PAS les graviers dans la bouche, enfin !!!!

11 h 10 : CRACHE ! Mais crache ces cailloux, bon sang !

11 h 13 : Chasse aux pigeons improvisée. Douze enfants courent dans tous les sens. Chute probable. Ah, non. Ah, si.

11 h 15 : Enfeeeeeeeeeer, j'ai plus de batterie sur mon téléphone, je fais quoi, MOI ?

11 h 16 : Allez, on rentre.

11 h 21 : Encore deux minutes et on rentre !

11 h 32 : Si seulement j'avais une maison avec un jardin, on n'en serait pas là.

11 h 33 : Et même pas de batterie pour regarder les annonces de pavillons à vendre.

11 h 35 : On y va, maintenant.

11 h 36 : Ah ! non, pas de caprice mon Bouchon, on y va, j'ai dit.

11 h 47 : Mais laisse-moi t'attacher dans la poussette, voyons !

11 h 48 : GO. Tiens, elle avait l'air sympa cette maman qui s'ennuie là-bas... J'aurais pu lui parler...

12 h 04 : Mais tu as rapporté tout le square dans tes poches ou quoi ? À la douche, petite !

12 h 12 : Allô, la société de plomberie ? Oui, j'ai un souci de canalisations, oui. Bouchées avec du gravier. Et des feuilles, aussi. Non, je ne sors pas cet après-midi finalement, vous pouvez passer.

Le mot du pédiatre

Le monde se sépare en deux catégories : les parents qui trouvent qu'il faut sortir tous les jours « parce que c'est bon pour la santé » et ceux qui, tout au contraire, se méfient du plein air « parce que c'est comme ça que les enfants attrapent froid ». En réalité, il n'y a ni interdiction ni nécessité à sortir un enfant tous les jours. C'est donc « comme on le sent ». Un petit grandira parfaitement bien si ses parents sont des férus d'air pur qui arpentent villes et campagnes baskets aux pieds. Il se développera aussi bien si ses parents préfèrent rester à la maison en pantoufles, sauf, évidemment, s'il vit dans un logement précaire ou insalubre.

Avant de décider si vous irez aujourd'hui vous balader dehors, les trois seules questions à vous poser sont :

• *Ai-je envie de me promener ?* Sinon, ne vous forcez pas. Rien de plus pénible que la sortie « obligatoire », pendant laquelle le parent soupirant ou agacé fait un ultime tour de pâté de maisons pour atteindre les trente minutes réglementaires.

• *Quel temps fait-il ?* Si on a un nourrisson, il vaut mieux éviter de le sortir lorsqu'il fait grand froid. Si on y est obligé, on le transporte dans un porte-bébé ou en écharpe, recouvert par son manteau. Le brouillard véhicule des particules irritantes pour les bronches du tout-petit, donc ce n'est pas le temps idéal pour promener bébé. Enfin, le très grand soleil ne lui est pas favorable non plus – il pourrait attraper un coup de chaud lors de la balade, préférez alors sortir « à la fraîche », le matin ou en fin de journée.

• *Mon enfant est-il surexcité ?* Si vous pensez ne plus supporter longtemps de l'entendre hurler ou de le voir gesticuler, faire une virée au parc peut être une solution, afin qu'il se défoule, marche, coure, crie… dans un espace adapté et loin de vos oreilles.

PENSE-BÊTE : Si vous avez un tout jeune bébé, évitez de vous « promener » dans des lieux clos et bondés, du style grands magasins pendant les soldes, ou de prendre les transports en commun aux heures de pointe, ce sont de véritables nids à virus.

Par ici la sortie !

Toujours le même square, chaque jour, quel ennui ! Voilà quelques bons guides, Web et papier, pour varier les promenades en famille.

• Pour tout le monde :

www.citizenkid.com

www.wondercity.com

www.lepetitmoutard.fr

www.familiscope.fr

• Pour les Parisiens :

www.parismomes.fr

www.parisdesparents.com

À lire :

100 sorties cool avec les enfants à Paris, Isabelle Calabre, Éditions Parigramme.

Ma poussette à Paris, Stéphanie Miloche, Éditions Jacob Duvernet. Et le blog de l'auteur :

http://mapoussetteaparis.blogspot.fr

Le guide d'une serial mother à Paris, Jessica Cymerman, Éditions En voyage.

• Pour les Lyonnais :

www.bullesdegones.com

www.onlygones.com

À lire :

100 sorties cool avec les enfants à Lyon, Sindy Barberon, Éditions Les Beaux Jours.

• Pour les Marseillais et les parents de la région Paca :

www.pacamomes.com

• Pour les parents lillois :

www.kidzou.fr

www.motherinlille.com

• Pour les parents du Languedoc-Roussillon :

www.dehorslespetits.fr

Balance

Avant l'enfant

Accessoire de salle de bains plus ou moins antipathique.

La faute aux magazines, aux critères actuels de beauté et à l'été qui ne fait rien qu'à revenir chaque année avec son lot de bikinis, la balance permet chaque jour de se rappeler pourquoi on rentre – ou non – dans notre jean. On la déteste ou on l'adore, c'est selon, tout en ne sachant nous en passer, alors qu'on pourrait sauver une minute par jour si on arrêtait de se peser tous les matins. 365 minutes. Plus de 6 heures par an. Soit une saison entière de « j'ai décidé de maigrir ». Ça fait réfléchir.

Après l'enfant

Épreuve de vérité parentale.

Alors que, dans la vie normale, demander le poids de quelqu'un s'apparente à la plus ébouriffante grossièreté, l'arrivée d'un bébé met, comme d'hab, le monde à l'envers. « Et il pèse combien ? » : ces mots seront entendus un millier de fois par chaque nouveau parent dès lors qu'il annoncera la naissance de sa progéniture. Crevette ou Bibendum ? La question semble d'importance, la réponse aussi, qui s'invite jusqu'au faire-part de naissance.

À croire qu'on juge de la qualité d'un steak qu'on vient d'acheter chez le boucher, le poids de l'enfant vire parfois à l'idée fixe. Alors, une fois chez le pédiatre ou à la PMI, nous voilà plus tendus qu'un élastique de cour de récré face à cette aiguille qui révèle si, oui ou non, notre enfant est bien élevé au grain. Il a pris 153 grammes, il a stagné, il a perdu 18,2 grammes ? S'il grossit, c'est l'extase, nous décrochons la première étoile au concours du bon parent. S'il maigrit, waouh, c'est de la sueur que je sens dans mon dos ? Panique à bord.

Parce que cette histoire de poids peut nous pourrir la vie, l'investissement dans une balance romaine spéciale bébé est à proscrire. Tant qu'on y est, on peut aussi jeter notre pèse-personne qui a rendu l'âme pendant la grossesse (la vie est bien faite parfois).

Le mot du pédiatre

La puériculture moderne est pleine de diktats. « Il faut… », « on doit… ». Elle aime à mettre le bébé en équation et dans des cases. Cette tendance normative atteint l'un de ses points culminants en matière de poids. Et ça ne date pas d'hier.

Un exemple ? La « règle d'Appert ». Cette « loi » a incité des générations de parents à nourrir leur bébé ma-thé-ma-ti-que-ment. Son principe est simple : jusqu'à ce qu'il diversifie son alimentation, le nourrisson doit manger chaque jour une ration de lait égale à « son poids divisé par 10 plus 250 ml ». Cette équation, si elle est peu connue du grand public, préside toujours à la destinée alimentaire de nombreux bébés de nos jours.

Regardons de plus près cette formule. Elle résulte d'une étude statistique. Elle nous dit qu'en moyenne, pour bien grandir, un nourrisson doit prendre tant de grammes par jour, et donc boire tant de millilitres de lait. En moyenne. Elle ne s'applique donc pas telle quelle à chaque bébé. Elle est informative, cette règle, et n'a pas valeur d'absolu, même si bien des parents et des professionnels de la petite enfance la prennent, aujourd'hui comme hier, au pied de la lettre.

Les courbes de poids que l'on trouve dans le carnet de santé de l'enfant sont, elles aussi, la synthèse de statistiques. Elles indiquent que les enfants croissant correctement prennent en moyenne entre tant et tant de grammes par mois. Visuellement, cela donne deux courbes de corpulence, celle qui correspond à la moyenne haute et celle qui correspond à la moyenne basse. Il y a de fortes probabilités que le tracé du poids de votre enfant se glisse entre ses deux courbes. Mais parfois, ce n'est pas le cas.

Car le « bébé moyen » n'existe pas.

Dans la vie normale, c'est-à-dire hors des traités de puériculture, il y a des bébés affamés et des chipoteurs, de gros mangeurs et de petits appétits, des minces, des dodus, une infinité d'enfants différents qui ne se nourrissent pas comme leur voisin et qui grossissent plus ou moins vite, n'entrent pas dans les cases, et s'en portent très bien.

« Mais comment faire, docteur, pour savoir si le poids de mon enfant est bon, s'il mange trop ou pas assez ? »

Le mieux à faire est d'abord de *nous relaxer,* nous, les adultes. Ne pesez pas votre enfant ; nous, pédiatres, nous en chargeons en consultation, cela suffit. Le poids, notamment celui de nos enfants, est devenu une obsession dans notre société. Certaines mères angoissent à chaque repas car leur bébé a un appétit d'oiseau. Certains pères ont, dans leur tablette tactile, un programme pour vérifier si la courbe de poids de leur fils est « standard ». Bien des parents souhaiteraient que leur petit soit au-dessus de la moyenne en taille et en dessous de la moyenne en poids, projetant ainsi sur leur bébé les canons de la beauté adulte. Cette obsession est délétère, car elle pousse à vouloir maîtriser l'alimentation de notre progéniture. Or, c'est justement l'inverse qui est recommandé afin que l'enfant se développe correctement et apprenne à satisfaire ses besoins alimentaires, ni plus ni moins : il faut lui faire confiance.

En matière de nourriture, l'enfant sait parfaitement s'autoréguler. *Laissez à votre bébé le soin de maîtriser ses quantités et ses rythmes d'alimentation,* qui lui sont personnels et qu'il connaît. Ne « donnez » pas à manger à votre enfant ; « proposez-lui » à manger. Il en veut ou il n'en veut pas, ou juste un peu, c'est son droit. Lui seul sait s'il a faim. À 3 mois, par exemple, certains enfants font quatre repas et d'autres six ou huit. C'est ainsi, chacun son tempo. Si vous ne tentez pas de faire entrer votre bébé dans des cases alimentaires de rythme et de portions, alors le poids de votre enfant sera « le bon », c'est-à-dire celui qui lui est propre et qui lui convient.

N'anticipez pas. La corpulence d'un enfant ne présage en rien celle de l'adulte qu'il sera. Un bébé qui dévore comme quatre et collectionne les petits bourrelets ne deviendra pas un trentenaire obèse. Les besoins d'un tout petit enfant n'ont strictement rien à voir avec ceux d'un adulte. Les trois premiers mois, il va grandir d'un centimètre par semaine ! Cette croissance ultrarapide nécessite du carburant ! Un exemple ? Un petit de 2 à 3 mois boit fréquemment 150 à 180 ml de lait par jour. Proportionnellement, un adulte de 70 kilos ingurgiterait environ 12 à 15 litres par jour ! Cela n'a strictement rien à voir, le petit enfant a un bon coup de fourchette et c'est parfaitement normal. Certains l'ont oublié et projettent désormais leur peur du surpoids sur leur progéniture : les premiers cas de malnutrition infantile due aux régimes et aux édulcorants sont signalés aujourd'hui aux États-Unis…

La hantise de l'anorexie rôde également dans l'esprit de bien des parents. Mais un tout petit mangeur n'est pas voué à l'anorexie ! Certains bébés ne finissent pas leur biberon, c'est ainsi. Souvenez-vous de votre enfance, à vous, les parents. Étiez-vous ronds ou fins ? Mangiez-vous comme un ogre ou plutôt comme un moineau ? Votre petit, sans doute, vous ressemble. Le poids d'un être humain est grandement influencé par son patrimoine génétique, alors pas d'inquiétude si celui de votre progéniture ne correspond pas à la norme en vigueur.

Arrêtez de regarder la courbe de poids de votre bébé. Regardez-le, plutôt, lui, dans sa globalité. Grandit-il bien ? Après le repas, semble-t-il repu, content ? Si vous répondez oui à ces deux questions, sa corpulence ne doit pas vous inquiéter, votre enfant va parfaitement bien.

Courbe de poids, mode d'emploi

Deux choses à savoir sur la courbe de poids :

• Peu importe si votre enfant est « au-dessus » ou « en dessous » de la moyenne. Ce qui compte, c'est qu'il y ait une régularité dans sa croissance, qu'il ne se trouve pas dans sa courbe de cassure ni d'accélération inopinées.

• Si vous allaitez au sein, sachez que les courbes de poids que l'on trouve dans le carnet de santé de votre enfant ont été définies à partir de données de bébés au biberon, qui n'ont pas le même rythme de croissance que les bébés au sein. Le bébé au biberon grossit non-stop les six premiers mois. En revanche, beaucoup de nouveau-nés nourris au lait maternel prennent un kilo par mois pendant les deux ou trois premiers mois de leur vie, puis arrêtent de grossir pendant deux mois, ou grossissent moins vite. Certains médecins, méconnaissant cette particularité de l'allaitement au sein, ont vite fait d'incriminer le lait maternel et de prescrire des biberons afin d'enrayer ce qu'ils considèrent comme une « prise de poids insuffisante ». À tort. Vers l'âge de 2 ans, avec la diversification alimentaire, tous les bébés, allaités au sein ou pas, ont des poids similaires.

L'Organisation mondiale de la santé a publié des courbes de poids spéciales « bébés allaités », à télécharger ici : http://solidarilait-idf.over-blog.com/article-25039997.html

Bêtises

Avant l'enfant

Chanson des années 1980.

Rendons à Sabine Paturel ce qui appartient à Sabine Paturel : un seul tube, mais quel tube ! *Les Bêtises*, donc, chanson numéro un des ventes pendant à peu près 36 semaines dans les années 1980. Le Top 50 a tremblé : Sabine avait-elle vraiment scié les pieds du lit ? Et bu le rhum-Coca ? Et fumé toutes les Craven A ? À sa décharge, Mlle Paturel faisait beaucoup de bêtises parce qu'« Il » n'était pas là – ça a dû fournir pas mal d'alibis aux jeunes femmes de l'époque, cette histoire.

Après l'enfant

Souvenirs familiaux plus ou moins drôles.

À bien y réfléchir, les bêtises sont sans doute programmées dès le départ, dans le cerveau même de l'enfant. C'est tout juste si elles ne se lisent pas dans ses petits yeux. Oui, dans ses premiers regards, on pourrait presque déterminer un quota approximatif du nombre d'andouilleries à venir. Regardez votre bébé ! Notez son air coquin ! L'amour filial vous aveugle, vous ne voyez rien ? Alors, laissez-moi vous ouvrir les yeux avec, ci-dessous, une liste des âneries enfantines auxquelles vous aurez probablement droit. Recensement non exhaustif, pour vous laisser la joie d'en découvrir par vous-mêmes. L'imagination grandissante de votre lardon lui permettra de compléter cet inventaire des bêtises, année après année. Ça fait partie de son développement, paraît-il.

De 0 à l'âge des premiers déplacements : l'ère de *la bêtise gentille*.

• Tirage de cheveux.

• Craquage de collier ou arrachage de boucles d'oreilles trop longues (vous tentez l'ennemi aussi, avec tous ces trucs qui brillent).

• Jeté de jouet/nourriture/assiette par-dessus bord, avec une grande préférence pour les vols en piqué, de la chaise haute vers le sol. Vous récupérez ce qui s'est fracassé sur le sol, ruinant votre dos au passage, et le replacez dans la main du greffon. Mais ledit objet repart aussi sec par terre. Essayez de conserver votre bonne humeur naturelle : le propulsé-ramassé, c'est le running-gag favori du greffon.

À l'âge des premiers déplacements : *la bêtise potentiellement dangereuse.*

• Test des prises électriques, au doigt. Attention, le Scotch a un sixième sens pour trouver la seule prise de l'appartement qui n'ait pas été protégée.

• Découverte de la bibliothèque-discothèque-DVDthèque et réagencement total du classement.

• Tentative d'escalade sur tous supports : table basse, télé, lit à barreaux, chaises, genoux de papa, baignoire, rideau... L'enfant ne recule pas devant la difficulté. Maîtrise de son corps dans l'espace : aléatoire. Solidité du support : aléatoire. Penser à poser un sol mou, type square, dans toute la maison.

• Utilisation des narines pour y caler des miettes de pain/minuscules cailloux/mousse de canapé/clou rouillé/pions de Mastermind/feuilles du ficus.

P.-S. : Méfiez-vous du calme comme de la peste. On constatera que ce phénomène rare cache souvent une bonne bourde greffonnale. Si votre enfant n'est pas venu vous interrompre pendant votre pause pipi, c'est certainement qu'il est en train de retapisser le parquet avec les pâtes alphabet. S'il ne vous coupe pas la parole pendant que vous discutez avec votre voisine du premier, c'est sûrement parce qu'il est en train de revoir la présentation de vos contacts téléphoniques. S'il n'est pas entré une seule fois dans la salle de bains pendant votre douche... c'est fatalement qu'il s'enfile en douce des boulettes de mie de pain dans les oreilles. Il n'y a rien de plus louche que le silence quand on a un bébé.

Après les douze premiers mois, ce sera enfin la découverte des *vraies bonnes blagues-bêtises*, dignes de figurer dans un calepin, à ressortir pendant la soirée de son mariage (créer des dossiers peut considérablement détendre le parent un peu dépassé par l'imagination sans borne de son Scotch) :

• Questions chocs : « Maman, pourquoi la dame est moche/grosse comme Dumbo/a des boutons/pas de cheveux, etc. »

• Esprit taquin, notamment avec le papier-toilette que l'enfant vole discrètement pendant que son parent est concentré sur un magazine ou un Tetris sur Smartphone. Très pratique une fois qu'on souhaite sortir de là. « Rapporte-moi ce rouleau immédiatement » ne fonctionnant que très peu, rusez : emportez avec vous un paquet de mouchoirs. TOUJOURS. Quand le greffon aura fini de rire en vous piquant le rouleau, ne vous inquiétez pas trop, vous retrouverez très certainement ledit PQ dans le fond de la cuvette. Entier. Si vous avez de la chance, avec le balai W.-C. qui a touillé le tout pour ne former qu'une masse compacte et écœurante. Berk.

• Bonnes vieilles hontes. Une fois que Grumeau a la parole, il n'est pas près de la lâcher, alors évidemment, de temps en temps, ça ripe. Si possible en public, sinon ce serait moins marrant. « Maman elle pète quand elle fait caca » (à la caisse du supermarché) ; « Papa il met la crème de maman le soir » (à la soirée foot, tous les copains supporters réunis à la maison) ; « Mamie elle pique » (devant mamie) ; « Je veux pas faire de bisous à papy, il sent pas bon dans sa bouche » (devant papy) ; « Bonjour poutain » (à la voisine, dans l'ascenseur : mais où a-t-il appris ce mot, je vous le demande ?) ; « Et pourquoi le docteur il a du poil dans le nez ? » (penser à changer de pédiatre).

Appelons ça les bons souvenirs.

Le mot du pédiatre

« Mais enfin, docteur, où va-t-il chercher toutes ces bêtises ? »

Pas très loin. Les bêtises sont des actions ou des réactions qui viennent naturellement à l'enfant, particulièrement dans sa prime jeunesse. Elles font partie de son activité normale.

Ce sont nous, les adultes, sensibles aux convenances sociales, à l'ordre et à la propreté, qui les taxons de « stupidités ». C'est parfois difficile à croire mais dans la plupart des cas l'enfant qui a commis la fameuse bêtise n'a absolument pas eu l'intention de nuire ou de provoquer. Avant 3 ans, il ne l'a pas « fait exprès pour embêter », ni « contre quelqu'un », ni même par « provocation » ou par « coquinerie ».

N'oublions pas que le petit enfant ne pense pas comme nous. S'il renverse son coffre à jouets par terre alors même que son père vient juste de finir de ranger tous les jouets dedans, c'est somme toute pour lui faire plaisir. Eh oui, Papa aime « visiblement » ranger la chambre du bébé, il met les Lego dans leur boîte avec empressement, aligne les peluches sur le lit avec zèle, il a l'air ravi de remettre tout en place ! Avec satisfaction, papa commente à haute voix devant bébé : « C'est bien de ranger ses affaires ! » Alors, une fois l'ouvrage terminé, bébé prend son coffre à jouets et le renverse entièrement. Juste pour recommencer, c'était si plaisant !

L'enfant monte sur le canapé avec ses bottes pleines de boue car il ne voit pas pourquoi il en serait autrement. Se déchausser avant d'entrer, mais pourquoi ? Pour ne pas salir toute la maison et avoir à nettoyer après ? Mais comprendre cela nécessite de se projeter dans l'avenir, ce dont l'enfant est psychologiquement bien incapable. Quand il a envie de rentrer à la maison, il ne pense pas à autre chose que cela, il est dans l'instant présent. Entre sa naissance et l'âge de 3 ans, voire bien plus tard, ses capacités d'anticipation étant très faibles, l'enfant ne prémédite pas grand-chose.

S'il dit que M. Dupont a mauvaise haleine, c'est qu'il est plein de spontanéité et que, sans doute, Dupont sent bizarre. Pourquoi ne pas l'exprimer ? Par politesse ? Notion abstraite pour un petit. Les conventions, la courtoisie, les « on ne fait pas ceci ou cela » : ce type d'apprentissages socioculturels vient plus tard, entre 3 et 6 ans.

Si votre rejeton verse le paquet entier de farine sur le tapis, c'est qu'il cherche à voir ce que cette expérience va donner. Intéressant, non ? Il découvre le monde, il explore, parfois ça tache. Mais c'est l'activité principale à son âge.

S'il donne un grand coup de poing sur l'ordinateur de maman, c'est qu'il méconnaît le double sens des mots. On lui a dit « tu peux taper maintenant » (dans le sens de « pianoter sur le clavier pour voir apparaître des lettres »). Alors, il tape. Le petit enfant ne comprend que l'univoque, et méconnaît également le second degré, tout comme la nuance.

S'il enchaîne les « pipi-caca-prout », qu'il raconte votre intimité viscérale par le menu à sa nounou, qu'il vous suit aux W.-C., se fait des colliers en papier-toilette et patouille dans son caca, pas d'inquiétude, ça ne durera pas. Entre 1 et 3 ans (période qualifiée de « phase anale » par Freud), l'enfant apprend la propreté et ce n'est pas rien. Psychologiquement, c'est un grand pas : l'enfant commence à contrôler ce qui sort de lui, il découvre qu'il est maître de ses sphincters, il doit laisser s'échapper une « part » de lui-même... Bref, c'est une période de progrès physiologique et d'effervescence psychologique qui, concrètement, peut générer aussi quelques « bêtises » scatologiques. D'autant plus que ces histoires de caca ont l'air d'intéresser très fort les adultes ! Il n'y a qu'à voir comme ils sont impatients de voir l'enfant « faire dans le pot », et comme ils s'extasient une fois l'exploit réalisé ! Pourquoi l'enfant passerait-il à un autre sujet ? Il ne se lasse pas de mettre en scène ce nouveau plaisir, la maîtrise des sphincters, en mimant, en jouant, sur l'air de « pipi-prout ».

S'il dit « au revoir, bombasse » à la voisine l'air de rien, c'est qu'il est en phase de test permanente. Il ne teste pas les limites de ses parents mais bien les mots et les attitudes qui sont nouveaux pour lui et qu'il a vus chez ses parents, ses camarades ou d'autres personnes. Est-ce que ce terme, ce geste est adapté à la situation présente ? Il ne le sait pas encore, donc il essaye et il jauge la réaction de son entourage. Ça passe ou non, et c'est ainsi qu'il apprend comment parler et se comporter dans la société qui est la sienne. Observation-reproduction, essai-erreur : c'est l'une des méthodes privilégiées d'apprentissage chez le petit enfant.

C'est vrai, il faut le reconnaître, parfois l'enfant réitère ou accumule les bêtises simplement pour créer de l'émotion. Tirer fort sur les rideaux, insulter un proche, barbouiller le canapé de terreau, quels détonateurs affectifs ! Que c'est drôle, comme c'est intéressant de voir les adultes se mettre en mouvement si fébrilement ! C'est mieux qu'un spectacle, car l'enfant lui-même en est le créateur et le centre. Il est puissant, à sa façon, malgré sa petitesse. Un vrai metteur en scène !

Par conséquent, si les adultes font une montagne de sa grosse gaffe, l'enfant la reproduira probablement, elle ou une autre. Plutôt que de crier, mieux vaut tenter de parler vrai, calmement : rappeler la règle, l'expliquer, exprimer son ressenti. « Il ne faut pas dire que papy a un gros bouton moche, il n'aime pas, cela pourrait le vexer ou le chagriner. Je l'aime bien, papy. Et toi ? »

Maintenant, retenez votre souffle jusqu'à la prochaine bêtise.

Y a pire ailleurs

Raser le chien, repeindre le salon à la farine, maquiller le petit frère au stylo-feutre indélébile, donner à manger au sèche-linge, se shampouiner au yaourt… Qu'elle est vaste, la palette des bêtises ! Des parents internautes ont mis en ligne les photos des plus belles réussites de leur progéniture. Le résultat est réjouissant et, quelque part, réconfortant : les enfants des autres sont bel et bien pires que les nôtres. La preuve sur :

- www.shitmykidsruined.com
- http://noubliezjamaislacapote.tumblr.com

Bilinguisme

Avant l'enfant

Qualité d'une personne parlant deux langues.

Être polyglotte, quel formidable atout professionnel ! Plus la seconde langue parlée est rare, plus notre CV se distingue sur le marché du travail. Toutefois, maîtriser l'anglais reste vivement conseillé, car bien plus usité que le wolof, malgré tout.

Après l'enfant

Qualité indispensable pour s'exprimer en famille.

Être polyglotte, quel formidable atout personnel et familial ! En effet, quand on a des enfants, il est indispensable d'être doué en langues. Pour comprendre tata Marthe lorsqu'elle s'adresse à son petit-neveu, pour causer discrètement à notre conjoint et pour décoder les borborygmes de notre rejeton, oui, c'est un fait, il faut maîtriser trois langages principaux.

1. Le parler bébé

L'avez-vous constaté ? Il y a toujours quelqu'un pour parler à votre bébé comme à un débile profond. Parfois, c'est tata Marthe, et parfois c'est vous. Oui, vous, ne niez pas. Même s'il s'est juré-craché de s'adresser NOR-MA-LE-

MENT à son enfant, tout parent qui se respecte gagatise de temps en temps à voix haute. C'est scientifiquement prouvé (en tout cas, on trouvera bien une étude là-dessus un jour). « Et alors, il a fait son *pitit* caca mon gros *babounet* d'amour, *rho lala* mais oui, mais oui, qu'il est beau, *arheuuu* mais oui, *lala* qu'il est *cro meugnon* le bébé à sa maman qui va faire son *rototo* ! »

Bravo, vous êtes officiellement bilingue bébé option niais.

2. Le yaourt parental

L'acquisition de cette langue est tout à fait cruciale, car elle permet aux adultes de discuter librement devant leur enfant, sans que celui-ci y comprenne rien ni puisse s'immiscer dans la conversation ou la répéter à quiconque. Formidable ! Motivé par la perspective d'avoir un vrai dialogue avant 20 heures, le parent acquiert rapidement les rudiments du yaourt. Il faut dire que c'est simple comme bonjour : il s'agit de remplacer subtilement les mots-clés de notre propos par leur équivalent dans un dialecte inconnu du greffon. Ainsi, mélanger un peu d'anglais, trois termes allemands et quelques vieilles bases d'espagnol 3e langue permettent de mitonner un dialogue confidentiel. Exemple ? « Chéri, j'ai acheté des *ice creams* comme tu aimes, si tu *lookes for it*, c'est à côté des steaks hachés. Sinon, y a ta *madre* qui a téléphoné encore, elle me rend *loca* à appeler tout le temps, elle devient *very stressful*, tu vois ça avec elle. »

Les capacités intellectuelles du greffon s'affinant de mois en mois, vous devrez sans doute sophistiquer votre yaourt. Ou changer de tactique. Si apprendre le langage des signes vous fatigue d'avance (il existe pourtant de très bons tutoriels sur Internet, feignant !), vous pouvez toujours épeler les mots que l'enfant ne doit pas entendre : « Tu vas chercher un M.A.C.D.O quand le P.E.T.I.T est au *bed* ? »

La bonne nouvelle ? Cette solution risque de motiver grandement le greffon à apprendre l'alphabet, même à 3 ans. La mauvaise, c'est qu'un jour ou l'autre, il vous faudra vraiment attendre qu'il dorme pour échanger sur des sujets aussi secrets que la planque des bonbons.

3. Le moldave enfantin

Lorsque l'enfant prononce sa première syllabe, c'est un grand moment de griserie pour toute la famille. On la lui fait répéter inlassablement, écoutant fièrement son « ba ba baaa » qui, si on tend un peu l'oreille (beaucoup en fait), laisse deviner un « papa » très clair. S'ensuit une lente progression, jusqu'au jour où bébé varie les syllabes pour former des mots. Des mots ! Enfin, des sons. Des sons qui ont une signification pour lui, et que vous apprendrez vite à traduire.

« A cassé la pépesse avé la porchure.

— Qu'est-ce que tu dis chérinette ?

— La pépesse est cassée, a boum la pourchure et marche pu la pépesse.

— Mais c'est quoi la pépesse ? (Car je sais ce que c'est qu'une porchure, oui, oui.)

— E bébé la pépesse…

— Je ne comprends pas, c'est ton bébé qui est cassé ? »

Regard consterné et articulation lente de l'enfant, genre « il manque des neurones à ma mère » :

« Non, a pééééééééépeeeeeesse a casséééééééé !!!! »

Vous l'aurez compris, le greffon n'est guère patient, et il sait parfaitement insister s'il vous trouve un tantinet long à la comprenette. Au bout d'un certain temps, vous, gentils parents, maîtriserez à la perfection le langage de votre enfant... Tandis que les autres êtres humains croiront entendre parler moldave. Ou kurde.

Exercice d'entraînement : traduisez cette phrase : « La vachure est fait du bi papa. » Vous avez cinq minutes. Calculettes interdites.

Ça y est ? Vous savez ce que « brananeu » signifie et que « kéké » désigne les clés de voiture ? Félicitations, vous parlez moldave couramment ! Comme quoi, vous êtes fort en langue, contrairement à ce tout ce qu'a pu vous dire Mme Chapman, prof d'anglais au collège. Malheureusement, cela ne vous sera d'aucune utilité en matière de CV. C'est très regrettable quand on pense aux efforts que cela vous a demandés. Le bilinguisme, encore une qualité de parent non reconnue par la société. Injustice, je crie ton nom.

Le mot du pédiatre

« Il faut parler aux bébés ! » Quel jeune parent n'a pas entendu cette injonction, popularisée par la psychanalyste Françoise Dolto ? Il faut parler aux bébés, c'est vrai. Pas pour qu'à l'avenir ils réussissent à l'école, non plus pour en faire des adultes miniatures. Mais parce que *dialoguer est, pour l'enfant, un besoin vital.*

Privé de communication verbale et non verbale, il ne peut pas vivre. Il est principalement un être de paroles.

Connaissez-vous l'histoire de Frédéric II de Hohenstaufen ? Cet homme était roi, un roi qui se piquait d'humanisme mais n'avait pas toute sa lucidité. Sa Majesté estimait que l'incompréhension entre les hommes faisait le lit des guerres qui déchiraient le monde. « Si tout le monde parlait le même langage, pensait-il, sans doute y aurait-il moins de conflits. » Il soupçonnait également l'existence d'une langue commune à la race humaine, inscrite en tout un chacun de manière innée ; selon lui, pour pacifier la planète, il suffisait donc de trouver cette langue universelle, préprogrammée dans notre cerveau, et de l'enseigner à tous. Il décida de vérifier sa folle hypothèse par une expérience. Ainsi fit-il élever une douzaine de nourrissons par des nourrices qui avaient pour interdiction de communiquer avec eux, que ce soit avec des mots ou avec des gestes d'affection. Nourris, correctement logés et langés, tous ces enfants moururent pourtant dans les plus brefs délais.

Moralité : les petits d'hommes ont absolument besoin qu'on communique avec eux, c'est ainsi qu'ils peuvent grandir et penser, qu'ils se construisent psychiquement, qu'ils s'humanisent. Les bébés eux-mêmes s'expriment depuis toujours, et d'abord avec leur corps. Regardons un petit de quelques semaines interagir avec sa mère : il communique de tout son être, avec ses yeux, ses mains, et elle lui répond par le verbe, mais aussi en le portant, en le caressant, en l'enveloppant. L'enfant, véritable éponge affective, capte les émotions de l'adulte et s'y adapte – il ne serait pas étonnant que les scientifiques nous apprennent un jour qu'il en saisit les signes biologiques, changement d'odeur ou modification du pH de la peau. Ce qui est certain, c'est qu'un dialogue sensoriel, tactile, fait de gestes, de regards, existe bel et bien précocement entre un nourrisson et sa mère. Dans ces échanges sensoriels, émotionnels et tactiles, dans ces expériences psychomotrices se construit un langage.

Plus tard, vers 2 ou 3 mois, la parole vient à bébé. Il a depuis toujours l'équipement qu'il faut pour cela : un larynx, des cordes vocales, des poumons, un palais, un nez, des lèvres, une langue. Un jour, par le plus grand des hasards, il va donc émettre un son. « Aaaaaaaaaa », « eeeeeeeeeee ». Puis, quelques mois plus tard, « ba ». Ou « ga », peu importe. Surpris et amusé par sa découverte, il voit également les adultes s'extasier :

« Il a dit “ba” ! Chéri, viens vite, il a dit “ba”, c'est génial ! »

Heureux d'avoir suscité tant d'intérêt, bébé va recommencer, et recommencer encore ce bruit fascinant. Il va même, avant l'âge de 9 mois, le redoubler. « Dada », « gaga », « baba », on ne saisit pas exactement ce qu'il articule mais ses parents, émus, ont vite fait de traduire cela en langue française :

« Elle a dit “papa”, je te jure, chérie, branche le Dictaphone, elle a dit “papa”. »

Sensible aux émotions qu'il suscite, bébé va donc s'adapter et s'efforcer de transformer son « dada » pour le dire à la façon des adultes. « Papa », « mama »… Le petit enfant s'amuse comme un fou avec ces bruits nouveaux qui sortent de lui-même ; il les répète donc en boucle. Porté par son plaisir et celui qu'il constate chez ses parents, l'enfant va ainsi apprendre notre langue, au rythme des interactions avec son entourage. Il fait sien le langage de ceux qui l'entourent. Si sa mère parle anglais et son père chinois, il absorbera ces deux langues avec une grande facilité. Si le vocabulaire de ses parents est pauvre, l'enfant connaîtra un nombre réduit de mots ; si, au contraire, le lexique parental est riche et varié, il saura probablement assez vite nommer une tracto-pelle et une écumoire. Globalement, toutes les études convergent : la qualité et la quantité de langage d'un enfant (syntaxe, vocabulaire, longueur d'énoncés…) sont étroitement corrélées à celles des interactions verbales qu'il entretient avec les membres de sa famille, donc au niveau culturel de cette famille. En clair, l'enfant parle plus ou moins comme on lui parle.

Dès son plus jeune âge et tout au long de sa prime jeunesse, bébé ne cesse de stocker les mots nouveaux qu'il entend. Il les engrange et puis les teste. Vers 1 an, il dit ses premiers mots. Quand il les prononce, il les déforme bien sûr, et n'en utilise d'abord qu'un à la fois, jusqu'à ce qu'un beau matin…

« Papa pati ! »

L'ère des associations commence ! « Bébé dodo » ou « bébé non dodo » : chez certains enfants, c'est vers 18 ou 20 mois, environ, que viennent ces premières phrases, affirmatives ou négatives, mais comptant au moins deux mots. Chez d'autres, l'association de deux termes viendra plus tard, vers 2 ans, sans que cela dénote un quelconque retard. Les rejetons les plus précoces en matière de langage pourront, dès 18 mois, élaborer une phrase sujet-verbe-complément. Mais la majorité des enfants attendra, pour ce faire, le troisième anniversaire. Si à l'âge de 2 ans passés l'enfant ne fait strictement aucune association, c'est un signe d'alerte pour son pédiatre, qui vérifiera qu'il ne souffre pas d'un problème ORL.

Vers 24 mois, la moitié des enfants connaissent près de deux cents mots (ce qui veut dire que les autres n'en ont pas autant dans leur escarcelle). Un an plus tard, le stock lexical moyen bondit à 1 500 mots ! L'enfant de 3 ans fait des phrases, il utilise le pronom « je », il est intelligible… même si sa prononciation peut fortement laisser à désirer, et pour longtemps. En moyenne section de maternelle, bien des élèves prennent encore le « crain » pour aller au « pestacle », et c'est bien normal. La maîtrise articulatoire de l'ensemble des sons advient vers l'âge de 4 ans pour 75 % des enfants seulement. « Chemoule » et « cocolat » : la poésie langagière s'invite à la table de certains petits jusqu'à l'âge de 6-7 ans.

Parler « juste » à son enfant

Parler à son enfant est bon pour son développement. Mais cela doit rester, avant tout, un plaisir spontané et réciproque. Cela ne signifie donc pas…

Le soûler de paroles. Il arrive parfois chez le pédiatre des enfants atteints de « doltoïte aiguë », accompagnés par des parents qui ne leur ont, finalement, jamais laissé « en placer une ». L'enfant se construit et fabrique son langage dans un partage émotionnel et langagier. Point besoin de le noyer sous les paroles, ni forcément de parler plus que ce que vous ne faites déjà, il s'agit juste d'échanger, vous et lui. Et l'écrasante majorité des parents le font tout naturellement.

Lui bourrer la cervelle. Ce n'est pas parce que bébé retient tout dès ses premiers mois et qu'il peut facilement apprendre trois langues qu'il faut en profiter pour embaucher un prof de russe ! Pas la peine non plus de parler vous-même à l'enfant dans une langue qui n'est pas la vôtre, même si vous la dominez bien. La langue qu'il emmagasinera sera votre vraie langue maternelle, celle de vos émotions, des mots d'amour, des engueulades et… des jurons !

Lui raconter votre vie. Votre progéniture n'a pas forcément besoin de savoir que votre compte en banque est dans le rouge ni que votre patron vous cherche des noises. Si l'enfant est « une personne », à qui l'on doit la parole, vos soucis de « grands » ne le concernent en rien, et ne lui sont pas agréables à entendre. Mieux vaut lui parler de sa vie à lui, positivement, de ce qu'il connaît, de son quotidien, de son emploi du temps. Parlez-lui à hauteur d'enfant. Si de lourds problèmes vous hantent et influent sur votre comportement, il vaut mieux en dédouaner l'enfant en lui expliquant sans entrer dans le détail : « Oui, je ne suis pas très en forme en ce moment, je suis moins patient, moins disponible, mais ce sont des problèmes d'adultes auxquels tu ne peux rien et auxquels je vais/nous allons remédier. »

Se forcer. Vous n'êtes pas à l'aise à l'idée de converser avec un petit de 6 mois ? Avez-vous tenté de lui chanter des chansons que vous aimez ? Succès garanti. Et si vous n'êtes décidément pas du genre bavard, ce n'est pas un drame, vous êtes ainsi. Quel message transmettriez-vous à votre enfant si vous vous efforciez d'être un autre que vous-même ? De plus, la communication avec un enfant ne passe pas uniquement par les mots, elle est aussi sensorielle, affective, tactile.

Caca

Avant l'enfant

Besoin moyennement poétique de tout être vivant.

Aller aux toilettes, cette tradition à la fois naturelle et taboue... Chacun connaît la gêne de devoir se rendre sur le trône alors que la pièce adjacente est remplie de convives qui, pense-t-on, ne demandent qu'à rire de nos déboires intestinaux. Même avanie en couple : si on a entretenu le glamour jusqu'à faire croire que nous n'étions remplis que de fleurs des champs, nous voilà fort dépités devant les bruits plus ou moins flatteurs émis lors de ce tête-à-tête avec nous-mêmes. Il ne nous reste plus qu'à mettre la musique à fond avant de pénétrer dans la salle interdite. Apprendre à siffler fort peut aussi être très utile.

Après l'enfant

Obsession parentale.

L'arrivée d'un enfant ruine tous nos efforts de faire du caca un acte discret. Ainsi, dès ses premiers jours de vie, nous voilà causant de la couleur des étrons du greffon. « Aller à la selle », c'est la santé, n'est-ce pas ? Alors, afin de s'assurer de l'efficacité du transit novice de notre bébé, nous sommes prêts à tout, même à noter le descriptif de chaque nouvelle pastille retrouvée au fond de sa couche (aspect, couleur, mat ou brillant). La conversation du parent tourne régulièrement autour de ce sujet phare. De là à ce que la première phrase des conjoints se retrouvant le soir, au lieu d'être « tu as passé une bonne journée ? », devienne « il a fait caca aujourd'hui ? », il en faut peu.

Pour parfaire nos connaissances en matière fécale, notons quelques variantes intéressantes de la bouse enfantine :

Le premier caca : le méconium, mou, collant, noir et aussi odorant qu'un métro en heure de pointe. Félicitations, vous êtes parents.

Le caca jaune : à force de ne boire que du lait, forcément, on ne risque pas de produire l'arc-en-ciel en guise de truffe.

Le caca vert : à première vue un peu angoissant, tout va mieux quand on se rappelle que Titounet vient de découvrir les brocolis.

Le caca infini : celui-là même que vous essayez d'essuyer depuis dix minutes sans jamais retrouver une lingette immaculée après usage, et ce bien que le paquet se vide à vue d'œil. Vous finissez par renoncer et retrouverez une belle trace de pneu dans la couche suivante. Tant pis, on est tous passés par là un jour.

Le caca antigravitationnel : celui qui remonte jusqu'au cou du greffon malgré l'achat de couches méga-absorbantes dotées des barrières antifuites qui vont bien. Rien à faire, le caca défiant l'attraction terrestre reste une énigme de la science, non résolue à ce jour, qui bousille les bodys les uns après les autres et engendre à tous les coups un bain d'urgence.

Le caca de la honte : celui qu'on n'attendait pas, lâché discrètement en société (salle d'attente du médecin/queue devant la caisse du supermarché/rendez-vous avec la maîtresse de l'aîné), et dont on traîne l'odeur nauséabonde jusqu'à trouver un lieu décent pour changer tout ça. En général, le caca honteux s'accompagne d'un manque flagrant d'organisation : plus de lingette et/ou pas de couche au fond du sac à langer. (Variante : les attaches de la couche qui nous restent dans les mains au moment de la refermer.)

Le caca rose : là, il vaut mieux s'inquiéter quand même.

Le mot du pédiatre

Déféquer est un besoin naturel. Comme respirer, boire, dormir. Pourtant, ce sujet pose problème à bien des parents. Dans les consultations médicales, les selles sont omniprésentes. Supprimons le caca, le chiffre d'affaires du pédiatre est divisé par trois ! Les motifs d'inquiétude parentale sont légion : le caca de leur enfant est trop fréquent ou trop rare, trop dur ou trop mou, trop vert, trop jaune, jamais comme il faut. « Et surtout, docteur, cet enfant a horriblement mal quand il fait/quand il ne fait pas. »

En résumé, le caca est une épreuve dans la vie de beaucoup de parents. Pourquoi ?

• Socialement, le sujet est tabou.

• Concrètement, les selles sont sales et sentent mauvais.

• Psychologiquement, aller à la selle n'est pas anodin. Nous perdons quelque chose de notre propre corps, nous vivons là une expérience de l'ordre du morcellement. Par ailleurs, de nombreux adultes ont eux-mêmes des soucis de transit, qu'ils projettent parfois sur leurs descendants. Dans certaines familles peuplées d'aïeux diarrhéiques et/ou constipés, l'acte banal de déféquer s'est mué en véritable objet d'angoisse transgénérationnel.

• Médicalement, « faire caca » est crucial au tout début de la vie. Si le bébé n'expulse pas le méconium dans les premiers jours suivant sa naissance, les complications médicales peuvent être graves. Les cas d'occlusion néonatale sont extrêmement rares et se détectent rapidement, néanmoins cette importance du « faire caca » s'inscrit durablement dans le vécu quotidien de certaines familles.

• Culturellement, la puériculture européenne contemporaine aime mettre l'enfant en équation. Quand et combien a-t-il bu, quand et combien a-t-il dormi ? Le caca n'échappe pas à la règle : les médecins, comme les parents, aiment connaître la fréquence et le profil des selles. Notre société veut tout maîtriser, déjections comprises.

Tous ces spectres hantant l'inconscient collectif contribuent à faire du « caca » un enjeu fort dans la vie familiale. On en disserte, on s'en inquiète, comme si l'enfant était redevable de sa crotte, comme s'il y avait une seule façon « correcte » d'aller à la selle et que l'enfant s'éloignant de cette norme imaginaire courait un danger. Beaucoup de parents se tourmentent ainsi pour rien !

Il faut le savoir et s'en accommoder : certains enfants ont des selles fréquentes, d'autres ont des selles rares. Dans ce domaine comme dans bien d'autres, chacun a son rythme et les normes n'existent pas. Un bébé de 2, 3 ou 4 mois, allaité au sein, pourra rester dix jours sans faire caca (voire bien plus) ; s'il continue à bien boire, à sourire et surtout à émettre des gaz, il n'y aura strictement aucune raison de s'inquiéter. Un autre bébé fera douze selles par jour en jet jaune fluo, sans que cela lui pose le moindre problème de santé. Un enfant de 2 ans crottera une fois par jour le matin quand son camarade de crèche fera la même chose deux fois par semaine le soir. C'est ainsi et ce n'est absolument pas grave, ni étrange. D'ailleurs, cela ne change pas en grandissant : la variété des comportements fécaux est scientifiquement prouvée ! Certains adultes s'enferment dans les W.-C. une fois par semaine, d'autres trois fois par jour. Zéro problème à cela.

Certains enfants donnent l'impression d'avoir mal en allant à la selle. Mais relativisons : « pousser » n'est pas toujours joli ni facile. Si nous-mêmes, les adultes, nous regardions dans un miroir aux W.-C., nous aurions parfois l'impression de souffrir. Or, nous faisons simplement un effort. Bien légitimement, les parents ont tendance à s'inquiéter de voir leur enfant rougir et grimacer sur le pot. Portés parfois par leurs propres difficultés à aller à la selle, ils interprètent de travers le vécu de leur rejeton. À leur tour, ils font du caca tout un plat... alors même que leur progéniture se porte comme un charme.

S'inquiéter des étrons de l'enfant devant lui, s'enquérir à répétition de leur rythme/couleur/odeur peut contribuer à créer un problème là où il n'y en a pas. Tout pédiatre peut en témoigner, cette dramatisation parentale est relativement fréquente et peut générer du stress chez l'enfant.

La réalité, c'est que l'écrasante majorité des tout petits enfants a un transit normal, excepté de très rares nourrissons souffrant d'une malformation du côlon. Parfois, leur transit est plus ou moins fluide en raison de changement dans l'alimentation (passage du lait maternel au lait artificiel, notamment), mais cela n'est pas inquiétant.

Avant l'âge de 2 ans, la constipation est très rare et flagrante : le petit constipé a un gros ventre ballonné, il ne mange plus ou peu. Il est grincheux tout le temps, pas uniquement quand il va à la selle. En grandissant, vers 2 ans et demi ou 3 ans, l'enfant se rend compte qu'aller à la selle n'est pas rien. Il prend conscience qu'il est capable de se retenir, qu'il a « plusieurs trous à la sortie », que ses parents l'observent, que son caca disparaît dans les toilettes… Il peut faire peur, ce gouffre des W.-C., dont l'enfant ne sait pas où il va ni s'il peut l'aspirer… Dans certaines familles, la mère se retrouve à cette période avec un autre bébé dans son ventre – l'aîné cogite alors sur le fonctionnement de son propre bedon ! Pour jouer, pour expérimenter, par peur ou pour d'autres mystérieuses raisons, l'enfant de 2 ou 3 ans peut éventuellement, et brusquement, être constipé. Il a le ventre gonflé ou plat (car son côlon est tellement plein qu'il va tout de même à la selle tous les jours), en tout cas il se plaint d'avoir mal. C'est le moment de lui rappeler à quoi sert le caca et comment cela marche ; n'hésitez pas à lui mitonner une compote aux pruneaux, et si son transit continue de lui jouer des tours, consulter peut être une bonne idée.

Caca, mode d'emploi

• Ne faites pas des selles une affaire d'État propre à stresser votre rejeton. Ne vous en souciez même pas : l'enfant fait caca, c'est un besoin naturel, qui vient quand il vient. Plus on en parle, plus on y pense, plus on dramatise, plus on augmente le risque de chambouler ce rythme naturel.

• Comme on nourrit l'enfant à la demande, l'enfant fait caca à la demande. Il n'y a pas de fréquence « normale ». Chacun est différent en la matière. Certains enfants font caca souvent, d'autres rarement. Ne confondez pas selles rares et constipation.

• Pas la peine de compter les crottes de votre rejeton. Regardez-le plutôt globalement : il rit, il joue, il a un joli teint, il a l'air content, son ventre n'est pas gonflé ? C'est que son transit va parfaitement bien.

• Si vous sentez que c'est utile, expliquez à votre « grand » de 2 ou 3 ans à quoi sert le caca. Dites-lui que tout le monde fait caca : les parents, les docteurs, les dames de la crèche, les princesses et même Kirikou, SpiderMan et Zorro. Vous pouvez éventuellement utiliser la comparaison suivante : « Quand tu veux manger un bonbon, que fais-tu du papier ? Tu le mets à la poubelle. Ton corps fait la même chose : il garde tout ce dont il a besoin comme nourriture, et le reste il le met à la poubelle. Le caca qui se trouve dans ton ventre, c'est la poubelle du corps. Comme toutes les poubelles, il faut la sortir, tu ne vas pas partir à la crèche ou à l'école avec ! On sort le caca et on le met dans la cuvette des toilettes, comme les éboueurs mettent les poubelles dans le camion-benne… »

En pleine période pipi-caca, beaucoup d'enfants adorent cette histoire – d'autant que certains vouent un culte aux éboueurs et à leurs gros camions. Une fois que vous lui avez expliqué tout cela, à votre petit, le débat est clos, pas la peine d'y revenir tous les quatre matins. Ça finirait par lui paraître inquiétant.

• Ne parlez pas du « caca » à tout bout de champ, comme si l'affaire était grave. Vous ne demandez pas à votre amoureux, quand il ou elle rentre du travail, s'il a bien fait caca, n'est-ce pas ? Eh bien, avec votre enfant, faites de même ! Déféquer est naturel, alors pourquoi en causer ? Vous ne parlez pas de votre respiration trois fois par jour, n'est-ce pas ? La crotte ne doit pas être non plus le centre de la conversation que vous avez avec la puéricultrice de la crèche ou l'assistante maternelle. L'enfant écoute et risquerait de comprendre qu'il n'y a guère de sujet plus crucial et tragique que son caca. Si vous cherchez à ce qu'il se détende, essayez d'abord de vous relaxer.

• Soyez pragmatiques : si votre enfant de 2 ou 3 ans, qui est pourtant « propre », n'arrive pas à faire caca dans les toilettes ou dans le pot, proposez-lui de mettre une couche le temps de faire sa crotte. Ce n'est pas un retour en arrière, c'est comme ça, il a le droit d'avoir peur du réducteur des toilettes ou du pot, ça lui passera. Au contraire, valorisez-le : « Je comprends, alors je te propose de mettre une couche. C'est ton choix ; comme ça, tu es autonome, tu fais caca quand tu veux, où tu veux, même dans ta chambre. Après on retire la couche et on la jette. Et quand tu seras prêt, tu pourras le faire dans les toilettes ou dans le pot. »

• Si votre enfant est constipé, rassurez-vous. À cet âge, la constipation n'est pas dangereuse. Les occlusions arrivent au troisième âge, pas chez les petits. Bébé ne va pas exploser s'il ne fait pas caca souvent.

• Certains parents sont très invasifs. Persuadés que le transit de leur progéniture est trop lent ou bloqué, ils passent à l'action : suppositoire, intromission de thermomètre, manœuvres pour faire sortir la crotte…

Tout cela n'est pas nécessaire, et même potentiellement néfaste. Vous n'êtes pas et ne devez pas être le gestionnaire des selles de votre enfant. Vous ne pouvez pas faire caca à sa place, alors évitez de vous en mêler. Le caca, c'est l'affaire de votre enfant. Si vous vous inquiétez d'une éventuelle constipation, adaptez simplement son régime alimentaire : ralentissez sur les bananes et le riz, et proposez-lui plutôt des pruneaux ou, plus appétissants, des jus de fruits, des légumes verts, de l'artichaut – très efficace pour accélérer le transit. Si cela ne suffit pas, allez chez le médecin.

À lire

Si votre enfant « a un problème avec le caca », le mieux est de ne pas en parler à tout bout de champ. Cela dit, si vous souhaitez néanmoins investir dans un petit bouquin qui parle du sujet, voici un classique :

Caca prout, Catherine Dolto et Colline Faure-Poirée, Éditions Gallimard Jeunesse, coll. « Giboulées ». Tout le monde fait caca… même si on n'en parle pas ! Un livre relaxant.

Cadeau de naissance

Avant l'enfant

Tradition lors de la première rencontre avec un nouveau-né.

Ça y est, Micheline a enfin accouché, on a l'impression qu'elle a couvé pendant dix-huit mois mais le grand jour est finalement arrivé : nous allons rencontrer la petite princesse/le petit trésor venu repeupler notre monde afin de le rendre meilleur. Mais avant cela, il nous faut trouver un présent pour souhaiter la bienvenue à ce joli enfant. Comme on n'y connaît pas grand-chose, on va prendre cette peluche trop mignonne, là, ça ira bien, ça lui fera son doudou. Même qu'on sera peut-être choisi comme parrain ou marraine, avec un si beau cadeau.

Après l'enfant

Tradition qui fait souvent plaisir et parfois encombre les placards.

C'est le défilé dans notre chambre à la maternité, puis dans l'appartement. Les amis et la famille se bousculent au portillon pour admirer la huitième merveille du monde, à savoir l'héritier premier du nom (oui, parce que pour le deuxième, les cadeaux sont beaucoup moins nombreux, c'est à croire qu'il n'est pas aussi réussi). Chacun y va de son petit compliment et on reçoit quantité de présents pour le jeune enfant qui, à l'heure qu'il est, s'en fiche royalement. Alors, on ouvre nous-mêmes tous les jolis paquets. C'est au bout du quatorzième doudou qu'on commence à douter de l'intérêt du cadeau de naissance. Nous qui avions besoin de biberons à col large et de mille et un bodys de la taille naissance à la taille 24 ans, nous voilà avec la famille de Petit Ours Brun et une tasse-bec-verseur à l'effigie de l'équipe de foot de tonton André. Mais pourquoiiiiiiiiiiiiiiii donc n'avoir jamais osé répondre à la question mille fois posée : « Tu as besoin de quelque chose de spécial pour ton petit ? » Par pudeur, souvent ; après tout, un cadeau reste un cadeau. Mais puisqu'on nous demandait...

Cadeaux : on se simplifie la vie

À l'intention de vos proches, bien intentionnés, qui souhaitent savoir « ce qui vous ferait plaisir », pourquoi ne pas mâcher le travail en recensant ce dont vous avez vraiment envie et/ou besoin ? Les « listes de naissance », à l'image des listes de mariage, se banalisent doucement. Ainsi, vous pouvez établir une jolie « whishlist » sur Internet, consultable par votre entourage, avec photos de l'objet, prix et coordonnées de la boutique, grâce aux sites suivants :

http://neeed.com/

http://pinterest.com/

http://www.nuji.com/

Par ailleurs, beaucoup d'enseignes enfantines de puériculture ou de layette (Du pareil au même, Aubert, Oclio, Bébé9, www.bebeaunaturel.com…) proposent de déposer chez elles l'inventaire de vos envies. Certaines vous offrent même une prime lors de la clôture de la liste – en général, un chèque-cadeau proportionnel à la somme dépensée. C'est toujours ça de pris.

Cinéma

Avant l'enfant

Salle obscure où regarder un bon film.

Le septième art n'a pas de secret pour vous, vous avez même opté pour un abonnement à l'année avec un pass illimité. Écran géant et son Dolby surround dans les tympans, vous ne manquez aucun bon film et dans la salle obscure seul le bruit du pop-corn mâchouillé par votre voisin peut gâcher votre plaisir.

Après l'enfant

Désuet.

Aucune véritable définition n'est disponible pour ce mot, souvenir d'une époque momentanément révolue. Une fois parent, le combo places de ciné + baby-sitter vous coûtant un bras, vous avez opté pour un abonnement complet au câble avec accès illimité aux replays que vous regardez pendant les tétées/en triant du linge/en remplissant la feuille d'impôts. Vous avez donc accès à des films vieux de six mois minimum, dont vous ratez le quart et souvent la fin pour cause d'endormissement précoce, mais c'est sympa quand même.

Une astuce en plus

La solution, pour vous, jeunes parents, c'est la série télé. Pas trop longue (45 minutes l'épisode), pas prise de tête et regardable d'un œil. En voici quelques-unes plus ou moins récentes mais de bonne qualité, qui vous divertiront sans vous fouler un neurone.

Raising Hope (un bébé débarque dans la vie d'un jeune homme qui vit encore chez ses parents – le portrait d'une famille complètement barrée).

The Big Bang Theory (une histoire de geeks, hilarant).

How I Met Your Mother (chroniques d'une bande de potes, genre *Friends,* sympa).

Weeds (trash mais drôle – pour ceux qui ne craignent pas qu'on parle de drogue en s'amusant).

Cougar Town (la vie d'une quadra divorcée, entre chasse à l'homme et gestion du quotidien).

Fringe (des intrigues au parfum surnaturel, prenant).

Chuck (l'histoire d'un geek, drôle).

Nurse Jackie (série médicale, avec une héroïne infirmière légèrement perchée).

Downton Abbey (l'histoire d'une famille de nobles et de leurs domestiques, en 1912, divertissant).

Modern Family (humoristique, proche de la série française *Fais pas ci, fais pas ça*).

Colère

Avant l'enfant

Sentiment d'énervement extrême.

Voilà un état des plus déplaisants, autant pour vous que pour les personnes en votre présence, mais quelle drôle d'idée, aussi, d'avoir osé vous faire une queue-de-poisson juste avant le feu rouge ! Tout rouge. Comme vous. Attention à votre tension tout de même.

Après l'enfant

État ingérable de l'enfant.

Quand le petit ange se transforme inopinément en boule écarlate et criarde, on se trouve bien dépourvu. Pourtant, ça passe. Mais si, mais si, au bout d'un moment ! En attendant, examinons les différentes déclinaisons du pétage de câble greffonnesque.

La colère-caprice

Tout se passe bien ce samedi matin-là jusqu'à ce que le regard de votre enfant s'arrête net sur cette petite voiture rouge, dans le parc. Voiture appartenant à un autre greffon de la race des « pas-prêteurs ».

Mais notre Scotch, il le veut, l'engin. Et il ne l'aura pas.

« Maissiiiiiiiiiiiiii, lavachuuuuuuuure, l'estàmoaaaaaaa », hurle-t-il. Avec option grands gestes, roulades au sol en double lutz piqué et larmes jaillissantes à la Tex Avery. Dans le parc, les conversations s'interrompent. Et tout le monde vous regarde. Oui, VOUS, le parent qui laisse un tel chahut arriver. Sous les huées de la foule (tacites, hein, on n'est pas sous l'Empire romain), vous vous repliez en lieu sûr pour expliquer la vie au greffon, entre quat'z-yeux.

Atout de la colère capricieuse, publique et bruyante : elle vous donne une bonne raison de NE JAMAIS retourner au square, où vous vous ennuyez prodigieusement.

Inconvénient : c'est la colère la plus imprévisible et la plus difficile à dompter. En outre, elle peut survenir ailleurs qu'au parc, dans des lieux terriblement publics que vous êtes contraints de fréquenter assidûment (supermarché/école de l'aîné/cabinet du médecin). Bon courage.

La colère de frustration

Sur son tapis de jeu, vous observez le greffon tenter d'encastrer un cube rose bonbon dans le trou de la même forme. Une fois : raté. Deux fois : re-raté. Trois fois : c'est pas encore ça. Quatre fois : ça ne le fait plus du tout marrer, cette histoire. Qui lui a flanqué des bras aussi courts avec la coordination d'un épileptique ? Rage de ne pouvoir faire ce qu'il aimerait, enfermé qu'il est dans ce petit corps indompté.

Atout de la frustration : puissant ressort de motivation. Piqué au vif de ne pas arriver à ses fins, bébé s'entête. C'est beau, un enfant qui persévère.

Inconvénient : c'est qu'il nous ferait de la peine quand même, le pôv' greffon...

La colère despotique

« NON ! » nous lance-t-il, en nous regardant bien droit dans les yeux, avec l'aplomb d'un tyran domestique. Votre greffon a 24 mois tout pile, ou 30, ou presquetroizan, autant dire majeur. En tout cas, il veut prendre toutes les décisions et n'est globalement pas d'accord avec vous. Sur rien. Pour un oui ou pour un non (surtout pour un non), il se transforme en sirène de police.

« À table !

— NOOOOOOOOOOOOON !

— Mange, mon choupinet.

— Pas bon. Veux pas. »

Il envoie valdinguer le jambon-blé aux petits légumes.

Bienvenue chez les « Terrible Two », comme les ont baptisés les Anglais, ces greffons de 2 ans qui, c'est-normal-c'est-une-phase, se transforment un beau jour en Pol Pot de la maisonnée. Quitte à se rouler par terre, l'opposant en chef tente par tous les moyens de faire ce que bon LUI semble. Il renâcle, il refuse, il exige, il exagère : le putsch du Dr Jekyll est en cours et nous, nous oscillons entre fierté de le voir s'affirmer et fatigue nerveuse.

Atout de la colère du Terrible Two : voilà un bel entraînement pour la future crise d'adolescence du greffon.

Inconvénient : il paraît que ladite crise d'adolescence se fait de plus en plus tôt, va-t-on seulement bénéficier d'une trêve entre deux périodes d'opposition ? (Penser à refaire le stock de Quiétude 9 ch.)

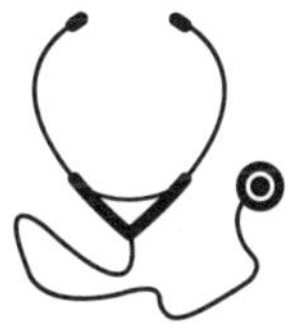

Le mot du pédiatre

Entre son premier anniversaire et l'âge de 3 ans, l'enfant a mille et une raisons de se mettre en colère. Pensez donc ! Il a quitté l'état de nourrisson et commence à s'autonomiser dans un certain nombre de domaines. La marche d'abord, à deux ou quatre pattes, mais enfin ce n'est pas rien : il peut partir à l'aventure et il ne s'en prive pas. Même s'il se contente souvent d'aller explorer la pièce d'à côté puis de revenir vers vous en courant, le fait est : physiquement et géographiquement, il se sent désormais maître de sa destinée. Psychiquement, il accède également à l'autonomie. Il découvre pendant cette période qu'il est lui, une véritable personne, un individu capable de mettre en scène des jeux et de s'exprimer, donc d'avoir une influence sur les choses et les gens.

L'égocentrisme naturel de l'enfant, qui se perçoit réellement comme le centre de l'univers, atteint un pic avec l'acquisition de toutes ces capacités motrices et langagières. Son sentiment de puissance est gonflé à bloc… « Moi le faire ! » Il veut réaliser à sa guise, et tout seul, mille choses de la vie. Las ! Des obstacles divers et variés viennent contrarier son élan vers le monde.

Grand bébé se lève, enchaîne trois pas, patatras ! Un tapis vicieux l'arrête, il s'emmêle les pieds dedans et tombe de tout son long. Ou alors il prend la parole, il a quelque chose de très sérieux à dire et le dit. Mais que se passe-t-il ? Même sa mère ne le comprend pas ! Il veut découper son steak « moitoutseul » mais la viande résiste et, sous le volontarisme du pauvre couteau sans dents, va valdinguer sur le sol.

C'est là toute la magie et toute la malice de l'autonomie, l'enfant croit qu'il sait marcher et parler, et couper sa viande, et nouer ses lacets, mais la réalité est tout autre : il n'y arrive pas tout à fait, ou bute, ou peine, rien ne fonctionne comme il veut. Bébé n'est pas encore si fort qu'il le pensait et n'arrive pas à ses fins.

Terrible – et légitime – frustration. Colère.

Un autre ressort peut pousser l'enfant à se mettre en boule, à s'opposer, à renâcler, à, comme le disent ses parents un peu las, « piquer des crises ». C'est qu'il a constaté l'efficacité basique de cette stratégie. D'abord, il détient ainsi le pouvoir de modifier le cours des choses et des émotions parentales. Il crie, quelqu'un arrive. Il pleure, papa arrête son activité et s'inquiète. Il s'oppose, maman cesse de sourire et gronde. Quand il fait sa fameuse « crise », l'attention de ses parents revient sur lui immédiatement. Cette maîtrise est non seulement amusante mais aussi utile pour s'imposer face à la « concurrence ».

« C'est pas possible, docteur, on dirait qu'il me cherche ! »

En effet. Il ne cherche peut-être pas « les limites », comme bien des adultes d'aujourd'hui le pensent fréquemment, mais votre attention. Pendant plusieurs mois, le bébé a été en effet au centre du débat parental. Son père et sa mère ont adapté toute leur vie à sa petite personne. Et puis ils ont pris un peu de distance, repris le travail, échafaudé d'autres projets. Il n'est guère étonnant que les colères enfantines connaissent un pic de fréquence entre 2 et 3 ans, l'âge où bien des couples ont, par exemple, la drôle d'idée d'offrir à leur(s) rejeton(s) un petit frère ou une petite sœur.

Se sentant moins regardé, moins investi, l'enfant doit trouver un nouveau moyen de capter fortement les émotions parentales, de créer une relation intense, si électrique soit-elle. Les colères, mais aussi la contradiction ou l'opposition sont diablement efficaces en la matière.

Par frustration ou par envie d'être écouté, donc, ou pour une raison que lui seul connaît, l'enfant se met en rogne dans le style propre à son âge, c'est-à-dire sans aucun sens de la nuance ni de la mesure. Quand il dit non, c'est à tout, tout le temps. Quand il pique une colère, ça ressemble fréquemment à une éruption volcanique. Filles et garçons trépignent, crient, se roulent par terre. Certains tapent ou se tapent, jettent des objets. C'est bruyant, surprenant pour l'entourage, parfois si excessif que cela en devient drôle, mais souvent énervant car enfin, pour les parents, « cela ne se fait pas » (surtout en public).

Rien ne sert de sévir, gros-yeux-punition, même si votre enfant vous semble faire preuve à cet instant d'une impolitesse rare et disproportionnée. Rappeler la règle ? Éventuellement. « Tu es fâché mais tes cris me cassent les oreilles et dérangent les voisins, alors baisse d'un ton. Si tu jettes tes jouets, ils risquent de se casser, tu ne pourras plus les utiliser. Attention, tu vas te faire mal à te rouler ainsi par terre. » Dire à l'enfant que son comportement n'est pas adapté peut soulager le parent, mais n'attendez guère de résultats probants de cette seule action. Pour le rejeton tout secoué de colère, ce langage de raison est à peine audible. De plus, comprendre les conséquences hypothétiques de ses actes nécessite des capacités d'anticipation et de cognition que le grand bébé de moins de 3 ans ne possède pas totalement.

Si l'enfant s'énerve face à un échec, il peut être utile de...

• *l'accompagner* dans l'entreprise qui lui pose problème, plutôt que de lui reprocher son attitude. Il n'arrive pas à grimper cette marche trop haute et trépigne de frustration ? Point n'est besoin de le porter dans vos bras pour faire cesser la crise. « Maman est là », certes, mais vous pouvez plutôt lui expliquer comment dépasser l'obstacle (se mettre à quatre pattes, par exemple). En pleine phase « moitoutseul », il sera fier d'avoir réglé lui-même son problème et heureux d'emprunter sa voie préférée, celle de l'autonomie.

• *proposer une solution.* Cela peut être très énervant d'échouer à faire entrer un Lego/Duplo dans une bouteille trop petite ! Pourquoi ne pas proposer à l'enfant une boîte plus grande ? Bien occupé par ce challenge mieux adapté à ses capacités, il sera sans doute ravi et ne perdra plus son énergie à geindre de rage.

• *faire diversion.* Bébé refuse tout net d'aller se baigner ? On insiste et il pique une crise de nerfs ? C'est sans doute le moment de reculer pour mieux sauter. On sort *Tchoupi prend le train* pour le feuilleter ensemble (ou des bulles de savon, peu importe). Une minute trente de perdue mais l'esprit rageur de l'enfant s'envole lors de cet intermède. Une fois la dernière page refermée ou la dernière bulle évanouie, direction la salle de bains, comme si de rien n'était, sans revenir sur l'épisode colérique précédent… au risque de le faire redémarrer.

• *éviter d'être « bon public ».* Pour fabriquer un « caprice » ou une colère dont le but est d'attirer l'attention parentale, il faut être deux : un qui fait la crise, l'autre qui la reçoit. C'est comme au théâtre : si le public ne réagit pas, l'acteur est démotivé. Si le public disparaît, l'intérêt de se mettre en scène aussi. En clair, la crise enfantine risque donc d'être d'autant plus longue que le parent y réagit. Plus l'adulte s'énervera et argumentera, moins l'enfant se calmera.

Il importe donc que pères et mères conservent, dans la mesure du possible, une certaine neutralité émotionnelle face aux aléas de l'humeur de leur progéniture. Si la crise dure, coupez le contact ; partez dans une autre pièce et laissez le petit en plan, après lui avoir expliqué votre façon de penser : « Je comprends que tu ne sois pas content, mais ce n'est pas comme ça qu'on le dit dans notre famille. Moi, j'ai d'autres choses à faire, au revoir. » Tout seul avec sa colère, voyant que son but (attirer l'attention) n'est pas atteint, votre enfant passera vraisemblablement à autre chose.

Si votre cher ange se met en colère dans un lieu public, n'ayez aucun scrupule à fuir à toutes jambes avec lui ! Ceci afin d'éviter que le regard des autres, vous faisant honte, décuple votre réaction et envenime la situation.

Mon fils enrage-t-il sous le coup d'une frustration et laquelle ? Ma fille fait-elle « son intéressante » et pour quelle raison ? Tenter de deviner ce qui se passe dans la tête de sa progéniture est le lot complexe, ardu et parfois vain du parent moderne, qui réfléchit plus que jamais à la psychologie enfantine. Mais peu importe, finalement, pourquoi l'enfant pique une colère ou s'oppose à répétition. Face à un enfant furieux et opposant, l'important pour les adultes est bien de réussir à l'extraire de ce cercle éruptif, pour l'emmener où ils le souhaitent, sans renier leurs principes ni tomber dans un dressage souvent peu efficace (cf. *Autorité*).

De la lecture

Grosse colère, Mireille d'Allancé, Éditions L'École des loisirs. Le classique des classiques, à lire absolument à son despote en culottes courtes.

Le Roi NonNon, Alex Sanders, Éditions Gallimard Jeunesse, coll. « Giboulées ». Les enfants l'adorent, et les adultes sourient aussi (un peu jaune).

Petits caprices et grosses colères : Gérer les crises de son enfant, Didier Pleux, Éditions Eyrolles. Instructif. Écrit par un psychologue. Pour trouver des solutions quand on ne sait plus par quel bout prendre son petit énervé.

(Cf. *Autorité*.)

Comparaison

Avant l'enfant

Action d'évaluer deux éléments (ou plus) les uns par rapport aux autres.

On a comparé mille fois nos notes à l'école, la légende veut que les garçons aient confronté la taille de leur sexe dans les vestiaires et les filles la taille de leurs jeans. Aujourd'hui, nous avons tendance à jauger nos fiches de paye et le prix au kilo des oignons : on appelle ça la maturité.

Après l'enfant

Recoupement de données entre notre enfant et ceux des autres. Syn. : consolation. Ou stress.

Soyons honnêtes, comparer le prix des couches n'a rien d'amusant. En revanche, comparer l'enfant prodige à ses condisciples, quelle distraction ! Fréquence des selles, acquisition du langage, nombre des maladies infantiles contractées ces trois derniers mois, dose de lait ingurgitée et, bien sûr, longueur des nuits : une naissance, c'est de la nouveauté, de la fierté, de l'inquiétude, donc mille et une occasions de jauger, mesurer, calibrer, évaluer, bref comparer. Cela nous rassure et permet également de frimer un chouïa, puisque le constat est clair : au petit jeu de cékileplufor, notre enfant, souvent, assure grave (objectivité, mon amie).

Ainsi, on notera que notre greffon a marché plus tôt que celui de la voisine (parce qu'il est fort, le greffon), qu'il a été propre bien avant Jules de la crèche (parce qu'il a de bons sphincters, le greffon). Qu'il ait émis ses premiers mots bien après la cousine Juliette n'a aucune valeur, évidemment.

La bienséance voudrait qu'on ne se vante pas devant un géniteur malchanceux que notre enfant à nous a *déjà* ses prémolaires qui percent, mais il est parfois bien difficile de réprimer notre fierté jaillissante. Afin de ne pas perdre trop d'amis, il faudra faire preuve de beaucoup de diplomatie lorsqu'on dira tout haut ce que l'on pense tout bas, à savoir que notre rejeton est tout de même bien plus éveillé que celui du voisin – lequel n'a pas du tout le même point de vue (l'amour rend aveugle, paraît-il).

Attention, certaines comparaisons sont tout bonnement prohibées en public, sauf à vouloir passer pour un parent à la limite de la psychopathie. Taille du sexe, odeur des pieds, forme du nez : le résultat de ce genre d'évaluation doit ainsi rester votre fierté inavouée. De toute façon, soyez-en certains, sur ces points aussi votre enfant gagne haut la main.

Ce sont les autres parents qui se mentent à eux-mêmes. Si, si.

Il n'y a qu'à voir les gamins dont sont affublées les autres familles (les pauvres). Neveux et nièces, filleuls, copains de nos enfants, petits voisins : quand on en reçoit un ou deux à la maison, on rigole. Ou pas.

Le Grincheux. Jamais content ni satisfait de quoi que ce soit, on l'entend geindre de très loin. Au square ou dans la chambre de nos propres rejetons, rien n'y fait, pour lui, tout est nul, il en a marre, il s'ennuie. Quand il est grand, il râle ; quand il est bébé, il chouine aigu. Voir un sourire de satisfaction s'afficher sur son visage nous fait le même effet qu'obtenir une médaille d'or aux J. O. de natation (alors qu'on ne sait pas nager).

Le Timide. Lui, on n'a jamais vraiment entendu le son de sa voix, ce qui peut poser problème lorsque nous l'invitons à goûter. Le Timide est assez pratique en ce sens qu'il ne va pas broncher de tout l'après-midi, mais il ne parle qu'en hochant la tête doucement dans un sens ou dans l'autre, indépendamment de la réponse qu'il voudrait nous donner. A-t-il faim, soif ? Mystère. Veiller à ne pas le laisser se déshydrater quand même...

Le Sibyllin. Lui, il adore causer. Le souci, c'est qu'on ne pige pas grand-chose aux sons qu'il débite à une allure infernale. Articulation aléatoire, mots à remettre dans l'ordre façon Boggle, on se décarcasse à tenter de saisir son propos. On lui lance de temps en temps des hochements de tête mâtinés de « hmm » d'approbation, pour lui laisser penser qu'il se fait comprendre, avant de l'envoyer se faire décoder ailleurs.

Le Schtroumpf à lunettes. À 2 ans 3/4, il connaît les bases de l'astronomie et la chronologie simplifiée des rois de France. Pertinent à tendance impertinente, il nous rappelle de temps en temps que nous n'avons rien à lui apprendre et teste alors la puissance de notre surmoi (ah, comme on aimerait lui en coller une !). Réellement surdoué ou simplement malin, il parle avec des mots d'adulte et deviendra peut-être astrophysicien. En attendant, il nous soûle un peu à avoir raison tout le temps.

L'enfant de la campagne. Ou de la maison. L'enfant qui n'a pas de voisins, quoi. Lui, on a envie de le bâillonner pour lui rappeler qu'on habite au 5e étage, dans un 62 m² coincé entre quatre voisins. Donc, NON, on n'imite pas l'éléphant dans le couloir. NON, on ne joue pas à la balle sur le mur mitoyen, la musique, on la baisse, parce que la voisine vient d'accoucher et qu'elle a besoin de calme. Et on repose immédiatement ces rollers dans l'entrée. Désolé, gamin, on n'a pas de toboggan sur le balcon. On n'a même pas de balcon. Ni de jardin, non plus, non. Sale gosse, va.

La carte Vitale sur pattes. On le reconnaît à sa goutte verte pendue à la narine et à sa toux caverneuse. Malgré son trente-sixième virus de l'année, cet enfant pète la forme, du coup il n'est pas au fond de son lit mais chez nous, à jouer avec nos nains bien sains. Comme il ne cesse de tousser et d'éternuer dans leur bouche, on tente de lui apprendre que les deux appendices qu'il a au bout de ses bras, il peut aussi s'en servir pour glavioter dedans.

Le Crado (souvent associé à l'enfant malade, mais parfois indépendant de ce premier cas). On hésite : est-il vraiment sale ou c'est nous qui sommes des descendants de Danièle et Béatrice (« C'est du propre », sur M6) ? Tout de même, on a du mal à supporter les ongles fourrés à la Play Doh, la morve savamment étalée sur les joues, les taches douteuses sur le T-Shirt... Et dire qu'on l'a vu tout propre il y a une heure, ce gosse doit vivre dans trois univers en même temps pour se mettre aussi crassouille en si peu de temps (penser à demander au Schtroumpf à lunettes si vivre dans trois univers sera VRAIMENT envisageable dans le futur).

Le Scotch. Ce gamin-là mérite vraiment son surnom. À la suite de je ne sais quelle révélation mystique, il a jeté son dévolu sur vous. Et vous seul(e). Il vous suit partout, il boit vos paroles, il est là même quand vous pensez que non. Las ! Il trouve le moindre de vos gestes plus intéressant qu'un bon DVD de *Tchoupi*. C'est dire. Vous ne vous en déferez qu'une fois que son parent-référent viendra vous en délivrer. À ce moment-là, il vous oubliera instantanément. L'enfant gluon n'est pas seulement gluon, il est aussi plus ingrat qu'un furoncle le jour de la photo de classe.

L'Indomptable. Il a l'air plutôt normal et même mignon tout plein. Mais demandez-lui quelque chose, il y sera opposé. Ranger les jouets, baisser d'un ton, arrêter de sauter sur le lit ? Prendre un verre d'eau ? Aller faire pipi ? Il dit « non », « non » et « naaaaaaaaaaaaaan », tourne les talons ou semble frappé de surdité. Au bout d'une heure, vous avez envie de le rendre ou de vous pendre.

Le Triple A. Il est éveillé, souriant, dit « bonjour » et « merci ». Et il obéit. À côté de lui, nos enfants ressemblent à des teignes mal dégrossies. On le déteste. Par principe.

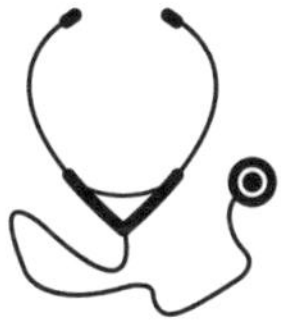

Le mot du pédiatre

Comparer son enfant aux autres est un sport parental tout à fait inutile.

Chaque petit est différent, unique. Ce constat, tellement galvaudé, est pourtant parfaitement exact. Aucun nourrisson ne naît avec le même profil qu'un autre. Même chez les « vrais » jumeaux, qui partagent un patrimoine génétique identique, l'égalité parfaite n'existe pas : avec le temps, des différences claires vont apparaître, dans le caractère ou l'allure, on verra que l'un est plus moteur que l'autre, ou plus chevelu, ou moins souriant.

Physiologiquement, il n'y a pas deux enfants qui progressent uniformément. Apprendre à marcher, à courir, à attraper, à sauter… Toutes les acquisitions motrices dépendent de la maturation cérébrale de l'enfant, de ses capacités personnelles, perceptives et cognitives, mais aussi des expériences qu'il fait et de l'environnement dans lequel il évolue. Ces différents facteurs influent sur la rapidité de l'enfant à acquérir telle ou telle compétence, ce qui explique que chacun progresse à son propre tempo, très variable d'un être humain à l'autre.

Psychologiquement, c'est la même chose : on n'éduque pas un enfant comme un autre. De plus, chaque bébé naît avec son tempérament, qui se modifie au contact du monde et des gens. Le peuple enfantin est donc très varié, plein de bavards et de taiseux, d'artistes et de sportifs, de volontaires et de timides, de joyeux lurons, de gamins renfrognés, de bambins calmes et d'autres montés sur ressorts. Certains seront obéissants, d'autres moins, certains tomberont malades toutes les trois semaines, d'autres rarement.

Il est donc parfaitement vain de comparer tel bébé avec tel autre, et il est totalement masochiste de s'inquiéter si votre petit ne se développe pas à la même vitesse que son voisin de crèche. Entre deux enfants du même âge, des différences très importantes au niveau des acquisitions ou du développement physique sont parfaitement normales, particulièrement lors des trois premières années de vie.

Votre enfant tarde à parler, à marcher ? Vous vous demandez s'il se développe normalement ? Voilà deux choses à savoir :

• Ce qui compte n'est pas tant que votre enfant ait acquis telle compétence à tel âge, mais qu'il progresse régulièrement et sache faire de plus en plus de choses. Un enfant qui régresse inquiétera le médecin, qui fera de plus amples recherches afin de savoir s'il n'y a pas un souci. Un enfant qui apprend et évolue, même lentement, même tard, ne doit pas forcément susciter l'inquiétude, au contraire.

• Le rythme de ses progrès ne présage en rien de ses compétences futures. Un bébé qui marche tard pourra néanmoins devenir un sportif accompli. Un bébé qui dessine comme un pied pourra se révéler, plus tard, un génie de la peinture.

La vie n'est pas une compétition. Comparer votre enfant aux autres peut avoir pour fâcheuse conséquence de vous faire douter de lui et de vous-même. De plus, si vous exprimez ces comparaisons devant votre enfant, et qu'elles lui sont défavorables, cela ne peut que nuire à l'image qu'il se construit de lui-même. Entendre « peut mieux faire » sabote souvent l'estime de soi.

Pourquoi ne pas plutôt faire confiance à votre enfant et admirer les talents qu'il possède, plutôt que de vous soucier de ceux qu'il n'a pas encore ? Mettre en valeur ses progrès, ses aptitudes, ses compétences spécifiques et ses talents personnels a, c'est prouvé, un effet formidablement positif sur l'enfant, son estime de lui-même et… sa capacité à progresser. Un cercle vertueux, en somme.

Calendrier des acquisitions de l'enfant

Les manuels de puériculture, tout comme les articles dans les journaux parentaux, suggèrent souvent qu'il y a un âge pour chaque acquisition. « À 12 mois, votre enfant saura marcher. À 4 mois, il va percer sa première dent. » La vérité est beaucoup moins précise que cela ! Le rythme d'évolution varie énormément d'un enfant à l'autre, tous les pédiatres le savent bien.

Les dents

La première dent peut être présente à la naissance comme arriver à 18 mois. Il est habituel que les premières à apparaître dans la bouche soient les incisives médianes inférieures (les pointues en bas), mais les pédiatres ont vraiment tout vu !

Peu importe l'ordre et la date, les quenottes arrivent forcément un jour, on n'a jamais vu un enfant sans dents.

Une apparition tardive n'est jamais un frein à la diversification alimentaire, l'essentiel de la mastication chez l'enfant se faisant entre la langue et le palais (sans faire appel aux dents).

Les acquisitions motrices que l'enfant maîtrise spontanément

La majorité des enfants (mais pas tous) maintiennent leur tête avant l'âge de 4 mois et se tiennent assis sans appui avant 9 mois.

Pour la station debout, ce sera sans doute avant l'âge de 15 mois. Les bambins les plus précoces marchent sans aide à 9 mois, et certains prennent leur temps, jusqu'à 20 ou 22 mois, voire 2 ans.

Vers 4 ou 5 mois environ, le bébé peut attraper un objet, d'abord par hasard, puis volontairement. Dans un premier temps, la manipulation se fait d'une seule main, puis il passe l'objet d'une main à l'autre, et encore plus tard, avant son premier anniversaire, bébé peut tenir un objet dans chaque main. Par la suite, sa préhension s'affine en précision. Vers l'âge de 2 ans, il est capable de faire quelque chose avec la main gauche et autre chose avec la main droite : on appelle cela la latéralisation.

L'enfant sait courir vers 2 ans ; il monte les escaliers en alternant les pas vers 30 mois ; il pédale sur son tricycle vers 3 ans.

Les gestes fins qui nécessitent un apprentissage de la part des adultes

Beaucoup d'enfants, mais pas tous, peuvent manger seuls de la purée vers 18 mois.

Ils peuvent empiler deux cubes à l'âge de 1 an environ, trois cubes vers 18 mois et six cubes vers 2 ans. Ils sont capables de construire un pont avec trois cubes vers l'âge de 3 ans et une pyramide avec six cubes vers l'âge de 5 ans.

Ils commencent à se déshabiller et à se brosser les dents vers 3 ans.

S'habiller et boutonner sa veste, ce sera vers 4 ans, et il faudra attendre encore plus tard pour que votre progéniture sache écrire son prénom, brosser et peigner ses cheveux (vers 5 ans), nouer ses lacets et se moucher seule (vers 6 ans).

Le langage (cf. aussi *Bilinguisme*)

L'acquisition de la langue maternelle se fait pour l'essentiel dans les deux ou trois premières années, sans enseignement précis, à condition que l'enfant soit entouré d'individus qui parlent.

Avant sa naissance, le fœtus distingue la langue maternelle d'une langue étrangère. Dès ses premiers jours de vie, le bébé est plus sensible à la voix maternelle, déjà entendue *in utero*, qu'à celle d'une étrangère.

Il peut comprendre quelques mots vers l'âge de 8 à 10 mois. Puis, il en saisit de plus en plus, une centaine à l'âge de 1 an, 200 vers 16 mois, 300 mots vers 20 mois. Ces âges sont des moyennes, n'oublions pas que les variations d'un enfant à l'autre sont importantes. Une seule certitude : il existe un décalage de plusieurs mois entre le moment où bébé comprend le mot et le moment où il l'emploie.

À partir du deuxième mois, l'enfant peut émettre les premiers sons à base de voyelles (« aaaa », « eee »...). Puis, aux environs de 4 ou 5 mois, la maturation du conduit vocal lui permet de moduler sa voix et d'étendre son répertoire. L'émergence du babillage (« baaaa », « paaaa ») survient chez beaucoup d'enfants entre 3 et 6 mois, puis ils redoublent les syllabes (« baba »). La production des premiers mots est généralement repérée autour de l'âge de 1 an. L'accroissement du vocabulaire se fait d'abord lentement : en moyenne, bébé met environ six mois pour arriver à un répertoire de cinquante mots et, par la suite, se produit une véritable explosion lexicale. Cela dit, l'étendue, la connaissance et la maîtrise du vocabulaire sont très variables d'un enfant à l'autre.

Les premières associations de mots peuvent émerger vers 18-20 mois, et les phrases avec un sujet, un verbe et un complément à partir de 3 ans en moyenne. L'enfant de 3 ans utilise le pronom personnel « je ». Au-delà de cet âge, il poursuit l'enrichissement de son vocabulaire. Il perfectionne sa syntaxe. À partir de 5 ans, il peut produire tous les sons de la langue française, même si la prononciation correcte des mots peut mettre encore plusieurs années à se mettre en place (jusqu'à 7 ans parfois).

Le graphisme

En théorie, un enfant peut copier un trait vers 2 ans, un rond vers 3 ans, un carré vers 4 ans, un triangle vers 5 ans et un losange vers 6 ans. En pratique, il y a dans chaque classe d'âge de véritables artistes et des gribouilleurs invétérés – et la répartition des rôles peut changer l'année suivante !

PENSE-BÊTE : Si votre enfant ne rentre pas dans les « cases » que nous venons d'évoquer ci-dessus, cela ne veut pas forcément dire qu'il a un problème médical. En cas de doute, consultez un pédiatre.

De la lecture

Points forts, de la naissance à trois ans, Thomas Berry Brazelton, tome I, Éditions Le Livre de Poche. Le pédiatre super célèbre livre ici un condensé de quarante années de réflexion et de pratique. Il analyse les grandes étapes du développement de l'enfant, les soucis qui peuvent se poser et propose aux parents des pistes pour trouver leurs solutions. Un guide précieux.

Mon carnet de santé psy, Sophie Marinopoulos, Éditions Les Liens qui Libèrent. Un livre didactique qui explique l'évolution psy, « affective et relationnelle », de l'enfant de sa naissance jusqu'à l'âge de 11 ans.

Comptine

Avant l'enfant

Chansonnette pour enfants. Souvenir de refrains un peu niais.

Les Petites Marionnettes, *Au clair de la lune*, *Dodo, l'enfant do*... Que de souvenirs de notre douce et tendre enfance ! Minute nostalgie.

Après l'enfant

Occasion de découvrir la violence de la race humaine envers son prochain.

Passer dans le rayon CD et se dire que cette petite compilation des comptines classiques parachèverait notre attirail de super-parent. Une fois de retour à la maison, déballer le CD avec ferveur en s'énervant sur l'emballage, puis, devant Bébéchéri tout ouïe, entonner la chansonnette (avec le livret de paroles devant les yeux parce que, finalement, on n'a pas si bonne mémoire). Au bout de quelques minutes, on s'aperçoit tout de même que tout ça est un peu niais, les « gling gling », les « cro-cro », n'a-t-on pas passé l'âge ? Nous, oui. Mais le greffon n'a jamais été aussi attentif. Il sourit comme jamais et laisse échapper quelques merveilleuses vocalises qui nous font fondre en larmes.

Alors, on reprend de plus belle, avec les gestes. Et les mimiques. Et le Scotch de taper dans ses mains en pouffant ! Éclat de rire cristallin sur fond d'alouette qui se fait plumer.

Qui se fait quoi ?

Plumer, oui. À vif. Sympa. Tout à coup, alors que nos cordes vocales continuent sur leur lancée, notre conscience vient frapper à la porte : t'entends-tu ?

Alors, on se met à écouter vraiment les paroles que l'on chante. Et c'est pas joli-joli.

Allô, la SPA ? Dans les comptines, nos amies les bêtes en voient des vertes et des pas mûres – en rythme, mais quand même. L'alouette se fait plumer de partout, donc. Le « digne dindon », « on l'attrape, on le saigne » avant de lui faire « un bon lit de châtaignes ». Le petit chat d'*Il était une bergère* ? Estourbi pour avoir tapé dans le fromage. Et ce n'est rien à côté du canard blanc de la chanson *V'là le bon vent*, qui se prend une balle gratuitement et se vide doucement de son hémoglobine. Miam. Les héros humains de nos chansons ne sont pas à la fête non plus : le jeune mousse du *Petit navire* se fait quasiment bouffer, Jeannette qui pleure finit « pendouillée » avec son Pierre, et les enfants obstinés meurent noyés sous *Le Pont du Nord*. Quant aux adultes, entre ceux qui battent leur femme (comme le *Petit cordonnier*) et celles qui couchent avec le curé (la bergère, toujours elle), ils ne valent pas mieux : c'est crimes, délits et gaudriole à tous les étages.

Manque plus que le viol et le tableau noir sera complet. Ah, on me dit dans l'oreillette que Jeanneton y est passée en allant couper du jonc, et que les femmes qui se rendent « à la pêche aux moules-moules-moules » ont bien les boules-boules-boules de se faire engrosser contre leur gré... Formidables, les comptines ! Mais le greffon s'en fiche, tout à ses mimines qui tournent-tournent – joli-moulin. Il s'éclate à nous entendre chanter. Alors, on continue.

Après tout, notre maman nous fredonnait les mêmes épouvantables mélodies et nous n'avons pas fini tueur en série, que je sache.

Le mot du pédiatre

La comptine est un merveilleux matériau relationnel entre parent et enfant.

Bien plus qu'un divertissement, la chanson est porteuse de mille apprentissages et autant de bonheurs. En fredonnant ensemble, parents et enfants partagent des émotions, du plaisir, un patrimoine national, de l'histoire familiale aussi, car les refrains que l'on affectionne sont souvent les échos de notre propre enfance.

La chansonnette est l'un des premiers liens qui se tissent entre la mère et l'enfant, leur relation s'y affermit, c'est l'une des bases de leur interaction, l'un de leurs premiers dialogues, le vecteur de leur affection partagée. « Ainsi font, font, font... » Avec ces marionnettes, la mère fait la joie de son bébé, qui en répondant fait la joie de sa mère : ce plaisir à double sens aide le tout-petit à se construire une bonne image de lui-même. « Fais dodo, Colas, mon petit frère... » Ces refrains qu'il entend régulièrement, chantés par la voix familière de sa mère ou de son père, apaisent l'enfant ; bien des psychologues décrivent la comptine comme une sorte de « doudou sonore ».

Aussi, tout bébé, l'enfant pénètre par les comptines dans le bain de sa langue maternelle. Puis, il y apprend de nouveaux mots, de nouveaux sons. « Tape, tape, petites mains, tourne, tourne joli moulin… » En y associant les gestes, il multiplie ses sensations physiques, découvre son propre corps d'une manière joyeuse et améliore sa motricité comme sa coordination. Le « bateau sur l'eau, bateau tombe dans l'eau » mais l'adulte est là pour retenir le bébé : avec les comptines, les peurs de l'enfant sont mises en scène et surmontées. Bref, la chansonnette est l'une des premières briques du développement de l'enfant.

Cela dit, si les paroles des comptines destinées aux plus petits sont pour la plupart bien innocentes, ce n'est pas le cas de certaines chansons traditionnelles, qui sont un défi au politiquement correct actuel. Oui, on s'y tue, on s'y venge, on s'y joue de méchants tours. C'est vrai, beaucoup de couplets évoquent les rouages les plus sombres de l'âme humaine et exorcisent les grands sujets de préoccupation universels, dont la mort – c'est sans doute pour cela qu'elles ont traversé les âges. Néanmoins, ne dramatisons pas l'impact de ces refrains sur l'enfant : la plupart du temps, les petits (comme les grands d'ailleurs) ne se soucient guère de la signification du texte et n'en prennent pas conscience. Ils chantent, voilà tout, ils y prennent du plaisir, des émotions passent, qui ne correspondent pas forcément au sens strict des paroles.

Cette ritournelle vous plaît bien, mais elle parle d'une alouette qui passe à la casserole et d'une princesse qui se fait hacher menu (ou l'inverse) ? Entonnez-la tout de même et voyez. Au pire, votre rejeton sera effrayé ou curieux, et vous assaillira de questions.

Au mieux, il jubilera, les enfants adorent se couper en rondelles « pour de rire » et sont parfois ravis d'entendre parler de ce qui les tracasse. Dans la plupart des cas, il ne se rendra même pas compte de ce qui est dit. Un couplet vous met franchement mal à l'aise ? Zappez-le ou personnalisez-le, en y ajoutant le prénom de votre enfant – succès total garanti.

Pour renouveler votre répertoire

Si vous en avez assez des chansons populaires traditionnelles, vous pourrez aisément parfaire votre jeu de scène (déjà excellent, soit dit en passant) en piochant dans un répertoire plus contemporain.

Entre autres chanteurs rigolos et pas anxiogènes pour un sou, citons Les Déménageurs, Steve Waring et son « matou qui revient », le grand François Hadji-Lazaro, le groupe Zut !, les musiciens déjantés de Chanson plus bifluorée, le spectacle *La Famille Maestro,* sans oublier le « roi des papas » Vincent Malone, qui revisite les hits de notre enfance version trash (mais audibles pour les petits, hein)... Cultes aussi, les ritournelles de Léon l'accordéon, les histoires de *Pitt Ocha,* signées des Ogres de Barback, le grand Aldebert et le groupe Dragibus. Autre option pour changer de disques : les livres-CD de chants des quatre coins du monde, disponibles chez de nombreux éditeurs, dont Didier Jeunesse (comptines africaines, russes, créoles, du Maghreb...).

Enfin, plus toutes jeunes mais toujours sympas, les *Fabulettes* d'Anne Sylvestre (spécialement nos préférées « Les sandouiches au jambon », un monument de psychologie enfantine). Maintenant, c'est à vous !

Congé

Avant l'enfant

Période reposante.

Les congés d'hiver, les congés d'été, les congés qu'on pose pour faire des viaducs plutôt que des ponts… Les congés sont synonymes de vacances, et on préfère qu'ils ne soient pas suivis du mot « maladie », sauf si c'est pour échapper à cette vilaine réunion.

Entre amis, en couple, seul, peu importe pourvu que les congés nous procurent leur lot de divertissements et de repos bien mérité.

Après l'enfant

Période fatigante.

Avant même l'arrivée du bébé, nous voilà en congé. Le « congé maternité », douce période de seize semaines au moins, qui sonne à nos oreilles comme un moment merveilleux de rencontre entre le nouveau bébé et nous. On s'imagine que cette parenthèse, ce ne sera que du bonheur. Et du repos, aussi – pas du luxe après l'épreuve de l'accouchement.

En vrai, la période d'adaptation est plus compliquée qu'on ne le pensait, entre les nuits en pointillé et le greffon tout neuf livré sans mode d'emploi, nous voilà plongés dans une équation à moult inconnues. Les phases de repos sont aussi rares que les couches propres, sans compter le défilé permanent d'invités plus ou moins « surprise » venus contempler l'héritier.

« Le secret, c'est de dormir en même temps que lui », conseillent-ils. Bien pensé, mais on avait une douche à prendre et puis, notre mère nous ayant bien éduqué(e), on ne s'endort pas quand on a des convives à la maison. Donc on est claqué. C.Q.F.D.

Parfois, après le congé maternité, nous enchaînons avec un « congé parental », histoire de faire durer le plaisir auprès de notre greffon. On peut s'octroyer ainsi entre six mois et trois ans « au foyer » (selon le nombre d'enfants que l'on a), à temps plein ou partiel, peu indemnisé mais indemnisé quand même. Chouette, on va profiter de notre bébé et créer avec lui une belle relation – c'est vraiment une formidable opportunité de pouvoir faire une pause dans notre vie trépidante de femme active, pour prendre le temps de voir grandir notre enfant. Qu'on pense.

En vrai, la vie d'un parent au foyer est assez trépidante dans son genre. Les journées défilent à une vitesse folle, les tâches domestiques s'empilent sur son dos. On découvre qu'on n'a strictement plus une minute à soi, et que jouer à empiler des cubes pendant trois heures n'est pas si passionnant, tout compte fait.

« T'as de la chance de ne rien avoir à faire de tes journées », nous affirme, sans rire, notre copine/mère/voisine/conjoint. C'est bien connu, s'occuper d'un enfant c'est tellement « rien » qu'on aurait presque le temps d'organiser le repas de Noël pour nos vingt-trois parents-cousins-frères-sœurs, tout en confectionnant de beaux paquets cadeaux avec les quatre bras qui nous restent et dont on se demandait justement que faire.

Heureusement, il y a les « congés », les vrais de vrai. Ces vacances en famille qu'on attendait tant. Dont on rêvait même, avant d'être enceinte, en observant sur la serviette d'à côté ces jeunes parents cernés et souriants, couvant du regard leur petit greffon tout neuf s'ébrouant dans le sable.

Nous y voilà.

C'est notre tour.

On pensait bien sûr louer une grande villa pour partir avec des copains et leurs rejetons, buller sur l'herbe, faire mille photos du Scotch à la plage, barbotant dans une piscine de sable creusée de nos mains. Profiter, en somme, ensemble.

En vrai, nos amis ont décliné notre proposition de vacances communes. Finalement, en lieu et place du farniente, on se lève à l'heure du greffon (6 h 02 chaque matin) et on multiplie les allers-retours à la plage avec un semi-remorque d'accessoires divers et variés pour l'occuper : pelles, seaux à l'effigie de Dora, râteaux, arrosoirs, bouée canard, mini-bateau gonflable, plus de quoi nourrir et changer bébé pour les dix prochaines années. Notre minichouchéri si sensible découvre le sable sous ses pieds avec force hurlements – il lui faudra trois jours pleins pour s'habituer. Une fois le sable apprivoisé, évidemment, il le mange, nous mettant sur le qui-vive en permanence. Cerise sur le gâteau, notre voisin de serviette (5 ans et à tendance fourbe) tente de fournir au greffon des palourdes de contrebande.

« Vous avez de la chance », semble penser le jeune couple d'à côté, en regardant notre petite famille d'un œil envieux. Et le plus étonnant, c'est qu'on est parfaitement d'accord avec ça.

Le mot du pédiatre

Parlons un peu du congé parental. Les pédiatres voient souvent arriver, plutôt épuisées, de jeunes mamans qui ont pris un congé parental. Souvent, les plus déprimées sont celles qui ont arrêté de travailler « pour le bien de leur enfant », afin d'être « au plus près de leur rythme ». Elles aimaient leur travail, en tout cas elles aimaient travailler, et elles se retrouvent chez elles pour de longs mois. S'occuper d'un ou de plusieurs enfants en bas âge toute la journée, toute la semaine, toute l'année, est une expérience inoubliable mais aussi – on ne le dit sans doute pas assez – une tâche exigeante, parfois décourageante, régulièrement difficile. Surtout dans l'état d'isolement qui est celui de beaucoup de femmes au foyer du XXIe siècle, sans grand-mère sous le même toit, sans amies disponibles à proximité, sans pouvoir vraiment déléguer faute de moyens.

Pour bien vivre un congé parental, sans doute faut-il qu'il résulte d'un choix serein, non d'un sacrifice. Sans doute faut-il…

• le prendre aussi pour soi. Si vous êtes dans une démarche « sacrificielle », et que vous arrêtez de travailler parce que vous pensez que « c'est bon pour l'enfant », sans en avoir spécialement envie, demandez-vous vraiment si cette décision est la bonne. Le métier de parent à temps plein n'est pas toujours facile, certains adultes s'y épanouissent mais d'autres n'y trouveront pas forcément de gratification au quotidien. Le risque d'y déprimer existe.

• cultiver sa sociabilité. Visite à votre belle-sœur en congé maternité, café avec votre voisine, virée au parc, cours de chant enfants-parents, bénévolat, sport collectif… Multipliez les occasions de parler à des êtres humains de votre âge. Un adulte n'est pas fait pour ne fréquenter que des enfants toute la journée.

• mettre sa progéniture à la halte-garderie de temps en temps, quand elle a l'âge de s'y plaire (7-8 mois, 1 an, ou plus). C'est bon pour l'enfant, pour qu'il s'intègre à un groupe d'enfants de son âge, pour qu'il fasse ses propres expériences, mais c'est aussi bon pour vous. Les jours où votre bébé se frotte à la collectivité, interdisez-vous de consacrer votre temps libre aux tâches ménagères. *Exit* la virée au supermarché, le ménage ou la corvée des carreaux. Faites-vous plaisir !

• savoir interrompre son congé parental. Ne vous sentez pas obligée de le poursuivre jusqu'aux 3 ans de l'enfant. Si retravailler vous titille, si rester au foyer vous accable, renouez sans remords avec la vie active, votre bébé s'habituera à cette nouvelle donne. Écoutez-vous. Parents épanouis, enfant épanoui.

Changer de vie une fois que bébé est né

Les « momspreneurs », vous connaissez ? Ces mamans ont profité de leur congé maternité ou parental pour monter leur boîte, parfois en rapport avec le monde de l'enfance (entreprise de puériculture, de vente de layette, de cadeaux de naissance…) et parfois non (boutique en ligne de bijoux, services à la personne…). Depuis quelques années, suivant le modèle de leurs homologues américaines, ces

« momspreneurs » françaises ont leurs réseaux. Envie d'en savoir plus ? Pour vous renseigner, faire votre pub, rencontrer d'autres mamans-chefs d'entreprise lors de réunions, deux sites :

www.les-mompreneurs.com

www.mompreneurs.fr

Le congé parental : en savoir plus, en sortir

• Pour mieux connaître le congé parental, des infos là :

http://travail-emploi.gouv.fr/informations-pratiques 89/fiches-pratiques ; 91/conges-et-absences-du-salarie ; 114/le-conge-parental-d-education, 12 819.html

• Si vous voulez reprendre le travail après un congé parental, un livre intéressant : *Je reprends le travail après bébé*, Marlène Schiappa, Éditions Tournez la page.

Et le blog de l'auteur : www.mamantravaille.fr

Une autre association, www.retravailler.org, accompagne les chercheurs d'emplois, et notamment les mères ayant mis fin à leur congé parental.

• À lire : *La femme est-elle soluble dans l'eau de vaisselle ?* Anne Larue, Éditions Chiflet & Cie. Un essai au second (voire troisième) degré, très drôle, avec de vrais conseils utiles pour être épanouie quand on est « à mi-temps, à temps partiel ou à pas de temps du tout ».

• Des blogs de mères qui ont été ou sont encore au foyer :

www.cranemou.com (blog de Natacha Guilbert, co-auteur de ce livre)

www.mamanstestent.com

http://lafamilledejantee.blogspot.fr/

www.leshumeursdenanette.fr

http://www.ciloubidouille.com/

http://maftuvasenchier.overblog.com

http://unbb30.fr/

http://dreamdressing.wordpress.com/

http://thalieaparis.canalblog.com/

http://lolitaaa.canalblog.com/

Et aussi :

www.parolesdemamans.com (une plate-forme où on trouve beaucoup de mères au foyer)

• Des blogs de pères qui ont été ou sont au foyer :

www.tillthecat.com

http://paf-le-paf.tumblr.com

http://papalamaison.fr

www.pere-de-famille.fr

Couche

Avant l'enfant

Épaisseur de quelque chose.

Une couche de chocolat noir sur le gâteau aux framboises, trois couches de peinture coloris « ficelle de lin » sur les murs du salon... Une couche, avant d'avoir des enfants, c'est délicieux ou c'est joli, parfois les deux.

Après l'enfant

Culotte absorbante pour enfants aux sphincters immatures.

Autant le savoir tout de suite, vous n'êtes pas obligés de mettre des couches à votre enfant. Nan-nan-nan. Ainsi, certains parents ont-ils adopté les règles de l'Hygiène naturelle infantile (HNI), consistant à bien observer son enfant afin d'anticiper ses déjections (bon appétit). Chaque mimique ou contorsion du greffon est scrutée et décortiquée pour savoir si :

— option 1 : il va faire pipi ;

— option 2 : il va faire caca ;

— option 3 : il a un pet coincé.

À force d'étudier le bébé et de guetter ses productions, le parent dévoué finit par comprendre à quel moment il est temps de mettre Junior sur le pot. Plus besoin de couches, zéro dépense, et voilà le travail !

Les Chinois, paraît-il, raffolent de cette méthode, et elle progresse également dans l'Hexagone, où l'on trouve désormais dans les boutiques alternatives des « pantalons HNI », troués au derrière pour faire passer vite fait ce qui doit être expulsé.

Chacun son truc.

Plus traditionnellement, il y a la couche. Ou plutôt les couches. Les tailles zéro, les tailles 6 (pour enfants de 23 kilos et plus, si !), les bio, les jetables, les lavables, les sans chlore, les antifuites, avec les petits élastiques ici ou là, les carénées style Airbus, les enrichies en truc et en machin, celles qui coûtent une plèvre, celles qui sont juste chères. Devant tant de choix, on reste hébété comme un goéland devant une corde à sauter. Le marché du cul sale a des sophistications insoupçonnées.

Bref, les couches.

Les premières, taille naissance, nous émeuvent tendrement par leur taille minuscule ; qu'ils sont mignons là-dedans les petits cuissots de notre divin nourrisson ! Les 3 999 couches suivantes ne nous font plus le même effet. Certaines ont même un fort potentiel irritant.

La couche atomique

Savamment tapissée d'avant en arrière, cette bouse explosive n'a pas épargné le moindre millimètre carré. Désemparé, on ne sait où mettre nos doigts sans déclencher une catastrophe sanitaire.

La couche du traître

C'est l'heure de changer bébé mais on est assez pressé et puis il ne nous reste qu'une seule couche, on se dépêche et craaac ! drame, les petits scotchs censés fermer la zone de turbulence nous restent dans les mains. Légèrement inquiet, on referme le body par-dessus en priant que ce ne soit pas le jour de la couche atomique.

La couche trop petite

Celle qu'on avait au fond du placard et qu'on finit par coller aux fesses du greffon « pour pas gâcher » : elle finit par lui lacérer les cuissots genre ficelle à gigot, il hurle et nous pourrit la balade. On n'a pas gâché mais on l'a payé cher.

La couche trop grande

Zut, on a zappé les changes pour la sortie au parc ! Heureusement, notre copine Micheline a quelques couches dans son sac à langer bien ordonné (elle). Son fils a 2 ans et le nôtre 3 mois mais à la guerre comme à la guerre, on fait avec les moyens du bord. Fuites en vue, sans compter l'effet sauna jusqu'en haut du dos de la couche trop plastifiée. La prochaine fois, on se mettra un Post-it.

La couche de trop

Tranquillement installé sur la table à langer, notre petit bouchon gazouille pendant qu'on lui essuie son princier fessier. Il attend patiemment qu'on lui remette une couche toute propre… pour aussitôt la souiller d'un seul jet. Devant notre agacement qui pointe, l'enfant contre-attaque à coup de sourires. Nous pardonnons aussitôt (faiblesse, ô mon amie) et nous remettons à nettoyer tout ça. C'est une fois le body fermé, le pantalon en place et les trois cheveux peignés que le regard crispé du greffon et sa tendance à devenir rouge nous en disent long sur ce qui nous attend. Encore.

La dernière couche

Après (plus ou moins) deux ou trois années de bons et loyaux services en tant que grand gourou du changement de couches, nous, les parents, en avons soudain ras le casque. On se renseigne sérieusement sur « la propreté de l'enfant », rêvant à notre liberté olfactive bientôt retrouvée. Mais le jour où nous jetons enfin la toute dernière couche, symbole d'une petite enfance définitivement passée, ça nous fendrait presque le cœur...

Oui, ça s'appelle le masochisme et non, ça ne se soigne pas.

Le mot du pédiatre

La couche est une merveilleuse invention du XXᵉ siècle.

Un peu d'histoire : les premières couches jetables ont été commercialisées à la fin des années 1960. Auparavant, c'est-à-dire pendant des siècles et des siècles, les parents européens emballaient le fondement de leur nourrisson dans du tissu, puis attachaient le tout comme ils le pouvaient (au début du XXᵉ siècle, avec des épingles « à nourrice »). Peu absorbant, ce système donnait, de plus, un interminable travail domestique aux mères, condamnées aux grandes lessives à la main, dans un récipient en zinc dont nos anciens se souviennent encore.

Bien logiquement, on changeait moins souvent les bébés, avec des matériaux moins absorbants. Par conséquent, ils macéraient dans leurs déjections. Les matières fécales et l'urine étant fort irritants, ils avaient régulièrement les fesses rouges. Vraiment rouges. Écarlates, suintantes, boutonneuses, pleine de plaies. Ces « dermites du siège » étaient souvent dramatiques. Elles se surinfectaient régulièrement. Avant l'âge de 6 mois, les nourrissons pouvaient contracter la maladie de Leiner-Moussous, due à la présence d'une levure sur leur peau. Bénigne, cette pathologie était tout de même synonyme de fesses couleur rouge tomate, de squames importantes et d'autres joyeusetés qui menaient certains bébés à l'hôpital. Les parents prenaient l'habitude d'étaler une épaisse couche de crème grasse sur le popotin de leur enfant, en prévention de tous ces maux.

Et puis vinrent les années 1970 et l'avènement du « change jetable complet ». Autrement dit, la couche moderne. Révolution totale.

Facile et pratique à renouveler au cours de la journée, bien plus absorbante que le lange d'antan, la couche jetable a permis de reléguer au rayon antiquités rares les dramatiques dermites du siège et la maladie de Leiner-Moussous. Aujourd'hui, quand un bébé a « le derrière en feu », les parents s'alarment ; le pédiatre d'un certain âge, lui, beaucoup moins. Il en a vu d'autres, et des biens pires ! Les « fesses rouges » du nourrisson né au XXIe siècle ressemblent furieusement au postérieur « normal » du bébé d'il y a cinquante ans.

Bref.

Si votre enfant a une irritation du siège, éventuellement accompagnée de boutons, qui peut toucher également le haut de ses cuisses et ses parties génitales, c'est gênant pour lui, mais ce n'est pas grave. Il n'y a pas de raison de consulter votre médecin en urgence.

Ce qui favorise l'apparition de la dermite des fesses ? Les couches trop serrées, l'usage de talc, une intolérance aux parfums contenus dans la lessive ou le savon, le fait de ne pas rincer le lait de toilette lorsqu'on en utilise pour le change… Néanmoins, la cause principale des fesses rouges reste la macération de la peau de bébé dans ses couches sales.

La prise en charge de ce souci dermatologique doit être simple : pas la peine de nettoyer le derrière de bébé à l'excès, cela l'irriterait davantage. On change sa couche plus régulièrement et, une à deux fois par jour ainsi qu'après chaque selle, on suit les recommandations suivantes :

1. On nettoie et on désinfecte à la fois, avec un savon liquide antiseptique à la chlorhexidine (Cyteal, Septivon, Plurexid ou autre…). Puis, on rince abondamment et on sèche en tamponnant pour ne pas abîmer davantage la peau. Si vous souhaitez sécher la peau de bébé au sèche-cheveux pour lui faire encore moins mal, pensez à mettre l'appareil en position froide.

2. On applique une crème cicatrisante pas trop grasse (Cicalfat, Bepanthen, Homeoplasmine ou autre, peu importe), mais surtout sans en mettre une couche épaisse. Contrairement à ce que l'on entend, une grosse couche de crème empêche les sérosités (= ce qui suinte) de s'évacuer, et crée des espaces de micro-macérations où l'irritation se développe. Par conséquent, cela aggrave le problème au lieu de le résoudre. Une étude réalisée à l'hôpital Necker, à Paris, prouve que, quelle que soit la marque de la crème utilisée, le résultat est correct à condition d'en mettre une mince couche et de masser pour qu'elle pénètre.

Ruse suprême pour retrouver des fesses roses : les laisser s'aérer ! Si vous ne souhaitez pas – ou ne pouvez pas – laisser votre bébé le derrière à l'air (en cas de diarrhée par exemple), enfilez-lui une couche trop grande d'une taille, sans trop la serrer.

Enfin, il n'y a pas lieu de se méfier des couches lavables : moins absorbantes que les jetables, elles sont tout de même performantes, et incomparablement plus efficaces que par le passé. De plus, il en existe une grande variété. Si tel est votre choix, vous en trouverez certainement qui correspondent aux besoins de votre bébé.

Les couches lavables, pour débuter...

Une association : www.bulledecoton.org

Un site : www.les-couches-lavables.fr

Un livre : *Les Couches lavables, ça change tout,* Christelle Beneytout, Éditions La Plage.

Une boutique : ApiNapi. Un magasin à Paris, une boutique en ligne (www.apinapi.fr), un réseau de conseillères en France et un blog.

Crèche

Avant l'enfant

Petite maison que certains placent sous le sapin de Noël. Un Jésus, deux bestiaux, et hop ! la tradition est respectée.

Accessoirement, nous savons aussi que la crèche est LE lieu de la petite enfance : on y laisse les bambins pour qu'ils s'ébrouent en collectivité, puis on les récupère le soir venu, après le travail. C'est super pratique.

Après l'enfant

Temple du miasme et de l'espoir.

À peine avez-vous découvert la petite barre bleue sur la fameuse tige à pipi que des milliards de questions nouvelles s'ouvrent à vous. Parmi elles, l'une des plus cruciales : « Mais qui gardera le greffon après le congé maternité ? » Si vous avez répondu par « la crèche », il est temps d'ouvrir le manuel de bienséance en milieu collectivo-greffonnesque.

Classe : être ultramotivé et se souvenir du mode d'emploi pour devenir « chouchou de la maîtresse ». Faire pareil auprès des responsables des admissions en crèche.

Pas classe : harceler le service « petite enfance » de la mairie, pleurer dans le bureau de la directrice de la crèche et finir « bête noire ».

Astuce : en zone de pénurie créchesque, il ne faut pas hésiter à faire du lobbying pour décrocher une place. Remplir le dossier d'inscription au plus tôt (au début de la grossesse, même). Téléphoner régulièrement pour rappeler sa motivation, voire écrire une jolie lettre, sur du papier coloré, histoire de sortir du lot. Envoyer une photo du greffon, à l'occasion de son anniversaire ou d'une fête, en misant sur l'humour (« Greffon vous souhaite un joyeux Noël, il a hâte de rejoindre la crèche du 38, rue des Acacias et blabla… »). Demander un rendez-vous à l'adjoint au maire en charge de la petite enfance. Bref, insister lourdement mais poliment, sans virer hystérique.

★

Classe : le greffon a obtenu sa place et s'adapte très bien à son nouvel environnement.

Pas classe : nous, moins. La faute à ce fichu cordon que la porte de la crèche ne rompt pas d'un coup sec.

Astuce : privilégier un temps d'adaptation un peu plus long, en accord avec la puéricultrice.

★

Classe : respecter la règle d'or « ne jamais être en retard le soir ».

Pas classe : arriver en retard, récupérer le greffon sans savoir s'il a fait caca et partir avec le bonnet d'âne sous les huées de la foule en délire.

Astuce : un coup de fil pour prévenir des embouteillages permet d'apaiser les esprits.

★

Classe : être organisé et acheter 1 025 étiquettes thermocollantes au nom de Choupinet, pour marquer ses vêtements.

Pas classe : avoir la flemme de les thermocoller.

Astuce : le feutre textile indélébile est plus rapide, et plus économique.

★

Classe : les petits ensembles trop mignons achetés exprès pour que greffon soit le plus beau de la crèche.

Pas classe : le retrouver systématiquement avec le jogging de Gustave et le T-shirt Hello Kitty de Rosalie, puisque ses vêtements ne sont pas marqués, donc...

Astuce : non, vraiment, le feutre textile de la mercerie, c'est un bon plan.

★

Classe : marquer enfin tous les vêtements du Scotch.

Pas classe : retrouver encore régulièrement la garde-robe de Gustave et Rosalie sur son dos (c'est un complot ou bien ?).

Astuce : à la crèche, il arrive que les vêtements s'égarent, on réserve donc les tenues Bonpoint pour les jours de fête, c'est moins rageant.

★

Classe : penser à apporter le paquet de couches, les lingettes et tout autre accessoire dès que les puéricultrices le demandent.

Pas classe : constater que notre fils a une couche au prénom de « Charlotte », alors que, dans notre souvenir, ce n'est pas son prénom. Aurait-on oublié les trois derniers rappels « attention, plus que trois couches » ?

Astuce : une alerte sur le téléphone ? Ou l'achat en gros : on donne à la crèche les couches par paquet de 100, ça dure plus longtemps.

⋆

Classe : l'ambiance club Med (comme Méditerranée) et les animations de folie, qui mettent notre enfant en transe chaque matin. Bip, bip ? Yeahhhhh !

Pas classe : l'ambiance club Med (comme Médecin) et les échanges de microbes multirécidivistes qui rendent notre enfant morveux-toussoteux chaque soir. Bip, bip ? Docteuuuuur !

Astuce : un traitement de fond homéopathique ne peut pas nuire (qui plus est, la majorité des petits surkiffent les granules).

⋆

Classe : aujourd'hui c'est atelier maquillage à la crèche, qu'il est beau notre greffon-papillon !

Pas classe : les paillettes, c'était obligé ? Trois mois qu'elles collent à la baignoire, au canapé et à notre pull tout-cachemire-lavage-main-prix-d'un-rein.

Astuce : le scotch (non, pas votre enfant, le vrai scotch) : vous le collez/décollez sur votre main pour l'user un peu, puis là où subsistent les paillettes : vous viendrez ainsi à bout des résidus d'aile de papillon sur la joue du greffon. Et on recommence sur le canapé, la baignoire... Fastidieux, mais efficace.

⋆

Classe : être un parent bien sage, poli et jovial envers le personnel de crèche.

Pas classe : oublier son chéquier cinq semaines de suite et voir s'envoler d'un coup tout son beau capital sympathie.

Astuce : le prélèvement automatique, parfait pour les têtes en l'air.

★

Classe : recevoir le premier « collier en pâte à sel » confectionné par son greffon avec amour (et avec Chantal, puéricultrice).

Pas classe : le porter.

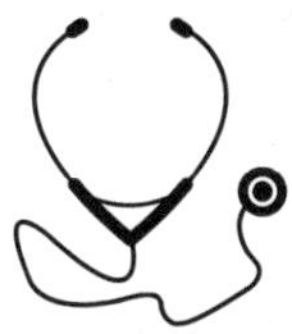

Le mot du pédiatre

La crèche est une formidable invention. Plusieurs types de professionnels de la petite enfance y travaillent, de manière permanente ou ponctuelle (puéricultrices, éducateurs de jeunes enfants, psychologue, pédiatre...), sous la houlette de responsables sur place. Cette organisation rassure bien des parents car elle leur permet de ne pas confier le soin de leur enfant à une seule « nounou », contrôlée épisodiquement. La crèche met en œuvre un projet pédagogique orienté vers l'épanouissement de l'enfant. Elle bénéficie de locaux adaptés et propose des activités visant à éveiller les moins de 3 ans tout en respectant leurs besoins (sommeil, repas...). Elle permet aux petits de fréquenter des garçons et des filles de leur âge, ce qui est très enrichissant pour eux. Elle accueille les bébés dès l'âge de 10 semaines, s'ils ont reçu les vaccins obligatoires.

Néanmoins, avant l'âge de 7, 8 mois, ce n'est pas le mode de garde le plus adapté à l'enfant qui, quand il est tout petit, a réellement besoin de soins très individualisés (cf. *Nounou*).

Ainsi, la crèche n'a pas que des avantages. L'une des craintes des parents, notamment, est que leur progéniture y attrape une kyrielle de pathologies.

Il est exact que les lieux de garde collectifs sont propices à l'échange de virus et de bactéries. Chaque enfant en est potentiellement porteur, il y a beaucoup d'enfants, ce qui, forcément, augmente la probabilité de croiser un microbe sur sa route ! La crèche est donc un haut lieu de socialisation humaine... et bactériologique.

Cela dit, attraper un rhume n'est pas grave, c'est même souhaitable. Le rhume n'est pas une maladie inquiétante : c'est un conflit local. Pour mieux comprendre ce qu'est un rhume, parlons un peu des Papous ! Jadis, quand deux tribus étaient en désaccord, les Papous ne s'entretuaient pas ; chaque tribu choisissait son plus valeureux guerrier et l'envoyait au combat. Les deux Papous ennemis se battaient l'un contre l'autre, l'un gagnait, alors sa tribu entière était déclarée vainqueur. Tout le pays évitait la guerre grâce au combat localisé de deux hommes.

Le rhume fonctionne un peu comme les Papous. Un nouveau microbe arrive dans les voies respiratoires de l'enfant. En réaction, celui-ci a le nez qui coule, tousse un peu mais surtout, il fabrique des anticorps qui le protégeront d'une future attaque de ce même microbe. Le « conflit local » a donc une heureuse conséquence globale : seul le nez est touché mais le corps entier de l'enfant est immunisé pour l'avenir. Pratique !

En résumé, le rhume est bénéfique, c'est grâce à lui que l'enfant fabrique son immunité (cf. *Maladie infantile*).

Le problème, c'est que le rhinopharynx, derrière le nez, là où le microbe attaque principalement, est relié à la gorge, aux bronches, aux oreilles, aux yeux. Chez les enfants les moins armés immunologiquement, ceux dont les défenses sont peu efficaces, il arrive que le simple rhume se surinfecte et dégénère en pathologie ORL : otite, bronchite…

Cela ne veut pas dire que votre fils ou votre fille, parce qu'il passe ses journées à la crèche, ira trois fois par mois chez le pédiatre. En effet, il existe des enfants plus résistants que d'autres et plus aptes à se défendre contre les microbes. Certains enfants ont, par exemple, des trompes d'Eustache plus larges, qui se bouchent moins que d'autres, et sont donc moins sujets aux otites. C'est ainsi : certains bambins gardés en collectivité contracteront une otite dans l'année, d'autres huit, plus deux bronchiolites.

Ce n'est pas une raison pour ne pas mettre votre enfant à la crèche : un enfant qui résiste mal aux microbes, et qu'on aura gardé à la maison exprès, pourra tomber malade quand même, mais plus tard : quand il entrera à la maternelle par exemple, et qu'il sera alors confronté à la collectivité.

(Cf. *Nounou.*)

Défenestration

Avant l'enfant

Fait de jeter par la fenêtre, soi-même ou quelqu'un d'autre.

De temps en temps, il est vrai, certaines pulsions nous habitent. Lorsqu'on apprend à 22 heures *via* texto que la réunion super cruciale du lendemain aura lieu à 7 h 40 au lieu de 15 heures, et qu'on doit donc passer la nuit sur le dossier, on aurait bien envie de sacrifier son ordinateur sur l'autel du trottoir d'en bas. *Idem* quand son amourette se termine en eau de boudin, l'envie ne manque pas de passer une certaine personne, ses clés de voiture et son BlackBerry chéri par-delà le balcon.

Après l'enfant

Pulsion inavouable du jeune parent.

Bambino a 3 jours, et déjà nous ne pouvons plus nous passer de lui. Tant mieux, lui non plus. C'est si mignon ces mini-poings fermés, ces yeux mi-clos et ce sentiment de devenir une famille.

Et il y a aussi sa petite voix fluette. Cette petite voix qui, dans quinze ans, nous sommera de ne plus JAMAIS entrer dans sa chambre, cette petite voix qui, d'ores et déjà, jour après jour, devient de plus en plus stridente au point de nous faire frétiller l'oreille interne. Cette petite voix qui, un jour, à force de nous vriller le tympan pour des raisons inexpliquées, nous fait douter de nos capacités de bon parent, voire de notre santé mentale.

Deux mois que nos nuits sont hachées comme un tartare. L'œil fatigué, le cerne creux, nous voilà baladant l'héritier le long du couloir, tentant en vain de le calmer. Il est des crises de pleurs qu'on ne peut comprendre ni apaiser. Alors, elles montent en nous, la colère, la fatigue. Marre de tout, d'être en pyjama, de bercer, de faire des biberons, de laver la vaisselle, de bosser en même temps, de ne toujours pas rentrer dans nos vêtements, marre de cette logistique pénible, d'être disponible pour tout le monde, sauf pour soi. Marre de ne pas comprendre pourquoi, mais pourquoi, il crie. Ferme-la, bébé ! Fiche-moi la paix ou je te passe par la fenêtre.

Waouh.

On ne le pense pas vraiment, en tout cas pas au point de le faire, mais cette idée digne d'un mauvais polar nous a traversé(e)s, voire soulagé(e)s, l'espace de quelques secondes, pour ensuite laisser la place à une bonne vieille culpabilité. « Mais qu'est-ce qui m'arrive ? Suis-je complètement dingue de penser une chose pareille ? Enfermez-moi, attachez-moi ! Ne me laissez pas avec cet enfant que j'ai voulu, l'espace d'un quart de seconde, alors que mon esprit divaguait, SUPPRIMER ! »

Oui, bon, ça va, on se calme, ça a duré un quart de seconde et, *a priori*, tout le monde va toujours bien. Enfin le bébé, parce que nous, le parent, bof. Ce n'est pas glorieux de penser tant de mal de son propre enfant, hein ? Après la crise, une fois calmé(e), on se sent plutôt morveux/se. En tout cas, moi, quand j'ai eu envie de jeter mon fils aîné à la poubelle, je me suis sentie bien moche, et méchamment seule dans la gadoue.

Jamais je n'aurais cru qu'avouer ces pulsions fulgurantes m'aiderait. Au contraire, je pensais qu'on me pointerait du doigt (bouh, la vilaine !) d'avoir ruminé ce genre de ressentiment envers la chair de ma chair.

Et puis, au détour d'un café, un après-midi de printemps à l'ombre d'un platane, le greffon dormant à poings fermés, j'ai vidé mon sac auprès d'une copine qui m'avait fait le plaisir de partager un peu de son temps.

« Hannn, mais moi aussi j'ai pensé la même chose », a-t-elle répliqué.

Non ? Elle aussi ? Elle aussi. Elle que je plaçais au panthéon des mères parfaites avait également, un jour de grand vent, songé un quart de seconde à faire disparaître son mouflet. Voyez-vous donc !

On s'est promis ce jour-là de faire cracher le morceau à toutes les mères de notre entourage. Beaucoup ont avoué l'inavouable.

Péter mentalement un plomb, ça arrive à la majorité d'entre nous. Sans passer à l'acte, hein. Notre violence reste à l'état de cauchemar éveillé, et passe souvent aussi vite qu'elle nous a submergé(e)s. C'est qu'on les aime quand même, nos greffons. Et puis, ils sont fortiches pour nous faire fondre ! Quand on est à deux doigts du craquage, ils sont les as du renversement de situation, nous faisant passer de l'état de boule de nerfs à celui de chamallow. Simplement avec un petit « areu » bien placé.

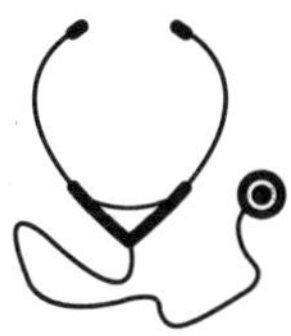

Le mot du pédiatre

Peut-être vous souvenez-vous de cette jeune mère de 34 ans, épouse d'un médecin, qui avait jeté son bébé âgé de 15 jours par la fenêtre du huitième étage ? Ces faits, qui se passaient en 2010 à Toulouse, sont aussi atroces qu'exceptionnels. Seuls des individus ayant une pathologie psychiatrique grave peuvent être amenés à réaliser une telle horreur. Mais bien des mères ont eu cette pensée, malgré elles et en secret. Il n'y a pas que les femmes précaires, trop jeunes, fragiles ou victimes d'un déni de grossesse qui sont susceptibles de ne plus supporter leur enfant et de penser au pire. Les autres, toutes les autres, aussi. Même quand on a vraiment souhaité devenir mère, il arrive que l'on tombe au fond du gouffre. Il y a mille raisons à cela.

D'abord, accoucher est éprouvant, physiquement et psychiquement. Tout de suite après, bien des femmes se sentent mal dans leur corps, qui a souffert et changé. Dans leur tête, un remaniement psychologique important a lieu. On peut imaginer qu'inconsciemment, comme automatiquement, la jeune mère baisse tous ses seuils de perception pour mieux entendre et répondre aux besoins de son nouveau-né. Elle se met par là même dans un état d'hypersensibilité, donc de vulnérabilité. Par ailleurs, s'occuper d'un petit bébé peut s'avérer compliqué, difficile. Certains pleurent beaucoup, dorment très peu, s'agitent sans que l'on comprenne toujours pourquoi. Enceintes, bien des femmes fabriquent mentalement le « bébé de leurs rêves », il est évidemment calme, souriant et elles savent s'en occuper à merveille ! Elles comprennent immédiatement tous les besoins de cet enfant facile. Après leur accouchement, nombreuses sont celles qui se retrouvent avec un vrai nourrisson dans les bras, qui les sollicite sans arrêt, qui crie 18 heures sur 24 et dont elles peinent à saisir le fonctionnement. Elles découvrent le versant complexe de la maternité et, avec lui, un sentiment terrible d'impuissance. Elles se sentent incompétentes, d'autant qu'elles placent la barre très haut.

En effet, les jeunes mères d'aujourd'hui sont extraordinairement exigeantes avec elles-mêmes, plus que jamais sans doute. Elles ont souvent choisi d'avoir un enfant, elles ont attendu le bon moment et, par conséquent, estiment devoir s'y consacrer pleinement. Très informées, elles pensent également être bien armées pour « y arriver ».

Enfin, le bébé est désormais porté aux nues : on dit, et ce n'était pas le cas il y a cinquante ans, que c'est un « cadeau de la vie », un « être intelligent », « complexe », une « personne »... Les mères se mettent donc en tête d'être « à la hauteur ». La pression sur leurs épaules est réelle. Quand les difficultés arrivent – et il y en a souvent –, quand les cris de l'enfant deviennent lancinants, quand il refuse de manger, quand il ne se calme pas ou seulement dans les bras du papa, bien des mamans tombent de haut et ce désenchantement peut les jeter dans une profonde tristesse.

On a oublié de leur dire que le bébé reste avant tout un être mystérieux.

Ajoutons à tout ce stress une grande fatigue physique, et l'on comprend que les mères souhaiteraient parfois fuir, se reposer, se délester de la charge objectivement lourde que représente pour elles ce bébé totalement dépendant dont il leur faut s'occuper. Car il le faut, oui : parent est un travail dont on ne peut guère démissionner. Elles s'y attellent, donc, et en ont quelquefois plus qu'assez, elles s'agacent et culpabilisent de s'énerver. Elles s'en veulent et en veulent à l'enfant, mais leur rage est indicible, car tellement taboue ! Alors en songe, quand l'ampleur de la tâche parentale les dépasse, elles cherchent une échappatoire.

C'est dans ce contexte que naît la pensée infanticide.

Bonne nouvelle : éprouver des sentiments très ambivalents vis-à-vis de son enfant est fréquent, légitime, réversible, et cela ne fait pas de vous une mauvaise mère. Après la naissance de leurs enfants, certaines femmes plongent même dans une véritable dépression et connaissent un *burn-out* maternel – sorte d'effondrement psychique, physique et émotionnel, mâtiné d'un grand épuisement et du sentiment de ne plus y arriver. Il est possible de surmonter ces moments de grande détresse. Il existe des solutions.

Prêtes à craquer ?
Les mesures d'urgence

Vous n'en pouvez plus de vous occuper de votre enfant ?

Faites une pause. Posez votre progéniture dans son lit et fermez la porte, prenez une douche, allez vous coucher, pleurez un bon coup, respirez, faites ce qui vous relaxe. Même si votre enfant pleure, il est en sécurité dans son lit et il ne peut rien lui arriver. Vous avez le droit de dire « stop ». Quand vous reviendrez vers lui, peut-être sera-t-il endormi, ou pas, mais en tout cas, vous aurez rechargé un minimum vos batteries.

Parlez-en ! À votre conjoint, à vos parents, à vos amis, qui sont là pour vous aider. Au pédiatre, pourquoi pas ? Décrochez aussi votre téléphone : la ligne gratuite « Allô parents bébé » soutient et oriente les parents en détresse au 08 00 00 34 56. Le service est anonyme, les écoutants au bout du fil sont des pros de l'écoute et de la petite enfance (psychologues, puéricultrices…).

Trouvez un endroit où vous faire aider. Partout en France, des lieux adaptés, ouverts à tous et gratuits existent pour accueillir, écouter et soutenir les parents déboussolés. Allez-y !

• Les Maisons vertes, créées par Françoise Dolto, sont associatives. Parents et enfants peuvent venir s'y ressourcer, décompresser et, si le cœur leur en dit, causer avec des accueillants compétents et empathiques. Liste sur http://www.dolto.fr/archives/siteWeb/liste.htm

• Le Réseau d'écoute, d'appui et d'accompagnement des parents (REAAP), soutenu par l'État, regroupe d'autres lieux d'accueil, souvent très utiles. Pour trouver le vôtre, taper « reaap » suivi de votre numéro de département dans Google et vous trouverez. Autre option : demander à votre « Point info famille » quels espaces de soutien à la parentalité existent dans votre coin (liste des Points info famille sur http://www.socialsante.gouv.fr/espaces, 770/famille, 774/dossiers, 725/soutien-a-la-parentalite, 1794/les-points-infofamille, 1937/).

• Les PMI, centres de protection maternelle et infantile, présents dans toute la France, proposent souvent des accueils parents-bébés et des consultations de psy, gratuites : www.allopmi.fr

Par ailleurs, *parler à d'autres mères,* qui certainement connaissent les mêmes difficultés et moments de « craquage », est toujours une bonne chose. L'isolement amplifie les difficultés ; à l'inverse, il est souvent relaxant de rompre la solitude. Comment ? Par exemple, en pratiquant une activité mère-bébé (type chant postnatal, baby-gym...), ou en fréquentant une association de mamans, comme la Leche League pour les femmes qui allaitent. D'autres associations plus généralistes existent, renseignez-vous auprès de votre PMI, de la maison des associations ou de votre mairie.

Lisez. Hier inexistante, la littérature sur le *burn-out* maternel (ce craquage mental et physique des mères) s'étoffe mois après mois. On doit le premier témoignage à Stéphanie Allenou, une éducatrice, mère de trois enfants, qui a littéralement implosé en vol. Son livre ? *Mère épuisée,* aux éditions Les Liens qui Libèrent. La présentatrice télé favorite des Français, Alexandra Sublet, a également fondu un câble à la suite de sa grossesse. Elle décrit son parcours dans *T'as le blues, baby,* chez Flammarion. Autre livre de chevet des mamans exténuées : *La Fatigue émotionnelle et physique des mères : le burn-out maternel,* de Violaine Guéritault, consultante et docteur en psychologie, Éditions Odile Jacob.

P.-S. : Des coaches (payants, donc) se sont également spécialisés dans « l'accompagnement parental ». Attrape-gogos ou vrai service, cette nouvelle offre sur le marché du coaching fait débat... Infos : Société française de coaching, www.sfcoach.org

Dent

Avant l'enfant

Attribut de la mâchoire nous permettant la mastication. Syn. : accessoires d'entretien onéreux.

« Brosser du rouge vers le blanc » : ayant entendu durant toute notre enfance la même rengaine, on s'exécute depuis avec application. Et on fait vérifier tout ça une fois par an par l'une des personnes les plus détestées du corps médical (après le proctologue).

On a eu droit à notre année de la honte, la faute à ce satané chemin de fer qui nous barrait la bouche mais nous laissait espérer un sourire ravageur quelques douloureux mois plus tard. C'était compter sans les salades du chef, aptes à flinguer notre entretien d'embauche/rendez-vous galant/séance Photomaton... (rayer la mention inutile si vous la trouvez).

Après l'enfant

Excuse universelle.

Bébé pleure ? Bébé a les joues rouges et les fesses assorties ? Bébé est fiévreux ? Bébé mange ses doigts ? Bébé s'est pris pour Mike Tyson en s'attaquant à notre oreille ? Bébé fait la grève de la faim ? Bébé a le nez qui coule ? Bébé fait des selles vertes/jaunes/roses ? Bébé pense que 3 h 12 le matin est une bonne heure pour se réveiller ? Bébé imite la limace avec un don tout particulier ?

Tout le monde vous le dira : « Ce sont les dents. » C'est toujours à cause des dents. Du moins c'est ce qu'affirment, à l'unisson, votre voisine, votre cousine, la boulangère, la mamie du petit et la puéricultrice de la crèche.

« Votre enfant fait ses dents. »

Car elles poussent, les gueuses. Elles perforent la gencive pour sortir au grand jour. Quand les premières éclosent, celles du devant qui font les jolies photos, la famille entière s'extasie. Mais en attendant, elle s'inquiète. « Tu as mal, bébé ? » Comme ledit nourrisson est bien incapable de confirmer, on suppose le pire.

Du coup, « ça doit être les dents » devient l'excuse fourre-tout, et ce jusqu'à ce qu'on ait pu en compter vingt et vu tomber autant. Avouons-le, c'est somme toute assez rassurant de pouvoir expliquer chaque bizarrerie du greffon. C'est aussi fort pratique :

« Il est pénible ?

— Non, il fait ses dents. »

Sinon, on peut incriminer les coliques. Au choix.

Le mot du pédiatre

Disons-le tout net : les dents sont des boucs émissaires.

Certes, quand les dents de lait sortent, bébé peut être gêné, avoir les gencives enflées, plus de salive que d'habitude, voire une rougeur sur la ou les joue(s) concernée(s). Mais affirmer, comme le font 80 % des parents et encore bien des pédiatres, que l'éruption dentaire provoque des rhumes, de la fièvre, des otites, les fesses rouges, des diarrhées, de l'eczéma, une bronchite ou quoi que ce soit d'autre, cela est parfaitement infondé.

Malgré tout ce qu'on entend, il n'existe pas de preuve scientifique que la poussée dentaire soit la cause des bobos enfantins. Aucune étude – et il y en a eu un certain nombre sur le sujet – n'a réussi à établir un lien de cause à effet entre ces symptômes et la poussée dentaire. Il est probable que cette dernière ne fasse même pas mal à l'enfant.

Les chercheurs s'accordent en effet à penser que l'arrivée des dents ne serait pas douloureuse. Cela est corroboré par le fait suivant : entre 3 et 6 ans, les dents définitives arrivent en perçant la gencive. À cet âge-là, les enfants savent parler et pourraient se plaindre explicitement. Mais ils ne le font nullement. Ils n'ont pas mal. Alors, pourquoi souffriraient-ils quelques années auparavant, lorsque poussent leurs dents de lait ?

Entre 0 et 3 ans, les jeunes enfants sont, c'est évident, sujets aux rhumes, virus, fesses écarlates, pleurs inexpliqués et autres joyeusetés, surtout après la fin de l'allaitement maternel ou à l'entrée en collectivité. Pendant cette même période de leur vie, ils ont toujours au moins une dent qui pousse, puisque à l'âge de 3 ans, ils en auront vingt dans la bouche. Symptômes et éruption dentaire : ces deux événements ne sont sans doute pas corrélés. En clair, c'est probablement un pur hasard si votre bébé perce une dent en même temps qu'il déclare une otite.

Alors, pourquoi donc incrimine-t-on régulièrement ces pauvres quenottes ? La réponse est sans doute à chercher dans notre passé.

D'abord, la dent a toujours eu une place particulière dans l'inconscient collectif. Il n'y a qu'à se balader dans l'histoire des hommes et celle des idées pour découvrir à quel point elle est chargée de significations au niveau symbolique. Fragile mais bien enracinée, pouvant naître, grandir et mourir mais imputrescible, elle fait écho à l'homme. Du profond Moyen Âge à nos jours, elle a habité son imaginaire. Le poète Boris Vian en a même fait une ode, dans les années 1950. Lisez plutôt :

La vie, c'est comme une dent
D'abord on n'y a pas pensé
On s'est contenté de mâcher
Et puis ça se gâte soudain
Ça vous fait mal, et on y tient
Et on la soigne et les soucis
Et pour qu'on soit vraiment guéri
Il faut vous l'arracher, la vie !

La dent est bien plus qu'une partie du corps. La société rurale traditionnelle lui a longtemps prêté des vertus magiques – « Qui offre sa dent perdue à saint Mathurin n'a plus jamais mal aux reins ! » Il y a quelques siècles, nos aïeux conservaient précieusement leurs dents tombées pour pouvoir les retrouver après la mort et éviter les caries en attendant. Dans de nombreuses régions de France, rêver d'une dent présageait un grand malheur, et on affublait ses enfants d'un pendentif en ratiche d'animal pour faire fuir le mauvais sort et garder une bouche saine !

Bref, la dent est propice à toutes les superstitions, et cela ne date pas d'hier.

Ensuite, elle fait peur. Et pour cause : elle sort de nous-mêmes en déchirant notre peau, elle pousse, elle surgit, elle mord. Pas étonnant que la dent, petit monstre en nous, suscite des fantasmes terribles et soit considérée comme la cause de tous les maux ! Pas étonnant non plus que les monstres des contes aient été décrits avant tout par leur mâchoire (vampire, croque-mitaine, loup et compagnie…)

Enfin, plus concrètement, dent et souffrance sont allées de pair pendant des millénaires. Jusqu'à une période récente, il n'existait pas d'antalgiques ni de soins dentaires, et l'hygiène bucco-dentaire se résumait à… rien du tout. Les névralgies dentaires, les caries, les abcès ont été le lot quotidien de nos aïeux. Imaginez à quel point ils devaient déguster ! Ainsi, dent et douleur furent longtemps intimement associées. Ne voyant guère d'explications aux pleurs des tout-petits, à leurs fesses rouges et aux autres maux énigmatiques qui les affectaient, parents désemparés et médecins ignorants ont projeté leurs propres souffrances dentaires sur l'enfant et ont accusé « les dents ». Les autorités médicales ont tenu les actes de ce long procès : un traité de médecine infantile datant de 1780 affirmait ainsi que la douleur liée à la poussée dentaire était tellement violente qu'elle pouvait occasionner la mort du nourrisson. Au début du XIXe siècle, en Angleterre, plus de 5 000 décès d'enfants étaient directement attribués à l'éruption dentaire, soupçonnée d'être à l'origine de 12 % des décès des petits de moins de 4 ans. Rien que ça !

De nos jours, nous ne souffrons plus guère de la bouche, peu de nos contemporains font des offrandes à saint Mathurin et nul ne pense sérieusement qu'on peut mourir à cause d'une molaire, mais il reste des traces tenaces de cette grande défiance. En matière de puériculture, tout est bien souvent « de la faute des dents », aujourd'hui comme hier.

Non seulement cette croyance est inexacte, mais elle est dangereuse, car elle cause des retards de diagnostic. Les parents, persuadés que les réveils nocturnes ou la diarrhée de leur enfant sont « seulement » dus à cette satanée incisive qui perce, tardent parfois à l'emmener chez le médecin... alors même que bébé a attrapé une « vraie » maladie qu'il faut soigner rapidement. D'après une étude menée en juin 2003, il arrive une fois par semaine qu'un petit patient soit amené tardivement en consultation chez le pédiatre avec comme justification « C'est les dents ! » alors qu'il a, en réalité, une otite, une gastro-entérite, ou même, plus grave, une pyélonéphrite aiguë, une arthrite...

Bref, les dents ont bon dos. Alors, restons vigilants.

Que faire si...

L'enfant a des symptômes (douleurs, fesses rouges, nez qui coule, diarrhée, fièvre...). Partez du principe qu'ils ne sont pas liés à la poussée dentaire. Soignez-les, sans pour autant donner des médicaments qui pourraient avoir des effets secondaires. Évitez l'Ibuprofène. Le Doliprane fait bien l'affaire en cas de douleurs. Au besoin, emmenez votre enfant chez le pédiatre.

L'enfant « fait ses dents ». Ses gencives sont rouges ou gonflées, une dent arrive ! Il existe sur le marché de multiples gris-gris censés lutter contre l'hypothétique douleur de la poussée dentaire. À défaut de faire du bien, beaucoup de ces remèdes ne font pas de mal, comme le Camilla, un cocktail homéopathique en dosettes.

Certains magasins, bio ou non, vendent *des colliers en perles de buis ou d'ambre*, voire en « larmes de Job », des graines cultivées jadis par les moines qui en faisaient des chapelets. On passe ces colliers au cou de l'enfant et ils sont censés apaiser le mal de dents (sans preuve scientifique) : attention à acheter un bijou spécial bébés, qui rompt facilement, avec un fermoir magnétique, pour éviter tout risque d'étranglement. Gaffe aussi à ce que les pierres, graines ou petites boules, soient séparées par un nœud de sécurité afin qu'en cas de casse, elles ne se dispersent pas partout et ne finissent pas avalées.

On peut aussi investir dans un *anneau dentaire*, en forme de papillon ou autre bestiole en plastique. L'idée ? Que bébé mordille dedans afin de « soulager » ses gencives gonflées. Certains de ces joujoux, pleins d'eau, se placent au réfrigérateur pour plus d'efficacité (mais pas au congélateur, trop glacé).

Enfin, de nombreux *gels gingivaux* (Dolodent, Pansoral, Delabarre…) sont vendus en pharmacie. Avec un peu de cette pâte au bout du doigt, on masse les gencives enflées de bébé. L'efficacité thérapeutique de ces baumes est quasi nulle, mais bien des parents ont ainsi l'impression de faire du bien à leur bébé : cette petite attention n'est donc pas inutile.

L'hygiène bucco-dentaire des tout-petits

• Brosser les gencives des tout petits bébés avant même qu'ils aient des dents n'est pas utile, contrairement à ce qui est conseillé à l'heure actuelle sous l'influence des vendeurs de brosses à dents ! La bouche est un système très sophistiqué, autonettoyant, et la salive désinfecte fort bien. Aucune bactérie ne lui résiste – c'est pour cette raison qu'il est très rare que les plaies de la lèvre ou de la joue s'infectent. Pas besoin de nettoyer les gencives, donc.

• Se brosser les dents est très important. Une bonne hygiène bucco-dentaire prévient efficacement les caries. Si vous souhaitez que votre enfant prenne cette bonne habitude :

— Offrez-lui une jolie brosse à dents dès qu'il marche, quel que soit son âge. Pendant cette période, votre grand bébé vous suit, vous observe et vous imite. Il mettra donc naturellement la brosse dans sa bouche. Puis, il brossera sa tortue de bain et le carrelage, ce n'est pas grave du tout. Il joue, c'est une bonne façon de le familiariser avec cet outil bizarre et de faire de l'hygiène bucco-dentaire autre chose qu'une contrainte.

— Petit à petit, montrez-lui la bonne technique : du rouge vers le blanc ; pendant trois minutes dissocier : la troisième face est blanche sur les trois faces des dents. Il y arrive seul ou vous l'y aidez, ça dure plus ou moins longtemps, peu importe. L'important, c'est de ritualiser ce geste : tous les soirs, on se brosse les dents. D'abord juste avec la brosse et puis, dès que l'enfant sait cracher, avec une noisette de dentifrice spécial enfants (les dentifrices pour adultes contiennent trop de fluor).

— Pour les impatients qui veulent ranger la brosse à dents au bout de 23 secondes, on peut brancher un minuteur ou mettre une chanson qui dure le temps qu'il faut, ça aide à tenir.

— Ne demandez pas l'impossible à votre petit : il est très rare que les enfants aient un brossage efficace et autonome avant 2 ans et demi ou 3 ans. Et beaucoup d'entre eux l'acquièrent vers 5 ans.

Dessin

Avant l'enfant

Art exprimé par le crayon.

Qu'on soit talentueux ou non, nous dessinons tous, même si ce ne sont que de petits ronds collés les uns aux autres sur un bloc-notes, griffonnés en écoutant Duboss nous causer dans l'iPhone. Le dessin fait partie de nos vies depuis nos premières couettes (voire bien avant), même si certains avaient, déjà à l'époque, plus de prédispositions que d'autres.

Après l'enfant

Grabouillon à la craie grasse élevé au rang d'art.

C'est souvent très tôt que le greffon se retrouve avec un stylo entre les mains. Malheureusement, la toute première fois, c'est pour sniffer l'encre ou gober le bouchon, ça nous apprendra à mieux ranger.

Néanmoins, ne doutant pas une seule seconde des qualités motrices de notre héritier, nous lui tendons aussi sec une feuille blanche et quelques crayons (ou feutres pour les plus téméraires d'entre nous). « Vas-y, mon bichon », et le bichon y va. Il aime à s'appliquer, et trace un premier grand trait sur sa feuille. Charmé par son propre geste et par le rendu magnifique sur papier vélin 154 g (rien n'est trop beau), le voilà traçant des courbes, tirant des lignes, amorçant des jets de craie grasse, bref, ainsi naît l'œuvre originelle : un énorme grabouillon incompréhensible et monochrome.

Magie de l'amour parental : devant l'ampleur des dégâts, notre jugement est sans appel : « C'est magnifique, mon Tichounet. » Oui, tout à fait, c'est fabuleux même. Les superlatifs nous manquent.

Objectivement, et sans être sous l'emprise d'hormones, c'est vilain.

Mais bon, en tant que nouveau parent, on a lu tout Dolto, évitons donc de saboter sciemment la fragile confiance en lui que greffon construit à l'intérieur de son jeune ciboulot (mais tout de même, c'est moche).

Hélas ! Boosté au compliment parental, l'enfant se met à crayonner frénétiquement. Et partout. Sur les murs non lessivables du salon (réfection de la peinture, 125 euros), sur votre veste en daim (55 euros de pressing). Et, évidemment, sur des feuilles (une ramette = 6 euros). Il consomme le papier aussi vite qu'un castor et apprend à mélanger les couleurs. Résultat : des pelotes de traits violemment chamarrées, qui dépassent sur la table. Ainsi, se retrouve-t-on en moins de deux avec 472 dessins représentant pour la plupart des vaisseaux spatiaux et des animaux, version art très abstrait. On accumule lesdits croquis comme des trésors, mi-hilare, mi-ému... Jusqu'au jour où, trop c'est trop, on bazarde tout, non sans une légère culpabilité (celle d'avoir saccagé tant de forêts ?). Pour la postérité, on archive quand même quelques-uns de ses graffitis brûle-rétine dans le dossier « Mon enfant, ce Picasso en herbe ».

Qui sait, peut-être bien qu'un jour il sera vraiment bon, après tout (dès qu'il sera coté sur le marché de l'art, penser à lui présenter l'addition).

Le mot du pédiatre

À la fin de sa première année, votre bébé saura sans doute tenir un gros crayon et gribouiller. Les gribouillis resteront une constante de toute sa petite enfance, mais vers 2 ans il dessinera aussi des traits horizontaux ou circulaires. Entre 2 et 3 ans, il va bien évoluer : son crayon tenu poing fermé, il s'exercera à tracer des lignes verticales et horizontales. Par la suite, il tentera de le saisir entre le pouce et le bout des autres doigts. Sans doute dessinera-t-il aussi des croix et des cercles. Vers 3 ans il commencera à tenir son crayon de manière correcte. Puis il pourra vous gratifier de croix, de cercles, de pointillés, voire de spirales. Parfois, il griffonnera un joli paquet de traits et vous assurera qu'il vient de signer son prénom.

Peu importe la « qualité » de ce que produit votre enfant. Quand il vous donne un dessin, il est judicieux...

— de recevoir ce cadeau avec plaisir ;

— de le ranger ostensiblement (= de ne pas le mettre à la poubelle, même si on le jette discrètement par la suite) ;

— d'éviter d'être invasif. « Et qu'est-ce que ça représente ? », lui demande-t-on. Pour nous faire plaisir, l'enfant va nous répondre, au pifomètre et en fonction de son âge, « un lapin », « une maman », « un caca ». En réalité, il n'en sait rien. Avant 3 ans, l'enfant a bien du mal à percevoir le côté figuratif d'un dessin. En clair, il ne dessine pas forcément pour « représenter » quelque chose. Arrêtons donc de vouloir qu'il dessine forcément quelque chose de concret, lui préfère encore l'abstrait !

Dans le même ordre d'idées, ce n'est pas la peine de critiquer : « Mais c'est du gribouillage, tu peux faire mieux ! » Pour l'instant, non, il ne peut pas ou n'a pas envie de faire autre chose que cela. Pas la peine de critiquer son dessin, donc. Pas besoin non plus de « l'aider » à mieux colorier sans déborder en lui achetant un cahier avec des modèles ourlés de grosses bordures en relief. Si votre petit artiste déborde, c'est qu'il n'a pas encore les capacités physiques de ne pas déborder. Patience ! D'autres progrès viendront en leur temps… Dessiner en « crabouillant » est déjà un exploit au niveau psychomoteur !

(Cf. *Comparaison.*)

D'autres précisions sur :

http://naitreetgrandir.com/fr/etape/1_3_ans/developpement

Astuces anti-stockage !

Afin de ne pas encombrer vos tiroirs, pensez à *scanner* les plus belles œuvres de vos greffons, afin de les garder pour la postérité dans votre disque dur.

Pour les artistes en herbe qui ne peuvent s'empêcher d'aggraver le phénomène de déforestation, l'achat d'une *ardoise magique* peut être une bonne idée. Mieux encore, l'Aquadoodle de Tomy est un tapis blanc sur lequel l'enfant griffonne à l'aide de stylos… remplis d'eau. Le dessin s'efface lorsque l'eau s'évapore. Et on recommence. Existe aussi en format voyage, un must !

Deuxième

Avant l'enfant

Cadeau.

Un deuxième verre, une seconde semaine de vacances, un autre petit café, encore une part de gâteau, un deuxième kilo en trop... Ah non, lui, on n'en veut pas.

Après l'enfant

Cadet.

« Et alors ? C'est pour quand, le p'tit deuxième ? »

Ta gueule.

Est-ce que je demande aux gens quand ils retournent se faire dévitaliser une dent, moi ?

Non mais parce que juste après la naissance de Choupet, une petite voix nous susurre : « plus jamais ça ». Trop de fatigue, trop de bouleversements, pas assez de place. Dans notre appart, dans notre cœur, dans notre planning, Numéro Un prend tout l'espace. Un second enfant ? Non merci, sans façon.

Et puis, le temps passe. Quelques semaines, quelques mois, quelques années. La petite voix devient chaque jour plus aphone jusqu'au jour où, adossée à un banc, croquant dans un sandwich, on aperçoit cette femme.

Le cheveu au vent, les courbes généreuses, le sourire radieux. Et ce ventre, cet énorme ventre qui clignote tant qu'il déclenche en nous un tsunami hormonal.

« Rhooo, comme c'est mignon ! »

C'est simple, on est fichue. De ce jour, nous ne voyons que des ventres. Celui de la voisine, celui de la vendeuse, celui du buraliste, même. Tout le monde attend un enfant. Sauf nous.

Plus pour longtemps.

Mentalement au moins, notre « p'tit deuxième » est en route, et c'est chouette.

Le mot du pédiatre

L'arrivée d'un deuxième enfant est un bouleversement qui redistribue les cartes au sein de la famille. Dans la plupart des cas, les parents sont ravis. Ce n'est pas toujours le cas de l'enfant n° 1, qui voit arriver un petit nouveau dont il se serait bien passé.

• *Comment va réagir l'aîné à l'arrivée du cadet ?*

Peut-être bien, mais sans doute mal. Mettons-nous un instant à la place de l'aîné de la famille, qui a vécu avec ses parents « pour lui tout seul » pendant toute sa courte vie : l'arrivée d'un autre enfant n'est pas franchement une bonne nouvelle. Il va devoir tout partager, les adultes auront moins de temps à lui consacrer… Si votre aîné est encore petit – entre 18 mois et 3 ou 4 ans –, il peut même prendre cet agrandissement de la famille comme une véritable trahison. Un autre bébé ? Mais le bébé, c'est lui ! Ne soyez pas fâchés si votre enfant ne se réjouit pas avec vous, c'est bien légitime. Ne vous culpabilisez pas non plus. Peut-être pouvez-vous lui expliquer simplement les choses, avec clarté. Exemple ? « Le monde n'a pas commencé le jour de ta naissance. Nous, tes parents, avons existé avant, nous nous sommes rencontrés, nous étions bien ensemble et quand un homme et une femme sont heureux ensemble, de temps en temps, ça fait des bébés. C'est comme ça que tu es venu au monde. Tu as grandi, et nous sommes toujours bien ensemble. Donc, un autre enfant arrive et nous en sommes heureux. Tu resteras toujours notre aîné, celui qui nous a transformés en parents. »

Une fois le bébé né, il est possible que votre aîné soit dans un état d'incompréhension totale. Et pour cause : subitement, le monde va sens dessus dessous. Lui qui hier encore était le centre de l'attention se retrouve relégué au second plan. Pis : ses parents semblent complètement fascinés par un être qui se contente pourtant de dormir et de faire caca. Ils n'ont même plus le temps de lui lire ses quatre livres le soir ni d'admirer ses pitreries, alors même qu'ils les trouvaient si drôles il y a quelques semaines ! Comment expliquer l'admiration des adultes devant cette petite chose nulle et braillarde – le bébé ? Aux yeux de l'aîné, il n'y a qu'une seule explication : ses parents ont perdu la raison.

Déboussolé, jaloux, parfois franchement amer, l'aîné peut se mettre à multiplier les bêtises, sans penser à mal mais en essayant simplement de faire réagir ses parents et d'attirer leur attention. Quand il renverse le pot de cornichons sur le tapis, maman pose le bébé, papa gronde : c'est normal, le monde redevient comme avant.

Pour limiter ce genre de désagréments, une solution est de consacrer du temps à votre aîné. N'hésitez pas à lui expliquer comment marche un bébé, les soins dont il a besoin et son évolution. Conseillez-lui de prendre patience. Bientôt, ce nouveau-né va bouger, rire, moins pleurer, mieux dormir la nuit. Et papa comme maman seront moins débordés.

• *Mes deux enfants vont-ils s'aimer ?*

Sans doute. Mais peut-être pas tout de suite. Ni tout le temps.

Déçu par ce nourrisson qui ne sait rien faire et mortifié par l'affection que lui vouent ses parents, l'aîné ressent probablement de la jalousie dans les premiers temps, et il est possible qu'il snobe totalement le bébé. Il n'est pas méchant, il est simplement dans une grande incompréhension. N'oubliez pas que votre « grand » est encore bien petit… Et si l'aîné n'aime pas son cadet, cela ne veut pas dire qu'il ne l'aimera jamais.

Mieux vaut ne pas « obliger » votre aîné à apprécier son cadet. Cela risque d'avoir l'effet inverse. Plus vous insisterez, moins cela fonctionnera. Il faut du temps pour que leur relation s'installe, pas la peine d'essayer de les unir à tout prix. Entre eux, sauf danger, n'intervenez guère. Contentez-vous de les mettre en présence l'un de l'autre le plus souvent possible.

Peu à peu, la communication entre eux va se mettre en place. À 2 ou 3 mois, bébé va commencer à s'exprimer et à réagir à l'arrivée de son aîné dans la pièce : un sourire, un « agheu »… L'aîné va sans doute constater avec satisfaction que le bébé s'intéresse à lui, voire qu'il l'admire. Et il va aussi s'apercevoir qu'il sait interagir avec le nourrisson mieux que les adultes, avec des gestes, des mimiques propres à son âge… Il va même réussir à le faire rire ! Ainsi valorisé, l'aîné va probablement trouver que ce n'est finalement pas si mal, voire « carrément bien », d'être un grand frère ou une grande sœur.

Cela dit, les frictions et les conflits entre frères et sœurs font partie intégrante de la vie de famille. Il est fort probable que le petit veuille sans cesse les jouets du grand et que le grand passe son temps à narguer le petit. La fratrie se chamaille et se dispute l'intérêt des parents, c'est ainsi… mais ce n'est pas une fatalité. Certains comportements parentaux attisent les rivalités, d'autres les découragent.

En cas de dispute entre vos enfants, *énoncez fermement les règles de base* (interdiction de se faire du mal, de se taper, obligation de se respecter…), mais ne tentez pas de dénouer les conflits vous-mêmes. Se bagarrer deviendrait rapidement une bonne façon d'attirer votre attention.

Évitez de prendre parti. Les disputes entre enfants sont souvent ardues à comprendre, vous risquez de punir ou de récompenser « à côté de la plaque ». De plus, il semble qu'inconsciemment nous, les parents, favorisions toujours le même enfant (celui qui nous ressemble le plus ou celui qui a le même rang que nous dans la fratrie). Faites plutôt confiance à vos enfants pour trouver une solution eux-mêmes, et dites-le-leur. Ils seront valorisés et incités à coopérer.

En cas de conflit, *ne séparez pas systématiquement vos enfants* (« chacun dans un coin et puis c'est tout ! ») ; il vaut mieux qu'ils apprennent à régler leurs désaccords plutôt que de les fuir. Leur relation va se construire ainsi, au fil des mois et des années, entre complicité et chamaillerie.

Comment aider l'aîné à vivre l'arrivée du deuxième ?

À ÉVITER : *« Survendre » le nouveau-né.* « Tu vas voir, tu pourras jouer avec lui, vous allez bien vous amuser ensemble, il sera tout mignon… » Si, pendant votre grossesse, vous avez présenté l'arrivée du deuxième enfant comme un événement formidable, vous exposez votre aîné à une cruelle déception : non seulement le bébé est bien incapable de jouer à quoi que ce soit, mais il passe son temps à pleurer, à faire caca et à dormir.

À FAIRE : *Jouer franc-jeu.* « Au début, ce ne sera pas rigolo pour toi, nous manquerons de temps et de patience, bébé va crier, il faudra faire du silence quand il dort… » Prévenu, votre aîné sera moins déçu… et même heureusement surpris le jour où n° 2, vers l'âge de 3 ou 4 mois, lui décochera son premier sourire, rien qu'à lui.

À ÉVITER : *Inciter l'enfant à participer à l'arrivée du bébé*. Ranger les petits bodys dans l'armoire, puis, une fois qu'il est né, lui donner le biberon, tendre à papa la couche pendant le change… Bien des parents incitent leur aîné à s'occuper du bébé, dans le but louable de ne pas l'exclure de cet événement. Mais cela a pour effet, parfois, de laisser penser au grand qu'« il n'y en a vraiment que pour le petit ».

À FAIRE : *Laisser l'aîné libre d'entrer (ou non) en relation avec le bébé*. Le temps des adultes n'est pas celui des enfants : il faut parfois longtemps pour se sentir grand frère ou grande sœur, et apprécier ce nouveau statut…

À ÉVITER : *Lui demander d'offrir un cadeau de bienvenue au bébé.* Faut pas pousser, hein ! L'aîné doit déjà prêter ses parents… À éviter aussi, la question fréquente : « Tu es content, hein ? » Non, l'aîné n'est pas forcément heureux de cette naissance. Alors, mieux vaut éviter de lui poser la question de cette façon.

À FAIRE : Lui demander comment il se sent, et *le laisser exprimer tous ses sentiments, même les pires,* sans en être agacé ni choqué. Même s'il dit qu'il jouera au foot avec son petit frère « et que le petit frère fera le ballon ». Même s'il annonce qu'il souhaite la mort du bébé ou son départ de la maison : ces propos très fréquents traduisent simplement l'envie que ce bébé ne soit pas là. Ça lui passera... Si on ne le censure pas. Préciser tout de même à l'aîné qu'il a le droit de ne pas aimer son cadet, mais l'interdiction de lui faire du mal.

À ÉVITER : *S'extasier sans arrêt sur le dernier-né.*

À FAIRE : *Critiquer le nouveau-né à haute voix*, de temps en temps. « Hou là là, mais il n'arrête pas de crier ce bébé-là, c'est pénible ! » Cela déculpabilisera l'aîné et le rassurera de voir que sa mère, qu'il a l'impression de perdre en partie depuis l'arrivée du petit frère, pense comme lui. Il sera aussi soulagé de constater que ses parents ne sont pas devenus totalement « gagas » du cadet.

À ÉVITER : *S'occuper exclusivement du petit.*

À FAIRE : Profiter de la sieste du bébé pour *consacrer du temps à l'aîné. Miser sur le deux-en-un* : pendant la tétée ou le biberon de n° 2, on raconte une histoire à n° 1.

À ÉVITER : Répéter à l'aîné : « Tu es grand maintenant » (surtout si c'est pour justifier qu'il s'habille tout seul ou se dépêche un peu). Car non, il n'est pas si grand que cela et lui aussi veut être choyé comme le petit.

À FAIRE : *Valoriser l'aîné* – qui se sent peut-être un peu sur la touche – dans ce qu'il sait faire : courir, sauter, faire de la pâte à modeler...

De la lecture

Deux livres pratiques et pleins de conseils malins pour élever une fratrie… sans y gaspiller toute son énergie :

Relations frères-sœurs, du conflit à la rencontre, Catherine Dumonteil-Kremer, Éditions Jouvence.

Jalousies et rivalités entre frères et sœurs, comment venir à bout des conflits entre vos enfants, Adèle Faber et Elaine Mazlish, Éditions Stock.

Pour les petits, on peut dégainer les « grands classiques » : *Petit Ours Brun, Tchoupi*, *Mini-Loup* et les autres super-héros des enfants qui ont AUSSI une petite sœur. Ça aide.

Diversification

Avant l'enfant

Changer, pour mieux apprécier.

Ce mot, on ne l'emploie jamais mais, n'étant pas débile, on voit ce que ça pourrait vouloir dire : innover, quoi. Diversifier, c'est ajouter de l'inédit, de la différence, pour regarder les choses sous un autre angle, pour mieux les savourer sans doute, et les redécouvrir, et se challenger... Varier les plaisirs, oui, mais comment ? Sort-on jamais de la routine ? La diversification, avant d'avoir des mômes, ça pourrait être un sujet du bac philo.

Après l'enfant

Étape-clé du greffon stade 1.

Ça devait arriver : il grandit, le greffon ! Le temps est donc venu de remplacer ses repas sempiternellement liquides et lactés par des gourmandises diverses, solides, à la petite cuillère s'il vous plaît. Oui mais diversifier quand, comment, pourquoi ? Un nouvel aliment par repas ou un par semaine ? Assiette avec ou sans bisphénols ? Bavoir en tissu ou récupérateur ? La diversification, c'est bien pire qu'un sujet de philo. Pléthore de questions vous assaillent, à croire que la parentalité n'est qu'un chemin sinueux pavé de points d'interrogation (c'est le cas, en fait)... Amis de la poésie, bonjour !

Une fois résolus ces dilemmes de l'extrême, deux stratégies s'offrent à vous.

Option parent parfait : vous sortez le bouquin flambant neuf offert par Miss Bestfriend (*Une cuillère pour maman sinon c'est la fessée*, aux Éditions Superparents), vous cochez la page « roulé de salsifis aux trois fenouils », et une fois que vous avez appris sur Internet que la betterave était de saison, vous confectionnez finalement une purée. De carotte. OK, c'est ce qu'il y a de plus facile. Mais c'est bio, hein.

Option parent moins parfait : vous utilisez de petits pots tout prêts. L'avantage, c'est qu'ils sont prêts. L'inconvénient, c'est qu'ils sont prêts alors niveau goût, ce n'est pas toujours le Pérou.

Bon, le plat, c'est bon, c'est fait. Quand faut y aller, faut y aller, c'est parti pour la première bouchée. Une cuillère pour maman, une cuillère...

La diversification comme vous l'imaginiez : découvrir de nouveaux mets enchante Bébichou. Dès le premier repas, il est curieux et au bout de quelques jours, quand vous vous approchez de lui pour lui attacher son bavoir, il vous sourit. Évidemment, il a bon appétit, parce qu'il est heureux de grandir et de s'éveiller gustativement. D'ailleurs, il le dit lui-même dès qu'il voit la cuillère : « garrrrheu ».

La diversification, en vrai : d'abord, greffon refuse tout ce qui sort de votre robot mixeur (oui, de tels ingrats existent, je ne vise personne). Puis, il se fait une raison, il va falloir y goûter. À la première bouchée, il grimace, à la deuxième, il regrimace. À la troisième, il ne desserre pas les lèvres. Ou bien il pousse la cuillère avec sa langue, faisant ressortir le peu de purée que vous aviez tenté de lui donner. Ou alors (le greffon est fourni avec toutes les options), il détourne la tête, s'ornant d'un artistique « flou de purée verte sur visage d'ange ». Un jour, c'est sûr, il éternuera la bouche pleine. Aujourd'hui, demain ou plus tard, un baptême à la bruine de purée vous attend. En attendant, vu que votre bébé mange à peu près deux milligrammes et demi de nourriture solide par jour – et encore les bons jours –, vous jetez à peu près tout ce que vous lui préparez et/ou le congélo est devenu votre meilleur ami. Une bonne nouvelle ? Alors même que le parent que vous êtes venait de s'habituer aux étrons uniformément jaunes de l'héritier, vous vous retrouvez tout à coup avec le drapeau mexicain dans la couche : vert brocoli, rouge tomate, beige patate. Surprise du chef, consistance et odeur varient également selon les légumes du jour. C'est beau, un bébé qui grandit.

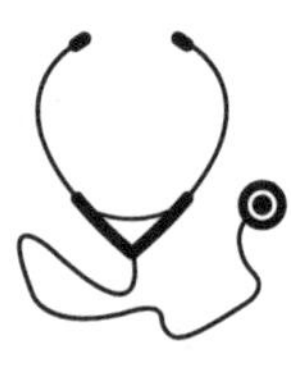

Le mot du pédiatre

Dans les années 1940, le principe de la diversification alimentaire était simple : « première dent, première bouillie ». On commençait donc à nourrir la plupart des bébés en aliments solides entre 6 et 9 mois. Plus tard, avec l'invention et la banalisation des « petits pots », dans les années 1975-1980, on s'est mis à diversifier de plus en plus tôt. Les lobbys de l'agroalimentaire poussaient dans ce sens, cela faisait marcher leur commerce, les enfants le supportaient plus ou moins bien, alors pourquoi pas ? À une époque, la norme était de proposer au bébé des légumes dès l'âge de 2 mois, et de la viande à 4 mois ! C'était, il faut le dire, du grand n'importe quoi, mais à l'époque aucune étude n'était encore venue le prouver.

C'est dire si, sur ce sujet comme sur bien d'autres, les experts en nutrition ont changé d'avis au fur et à mesure de l'avancée des connaissances scientifiques. Au XXIe siècle, nous ne savons pas encore tout sur le bébé, cet être mystérieux, et sur les subtilités de son tube digestif ! Dans vingt ans, gageons donc que nous ne nourrirons pas les petits comme aujourd'hui (déjà au Canada, à la suite de vastes études sur les carences du bébé en fer, il est désormais recommandé de commencer la diversification alimentaire par la viande, ce qui n'est pas l'usage en France).

Aujourd'hui, l'Organisation mondiale de la santé conseille d'allaiter le bébé au sein pendant six mois pleins, puis de commencer la diversification alimentaire. Sur le carnet de santé de chaque enfant, les autorités françaises indiquent noir sur blanc leurs préférences : pas d'œuf avant 7 mois, pas de lentilles avant 15 mois… Les parents font bien de suivre ces recommandations officielles, issues de récentes données médicales fiables. Mais qu'ils ne les considèrent pas non plus comme la bible. Elles varient, ces normes, d'une époque à l'autre, d'une institution à l'autre, d'un pays à l'autre ! Des exemples ? Dans l'Hexagone, le riz n'est introduit qu'au 8e ou 9e mois du bébé, ce qui fait mourir de rire les parents vietnamiens, qui en proposent à leurs enfants dès l'âge de 4 mois. De même, les légumineuses, sources d'apports protidiques, sont proposées aux bébés français plus tard qu'aux nourrissons vivant dans des pays à dominante végétarienne.

Nul besoin, donc, de suivre aveuglément les recommandations alimentaires au jour près. En matière d'alimentation infantile, les autorités médicales nous informent, nous orientent, nous conseillent, c'est indispensable. Cela ne doit pas empêcher les parents d'avoir leurs idées, leurs principes, leurs envies, et de les appliquer – dans la limite du raisonnable, bien sûr. Une platée de lentilles à 9 mois, non. Mais pourquoi pas quelques cuillerées ?

• *Quand faut-il commencer à diversifier l'alimentation du bébé ?*

À partir de 5 à 6 mois. C'est ce que préconisent les autorités sanitaires internationales à l'heure actuelle, considérant que le tube digestif de l'enfant est alors assez développé pour accueillir des aliments autres que le lait.

Cela dit, il n'y a aucun problème majeur à ce que cela se fasse plus tôt, 4 ou 5 mois par exemple, si l'enfant digère mal le lait et gagne en confort avec la nourriture solide. La diversification alimentaire peut également avoir lieu plus tard, voire beaucoup plus tard, vers 12 mois, notamment si l'enfant est allaité au sein et heureux ainsi, s'il ne montre aucun intérêt pour l'alimentation à la cuillère.

On peut, en effet, faire confiance au bébé : il saura montrer à ses parents quand arrive « le bon moment » de passer aux solides. Dès qu'il se tient assis, qu'il tente de porter des choses à sa bouche, dès qu'il louche sur les plats des grands et essaye de chiper des morceaux de poulet dans votre assiette, eh bien clairement votre enfant est prêt ! En matière d'alimentation comme dans bien des domaines de la parentalité, il est utile (et agréable) d'être à l'écoute de son bébé. Votre progéniture a des envies ? Il peut s'avérer pratique de les prendre en considération. Pourquoi se battre pour lui faire avaler une cuillère d'épinards à 6 mois quand bébé semble alléché par les carottes ? Les épinards auront leur heure, plus tard... Certains parents vont même plus loin dans cet esprit, en adoptant la « diversification menée par l'enfant », rebaptisée « DME ». Avec cette méthode, on part du principe qu'un nourrisson sait « dire » ce qu'il veut manger et va apprendre rapidement à s'alimenter seul, avec ses doigts, si on lui en laisse la possibilité.

En matière de diversification alimentaire, *l'important est d'éviter l'extrémisme* (introduire les solides à 2 mois ou à 2 ans) ainsi que le stress. N'oublions pas que manger est une nécessité mais aussi un plaisir ; malgré son nom barbare, la diversification alimentaire est avant tout un moment agréable de découverte et de partage !

Il s'agit avant tout d'emmener l'enfant, peu à peu, vers le repas de grands, de l'accompagner pour qu'un jour prochain, entre 12 et 18 mois à peu près, il mange « comme nous ». N'hésitez donc pas à l'asseoir à table avec vous ! Il vous verra manger, il découvrira tout un tas de plats dont certains lui feront envie. Poussé par sa naturelle curiosité et sa volonté farouche d'imiter les grandes personnes, il tentera peut-être d'en tester certains ! En partageant vos repas, votre petit se rendra également compte que les adultes mangent rarement de la purée et qu'ils se nourrissent de beaucoup de mets différents : cela lui évitera d'être surpris ou décontenancé quand vous lui proposerez des morceaux ou des petits pois ! Bref, ne vous sentez pas obligé de faire du repas de bébé un moment à part avec un menu spécifique : quand c'est possible, en week-end, en vacances, ou en semaine si vos horaires le permettent, piochez dans votre plat pour lui préparer son assiette, et laissez bébé s'attabler avec vous. Ainsi, la diversification se fera tout simplement, et de manière ludique...

• *Faut-il débuter la diversification par les légumes, les fruits ?*

Peu importe, optez pour ce qui vous fait le plus envie.

Pour les légumes (frais, surgelés ou en petits pots), évitez les plus allergisants jusqu'à l'âge de 1 an : tomate, aubergine, pois et fève en particulier. Préférez les « classiques » : carotte, navet, haricot vert, épinard, salade, poireau, courgette, artichaut, potiron, céleri. Pour les pommes de terre, qu'elles ne représentent pas plus d'un tiers du plat. L'idée est de proposer à votre bébé un repas de légumes par jour, par exemple à midi. Pour les quantités, laissez-vous guider par votre enfant : à la petite cuillère, proposez-lui les légumes, en augmentant progressivement les quantités à mesure qu'il les apprécie. Au départ, si bébé mange très, très peu, complétez son repas par un biberon de lait ou une mise au sein. Dans les premiers temps de la diversification, certains bébés mangeront de très petites quantités, d'autres vous étonneront par leur capacité à finir leur assiette. Pas d'inquiétude à avoir dans les deux cas.

Pour les fruits, au début, proposez à l'enfant des fruits cuits et très mous, ou des compotes maison peu sucrées, ou encore des petits pots du commerce, à la cuillère ou au biberon selon votre envie. On gardera pour plus tard (12 mois) les fruits crus, les fruits secs et les plus allergisants (fraise, framboise, fruit de la passion, kiwi, groseille, banane). L'objectif est de proposer à l'enfant, une fois par jour, au goûter par exemple, un repas composé à moitié de fruits et à moitié de lait (maternel ou artificiel) ou d'un laitage (petit-suisse, yaourt, fromage blanc).

• *Quand introduire la viande ?*

À partir de 7 mois, 10 grammes par jour maximum, puis 20 grammes, pas plus, à partir de 9 mois.

• *Faut-il introduire les nouveaux aliments un par un ?*

Si vous craignez que votre enfant ait une allergie alimentaire, il peut être judicieux, en suivant les conseils de votre médecin, d'introduire les nouveaux aliments un par un afin de déceler une éventuelle intolérance.

Si vous pensez qu'introduire les nouveaux aliments un par un est une bonne façon de développer les papilles de votre enfant, de lui apprendre à mieux reconnaître les saveurs, cette interprétation est respectable mais ne répond peut-être pas au fonctionnement de votre bébé. N'en faites donc pas un point d'honneur : si votre enfant adore la compote pomme-poire-abricot ou la soupe carotte-poireau-pomme de terre, ne l'en privez pas. Ne vous obligez pas non plus à lui faire découvrir un nouveau mets chaque jour : beaucoup de petits adorent manger le même plat, et reprendre quatre jours de suite la même purée ne le gênera en rien. Qui plus est, il a toute sa jeunesse, voire toute sa vie, pour faire son éducation gustative. Rien n'est « joué avant 3 ans » ! Le goût évolue à tous les âges. Alors, ne mettez pas la barre trop haut, surtout qu'à l'âge de 3 ans, tous vos efforts seront probablement réduits à néant, votre petit ne voudra plus manger que des pâtes et des saucisses. Alors, variez, certes, mais sans trop vous casser la tête tout de même…

• *Faut-il mixer les aliments qu'on propose à l'enfant ?*

Non, pas forcément. Vous pouvez parfaitement proposer à votre bébé des morceaux de légumes et de fruits bien cuits, bien mous. Certains adorent manger « comme les grands », et tous vont apprendre à les mastiquer, puis à les avaler correctement. La peur de l'étouffement taraude bien des parents, légitimement : sachez que l'enfant vomira automatiquement pour rejeter l'intrus si un morceau se coince. Il est vrai que les enfants qui auront mangé « mixé » pendant des semaines seront surpris si on leur donne subitement un quignon de pain. Le mieux est sans doute d'habituer doucement l'enfant à la nourriture normale, donc non mixée. Dès qu'il tient assis, vous pouvez lui donner un croûton de baguette, un morceau de pomme ou un biscuit, et voir comment il se débrouille avec.

Si vous ne souhaitez pas proposer des morceaux tout de suite, mixez les aliments de manière à obtenir la consistance d'une purée fluide. Petit à petit, écrasez simplement, puis passez aux morceaux, toujours bien cuits et mous au départ. On n'est pas obligé d'attendre que l'enfant ait des dents pour lui offrir des morceaux, puisqu'il écrase les aliments entre sa langue et son palais, ou bien avec ses gencives…

Si vous êtes pressé(e) un soir, que votre enfant est fatigué, et que vous souhaitez lui donner ses légumes au biberon, mixez à fond et percez la tétine d'un gros trou.

• *Faut-il ajouter des matières grasses aux légumes ?*

Oui, si c'est bon dans la recette ! Les premiers mois de la diversification, préférez une demi-cuillerée à café d'huile de tournesol ou d'olive « première pression à froid » plutôt que du beurre ou de la crème (plus riches en cholestérol et acides gras saturés).

• *Faut-il assaisonner ?*

Salez peu pendant la cuisson, et pas dans le plat. Pas de poivre ni d'épices la première année. Ils ne sont pas toujours bien supportés par l'enfant. En revanche, on peut ajouter les herbes du jardin très tôt (thym, laurier, ciboulette...).

• *Faut-il faire boire de l'eau à bébé ?*

Il faut bien sûr lui en proposer, sans excès ni angoisse et sans le forcer. Bien des parents craignent la déshydratation de leur enfant. Or, au début de la diversification, les bébés boivent encore beaucoup de lait, de plus leur alimentation contient énormément d'eau (dans les purées, les compotes, les yaourts...). Sauf trouble digestif ou exposition au soleil, la déshydratation est donc fort peu probable ! (Le plus ardu ne sera pas de faire boire bébé mais de lui faire comprendre pourquoi il a le droit de boire à table mais PAS dans le bain.)

• *Est-ce que les petits pots sont mieux adaptés à l'enfant que les repas faits maison ?*

Non. Les petits pots du commerce ne sont pas dangereux mais sont bien évidemment moins frais que les plats faits maison, et incomparablement moins bons.

Le plus pratique, le plus sain et le moins onéreux est de piocher dans le plat familial pour composer l'assiette de votre enfant, avant d'assaisonner par exemple. De plus, lorsque votre enfant mange comme vous, lorsque vous cuisinez pour lui, vous faites bien plus que le nourrir : vous lui transmettez vos goûts, vos habitudes, une certaine culture familiale... Prendre dans le plat des grands pour nourrir le petit est possible seulement si vous, les adultes, avez une alimentation normalement équilibrée, c'est-à-dire si vous mangez un peu de tout. Si vous ne vous alimentez que de frites/piments/huîtres/cacahuètes, bref d'aliments déconseillés aux tout-petits, dans ce cas mitonnez ou achetez à votre enfant des plats « rien que pour lui ».

Une astuce est de cuire des légumes frais quand vous avez le temps, le week-end par exemple, puis de les congeler dans des petits pots en verre, des mini-Tupperware, des petits sachets de congélation ou bien dans le bac à glaçons. *Idem* pour la viande, que vous cuisez et que vous mixez avant de la congeler (10 ou 20 grammes par contenant). Chaque soir, il sera facile de décongeler ce qu'il faut pour bébé.

(Cf. *Repas*.)

Vigilance avec certains aliments

• Avant 18 mois, *pas de crustacés,* allergisants.

• Dès 18 mois/2 ans, l'enfant peut goûter aux *pistaches, cacahuètes et autres fruits à coques*. Mais il faut continuer de les interdire à l'apéritif jusqu'à ce que l'enfant ait environ 6 ans. Car dans l'excitation du moment, il a tendance à en prendre une bonne grosse poignée sur la table basse, à l'avaler rapidement à l'insu de ses parents, c'est ainsi que la pistache se retrouve dans ses bronches.

• Attention aux *aliments qui font de gros morceaux et ne peuvent s'écraser dans la bouche* (mie de pain, gruyère…). La date de leur introduction dépendra de l'arrivée de la dentition chez l'enfant, ainsi que des habitudes familiales : un enfant habitué au « tout-mixé », qui n'aura pas l'habitude de mâcher, pourra être surpris de la consistance et se retrouver avec un petit morceau coincé dans la gorge. Vomi assuré. Un enfant aussi petit mais plus habitué aux découvertes alimentaires avalera les mêmes aliments sans aucun souci.

Pour aller plus loin...

• Les recommandations de l'Organisation mondiale de la santé pour les bébés allaités au biberon :

http://whqlibdoc.who.int/publications/2006/9242593435_fre.pdf

• Un topo complet de la Leche League sur la diversification alimentaire des bébés allaités au sein :

http://www.lllfrance.org/informations-allaitement/fonds-documentaire/allaiter-aujurdhui-extraits/802-aa-84-diversification-alimentaire.html

• Un site consacré à la diversification menée par l'enfant ou « DME » :

http://diversificationalimentaire.com/

• Un dossier à lire sur l'excellent site canadien « Naître et grandir », qui répond à des questions « cruciales » (bio ou pas bio ? est-ce que les céréales font mieux dormir bébé ?) :

http://naitreetgrandir.com/fr/etape/0_12_mois/alimentation/fiche.aspx ? doc=naitre-grandir-bebe-introduction-aliment-solide-complementaire#_Toc268528418

Dormir

Avant l'enfant

Action de roupiller.

On est fatigué donc on dort, c'est aussi simple que cela. Avant de devenir parents, nous nous reposons quand ça nous chante, la nuit, parfois tard le matin, parfois même en début d'après-midi. « Métro, boulot, dodo » : comme nous le confirme la citation d'un grand philosophe paresseux du XVIIIe siècle, ronquer fait partie de notre quotidien.

Après l'enfant

Fantasme le plus fou.

Ceci est une alerte enlèvement. Nous sommes sans nouvelle des nuits complètes depuis le 8 août dernier. Le suspect ? Choupinet, 3,850 kilos, 54 centimètres. Si, et seulement si, vous disposez d'informations fiables permettant de les retrouver, veuillez contacter d'urgence le ministère de la Santé mentale.

Le greffon est né, donc. Remplissant alternativement son estomac et ses couches, il dort beaucoup. Mais pas longtemps. Ainsi, quelques semaines après l'accouchement, nos cernes sont suffisamment profonds pour nous faire ressembler à un membre de Kiss sur le retour (Kiss, vous savez, le groupe de hard rock, mais siiiii, Kiss, les grosses stars de la fin des années 1970, regardez sur Google !).

Bref, votre enfant est âgé de 1 mois et vous, vous avez l'impression d'avoir 100 ans. Crevés, quoi. En même temps, on vous l'a assez répété : « Tu devrais dormir en même temps que le bébé, bon sang ! » Sauf qu'une fois les biberons lavés, une fois la douche terminée et le minimum syndical de ménage exécuté, le greffon, ô magie du timing, se réveille comme une fleur. C'est en général au moment où l'on tente de repousser vaillamment les limites de la résistance humaine que quelqu'un, parfois de notre propre famille, nous assomme avec la question qui tue :

« Bah, alors, il fait pas ses nuits encore ? »

Ben non.

L'aîné de Juliette a fait les siennes à l'âge de trois jours, le cadet de Benjamin à 8 ans. Entre les deux : les autres bébés et leurs parents, dont nous et notre mauvaise humeur.

Mauvaise humeur qui connaît un pic la nuit vers 4 heures, quand c'est au tour de notre charmant conjoint de se lever mais « qu'il/elle passe son tour » (parce qu'il/elle « n'entend pas les pleurs » car « la nuit il/elle dort »). Du coup, on se lève, on nourrit, on berce, on regarde des séries AB sur le câble en attendant que le Scotch se rendorme, puis on en veut à la terre entière pour ces nuits blanches ET totalement débilitantes.

Assez vite, dormir devient le fantasme numéro un du couple fraîchement parents. D'ailleurs, la première nuit de quatre heures est une fête. Les premières six heures d'affilée mériteraient une célébration annuelle avec feu d'artifice et cotillons tant c'est BON de ne pas être subitement tiré du sommeil.

Profitons-en, ça ne durera pas.

Plus tard, il y aura des réveils divers et variés pour cause de cauchemar, de couche débordante, d'otite, de sucette égarée, de câlin intempestif, de gastro surprise et autres joies de la parentalité nocturne. Encore plus tard, l'enfant devenu ado sortira le soir. Ce qui nous empêchera de dormir aussi. Et sinon, eh bien, il nous réveillera à 3 heures du mat pour qu'on vienne le chercher en voiture chez Léa, ce petit con. Encore plus tard, le téléphone sonnera un samedi à l'heure de la sieste, ce sera notre grand Bébichou de 34 ans et demi, claqué, qui nous demandera si, par hasard, nous ne serions pas dispo pour garder son nourrisson à lui – pour qu'il se repose un peu, hein.

Il sera alors temps de nous venger. Ou pas.

ATTENTION : Certains jeunes parents, tellement veinards que c'en est louche, sont en possession d'un modèle de bébé hypersomnique, dormant en moyenne douze heures par nuit depuis sa naissance. Les membres de ce PPC (Parti des parents chanceux) comprennent la frustration des géniteurs moins vernis dont VOUS, là, derrière votre livre, vous qui avez oublié ce qu'est une nuit complète depuis belle lurette, faites sans doute partie. Cependant, les Parents chanceux tiennent à vous rappeler que toute mesure de rétorsion envers eux est interdite. Insultes, diffamation, malveillance, poupées vaudou et jets de pierre sont prohibés. Parents lambda, il faudra vous retenir de mordre, même quand l'un de ces PC vous dit qu'il a passé une petite nuit parce que « Chouchounet a éternué une fois vers minuit ».

Le mot du pédiatre

Face au sommeil comme sur tant d'autres sujets, les bébés sont très différents les uns des autres. Certains feront la joie de leur famille en dormant comme des bûches dès le retour de la maternité. Ceux-là sont rares. Les autres dormiront d'une manière toute personnelle, à savoir « n'importe comment » selon nos critères d'adultes.

Pour un Français lambda, « bien dormir » c'est aller se coucher quand on a sommeil (souvent à la même heure chaque soir, cette heure variant d'un individu à l'autre), puis enchaîner au moins sept heures de sommeil d'affilée et sans râler. Dans d'autres pays, la sieste est sacrée, on se couche bien plus tard. Bref, à chaque contrée ses habitudes et il n'y a aucune raison qu'un bébé connaisse et applique dès sa naissance les us et coutumes nocturnes de ses parents et de son pays.

Bien au contraire, le petit bébé se moque éperdument des normes sociales du sommeil. Et physiologiquement, il n'est pas capable de dormir comme un adulte : son sommeil est « immature », c'est-à-dire en construction. L'enfant ne dormira « comme un grand », en enchaînant des cycles de sommeil longs, que vers l'âge de 3 ans.

• Entre sa naissance et l'âge de 6 mois, bébé ne différencie pas le jour de la nuit. Il n'est pas « réglé » sur 24 heures comme nous, les adultes. Il n'a pas non plus une heure d'endormissement privilégiée. Il peut sombrer dans le sommeil à n'importe quel moment de la journée ou de la nuit. À l'inverse de ses parents, le tout-petit commence sa sieste par une phase de sommeil agité plein de rêves, avant d'adopter un sommeil calme. Il a, et c'est le drame de ses parents, des réveils nocturnes assez fréquents pendant lesquels il crie et pleure, sollicitant du réconfort. Craignant que leur bébé ne manque de quelque chose, le père ou la mère quitte alors son lit pour câliner et nourrir bébé. C'est assez pénible pour les adultes mais c'est parfaitement normal que leur enfant se réveille et pleure la nuit. Il n'y a rien qui puisse empêcher ça.

• Entre 6 mois et 1 an, le sommeil du bébé se régularise doucement. Il commence à différencier le jour de la nuit. Certains enfants réussissent à dormir plusieurs heures d'affilée entre le crépuscule et l'aube, ils peuvent se réveiller entre les cycles de sommeil mais ne préviennent plus personne. D'autres bébés de moins de 1 an continuent de sonner le tocsin aux oreilles de leurs parents au beau milieu de la nuit. C'est difficile… mais c'est ainsi, et l'impatience ne servira qu'à vous déprimer. Mieux vaut tenter d'accepter cette vérité scientifique : il faut du temps pour que le sommeil de l'enfant se structure. On ne demande pas à un enfant de 6 mois de marcher tout seul, il faut avoir la même patience pour le sommeil.

• À partir de l'âge de 1 an environ, les bébés se réveillent toujours régulièrement en pleine nuit, mais ils sont aptes à se rendormir seuls, sans solliciter leurs parents. Sur le plan neurobiologique, votre petit n'a plus besoin de vous appeler à la rescousse. Il n'a plus besoin de manger en pleine nuit. Il est donc tout à fait capable de « faire » une nuit correcte, sans interruption sonore.

Cela dit, certaines habitudes sont bonnes à prendre afin de favoriser le sommeil continu et serein du bébé, donc celui de toute la famille :

— Un *« rituel du soir », avec un endormissement du bébé en solo.* Toujours la même berceuse, le même doudou, le même câlin… Cette routine sympathique et rassurante permet aussi à l'enfant de comprendre qu'il est l'heure de dormir. Dans le rituel, mieux vaut éviter les câlins avec chatouilles, batailles de polochon ou petits jeux type tableau d'éveil, trop excitants. *Mieux vaut également éviter que bébé s'endorme en présence d'un adulte.* S'il prend l'habitude de s'endormir au sein, ou en prenant votre main, ou avec un de ses parents dans la pièce, il y a de fortes chances pour que, lors d'un réveil nocturne, il ait besoin de retrouver ses petites habitudes et vous appelle à cor et à cri.

— Une *séparation sereine et souhaitée par tous.* Si vous, parents, appréhendez de devoir laisser votre bébé seul dans son lit, si vous le quittez à regret chaque soir, si vous vous inquiétez de savoir comment il se porte la nuit, si vous craignez qu'il tombe malade ou qu'il meure dans son berceau, il se peut que votre enfant sente ces émotions et cette inquiétude, ce qui va l'inciter à vous « rassurer » en criant la nuit.

De la même façon, si votre enfant pense que vous avez absolument besoin de lui sans arrêt et que toute votre vie tourne autour de sa petite personne, il aura peut-être du mal à ne pas vous solliciter la nuit. L'enfant ne peut « lâcher » ses parents que s'il sent que ses parents sont bien sans lui ! C'est pour cette raison qu'il est bon que les adultes ne désinvestissent ni leur propre vie ni leur couple une fois leur bébé né (cf. *Séparation*).

Pour une nuit calme, une séparation zen est nécessaire. Lors du bisou du soir, il n'est pas inutile d'exprimer des paroles sécurisantes à son enfant : « Tu vas passer une douce nuit, tu es en sécurité dans ton joli lit, moi dans le mien avec papa, et nous nous retrouverons tous demain matin. » Ces paroles ont d'autant plus de poids si elles sont confirmées par l'autre parent.

Évitez de dire au bébé « ne t'inquiète pas », ce qui peut avoir l'effet inverse ! Évitez également « si tu as un problème, nous sommes là » : l'enfant peut alors penser que vous passez la nuit derrière la porte à attendre qu'il se réveille… et être tenté d'en profiter pour le vérifier.

— De la *conviction*. Si vous pensez que la meilleure chose pour votre enfant est de dormir toute la nuit dans son lit dans sa chambre et sans vous solliciter, exprimez-le franchement. Dites clairement à votre enfant que vous n'avez pas besoin de le voir la nuit, que vous êtes très bien dans votre lit avec votre conjoint, que la nuit les adultes se retrouvent entre eux et que sa place à lui, le bébé, est dans sa chambre, jusqu'au lendemain. N'essayez pas de lui vendre que vous êtes « fatigués » et que vous avez « besoin de dormir », le bébé ne peut pas vous croire, vous êtes beaucoup trop forts à ses yeux. Les superhéros ont-ils besoin de dormir ? Non.

Faites confiance à votre enfant : il va réussir à dormir dans sa chambre sans vous solliciter, si c'est cela que vous souhaitez.

Si, en revanche, au fond de vous, vous n'avez nulle envie de laisser votre enfant pour toute la nuit, vous n'y êtes pas obligé(e). Notre modèle européen contemporain – le bébé qui dort sans ses parents dans son lit dans sa chambre – ne convient pas à tout le monde. Certains parents choisissent de pratiquer le « cododo » (ils dorment avec leur petit dans le même lit), d'autres optent pour la « chambre familiale » (parents et enfants dans la même chambre). Chaque organisation nocturne a ses avantages et ses inconvénients. Chacune résulte d'un choix très personnel. Aucune n'est supérieure à l'autre du point de vue du bien-être de l'enfant ou de sa santé. Alors, choisissez le mode de vie nocturne qui vous convient le mieux, sans aucun scrupule, et soyez-en fiers !

À partir de l'âge de 1 an à peu près, votre enfant a donc les capacités de dormir jusqu'au matin sans vous réveiller.

Si néanmoins votre bébé continue de vous solliciter en pleine nuit, pas de précipitation : inutile de vous ruer dans sa chambre au premier pleur, laissez-lui une chance de se rendormir tout seul. S'il continue de crier, il n'est pas interdit d'aller voir ce qu'il se passe. Le père peut s'y coller – cela a souvent pour effet de faire comprendre à l'enfant qu'il n'est plus temps de réclamer un câlin à maman.

Si tout va bien pour l'enfant (doudou/tétine en place, pas de fièvre…), rassurez-le mais faites le plus court possible : expliquez-lui l'essentiel, à savoir que la nuit est faite pour dormir. Puis, retournez vous coucher. Sans câlin, biberon ou gratification nocturne, votre petit finira sans aucun doute par faire des nuits silencieuses.

Si, malgré tout, ses réveils nocturnes bruyants persistent ou s'amplifient, n'hésitez pas à consulter votre pédiatre. Certains soucis de santé (eczéma, reflux gastrique, allergie aux protéines du lait de vache…) peuvent nuire au sommeil du bébé.

N'oubliez pas qu'une nuit complète ne signifie pas une très longue nuit ! Physiologiquement, certains bébés sont programmés pour dormir sept heures d'affilée, de 22 heures à 5 heures du matin, quand d'autres feront chaque nuit le tour du cadran, de 20 heures à 8 heures ! Il y a des couche-tôt, des lève-tard… Et il n'y a pas grand-chose que vous puissiez changer à la nature de votre enfant. Il est absolument impossible d'« apprendre » à sa progéniture à dormir douze heures d'affilée.

Des astuces en plus

« Seigneur, faites que ce bébé dorme toute la nuit ! » Si le Tout-Puissant est aux abonnés absents, vous pouvez tenter ceci :

• *L'emmaillotage*. Cette méthode ancestrale — qui consiste à emballer le bébé dans un linge bloquant bras et jambes — a ses fans et ses détracteurs. Les seconds soutiennent que, primo, un tissu ne remplacera jamais les bras d'un adulte, lequel s'adapte notamment au changement de position de l'enfant et secundo, l'emmaillotage ne favorise pas le développement moteur du bébé et son ouverture au monde. Les autres affirment qu'emmailloter le nourrisson lui permet d'être rassuré, moins sensible au sentiment de séparation et d'isolement (après tout, il était agréablement blotti dans le ventre maternel), et que cela l'aide à trouver le sommeil.

Des vidéos et tutoriels sont facilement accessibles sur le Net pour apprendre à « emballer » l'enfant correctement dans un linge, un lange ou un drap... Plusieurs marques de puériculture proposent des couvertures exprès pour l'emmaillotage (Couverture Miracle chez Red Castle, Couverture Swaddler chez Ergobaby...).

• *Un petit tour chez l'ostéopathe ?* Parfois, les gestes et manipulations de ce thérapeute débloquent certaines tensions chez le bébé... et l'aident à mieux dormir.

• *La méthode Pantley*. Elisabeth Pantley, une Américaine confrontée à un bébé qui ne se décidait pas à faire ses nuits, a tiré de cette expérience un livre aussi instructif qu'aidant. On y trouvera notamment pléthore d'infos sur le sommeil des bébés ainsi que des techniques douces pour aider son enfant à dormir sans nous réveiller, et sans le laisser crier.

Pour un sommeil paisible et sans pleurs. Aider en douceur son bébé à dormir toute la nuit, Elisabeth Pantley, Éditions Ada.

Faut-il laisser pleurer son enfant le soir ?

Il existe des « méthodes » dont le but est d'« aider » l'enfant à faire ses nuits et qui consistent à le laisser pleurer dans son lit de plus en plus longtemps au fil des jours, jusqu'à ce qu'il réussisse à s'endormir sans l'intervention de papa/maman. Un exemple ? Si bébé pleure dans son berceau et ne veut pas dormir, on attend 7 minutes avant d'aller le consoler. Il pleure de nouveau ? On attend 14 minutes avant un deuxième câlin, puis 21 minutes, etc., etc. Variante de cette théorie : la première semaine, on va consoler bébé qui pleure toutes les 5 minutes, puis la semaine suivante toutes les 15 minutes, la troisième semaine on fait patienter bébé une demi-heure entre chaque câlin…

Ces techniques sont extrêmement pénibles pour les parents qui, chronomètre en main, souffrent d'entendre leur progéniture s'égosiller. Elles le sont sans doute aussi pour l'enfant qui, subitement, constate que ses parents ne répondent plus à ses appels. Ces méthodes finissent plus ou moins vite par marcher : un beau jour, bébé s'endort sans pleurer et n'appelle plus la nuit.

Rappelons-le : ce résultat dont rêvent les parents peut aussi être obtenu avec davantage de douceur. Un jour, sans doute entre 6 mois et 1 an, bébé s'endormira comme un plomb et ne réveillera plus papa et maman la nuit. Il suffit pour cela qu'on lui en laisse le temps, qu'on accepte que notre sommeil d'adulte soit bousculé pendant quelque temps, qu'on réussisse à adopter d'autres rythmes pour éviter l'épuisement (moins de repos la nuit mais davantage la journée), qu'on n'habitue pas l'enfant à s'endormir avec un adulte, qu'on le quitte sereinement le soir venu pour abandonner le rôle de parent et mener notre vie de femme et d'homme.

Cela dit, si vous laissez votre bébé pleurer jusqu'à ce qu'il tombe de sommeil, ne culpabilisez pas. La naissance d'un enfant, chargée en émotions et en labeur, émousse bien légitimement la patience des jeunes parents. Dans l'état de fatigue qui est le leur, chaque couple fait ce qu'il peut, avec le bébé qu'il a et les ressources qu'il possède à ce moment de sa vie. En matière de sommeil comme dans bien d'autres domaines, le parent fait avant tout comme il peut et c'est déjà très bien.

Sommeil du bébé : Méfions-nous des apparences !

• Le bébé a un sommeil très expressif ; certains grimacent, gigotent et grognent en rêvant. C'est ainsi. N'allez pas croire qu'ils souffrent.

• En phase de sommeil lent en revanche, le nourrisson est vraiment en sous-régime : tout blanc, diaphane, il respire silencieusement à un rythme très doux. Décontractez-vous, tout est normal, votre enfant n'est pas en train de mourir.

• Certains enfants pleurent quelques secondes durant leur sommeil, plusieurs fois par nuit. Ils dorment pourtant profondément. Si vous vous précipitez à leur chevet, vous risquez de les réveiller pour de bon et qu'ils aient un mal fou à se rendormir.

• Certains enfants crient systématiquement pendant quelques minutes avant de sombrer dans le sommeil. Cela les détend sans doute, ou bien cela fait partie de leur propre rituel d'endormissement, en tout cas cela leur est nécessaire. Ne vous en inquiétez pas.

• Tous les petits bébés sont capables de hurler pendant quatre minutes, de gigoter comme de beaux diables, puis de s'endormir sans transition dans la seconde suivante. Ne pensez pas qu'ils « tombent d'épuisement ». Ils ont simplement la capacité physiologique de s'endormir en pleine action, notamment au beau milieu d'un pleur ou d'un cri.

• Parfois, bébé se réveille pile quand on allait sous la douche, dîner ou au lit avec son amoureux. Ne pensez pas que votre enfant vous en veut ou qu'il le fait exprès. Les cycles de sommeil des bébés sont simplement plus courts que les nôtres : entre 45 minutes et une heure, voire moins. Quand un nourrisson dort trois cycles (soit deux heures), c'est l'équivalent d'une petite nuit de sommeil de 5-6 heures pour un adulte. Il est donc « logique » qu'il se réveille !

Le cododo, oui ou non ?

Dormir dans le même lit que son tout petit bébé a des avantages énormes : cela rassure l'enfant qui vient de passer neuf mois dans le ventre de sa mère et qui, très souvent, déteste se retrouver dans un lit tout seul. Cela permet aux parents de mieux dormir, puisque bébé, rassuré, pleure beaucoup moins. Cela permet à la mère d'allaiter facilement sans avoir à se lever la nuit. Certains parents aiment par ailleurs « avoir l'œil » sur leur petit la nuit.

Beaucoup de parents n'ayant absolument pas prévu de « cododoter » se retrouvent avec bébé dans leur lit, parce qu'il ne dort bien qu'à cet endroit ! Ce n'est pas grave. Parents, n'ayez aucune théorie préconçue sur le cododo. Faites ce qui vous arrange, sans vous soucier du qu'en-dira-t-on. Ne pensez pas que dormir tout près de votre enfant le rendra capricieux ou fusionnel. Ne pensez pas qu'il va s'habituer à passer la nuit à vos côtés et qu'il ne pourra plus jamais se déscotcher de vous : c'est faux. Même si vous cododotez, un jour viendra où vous mettrez l'enfant dans son petit lit à lui et où il s'y endormira comme une fleur.

Chaque chose en son temps.

À quelques semaines ou quelques mois de vie, bébé a bien le temps d'apprendre à dormir « comme un grand ».

Néanmoins, pour pratiquer le cododo sans risque pour l'enfant, il y a quelques mesures de sécurité à respecter absolument :

• On ne dort pas avec son bébé sur un canapé, un matelas mou ou un lit collé au mur. Il doit dormir dans un vrai lit bien ferme.

• On ne place pas bébé entre ses parents ; il doit dormir sur un côté du lit qui donne dans le vide — si vous avez peur qu'il tombe, mettez un matelas ou un gros coussin par terre, en dessous.

• On enlève nos oreillers, coussins, couettes et couvertures, ils pourraient faire monter la température de bébé ou lui recouvrir le visage.

• Par ailleurs, le cododo est contre-indiqué quand les parents sont obèses, fument, boivent ou prennent des calmants/des somnifères.

• Lorsque plusieurs enfants dorment dans le même lit ou que les conditions de couchage sont mauvaises (lit trop petit, par exemple), le risque de mort subite du nourrisson est aggravé.

Si ces quelques règles simples sont respectées, vous pouvez dormir sans crainte auprès de votre bébé.

Si vous avez envie de partager le sommeil de votre enfant sans obligatoirement partager votre matelas, pensez au lit « side-bed ». C'est un petit lit à barreaux (mais sur trois côtés seulement, les barreaux) que l'on « colle » au lit des parents. Plusieurs marques en proposent : Ikea, Mamanana, Pinolino, Babybay, Hauck…

(Cf. *MSN*.)

De la lecture

Pour mieux comprendre comment fonctionne le sommeil de bébé et trouver des solutions quand se présentent des difficultés :

Le Sommeil, le Rêve et l'Enfant, Marie Thirion et Marie-Josèphe Challamel, Éditions Albin Michel. Une bible.

Doudou

Avant l'enfant

Truc de môme.

On ne l'avouera jamais mais « Tapin », notre petit lapin beige (bon, OK, beige à l'origine, gris crado aujourd'hui), nous manque parfois. Surtout le soir, devant la télé, quand on mate l'horriblissime *Saw* ou le très snif-snif *Sur la route de Madison*. Ben quoi, on a le droit de régresser, non ?

Après l'enfant

Objet peu hygiénique mais parfaitement indispensable.

Le doudou est à l'enfance ce que le Tang est aux générations eighties : un incontournable. Cela dit, tous les enfants n'adhèrent pas au concept, et c'est tant mieux car l'expérience s'avère relativement stressante. Pas pour eux, hein, pour nous, les parents.

Premier écueil : le choix du doudou. Dès la naissance se presse autour du berceau une foultitude de personnes faisant cadeau d'une peluche à notre greffon fraîchement né. Cette offrande sur l'autel des dieux n'est pas gratuite : chacun espère secrètement que son présent sera l'Élu, celui qui traversera les âges pendant que les autres collectionneront les acariens en attendant des jours meilleurs. Tous les goûts étant dans la nature, mamie a offert un souriceau en pilou (mignon), tata Simone une poupée *handmade* au crochet (touchant). Et Micheline la voisine un... machin (sérieusement, ça se vend ça ?). On ne saurait le décrire, mais c'est un fait : la chose est atrocement bariolée. Or, nous, les heureux géniteurs, venons de dépenser au bas mot 14 000 euros et/ou 36 litres de sueur pour décorer la chambre de Chouchéri avec une créativité qui nous honore, alors pas question qu'il vienne ruiner notre chef-d'œuvre en s'amourachant de la réplique de Chucky.

Il faut agir.

Malin comme un vieux singe, l'adulte évince donc les prétendants ne présentant pas les critères esthétiques désirés. Ainsi finissent à la cave les plus grosses peluches et dans la caisse à jouets les plus vilaines. Autre option, cruelle mais efficace : ne présenter à l'héritier que l'ourson mignon que NOUS avons choisi et envoyer tous les autres au purgatoire (= boîte en plastique Samla de chez Ikea). Toute ressemblance avec des personnes existantes ou ayant existé est purement fortuite.

« *Habemus* doudou ! », lance-t-on un beau jour à la foule en délire attendant le verdict. Eh oui, notre greffon a acté, il a choisi son préféré et nous voilà tout attendri devant l'amour qu'il porte à ce bout de chiffon ouaté. Et vas-y que je te suçote, que je te sens et que je te triture, un câlin par-ci, une claque par-là (« la vie de doudou n'est pas aussi douce qu'on veut bien nous le faire croire », Cajoline, philosophe du XVIIe siècle).

À propos de Cajoline, il faut se rendre à l'évidence : les principes d'hygiène basique flanchent lorsque Doudou paraît. Rétif à se séparer de son adjoint favori, et plus encore à l'odeur inconnue de l'adoucissant à la lavande, bébé préfère le doudou dans son jus. Plus son ami fleure le fennec et la salive rance, plus l'enfant l'aime. C'est merveilleux cette complicité, non ? Et très bruyant le jour funeste où le doudou disparaît.

Car le doudou disparaît, toujours.

Disons-le tout net, cette perte est une épreuve dans la vie d'un parent. Si, si. La perspective de nuits entières à consoler notre greffon éploré nous hante à chaque fois qu'il a eu la bonne idée d'oublier Grozours dans un tiroir, sous un lit ou encore (cachette ultime) dans le coffre de son petit camion-trotteur. On retient notre souffle — *ohmygod* comment va-t-on faire sans doudou chez le méchant pédiatre, en cas de bobo et au coucher, pour que notre greffon s'endorme ? On commence déjà à rédiger l'avis de recherche du doudou perdu, pour le poster sur www.sosdoudou.com, www.inspecteurdoudou.net et www.lacabaneadoudou.com... Quand, soudain, il ressurgit comme par miracle. Énorme « ouf ! » de soulagement. Car même s'il est collant et pas toujours propre sur lui, le doudou nous est devenu tout simplement indispensable.

Souriez, vous avez un enfant de plus.

Le mot du pédiatre

Pourquoi le doudou ? Parce que. Entre 4 et 12 mois, et souvent vers 8-9 mois, l'enfant vit une séparation psychique d'avec sa mère. Il prend conscience qu'il est un être séparé, alors que jusqu'à présent il ne pensait faire qu'un avec elle. C'est à ce moment, complexe et parfois angoissant, que certains petits jettent ostensiblement leur dévolu sur un objet. L'enfant fixe sur cette chose (tissu, peluche, jouet…) l'attention qu'il portait jusqu'à présent à sa maman. Le doudou est agréable et contrôlable : il est donc doublement rassurant pour un petit. Il est aimé avec passion et parfois traité avec violence, mais il résiste à tout : cela aussi s'avère fort réconfortant pour un enfant.

Dès le début des années 1950, le pédiatre et psychanalyste Winnicott a nommé le doudou « objet transitionnel » car il permet au bébé de faire la transition entre sa première relation, fusionnelle, à la mère et la relation distanciée, objective, qu'il aura plus tard aux choses qui l'entourent. Au fil des ans, votre petit garçon ou votre petite fille s'intéressera de plus en plus au monde et aux objets qui l'habitent, il ou elle désinvestira peu à peu son doudou chéri, qui finira gentiment dans un coin, ignoré et sans drame.

Ça, c'est la théorie. En pratique, les parents d'aujourd'hui donnent une importance considérable au doudou. Prévenants et informés, ils savent que cet objet est rassurant pour l'enfant. Dès sa naissance, avant même qu'il ait le temps d'être angoissé par quoi que ce soit, bébé est donc inondé de doudous divers et variés, choisis par les adultes évidemment, et placés d'office dans son berceau. Grandement investi, doudou prend rapidement une place considérable dans le quotidien de l'enfant. De substitut de la mère, il devient une personne à part entière, un tiers magique qui, semble-t-il, aurait le pouvoir de rassurer autant l'enfant que ses parents. En cas de chagrin/chute/contrariété quelconque, bien des adultes conseillent à leur progéniture de « faire un câlin à doudou ». Ainsi, dans les cabinets de pédiatres, voit-on des petits patients réclamer leur peluche favorite alors même que leur mère est à côté et pourrait les réconforter. Lors de la moindre séparation, on place Oursonchéri dans les bras de l'enfant, pensant adoucir ainsi une absence parentale supposée traumatisante (alors que bébé est parfois ravi d'aller chez mamie ou chez tata !). Certaines crèches rechignent désormais à accepter les bébés sans doudou, au prétexte qu'ils seraient plus difficiles à consoler.

Hier considéré comme quantité négligeable, le doudou connaît de nos jours l'excès inverse. Choyé et perçu comme indispensable, il apaise l'enfant mais aussi ses géniteurs, mués par le désir de bien faire, souvent sujets au sentiment de culpabilité ou à l'inquiétude, et hypersensibles aux émotions de l'enfant.

Ce surinvestissement du doudou rassure-t-il l'enfant ? Pas sûr. Cela créé-t-il un stress nouveau chez les parents ? Certainement. Est-on obligé de donner une telle importance au doudou ? Sans doute pas.

Il n'y a nul besoin de courir les magasins à la recherche du doudou parfait. *C'est votre enfant qui va choisir* tel ou tel bidule, parce qu'il l'attire, parce qu'il lui plaît, pour des raisons étudiées par les scientifiques mais qui restent, somme toute, assez mystérieuses. Pouce ou tissu, peluche ou lange, ou même cuillère en bois, pomme de terre ou marteau en plastique… En matière de doudous, on a tout vu. Ce n'est pas parce que vous pousserez le doudou de VOS rêves dans les bras de votre bébé que celui-ci ne va pas plutôt s'amouracher de votre chiffon à poussière. Certains doudous sont tellement subtils (mèche de cheveux, petite musique, pli de pyjama…) qu'on ne sait même pas qu'ils existent. En résumé, c'est votre enfant qui décide, c'est lui qui invente son doudou, faites-vous une raison, vous ne pouvez pas tout maîtriser.

Vous n'êtes pas obligés de donner au doudou plus d'importance qu'il n'en a. Ne pensez pas que votre enfant est incapable de vivre sans, car ce n'est pas vrai et, à force de le suggérer et de lui en donner l'habitude, cela pourrait arriver. Pourquoi le donner d'office à votre enfant, à chaque chagrin ? Pourquoi inciter votre enfant à prendre doudou à chaque sortie ? Si votre enfant n'y pense pas tout seul, c'est que ce n'est pas si important que cela pour lui. Ne faites pas un drame si vous êtes sorti(e) en oubliant la peluche favorite sur la table de la cuisine. Votre enfant a laissé son doudou chez sa grand-mère et ne pourra pas le suçoter cette nuit ? Beaucoup d'enfants supportent son absence bien mieux qu'on ne le pense, pour peu qu'on leur explique (« doudou est resté dormir chez mamie »). Si le doudou est crucial à vos yeux, il le deviendra aux yeux de votre bébé. De la même façon, si l'absence du doudou vous pose un gros problème à vous, cela en posera sans doute un à votre enfant, qui est sensible à vos inquiétudes.

Faites confiance à votre enfant et dédramatisez. Il peut se séparer de vous, il peut se séparer de son doudou, il peut s'adapter à des situations nouvelles sans avoir forcément besoin d'une béquille et sans que cela soit terrible.

Ne vous sentez pas obligé d'acheter la peluche élue en triple exemplaire « au cas où ». Les magasins spécialisés, puisqu'il en existe désormais depuis quelques années, poussent à la consommation, incitant les parents à investir dans un doudou de rechange « du même modèle, de la même série ». C'est illusoire ! Parce que le « doudou *bis* » ne sera jamais le même que celui qu'a choisi votre enfant. Il n'aura pas les mêmes plaies, les mêmes trous, les mêmes bosses et, surtout, la même odeur, celle de sa bave, celle de sa maison, de la cuisine familiale. Or, le bébé a une gestion très olfactive de son rapport au monde — un doudou propre ou, pire, neuf, « ce n'est pas pareil ».

Cela ne signifie pas que, s'il perd son doudou, votre enfant connaîtra un interminable désespoir. Il sera sans aucun doute triste, peut-être même très triste, voire perturbé momentanément. Il vous faudra chercher avec lui le doudou perdu, lui expliquer ce qu'il s'est passé, mais *n'ayez aucun doute sur le fait qu'il puisse surmonter cet événement désagréable.* Votre enfant n'est pas si fragile que cela.

Écran

Avant l'enfant

Boîte magique addictive.

Certains sont nés avec le premier ordi portable, d'autres ont connu le temps des dinosaures, l'époque où les téléphones mobiles ne prenaient pas de photos. Ce qui est sûr, c'est que les écrans font aujourd'hui partie de la vie de chacun. La télé d'aujourd'hui nous donne la joie de découvrir que le monde est fait d'horreurs, de matchs de football et de bimbos décérébrées. Grâce aux ordinateurs, c'est merveilleux, nous pouvons aisément retrouver, vingt-trois ans plus tard, Marc et Léa, du CP de La Motte-Beuvron ; nous pouvons aussi travailler encore un peu plus (de la maison) et connaître la météo heure par heure. Les téléphones, quant à eux, nous permettent de jouer au solitaire aux W.-C. (et de téléphoner, parfois, aussi). Partout, tout le temps, un écran nous agrippe la rétine. On aime, on aime moins, mais avouons tout de même que c'est utile, toute cette technologie moderne. Imaginerait-on revenir à la lampe à huile ? Bon, ben là, c'est pareil.

Après l'enfant

Sujet à controverses.

Nous, les grands, avons donc connu les télés sans télécommande, les antennes à orienter et le bouton d'Antenne 2 qui sautait littéralement quand on appuyait sur celui de TF1. Nos enfants, eux, naissent presque par écran interposé. Qu'on l'avoue ou non, il nous arrive de les coller devant des images qui bougent afin, ô joie à nulle autre égale, de bénéficier d'un peu de temps liiiiiiiibre. Mais attention, cette pratique a des effets néfastes. Addiction ? Obésité ? Agressivité ? Nonononon, vous n'y êtes pas du tout. Les écrans ont avant tout des conséquences toxiques sur *nous*, les parents. Révélations.

Dora *(ou* Diego, *ou tout autre dessin animé interactif de la télé)*

Effet pervers parental majeur : la honte. Que votre enfant parle à l'écran plat avec un accent moldavo-british, passe encore. Mais il pense aussi que tous les singes portent des moonboots et il le dit à sa nounou. Coup de grâce : il chante à tue-tête au Monoprix le générique le plus horripilant que la terre ait porté : « Ou es-tu Youhou ? Youhou ! *Where are you Youhou ?* On te cherche partout ! Youhou est un bébé étoile. À Baby Star. *We did it, yes we did it !* Et là, Chipeur est arrivé, Chipeur nous l'a chipée, oui. Tu veux m'aider à retrouver Youhou ? Oui, alors chante avec moi ! 1, 2, 3, Youhou ! » Vite une corde pour me pendre.

Cars (ou Raiponce *ou tout autre film d'animation sur DVD)*

Effet pervers parental majeur : la torture mentale. Une heure vingt du même film, cent fois de suite, parce que l'enfant aime connaître par cœur les répliques de « Fachekine » (= Flash McQueen, célèbre voiture rouge du dessin animé *Cars*). Si vous comptez survivre à ça, il faut investir *right now* dans une paire de boules Quies en titane.

Talking Tom (ou Pairs, ou tout autre appli de jeu du téléphone de maman/de la tablette de papa)

Effet pervers parental majeur : immenssissime coup de vieux garanti à la seconde où l'enfant saisit ce bijou technologique. Car le greffon, même petit, gère nos paramètres bien mieux que nous, et ce dès sa première utilisation. Alors qu'on se galère à décrocher l'appel sur l'iPhone (mais pourquoi ça ne glisse pas avec les gants ???), les petits doigts boudinés de l'enfant étalent intuitivement la morve en travers de l'écran et font ainsi défiler les photos, coupent des fruits en deux ou dessinent un bonhomme. Autre inconvénient du greffon qui joue sur votre Smartphone : il s'empresse de raccrocher au nez de l'ami qui vous passe un coup de fil (oh, un copain, dommage !), histoire de continuer à faire parler le chat-perroquet.

www.poissonrouge.com (ou tout autre jeu sur l'ordinateur)

Effet pervers parental majeur : la casse. Défi : combien de temps votre souris à infrarouge mettra pour atteindre le sol ? Cinq secondes en moyenne. Et combien de temps pour que Petitchou transforme votre clavier AZERTY en clavier A... OVN ? Trois minutes (il a les ongles très affûtés).

Le mot du pédiatre

La majorité des pédiatres, des chercheurs et des scientifiques spécialisés tombent d'accord pour préconiser « pas d'écran avant l'âge de 3 ans ». Émission de télé, jeu virtuel sur ordinateur, téléphone ou tablette, dans tous les cas, le diagnostic est le même, il vaut mieux éviter. Pourquoi ?

D'abord, parce que 0-3 ans, c'est l'âge d'or du corps. À cette période de sa vie, l'enfant a besoin de toucher, sentir, malaxer, empiler, casser, reconstruire, bref, de s'approprier le réel. C'est ainsi qu'il prend conscience de lui-même et de son entourage, c'est ainsi qu'il appréhende le monde qui l'entoure, qu'il tire des liens de cause à effet, qu'il découvre les règles sociales, en un mot : qu'il grandit et qu'il apprend. En regardant passivement la télé ou en jouant sur un écran, il ne se frotte en rien à l'extérieur. Il n'est pas acteur, mais spectateur, qui plus est dans un rapport bien pauvre au monde. Faire une tour de cubes sur le téléphone de papa ne lui fera pas découvrir qu'un cube est solide, que ses angles piquent le bout des doigts ni qu'il fait un bruit sourd en tombant !

Qui plus est, jouer sur un écran ou regarder un dessin animé est, dans la plupart des cas, une activité solitaire ou, au moins, individuelle. Point dans ces moments-là d'interaction, de confrontation avec l'autre, bref, pas de socialisation.

En conséquence, même si l'enfant sait jouer sur un Smartphone – et même s'il se débrouille fort bien –, il n'est pas du tout certain que ce genre de loisirs, souvent présentés comme éducatifs, lui apprenne quoi que ce soit.

Au contraire, l'ensemble des études scientifiques montrent que *plus l'enfant consomme d'écran, moins son développement est bon*, et ce dans un très grand nombre de domaines, y compris cognitifs, comme l'attention et la concentration, la motricité et l'acquisition du langage, notamment.

Télévision, tablette, ordinateur... sont, par ailleurs, sources de confusion. Un enfant de moins de 3 ans ne peut pas concevoir qu'il se trouve face à du virtuel. Cette notion est étrangère à son fonctionnement. À ses yeux, la télé est une fenêtre ouverte sur l'extérieur. La pub, les dessins animés, le documentaire animalier, les infos, le film : tout ce qu'il voit à cet âge est, pour lui, réel et il absorbe ces programmes comme tels, dans une certaine fascination. Souvent, ce que regarde l'enfant est donc violent émotionnellement, du fait même de cette absence de différenciation réel/virtuel.

De plus, ce que l'enfant voit lui procure des émotions, parfois fortes, face auxquelles il est seul – ses parents profitant de ce laps de temps bienvenu pour vaquer à leurs occupations. Son émotion ne sera alors ni apaisée ni expliquée. Même s'il connaît déjà ce dessin animé, étant bien incapable d'anticipation à cet âge, le petit téléspectateur peut de nouveau être surpris ou avoir peur devant telle ou telle scène s'il regarde l'épisode plusieurs fois.

Enfin, pour continuer sur les dessins animés, même si le programme choisi est parfaitement adapté à l'âge de notre fils ou de notre fille, ce que l'enfant va voir va probablement l'énerver. Il est tout à fait faux de penser que regarder la télé « repose » l'enfant. Les images bougent, se succèdent, couleurs, lumières et sons sont multiples et contrastés. Cela l'hypnotise et l'agace, quelle que soit l'histoire racontée, même si papa et maman ont pris grand soin de sélectionner un Disney « très calme ».

Il n'y a qu'à voir à quel point l'arrêt de l'émission, ou de l'ordinateur, est source de conflits entre parents et petits. La fillette qui joue sur écran est, en effet, totalement happée par ce qu'elle voit. Le petit garçon qui regarde Gulli n'a aucun recul, nous l'avons vu, et prend l'image pour le réel. Par ailleurs, lui comme elle sont très stimulés par cette succession d'images. Trois conséquences en découlent quand arrive l'heure d'aller prendre le bain : c'est pour l'enfant un arrachement ; il ne comprend pas pourquoi on tire brusquement le store sur sa fenêtre préférée ; de plus, il est dans un état de forte excitation. C'est le climat idéal pour une grosse colère.

Dernier point : une habitude est vite prise. Si dès qu'il a un temps mort, l'enfant regarde la télé ou pianote sur le Smartphone, il va rapidement prendre le pli. À court terme, cela nuit à son sommeil. À moyen terme et à long terme, les conséquences négatives sur la santé et le poids, notamment, sont aussi nombreuses qu'avérées scientifiquement. Enfin, notons qu'un enfant connecté est un enfant qui ne connaît quasiment plus l'ennui. Or, *c'est aussi en s'ennuyant qu'il invente,* qu'il rêve et fait galoper son imagination.

Écrans, pour y voir clair

Si les écrans font partie de la vie de votre enfant de moins de 3 ans, mieux vaut prendre quelques précautions :

• *Pas n'importe quoi.* Puzzles basiques, coloriages, Memory, dessins... : quelques jeux sur écran peuvent être compris par des moins de 3 ans. Des sites Internet recensent les meilleures **applis « spécial enfant »**, pour transformer votre Smartphone en salle de jeu adaptée à votre greffon. Vous pouvez lire les avis des parents utilisateurs afin de vous faire le vôtre.

www.applimini.com, www.declickids.fr, www.souris-grise.fr, www.applikids.fr

Par ailleurs, quelques sites de **jeux Internet gratuits** existent, rien que pour les plus jeunes (dès 2 ans et demi) et sont plébiscités par de nombreux parents : le classique www.poissonrouge.com ou encore www.tibao.com. On peut aussi fouiller sur www.ludobox.com (onglet « enfants »).

Pour la télé, miser sur **les DVD ou la VOD**, que vous pouvez choisir, plutôt que d'allumer Gulli au hasard. Parfois, le programme change pendant qu'on est allé aux toilettes et on retrouve l'enfant scotché devant le téléachat. Le choix de dessins animés adaptés aux tout-petits est vaste : de *Barbapapa* à l'*Âne Trotro,* de *La Petite Princesse* à *Pocoyo,* les héros sympas ne manquent pas. À découvrir sur le site www.lesfilmsdu-preau.com, les super chouettes productions des *Films du Préau* : *La Petite Taupe,* le fantôme *Laban, Gros Pois et Petit Point...*

• *Pas longtemps.* Au bout d'une heure devant *Atomic Betty,* il est probable que votre enfant aura muté en pile électrique. Pour un petit de 2 ans, dix minutes devant l'écran suffisent amplement.

• *Pas tout seul.* Qu'il soit face à la télé ou une tablette numérique, le mieux est d'accompagner votre enfant dans sa balade virtuelle, pour l'aider à gérer les émotions qui vont le traverser. C'est, pour lui, plus pédagogique, plus interactif et moins inquiétant (même si, pour vous, c'est nettement moins pratique pour lancer le lave-linge).

Prise de bec entre scientifiques

En janvier 2013, l'Académie des sciences rend un rapport intitulé *L'Enfant et les Écrans,* visant à mettre en avant les « effets positifs de l'exposition aux écrans », notamment chez les plus jeunes. Extraits : *« Les tablettes visuelles et tactiles suscitent au mieux (avec l'aide des proches) l'éveil précoce des bébés (0-2 ans) au monde des écrans, car c'est le format le plus proche de leur intelligence. »* Ce rapport provoque immédiatement un tollé général. Certains experts, et des plus reconnus, crient à la contre-vérité, dénonçant un travail « largement défaillant », plein à craquer d'« affirmations [...] dénuées de tout fondement scientifique [qui] ne reflètent que les préjugés ou opinions des auteurs ». Dans la foulée, de nombreux chercheurs rappellent que « même si les tablettes sont trop récentes pour que des études fiables existent quant à leurs influences, il apparaît au vu de la littérature scientifique disponible qu'un petit enfant aura toutes les chances de grandir infiniment mieux sans tablette. En effet, certains déficits établis, liés à l'usage de la télévision ou des jeux vidéo, concernent aussi les tablettes. »

• Pour lire le rapport controversé de l'Académie des sciences, c'est ici :

www.academie-sciences.fr/activite/rapport/avis0113.pdf

• Pour lire les réactions de nombreux scientifiques à la suite de cette parution, c'est là :

www.lemonde.fr/idees/article/2013/02/08/laisser-les-enfants-devant-les-ecrans-est-prejudiciable_1829208_3232.html

Et là :

http://sciences.blogs.liberation.fr/home/2013/02/lavis-de-lacadémie-sur-enfants-et-écrans-contesté.html

• Pour vous dégoûter à jamais des écrans, lire :

TV lobotomie. La vérité scientifique sur les effets de la télévision, du chercheur en neurosciences Michel Desmurget, Éditions Max Milo. La synthèse d'un millier d'études scientifiques sur la télé.

Fièvre

Avant l'enfant

Frisson d'excitation, souvent du samedi soir.

On est jeune, on est beau, on met des pantalons à paillettes (option non obligatoire) et on se gomine les cheveux avant d'enflammer le *dancefloor* de notre déhanché merveilleusement exécuté. Ou pas. Mais en tout cas, on s'y essaye avec plus d'énergie qu'une éolienne. À côté de nous, Travolta se meut comme un lamantin. La fièvre du samedi soir, c'est simple, elle nous transcende. Une fois les stroboscopes éteints, on peut même continuer de mettre la fièvre à qui veut pendant des heures, c'est dire si elle nous stimule.

Après l'enfant

Phobie parentale familière.

On est encore jeune (tout est relatif), mais on est devenu parent, notre beauté se dissimule donc savamment derrière nos cernes. La fièvre du samedi soir s'est transformée en fièvre du vendredi soir, des jours fériés et des veilles de départ en vacances. Et cette fois, c'est le greffon qu'elle attaque. Sévère.

La transe dans laquelle nous jette la surchauffe enfantine est digne d'un bon vieil *Exorciste*. On a déjà investi dans quatre types de thermomètres différents, qu'on dégaine de notre poche revolver au moindre doute, jour et nuit. Les convulsions sont plus redoutées que l'arrivée inopinée de belle-maman et on pense « méningite » à peine le 38,2 °C dépassé. Pour nous détendre, on classe nos médicaments antipyrétiques par ordre croissant de dates de péremption, en priant pour que la fièvre nous épargne. Car nous, pauvres adultes, sommes nettement moins résistants qu'un greffon en période de crise thermique. À 39 °C, la phrase « je vais mourir, je le sais » peut s'inviter jusqu'à quatre fois dans la conversation parentale tandis que Minipousse réussira un puzzle 54 pièces en chantant, avec un petit 40°.

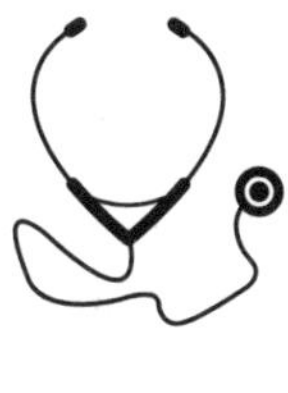

Le mot du pédiatre

La fièvre désigne l'élévation de la température corporelle au-dessus de 38 °C. Le but de ce réchauffement est de lutter contre l'infection qui attaque notre corps. Cet excès de température est, à tort, l'ennemi public numéro un des parents et le monde médical n'est pas étranger à cette chasse à la fièvre. Pourquoi ?

Il y a quelques années encore, les connaissances scientifiques sur la fièvre n'étaient pas aussi complètes qu'aujourd'hui. On pensait que c'était la fièvre, non le virus, qui rendait les enfants malades fatigués, plaintifs, endoloris. De plus, on craignait plus que tout l'arrivée de « convulsions hyperpyrétiques », ces brusques spasmes qui saisissent parfois les enfants fiévreux âgés de 1 à 4 ans et qu'on pensait, par le passé, dues à l'élévation de la température corporelle. Il est vrai qu'elles sont très effrayantes, ces convulsions : le petit est secoué de mouvements violents, ses yeux se révulsent, sa bouche remue follement, puis il devient tout mou et perd connaissance. C'est bien simple, ses parents sont persuadés qu'il est en train de mourir.

Ce n'est, fort heureusement, pas du tout le cas ; on sait aujourd'hui que les convulsions ne sont pas graves. Elles ne laissent strictement aucune séquelle. On s'en méfie car elles peuvent dissimuler des maladies graves (méningite notamment), mais en elles-mêmes, elles s'avèrent parfaitement anodines.

Autrefois, les médecins ne savaient pas les convulsions si bénignes, ils ont donc diabolisé leur cause supposée, la fièvre. Depuis, on a appris que ce n'était pas uniquement la fièvre qui les générait. Par ailleurs, *les médecins savent désormais que c'est la maladie, et non la montée de température, qui fatigue l'enfant* et explique qu'il se sente mal en point. De ces fausses idées aujourd'hui balayées, il reste malgré tout une trace tenace : les parents s'inquiètent toujours, parfois beaucoup, au moindre coup de chaud de leur progéniture.

Si leur bébé a moins de 3 mois, ils ont bien raison : la fièvre est un signal d'alarme grave, et il est indispensable de contacter le pédiatre dans les plus brefs délais. S'il est occupé ou absent, direction les urgences de l'hôpital le plus proche.

Après l'âge de 3 mois, c'est différent. La fièvre, rappelons-le, est un dispositif que le corps met en place pour lutter contre les bactéries et les virus. Elle est donc fort utile. Au lieu d'avoir l'œil rivé sur le thermomètre, observons plutôt le petit fiévreux avec attention, afin d'adapter notre comportement :

— Si le bébé fiévreux se porte comme un charme, qu'il est tout rose, qu'il sourit, qu'il mange, qu'il joue, qu'il se comporte comme d'habitude, pas d'inquiétude. On attend que ça passe sans se précipiter chez le pédiatre ni sur la bouteille de sirop. Même si l'enfant a « presque 39 °C » (voire davantage pour un « grand » de plus de 6 mois).

— Si, au contraire, le rejeton fiévreux devient grognon ou raplapla, s'il se plaint, s'il change de couleur, s'il ne mange pas, s'il ne joue pas, on file chez le médecin. Même s'il n'a « que 38,1 °C ».

En résumé, la température n'est qu'une indication, ce qui importe c'est l'état général de l'enfant et son mal-être éventuel.

Cela dit, s'il a entre 3 et 6 mois et que sa fièvre dépasse les 39 °C, on consulte son pédiatre. Si, forte ou faible, la fièvre dure plus de 48 heures, on consulte également, quel que soit l'âge de l'enfant.

Si la température de votre rejeton vous paraît trop élevée et surtout s'il vous semble mal en point, vous pouvez lui donner un médicament antipyrétique afin d'améliorer son confort. Choisissez du paracétamol (Doliprane, Dafalgan ou autres), une dose à déterminer selon le poids de l'enfant (15 mg/kg). Le sirop est parfois de couleur rose Barbapapa, le petit malade boit ça avec une pipette et, dans la plupart des cas, il adore. Au bout de vingt minutes, le paracétamol va entraîner une amélioration du bien-être, et, accessoirement, une baisse homogène de sa température. Les autres médicaments antipyrétiques – à base d'ibuprofène (Advil, Nurofen ou autres) ou d'aspirine – entraînent des chutes spectaculaires de température et peuvent générer par la suite des hypothermies ou des remontées de fièvre brutales. En général, ces variations sont mal supportées par les enfants et sources d'anxiété pour les parents. Quant aux suppositoires, on peut les remiser au placard – ils ne sont pas plus efficaces que le sirop, ils peuvent ressortir dans la couche et ne sont guère agréables à recevoir pour l'enfant.

Si l'enfant fiévreux se plaint, vous pouvez aussi le découvrir, le faire boire s'il a soif, placer un linge tiède sur sa tête… Histoire de rendre ce moment moins désagréable. En revanche, nul besoin de le plonger dans une baignoire d'eau tiède pour faire baisser sa température : c'est notoirement inconfortable et, au niveau thérapeutique, totalement inutile.

Bon à savoir : certains rejetons montent vite et haut en température, d'autres non. Ce n'est donc pas parce que la fièvre est forte que la maladie est grave, et inversement. Par ailleurs, si vous craignez que votre progéniture ait une méningite, comme tous les parents au moins une fois dans leur vie, faites ce test : mettez votre enfant devant un chouette dessin animé. S'il regarde la télé, l'hypothèse « méningite » ne tient pas la route car l'un des symptômes est une vive sensibilité à la lumière.

Les thermomètres au banc d'essai

Le thermomètre que les parents possèdent dans le tiroir de leur salle de bains n'est pas un instrument de mesure scientifique, même s'il affiche pompeusement des mesures au centième de degré ! En réalité, un thermomètre, même parfaitement fiable, ne donne jamais qu'une indication sur la température de l'enfant. Ce n'est pas grave du tout, car nous n'avons nul besoin de savoir si, en vérité, l'enfant « a » 38,32 °C ou

39,54 °C. L'important est de savoir si oui ou non il a de la fièvre, et éventuellement si elle est forte ou faible. *En cas de fièvre, il faut s'intéresser à l'état global de l'enfant.* C'est cette observation plus vaste que la simple mesure de la température qui permet au parent, et bien sûr au médecin, de déterminer la marche à suivre.

Il existe pléthore de thermomètres sur le marché, alors lequel choisir ?

• Le *thermomètre classique* (= celui qu'on introduit dans l'anus) est le plus fiable, mais le plus désagréable pour l'enfant. Alors, on ne lui prend pas la température quinze fois par jour et, pour ne pas lui faire mal, on met un peu de lubrifiant au bout (n'importe quelle crème pour érythème fessier fait l'affaire). Il est possible d'utiliser ce thermomètre rectal sous l'aisselle de l'enfant. Dans ce cas, pour avoir un résultat exact, il faut ajouter 0,5 °C à la mesure qui est indiquée.

• Le *thermomètre auriculaire* (= à placer dans l'oreille) est précis mais peut être difficile à utiliser. Il faut viser le tympan, les tout-petits ont une minuscule oreille et certains un conduit auditif particulièrement sinueux. Prendre ainsi les mesures de température n'est pas évident et leur fiabilité s'en ressent. À réserver aux professionnels, donc.

• Les *thermomètres infrarouges frontaux, avec ou sans contact*. Ils sont assez pratiques, on vise le front et c'est tout, on peut les utiliser sans réveiller bébé (attention tout de même au petit biiip en fin de prise). Mais pour que la mesure soit pertinente, il est nécessaire que la peau soit sèche, sans sueur, et que l'enfant ne vienne pas de faire un effort ou de s'être exposé au soleil.

• À proscrire absolument : les *thermomètres-bandeaux* à poser sur le front, souvent utilisés dans les écoles, et les *tétines-thermomètres*, pas fiables du tout.

Forum

Avant l'enfant

Réunion. Sur Internet, espace de discussion publique entre plusieurs participants.

S'il est synonyme de « colloque guindé avec chiantissimes powerpoints et longs discours », le forum est barbant. En revanche, les forums du Web, eux, s'avèrent fort utiles. De nombreux internautes s'y retrouvent virtuellement pour causer d'un sujet qui les intéresse et se refiler des tuyaux. Vous ignorez la différence entre un joint de culasse et une courroie de transmission ? Hop ! cliquez sur un site de fans de mécanique, et dans l'espace « forum », vous obtiendrez sans aucun doute la réponse à vos questions, validée par un tas d'internautes passionnés. Un doute sur un film ? Envie de tester un resto thaï ? Besoin d'un chouette hôtel pour le week-end ? Avant de faire son choix, c'est toujours instructif de flâner là où d'autres ont déjà donné leur avis. Très, très pratique, le forum.

Après l'enfant

Lieu virtuel et anxiogène.
Rendez-vous de parents angoissés.

On SAIT qu'il ne faut pas y aller. Qu'il ne faut surtout pas traîner sur Doctissimo.fr ou auféminin.com, là où se réunissent des gens comme vous et moi pour parler de leurs gros maux et petits bobos. Même si les toussotements rauques du greffon nous rendent marteau, même si on trouve louche son air las, même si on aimerait bien comprendre ce qu'il a, il faut résister à aller fouiner du côté des très nombreux forums Internet qui causent de médecine. De toute façon, on a rendez-vous avec le pédiatre à 15 heures.

À 15 heures... Encore cinq heures à tuer sans savoir ce dont souffre greffon chéri. C'est plus fort que nous, on se dirige fébrilement vers l'ordinateur. On ne peut pas lutter.

La barre de recherche s'offre à nos tapotements compulsifs. Rechercher : « toux persistante bébé fatigué ». Trois milliards de réponses. Les premières redirigeant vers des forums.

Ne clique pas. Ne clique pas.

Évidemment, on clique. Drame.

En lisant les témoignages de mamans et de papas, on se rend compte que notre greffon est certainement en train de développer une maladie très grave. On croit reconnaître tous les symptômes affectant notre bébé dans la description épouvantable faite par ces malheureux parents. Aller sur les forums médicaux, c'est bien pire que de lire le Vidal, y a l'émotion en plus. Au bout de huit minutes, nous en sommes convaincus : Bébéchéri souffre d'un syndrome méconnu. Ou d'un début de méningite.

Il est 13 h 30. Le greffon a retoussé deux fois, nous sommes en sueur, c'est le Projet Blair Witch dans notre crâne. Lupus ? Tumeur ? Variole ? Ah non, y en a plus. Mais bon, on ne sait jamais. Le rendez-vous chez le pédiatre, c'est dans quatre-vingt-dix minutes mais nous le savons déjà : son diagnostic va être terrible.

15 heures : « Votre enfant a un rhume madame, mouchez-le. Ça nous fera 45 euros. »

Bien fait, ça nous apprendra à cliquer fébrilement au lieu d'attendre sagement le verdict du docteur. La prochaine fois, on prendra plutôt un bain ou on se mettra au tricot, au lieu de psychoter.

N. B. : Oui, votre enfant, finalement, n'a qu'un rhume. Êtes-vous allé sur Internet pour partager votre soulagement et préciser que ce n'était « que ça » ? Non. Quand ce n'est pas grave, l'angoisse s'envole et on oublie ! Sur le Web, les bonnes nouvelles se partagent peu. D'où le caractère fortement anxiogène des forums médicaux. Alors, on garde son sang-froid, on boit frais et surtout, on les fréquente avec modération.

Le mot du pédiatre

Jadis, bien des parents arrivaient dans le cabinet du pédiatre en citant Laurence Pernoud ou le Dr Spock (pas celui de *Star Trek,* mais un pédiatre américain, auteur d'un best-seller dans les années 1950). « Mon enfant a sans doute ceci, docteur, du moins ça correspond bien à la description de la page 26… » Mais ça, c'était avant. Aujourd'hui, les parents des petits patients vont chercher de l'info sur le Web. Or, en matière médicale, surfer au hasard n'est guère utile. On tombe régulièrement sur des sites douteux ou commerciaux, des articles mal fichus, des infos fumeuses, invérifiables. Au sujet d'une même pathologie, Google renverra à la fois sur le blog d'un gourou texan et sur le site de l'Inserm. Bref, on trouve, non hiérarchisés, les documents les plus sérieux et les plus farfelus.

Les vraies bonnes adresses sur le Net

• Les sites des institutions médicales de référence :

www.inserm.fr (Institut national de la santé et de la recherche médicale)

www.inpes.sante.fr (Institut national de prévention et d'éducation pour la santé)

www.who.int/fr/ (Organisation mondiale de la santé)

• Le portail de référence sur les maladies rares et les médicaments orphelins, pour les professionnels et le grand public :

www.orpha.net

• Sur les médicaments compatibles, ou non, avec la grossesse et l'allaitement : www.lecrat.org

• Pour poser une question à un pédiatre :

www.mpedia.fr/poser-une-question.html

• Le site de la société canadienne de pédiatrie est fort instructif, et en français : www.cps.ca/fr

Il comporte de nombreux et judicieux conseils à destination des parents au sujet de l'éducation et de la santé de l'enfant, notamment sur un site dédié : www.soinsdenosenfants.cps.ca

P.-S. : À propos de lecture, lire la notice des médicaments donnés à votre enfant n'est jamais inutile, bien au contraire. Les médecins peuvent omettre une contre-indication, une association déconseillée… Et le pharmacien ne pensera pas toujours à poser la question.

Gérer

Avant l'enfant

Fait d'organiser sa vie de manière efficace.

On maîtrise avec brio l'organisation de soirées petits-fours, sans jamais oublier de mettre les bouteilles au frais trois heures avant l'arrivée des invités. On s'occupe de la paperasse domestique, des factures, du coup de fil hebdomadaire à Mémé, et on survit même aux matinées speed, abattant un travail de titan (douche-dents-habillage-remplir-le-lave-linge-vider-le-lave-vaisselle) entre la sonnerie du réveil et la course-poursuite derrière le bus/métro/tramway/zeppelin. Nous nous souvenons aussi, et ça mérite d'être souligné, de la majorité des dates butoirs et des rendez-vous. Même qu'on est plutôt en avance chez le beau dentiste. Globalement, on gère bien, quoi.

Après l'enfant

Fait d'organiser sa vie comme on peut.

On court derrière les enfants en les menaçant de suppressions de membres (le coup du dessert, c'est dépassé), puis en les contorsionnant afin qu'ils entrent dans leurs vêtements. On court à la crèche, on court à l'école, on court au boulot, on court à la maison, on se rappelle brusquement qu'on a eu une relance de la Compagnie des eaux… il y a deux semaines et demie. On découvre à 19 h 03 que le frigo est désespérément vide, on oublie de couvrir les livres mais on signe le carnet de notes, on met trop d'eau dans le bain parce qu'on en profitait pour téléphoner à notre copine Marie. Le dimanche, comme on est plus cool, on pense à tout : avant de descendre au square, on met dans notre sac deux râteaux, trois pelles, du gel antibactérien et un repas en rab. Plus une couverture polaire (on ne sait jamais, oui, même le 12 juillet). Banco : lorsque bébé fait une selle géante dans le bac à sable, on a zéro couche et une seule lingette. Quant à l'unique body retrouvé au fond de la poussette, il est deux fois trop petit.

Chaque soir, à 20 h 15, nous nous affalons sur le canapé. *A priori*, personne n'est décédé. Toute la clique est couchée, propre, l'estomac rempli. Nous avons même quelques minutes à nous pour prendre une douche avant le film du soir. À moins qu'on aille directement se coucher, l'esprit tranquille : on a géré au plus pressé, mais on a géré.

Des astuces en plus

• Pour ne rien oublier, il y a les listes. Thématiques, les listes : « sortie jour », « sortie soir » (si jamais vous avez encore une vie sociale), « nounou », « crèche »,

« mamie », « voiture », « train », « vacances à la mer », etc. Tout ce qu'il est indispensable d'avoir sur soi est écrit dessus, on n'oublie plus rien, top pratique. Aux inconditionnels de la fiche bristol, un livre mâche le travail :

50 listes pour mamans débordées, Isabelle Cantarero, Éditions Leduc.

• On peut aussi miser sur le calendrier jour par jour afin de TOUT noter. Il existe des *calendriers familiaux* ou *« organiseurs familiaux »* très bien pensés : une double page par mois ou par quinzaine, à agrémenter de stickers, malin pour se souvenir de toutes les activités des petits comme des grands (aux Éditions 365, chez Hugo & Cie ou Calligram, notamment).

Sur le Web

• www.mamantravaille.fr

Un site riche d'informations, d'articles, de conseils et d'interviews concernant ce sujet épineux de la conciliation vie familiale/vie professionnelle. Fondé par Marlène Schiappa, une ancienne d'EuroRSCG et journaliste Web, ce site se veut un « lobby des mères actives » et organise des journées consacrées à ce thème, ponctuées de conférences et d'ateliers. Sa présidente a aussi publié plusieurs livres, dont le très malin :

Les 200 Astuces de Maman travaille. Tous les petits trucs indispensables pour être à la fois active et heureuse, Marlène Schiappa, Éditions Leduc.

• Mais comment font les autres ? ! De nombreuses blogueuses évoquent, notamment, leur quotidien marathon et leurs doubles journées boulot-marmots :

www.mauvaisemere.fr ; www.penseesbycaro.fr ; www.e-zabel.fr ; http://grumeautique.blogspot.fr/ ; www.femmesweetfemme.fr

Les applis qui simplifient la vie

Les applis Smartphone nous aident dans la logistique familiale. Des exemples ?

• Omeomemo (pour iPhone) vous sert de pense-bête médical. Une fois l'application téléchargée, vous saisissez le nom et la posologie des traitements, homéopathiques ou non, prescrits par votre médecin. Un planning personnalisé est créé et une alarme automatique vous permet de choisir quand et à quelle fréquence vous souhaitez être averti de la prise de vos médicaments. Plusieurs traitements peuvent être planifiés en même temps – si toute la famille tombe malade en même temps (un classique).

• L'appli Familiz (pour iPhone, Android, mais aussi tablette tactile) facilite la vie de famille avec son agenda familial, ses tableaux de gestion des tâches ménagères… Infos sur www.familiz.fr

• Shopper (pour iPhone) permet de créer des listes de courses. Même concept sur Android avec les applis Plancourses ou myShopi.

• Cozi family Organizer permet de centraliser les agendas et plannings de toute la famille, mais aussi vos listes de courses et de choses à faire, vos photos, vos recettes de cuisine… Ces infos peuvent être partagées avec qui vous voulez et elles sont accessibles depuis votre Smartphone (iPhone/Android) ou n'importe quel ordinateur sur www.cozi.com

• App Famille (pour iPhone) recense des applis pratiques et, le plus souvent, gratuites pour enfants et parents : applis pour rationaliser la corvée des courses, applis de jeux, de musique, d'archivage…

Grands-parents

Avant l'enfant

Vieux (mais cool).

Mamie, papy, manou, pépé, peu importe : les parents de nos parents, quand on a la chance de les connaître et pour peu qu'ils prennent leur rôle à cœur, font partie de notre vie ET participent à notre éducation. Un peu comme nos parents, oui, mais en plus souples. Bien plus souples. Chez eux, on a même le droit de lécher le plat, c'est dire. On a beau grandir, quand on les voit, on a toujours 8 ans : la pâte à gâteau qu'on slurpe à même le saladier, c'est jouvence éternelle et madeleine de Proust.

D'ailleurs, tiens, c'est pas bientôt mon anniversaire ? Parce que l'enveloppe que mémé me glisse discrètement dans la poche ce jour-là est loin de sentir la naphtaline...

Après l'enfant

Personne qui, « si elle était à notre place », ne ferait pas comme ça. Syn. : Beaux-parents.

Avant d'être grands-parents, nos géniteurs sont surtout beaux-parents. Et ce n'est pas donné à tout le monde d'être beaux ET bons... La relation avec les beaux-parents – notamment avec belle-maman – évolue aussi vite que l'épisiotomie cicatrise. Même si les relations n'étaient pas mauvaises avant, dès la naissance de l'héritier, en quelques semaines, elles se tendent. Il faut dire qu'à force de donner son avis sur tout, belle-maman nous tape sur le système au point que chacune de ses interventions nous fait l'effet d'un vivifiant coup de fouet d'ortie. La phrase « moi, si j'étais à ta place » et sa comparse « à mon époque, on ne faisait pas comme ça » (ou pire, la fielleuse « ah bon, tu fais comme ça, toi ? ») nous provoquent une crise d'urticaire géante à tous les coups.

Heureusement, le degré de préoccupation de belle-maman envers notre personne décline à mesure que le nouveau-né s'intéresse à la sienne (de personne ; faut suivre). Ainsi, notre santé ne passionnera plus que la sécurité sociale à compter de la minute où Bébé adressera de ravissants sourires à sa mamie chérie. Des questions importantes nous seront bien posées, mais d'une manière que Bescherelle et Bled réprouvent, indirecte et niaiseuse. Exemples ? « Rrho bah alors qu'est-ce qu'il a le petit Dadounet, hein ? Il bavouille ? Il a mal aux dents ? Il est en colère Dadounet ? Et pourquoi il est en colère ? » – notre enfant étant, vous l'aurez compris, à jamais rebaptisé d'un surnom ridicule. La réponse à ces interrogations importe peu, mamie ayant d'ores et déjà son opinion sur la question. En bref, nous, les parents de l'enfant prodige, n'existons plus. Seul compte Sa Majesté le greffon.

Dans la plupart des cas, c'est réciproque : Dadounet adore ses grands-parents, parce que, EUX, ils sont tellement cool, vous comprenez. D'ailleurs, non, on ne comprend pas tant que ça. Enfin ce qu'on comprend, c'est que les bretelles de l'autorité sont bien plus lâches chez papy-mamie (oui c'est de la prose poétique, merci).

Étudions cette épineuse question en détail.

CHEZ LES GRANDS-PARENTS

Ce que notre greffon adore	Ce qui nous dépite
Les histoires de papa ou maman « quand ils étaient petits » racontées par mamie. Avec les détails de la honte qui vont bien. « Tu sais, mon Dadounet, que ta maman ne savait toujours pas faire de vélo sans roulettes à 12 ans ? » et qu'un beau jour « elle a mangé toutes les feuilles du ficus » ? Non ? Ben, maintenant, tu le sais.	Perdre notre statut de super-héros aux yeux du greffon. Devoir faire avec.
Les frites trop bonnes de mémé.	Ne pas avoir une spécialité culinaire aussi réjouissante que celle de belle-maman. Notre gratin de chou-fleur, le greffon aime nettement moins.
Les bonbons de papy filés en douce juste avant le repas ou après 19 heures.	Le *sugar rush* (= déferlement de sucre dans le sang) qui s'ensuit et qui rend notre gamin excité + insupportable quand on le récupère.
La télé allumée même pendant le repas.	Devoir expliquer avec diplomatie mais fermeté pourquoi nous, on ne souhaite pas regarder Lagaf' en dînant.
Les trucs de grands et non censurés, type dessins animés violents, infos télé avec plein de sang dedans, émissions de radio type « Grosses têtes » avec grossièretés et allusions grivoises…	Dire qu'on se prive de JT pour éviter de traumatiser le Scotch ! C'est nous qui nous coltinons, le soir venu, les dissertations existentielles (« et pourquoi les gens ils se tuent maman ? ») et le recadrage langagier (« non, on ne dit pas "nichons" mon chéri, c'est vulgaire »).
« Avec papy, on a le droit de… » faire du cheval sur le dossier du canapé/se bagarrer avec les couteaux et les fourchettes/lancer des boulettes de pain dans le brushing de mamie/dire des gros mots pour de rire.	Passer pour des nazes. Mais GROS, les nazes.
« Avec mamie, on a le droit de… » faire un deuxième tour de manège. Et un troisième. Dormir tous dans le même lit, manger de la pizza avec des frites.	Passer pour des gros nazes *(bis)*.

Bien, bien, bien...

On a quand même de la chance d'avoir les grands-parents à disposition pour garder notre greffon les mercredis/jours de grève/soirs de virée au cinoche. Sûr qu'avec eux il passera du bon temps et qu'il sera nourri et surveillé, l'amour en plus. Alors, sauf gros désaccord sur un point crucial de l'éducation ou de la sécurité de notre enfant, on ferme notre bouche et on garde notre poing dans la poche. *Smile !*

Le mot du pédiatre

Ça y est, bébé est arrivé ! C'est le premier nourrisson de la famille, ou le deuxième, ou le huitième, peu importe. Ses parents sont heureux, bien sûr. Et ses grands-parents ? Aussi. Et sans doute, secrètement ou non, un peu nostalgiques. La naissance du bébé ravive probablement leurs propres souvenirs de maternité et de paternité. Si le nouveau-né est leur premier petit-enfant, une page se tourne pour eux : dans l'arbre généalogique, ils passent à la branche supérieure, au rang de grands-parents. Ce saut générationnel est un bonheur, c'est aussi un renoncement : l'éducation de ce bébé, les soins, l'exercice de l'autorité parentale, tout cela ne sera pas de leur ressort, ou du moins pas en première intention. C'est au tour de la jeune génération de se frotter aux joies et aux affres de la parentalité. Et c'est aux grands-parents de découvrir leur nouveau métier.

Autant le savoir tout de suite, pour être des grands-parents bien accueillis, sollicités, écoutés et appréciés, il vaut mieux éviter de…

Faire à la place des parents. Si les grands-parents sont intrusifs, s'ils veulent s'occuper eux-mêmes du petit et court-circuitent les parents en paroles ou en actes, ils outrepassent leur fonction. Le père ou la mère de l'enfant sera probablement blessé(e), triste et/ou fâché(e) de se voir ainsi « zappé(e) » ou concurrencé. Pour les grands-parents, il est parfois difficile de ne plus être en première ligne pour s'occuper du nouveau-né. Ce n'est guère évident de devoir abandonner cette maîtrise parentale qui fut longtemps la leur. Surtout que les grands-parents considèrent encore, de temps en temps, leurs enfants comme des enfants ! Ce « lâcher-prise » est pourtant absolument légitime et nécessaire : être grands-parents, ce n'est pas « faire », c'est surtout « être », être un support pour ses enfants pour mieux créer un lien avec ses petits-enfants.

Dans le cas contraire, si les grands-parents s'incrustent entre le parent et son enfant, des conflits vont probablement apparaître. La figure grand-parentale a tout à gagner si elle est affective, et tout à perdre si elle est concurrentielle…

Jeter des malédictions. « Si tu portes tout le temps ton bébé dans les bras comme ça, tu vas en faire un capricieux », « dans la famille, c'est ainsi, les enfants dorment mal », « tu vas en baver comme tu m'en as fait baver quand tu étais bébé ! »… Il n'y a rien de plus stressant pour un nouveau parent que d'entendre ce genre de phrases définitives, faussement prédictives et vraiment anxiogènes, qui semblent condamner parents et enfants sans fournir aucune solution. Naturellement inquiet, surtout dans les premiers temps après la naissance et surtout pour son premier-né, le parent est prompt à culpabiliser et à douter de lui-même. Ce n'est pas la peine d'en ajouter une couche.

Au contraire, les grands-parents seront bien inspirés *de valoriser les parents ainsi que le bébé.* « C'est formidable », « tu t'en occupes vraiment bien », « on dirait que tu as bien pris tes marques/que tu as fait ça toute ta vie », « qu'il a l'air heureux avec toi ce petit ! ». Pour le parent du bébé, ce regard bienveillant porté par la génération du dessus est profondément réconfortant. Cette attitude positive, valorisante, l'aidera à se sentir fort et à l'aise dans son nouveau rôle de parent.

Donner des conseils. Voilà l'un des points d'achoppement « classique » entre les parents du bébé et ses grands-parents ! Les seniors ont été des parents, ils sont « déjà passés par là » et « connaissent bien la partition ». Ils savent reconnaître une laryngite/comment faire un biberon/les bons trucs pour arrêter la toux/calmer bébé. Ils brûlent de transmettre leur expérience et d'en faire bénéficier la jeune génération. Par ailleurs, comme tout parent, ils ont tendance à s'inquiéter pour leurs enfants et à vouloir leur faciliter la tâche pour « qu'ils y arrivent mieux ».

Spontanément, donc, ils veulent émettre quelques recommandations. Voire treize à la douzaine.

Pourtant, il est préférable de s'abstenir.

Pourquoi ? D'abord, parce que les parents du bébé n'ont pas envie qu'on leur dicte la marche à suivre. Concernant l'éducation et les soins à leur enfant, ils ont des idées, des principes, des souhaits, de l'instinct, ils ont envie de faire comme ci ou comme ça, et c'est leur droit le plus strict, qu'il faut respecter. Ce sont eux, les parents ! Et chaque génération de parents fait ses découvertes et ses erreurs.

Par ailleurs, les temps ont changé. La puériculture aussi. Dans les années 1970, on ne dormait guère avec son bébé dans le même lit, l'allaitement maternel n'avait pas le vent en poupe, les écharpes de portage étaient réservées à une minorité de « babas cool », on couchait les bébés sur le ventre, on leur donnait des bouillies dès qu'ils avaient une dent, on les nourrissait toutes les trois heures, on les pesait après le repas... Bref, on faisait comme on faisait. « À mon époque... » : les bons conseils de mamie sont parfois dépassés, et même quand ils ne le sont pas, les jeunes générations doutent parfois de leur utilité et de leur efficacité. Donc, rien ne sert de rappeler qu'« à l'époque, on faisait plutôt comme ça ».

« Moi je faisais comme ça, alors tu devrais faire, tu devrais dire, il faudrait que... » : ce genre de phrases est peu audible par les nouveaux parents. Car justement, consciemment ou non, tous ces jeunes adultes ont décidé de faire différemment de leurs propres parents, y compris, quand ils fondent à leur tour une famille, en matière de puériculture et d'éducation. Cette différenciation d'avec ses propres parents est fondatrice du passage à l'âge adulte.

Aux nouveaux parents, donner des conseils est vain, donc.

C'est aussi un facteur de stress. De nos jours, les jeunes croulent sous les informations, parfois contradictoires, venues des médias traditionnels/des soignants/de leurs amis/d'Internet. Certains disent qu'il faut dormir avec le bébé, d'autres que c'est dangereux... Si les grands-parents mettent en plus leur grain de sel, cela ajoute à la cacophonie et à l'inquiétude parentale. C'est par conséquent parfaitement inutile.

Au lieu d'apparaître comme ceux qui ont la solution, les grands-parents seront mieux accueillis s'ils compatissent : « Nous aussi, on a vécu la même chose, on sait combien c'est dur... » Ainsi reconnu dans ses difficultés, le parent sera réconforté plus efficacement que si on l'assaille de recommandations.

Enfin, les conseils venant des grands-parents peuvent facilement être considérés comme des critiques – ce qu'ils sont, parfois, à dire vrai. Or, il n'y a pas plus susceptible qu'un nouveau parent. Pour éviter un conflit et ménager les susceptibilités, mieux vaut ne rien dire. Si on lui demande son avis, le papy/la mamie sortira judicieusement sa plus belle paire de pincettes : « Moi, personnellement, à mon époque, je faisais comme ceci, et ça avait bien marché, mais vraiment ça n'engage que moi... » Les grands-parents ne sont pas là pour apporter le savoir, mais plutôt pour aider les parents à y accéder.

Grands-parents, *si on ne vous demande pas votre avis, le silence est toujours d'or !* À votre place, on n'est jamais trop rassurants ni trop discrets. Soyez magiques : transparents avant tout, matérialisez-vous quand il le faut et quand vos enfants en ont besoin – pour rendre service, monter un meuble, garder le bébé... C'est ainsi, en restant en « deuxième ligne », que vous serez à votre place et profiterez le mieux de ce formidable attachement que vos petits-enfants sont capables d'avoir pour vous, et qui est le reflet du lien que vous-même avez tissé avec vos enfants.

Parents, si vous êtes dotés du modèle grand-parental « intrusif et conseilleur », vous avez le droit de feindre. Pourquoi ne pas dire « amen » à tout ce que disent vos propres parents ou beaux-parents... avant de faire exactement comme vous voulez ? Si les grands-parents de votre petit se mêlent de tout et vous dispensent sans discontinuer leurs conseils de « bon sens » (bon sens qui est, avant tout, celui où ils vont !), il n'y a pas de mal à mentir comme un arracheur de dents : « oui, bébé dort dans son lit, bien sûr », « il a faim, ah ben tiens, ça fait pile trois heures ! ». Espacer les réunions familiales est parfois une mesure indispensable pour qui veut garder sa sérénité !

Rondeur et diplomatie d'un côté comme de l'autre : l'harmonie familiale intergénérationnelle est à ce prix…

À lire/à voir

• Un livre, sérieux :

Le Guide pratique des grands-parents, Frédérique Corre Montagu, Marabout/Family.

• Une BD légère :

Le Guide des grands-parents, Jacky Goupil, Grenon, Éditions Vent d'Ouest.

• Un film, pour rire de belle-maman :

Ensemble, c'est trop, de Léa Fazer (2009), avec Nathalie Baye, Jacques Weber, Pierre Arditi, Éric Cantona…

Habiller

Avant l'enfant

Action de se vêtir, bien si possible.

On se lève, on se douche, on choisit ses vêtements : voilà une phase récurrente de notre quotidien. Mention spéciale pour les «*fashion addict*» pour qui la séance d'habillage est digne d'un grand show à l'américaine avec effet sonore (« pff ! j'ai rien à me mettre ») en prime.

Après l'enfant

Action de se vêtir, bien si possible mais surtout en un minimum de temps.
Action de couvrir l'enfant avec des vêtements, de préférence adaptés.

Parce que nous vivons dans un pays où s'habiller fait partie du savoir-vivre en société, il n'y a aucune raison que le greffon passe outre cette tradition. À peine né, notre Jésus croule déjà sous les soucis vestimentaires.

D'abord, à la maternité, il a l'embarras du choix. Car question pyjamas et bodys, nous avons vu large. Ne connaissant pas ses mensurations à l'avance, nous avons opté pour du taille naissance, du 1 mois et du 3 mois. Prévoyantes que nous sommes ! En sus, une ou deux tenues chic et complètes (pantalon-t-shirt-gilet pour les gars, robe-collants pour les filles). Déguisements qui nous ont coûté l'équivalent d'un rein, mais qu'on souhaitait absolument faire rentrer dans notre valise, histoire que Choupinet n'ait pas l'air d'un sac sur les photos souvenirs.

C'est au moment de lui enfiler cette magnifique toilette que la prise de conscience se fait : habiller un Scotch mériterait un stage intensif d'au moins six mois – une prépa HGMH (Habillage de greffon en milieu hostile).

Les ennemis sont nombreux. Passons-les en revue.

D'abord, il y a les *vilaines pressions*, celles-là mêmes qu'on arrive à peine à tenir entre notre énorme pouce et notre index tout aussi grand. Et qui ne se clippent pas correctement, ou alors en embarquant un bout de peau au passage, faisant hurler l'enfant. Des fourbes, on vous dit.

Ensuite, il y a le merveilleux *petit gilet*, tricoté par une personne proche et chère. Personne qui doit avoir des doigts de poupée Barbie pour créer des boutonnières si riquiqui. Sans parler des micro-boutons en nacre-très-très-fragile qu'il va falloir un jour réussir à glisser dedans. « Patient comme un petit bébé » : ce sera l'occasion rêvée de tester la pertinence de cette expression.

Le méchant scratch, lui aussi, est tapi dans l'ombre, prêt à ruiner notre jovialité naturelle. Le scratch est, en apparence, l'invention la plus merveilleuse de l'univers lorsqu'il s'agit de layette. Sauf quand l'enfant dort, parce que, bon, va essayer d'ouvrir un gilet à scratchs quand le nain roupille : réveil assuré à cause du bruit. Si ledit enfant a des cheveux un peu longs, le scratch lui en arrachera la moitié. Par ailleurs, une fois lâché dans le tambour de notre machine à laver, il s'agrippera à tout ce qu'il peut, y compris notre pull fétiche ou notre joli collant... qu'on n'aura plus qu'à jeter à la poubelle.

Le vêtement stylé. Qu'elle est mignonne, la garde-robe enfantine ! Surtout depuis que les marques ont pigé que nous voulions des vêtements d'enfants à la mode adulte. Nous, anciens gamins élevés au XXe siècle, avons supporté courageusement le babygros pelucheux et le sous-pull à col roulé en acrylique abrasif, le pantalon en velours côtelé, la salopette avec des pièces aux genoux et les coloris approximatifs (orange à rayures marron/vert bouteille + bleu canard). Malgré tout, avec la magnanimité qui nous caractérise, nous avons renoncé à faire un procès à nos géniteurs. Aujourd'hui, le vent a tourné, la fringue pour minots suit la tendance. Couleurs, matières, coupes : les petits sont habillés quasiment comme nous. Nous jouons à la poupée, et eux sont beaux comme des gravures *fashion*. Pour poser en photo, c'est top. Pour aller jouer au square, ça se discute. Combien d'enfants bloqués sur la rampe du toboggan en raison d'un jean *slim* un chouïa trop *slim* ? On ne dénoncera jamais assez la détresse de la fillette incapable de lever les bras dans son caban hyper ajusté. Les gosses d'aujourd'hui auront eux aussi des raisons de se plaindre quand ils seront grands (mais moins que nous, tout de même, hé, orange à rayures marron, y a-t-il pire que ça, franchement ?).

Le lacet malveillant. Ça tient bien la cheville, les chaussures à lacets, pour apprendre à marcher y a pas mieux et pis c'est élégant (tante Ghislaine *dixit*). Ouiiiiii tata, peut-être ou peut-être pas, mais une chose est sûre : enfiler une paire de chaussures à lacets sur un pied de 16 cm, c'est le test de sang-froid idéal. Bouffées de chaleur et nerfs en pelote seront au menu, soyez-en certains. D'abord, il faut délacer la chose, ensuite l'enfiler aux extrémités de l'enfant qui pleure ou se démène comme un beau diable. NON, on ne tord pas la cheville du greffon pour la visser dans la godasse. On prend sur soi (la patience, ça s'appelle). Après, paye ta suée pour faire le double nœud, à tous les coups, le lacet immense et bien lustré se défait au bout de cinq minutes. Le lardon le suçote ou se le ficelle sur le pied façon rôti. For-mi-da-ble.

Une fois ces épreuves traversées avec succès, restera l'ultime défi : résister au doute. Ainsi habillé, l'enfant n'aura-t-il pas trop chaud ? Ou trop froid ? Sera-t-il à l'aise ? Ne perdra-t-il pas une chaussure en route ? Quoi qu'il arrive, même après quatorze minutes à enfiler une micro-chaussette sur le petit pied cambré, vous serez prêt à recommencer si vous jugez que le confort du Scotch n'est pas optimal. Saint Dressing, priez pour nous, pauvres parents !

Une garde-robe pratique

Soyons honnêtes, il existe des vêtements pour enfants bien pensés. Notons par exemple l'existence de *bodys se fermant sur le devant* afin d'éviter de visser la tête du Scotch dans une encolure trop étroite et/ou de devoir tenir assis le mini-greffon juste né pour l'habiller. Certains pyjamas aussi s'enfilent de cette façon, sur le torse du greffon, nous évitant de lui faire faire un 380 à chaque pression.

Les pantalons à taille élastiquée ou réglable sont une bénédiction, tout comme les chaussures à scratchs.

Enfin, astuce qui paraît totalement idiote mais qu'on néglige trop souvent : commencez TOUJOURS par *lire les étiquettes d'entretien du vêtement*, et oubliez direct tous ceux indiquant les lavages à la main (oui, des lavages main… pour des habits de greffon… Sait-on jamais, que vous ayez quelques heures à passer au lavoir dans votre vie du XIVe siècle.)

Humour

Avant l'enfant

Talent utile et agréable.

Rire égaye le quotidien et permet parfois de sortir par le haut d'une situation ennuyeuse, tendue ou gênante. Rire relaxe les zygomatiques et allonge l'espérance de vie. Vous en faites donc bon usage avec vos proches, vos amis et même parfois vos collègues. Saillies drolatiques, calembours cocasses ou grosses vannes : quel que soit votre style, la plupart du temps vous faites un carton, votre public s'esclaffe.

Profitez-en bien, ça ne va pas durer.

Après l'enfant

Passe-temps risqué.

Du jour où vous devenez parent, vous faites l'une des plus désagréables découvertes de votre existence : le bide. Pas la bouée autour du ventre, nonononon, le vrai bide : le silence total après votre meilleure blague.

L'enfant ne comprend pas le second degré, l'enfant prend tout au pied de la lettre, l'enfant pige que dalle aux sous-entendus. Bref, l'enfant n'a pas d'humour. Enfin, pas le même humour que l'adulte. Et inversement, hein : essayez de raconter à votre copine Isabelle, 38 ans, la blague des deux fesses, vous verrez. « C'est la fesse gauche qui dit à la fesse droite : "rhoo là là, ça pue dans le couloir !" » Isabelle est consternée, n'est-ce pas ? Pourtant, votre petite Chloé, presque 5 ans, l'avait trouvée super bonne.

Vous l'aurez compris, les petits et les grands n'ont PAS DU TOUT le même humour. Pour vous éviter les bides humiliants, le Dr Eugène-Agnan de la Rigolardière va explorer pour vous et en détail ce qui fait marrer les pitis nenfants. C'est pas compliqué, y a que deux catégories.

1. *Le comique de répétition*

Comme on s'accroupit à son niveau pour parler à bébé, il faut rabaisser de quelques crans la finesse de notre humour si on veut vraiment faire rire notre enfant (ou lui faire croire qu'il est drôle).

Exemple 1 : « Elle est où maman ? Hein ? Elle est où ? » Si votre enfant était sarcastique, il répondrait : « Derrière tes mains, espèce de gourdasse ». Mais en vrai, il est scié à tous les coups de capter votre regard une fois que vous retirez les mains de votre visage. Écroulé de rire, le gamin. Il lui en faut peu.

Exemple 2 : « Je vaiiiis te mannnngerrrr ces bonnes cuisses moi ! Ah guilli, guilli, guilli ! » Là encore, vous vous posez en tant que chauffeur de salle pour modèle réduit (attention tout de même à ne pas manger les cuisses de n'importe qui, ça ne marche pas avec tout le monde).

Le petit enfant est formel : les meilleures blagues sont les plus usées. Même jeu, même livre, même son, même chatouille : il adore quand on boucle et ne rigole jamais autant qu'à la cent soixante-douzième fois. Alors *warning !* Tout ce que vous faites/lisez/dites peut devenir un refrain qu'il vous réclamera sans cesse. N'oubliez jamais que votre rejeton est un gros lourd. La bonne nouvelle, c'est qu'ils sont tous comme ça.

2. *Les blagues scato*

De la petite taupe qui voulait savoir qui lui avait fait sur la tête (voir ci-dessous « De la lecture »). Pas une seule fois le mot « caca » n'est écrit dans ce livre, pourtant, c'est pile ça qui est drôle : voir l'animal, une belle crotte moulée en guise de couvre-chef, partir à la recherche du mécréant qui lui a déféqué dessus.

Si, c'est drôle. Hilarant même. « Encore, encore ! », réclame le greffon, jamais rassasié de cette histoire. Les blagues qui sentent mauvais, il faut le dire, c'est son credo depuis qu'il a 2 ans.

« Ça va mon chéri ? Tu as passé une bonne journée ?

— Cacaaaaaaaa MOUHAHAHAHA ! »

« À taaaaaable !

— Caca prouuuuut MOUHAHAHAHA ! »

« Allô ? Oui, ça va et toi ?

— Allô pipi caca qui puuuuuuuuuue MOUHAHAHAHA ! »

OUI. Je sais. C'est pénible. Et le pire, c'est que ça dure un certain temps. Vous connaissez la blague de la fesse gauche qui rencontre une fesse droite ?

Bon. Ne soupirez pas. Votre enfant est petit, vous avez encore de la chance. Il va grandir, le bougre. À la fin de la maternelle ou en CP, il apprendra ses premières blagues pour faire rire les copains. Et vous, vous rigolerez encore moins.

« C'est l'histoire de Toto, il allait à l'école et BAM, il est tombé dans l'égout MOUHAHAHAHA !

— Ouiiiiiiiiiii... et ? Qu'est-ce qui est drôle donc ?

— Bah... il tombe dans l'égout quoi ! »

Voilà, chuter dans une flaque ou glisser sur une peau de banane, c'est le summum de la blague drôle chez le troizan et ses comparses. N'allez pas vous plaindre que votre enfant a été échangé à la naissance (vous ne voyez pas d'autre explication à son grave déficit humoristique), parce qu'à l'avenir, ce sera encore pire. Quand, au CE2, il rentrera à la maison en vous racontant des blagues de Toto plus évoluées, vous regretterez les plaques d'égout, je vous l'assure.

« C'est Toto qui dit à sa maman : "Dis maman, t'as vu ? J'ai donné un sucre au chien et il a remué la queue !
— Super, va donner deux sucres à ton père..." »

De la lecture

Ne perdez pas espoir, l'humour, ça s'acquiert ! En attendant que votre enfant vous fasse marrer, voici quelques bons livres (scato, forcément) qui le feront rire, lui (dès 2, 3 ans) :

De la petite taupe qui voulait savoir qui lui avait fait sur la tête, Wolf Erlbruch et Werner Holtzwarth, Éditions Milan. Tout est dans le titre : en sortant à l'air libre, splatch !, la petite taupe reçoit sur la tête une bouse non identifiée. S'ensuit une enquête qui fait hurler de rire les petits. Un très grand classique.

Prout de mammouth, Noé Carlain et Anna-Laura Cantone, Éditions Sarbacane. « Prout d'araignée, toile emmêlée ! » Irrésistible galerie de portraits d'animaux qui flatulent dans la joie.

Tous les pipis, Frédérique Loew et Nathalie Choux, Éditions Milan jeunesse. Où on découvre que les jets de dinosaures sont des parcs aquatiques pour les fourmis. Hilarant… pour les petits comme les grands.

Léon l'étron, Patrice Killoffer, Éditions Thierry Magnier. L'histoire de Léon qui, malheureux caca, n'a pas beaucoup d'amis à part quelques mouches et finit sa vie en se suicidant dans les toilettes. Un peu trash, mais on connaît des enfants qui dorment avec ce livre.

Jouet

Avant l'enfant

Panoplie de l'enfant.

Bon, OK, certains parmi nous sont peut-être encore fanas de Lego (ou de Playmo), mais pour la plupart des adultes les jouets, c'est du passé. Comme ça, un jour sans prévenir, on n'a plus du tout envie de faire un crochet par le rayon joujoux du supermarché. On a grandi, maintenant on préfère les « jeux ». C'est pas pareil, ça fait plus sérieux. Sans l'être (*cf.* votre bande de copains trentenaires – 3 ans d'âge mental – en train de jouer au Pictionary/Trivial Pursuit/Shabadabada/Colons de Catane).

Après l'enfant

Panoplie de l'enfer.

Tout a commencé dans ce charmant petit magasin de puériculture. L'envie de faire plaisir à votre futur greffon ayant été plus forte que celle d'obéir à votre banquier

(« plus d'achats compulsifs, jamais »), vous êtes reparti avec quelques scrupules en plus et un hochet coloré qui s'accroche à la poussette.

Trois balades plus tard, le hochet est perdu mais ce n'est pas grave : vos pulsions, votre famille et vos amis se chargent de fournir le greffon en jouets pour les vingt-cinq années à venir.

Le jouet en bois

L'écologie, la nature, l'éthique. Voilà trois sujets qui, aujourd'hui, nous touchent, particulièrement lorsqu'on devient parent. Du coup, sauvetage de la planète oblige, on craque pour des turbulettes en chanvre bio et, bien sûr, pour des jouets en bois durables-équitables. Par ailleurs, le jouet en bois est beau. Et le jouet en bois est résistant, ce qui achève de nous convaincre.

Avant même que notre greffon sache attraper quoi que ce soit, nous lui avons constitué une belle petite collection 100 % forestière : le chien à tirer (en hêtre), le hochet (en érable), la pyramide de cubes (en noisetier). Sa chambre ressemble à une pub suédoise contre la déforestation, mais que c'est beau ce retour aux matières nobles et naturelles !

BAM ! Tiens, le greffon a découvert son hochet en bois en même temps que le caractère aléatoire de sa coordination, et un bel œuf lui pousse sur le front. Par conséquent, il hurle. Bon, le hochet, à dégager.

Les cubes en bois ? Très bien, très solides. Aucun dommage à déclarer, même après 352 destructions de tours – l'héritier adore quand ça chute. Ah si : nos voisins du dessous ont appelé le 17 quatre fois depuis hier, pour tapage diurne. On n'a rien sans rien.

Le chien à traîner en bois ? Notre enfant s'en est amouraché, ce jouet-là est parfait, vraiment. Surtout quand il faut le trimballer un peu partout dans notre sac à main et qu'on se rend compte à cette occasion (waouh ! découverte) que le bois, c'est beau mais c'est lourd.

Le jouet en plastique

D'accord, avouons-le, on finit régulièrement par se rabattre sur les gadgets en polyuréthane de propyle. Moches, voire très vilains, mais efficaces. Mais moches. *Made in China* pour la plupart. Pas tous, hein, il suffit de chercher, certains proviennent du Bangladesh.

Le jouet à piles

La pile est au jouet moderne ce que les réflexions désagréables sont à la belle-mère : inséparables.

Le jouet à piles se subdivise en trois sous-catégories, à nos tympans également détestables : le jouet chantant, le jouet épileptique (il saute) et le jouet douze-en-un qui fait tout, mais surtout, surtout, casser les oreilles de la terre entière – SAUF du Scotch, qui applaudit sa toupie-téléphone-tourne-disque, en transe.

Ambiance son et lumière à la maison, l'objet du délit a heureusement une durée de vie très limitée. Vous oublierez donc de changer les piles. Ou bien vous ne ferez cette erreur qu'une fois.

Le gros jouet

Complot mondial : votre entourage, généreux mais peu observateur, choisit des cadeaux inversement proportionnels à la taille de votre appartement. C'est ainsi que tonton Clément a l'idée du siècle en apportant à Greffon son premier tableau d'éveil légèrement massif (environ 3 m² à lui seul). Superbement évolutif, il va vite s'avérer superbement encombrant, si bien que vous demanderez à vos voisins d'empiéter sur leur salle de bains pour agrandir votre salon. La réponse sera non. Le jour où tata Véro offrira la maison de poupée à l'échelle 1/2 (ou la vache à bascule grandeur nature), il faudra sérieusement songer à déménager.

Le jouet à la mode

Il le faut ab-so-lu-ment. Star du catalogue chez Bojoujou, il conquiert la grand-mère de votre enfant, qui se fait immédiatement un plaisir d'offrir à son Chouchou ce qui se fait de mieux en matière de jouets. Résultat : Chouchou joue avec trente-cinq secondes... avant de jeter son dévolu sur le bolduc.

Comme toute mode, le jouet en vogue devient rapidement obsolète et se retrouve dans tous les vide-greniers de France et de Navarre au printemps suivant. NEXT !

Le jouet parfait

Des cubes à empiler, des formes à encastrer, rien de bien sophistiqué ni de très passionnant à vos yeux, et pourtant ! Le jouet à moins de 5 euros sera souvent le favori du greffon de moins de 3 ans. Il passera de très longues minutes à se découvrir des talents d'architecte et à cogiter sur le principe de contenant/contenu. Il semblerait que les jouets les plus simples soient souvent les meilleurs. Z'auraient pas pu le dire plus tôt ?

Le mot du pédiatre

Mais pourquoi donc mon enfant joue-t-il avec l'emballage plutôt qu'avec le cadeau ?

Un bébé entre 12 et 18 mois, et même plus tard, est parfaitement incapable de comprendre que dans la boîte se trouve un cadeau. Cette anticipation est trop complexe pour lui. Dans son esprit, ce qui lui est offert, c'est ce beau papier brillant qu'on lui tend avec le sourire. Bonne pâte, il joue donc avec – surtout qu'il adore à cet âge déchirer et froisser. Quand bébé tend enfin la main vers le joujou, on le prie d'attendre – il faut encore le déballer et le monter. Quand l'adulte daigne lui tendre le « vrai présent », après avoir passé dix bonnes minutes à retirer le carton, les ficelles, le plastique et mis les piles, c'est trop tard : bébé s'est désintéressé, il s'amuse comme un fou avec la boîte. Si d'aventure le cadeau est un peu trop complexe pour son âge (genre des perles à enfiler alors que l'enfant n'a que 12 mois), c'est le bide assuré – bébé retournera aussitôt déchirer l'emballage. Moralité : si on veut vraiment qu'un cadeau soit un succès, on le monte la veille au soir (avec les piles si besoin) afin qu'il soit totalement prêt à l'emploi, on ne l'emballe pas forcément et on le choisit bien adapté à l'âge actuel de l'enfant.

Mais pourquoi donc mon enfant pique-t-il une crise alors qu'il vient d'être « super gâté » ?

Dans la majorité des familles de France, à chaque Noël et anniversaire, c'est le magasin entier de jouets qu'on déverse dans le salon. Tonton, tata, papy, mamie, personne ne veut arriver les mains vides, chacun veut faire plaisir au petit et l'enfant croule donc sous une montagne de présents. Tant de générosité n'est sans doute ni utile ni souhaitable. D'abord, un petit enfant est fatigable : la nouveauté, le bruit, toutes ces boîtes à ouvrir, tous ces jeux inédits, tout cela l'excite et, en fin de journée, tourne à la crise. Ensuite, si le cadeau lui plaît beaucoup, il sera surpris, heureux, intéressé, concentré : cela fait beaucoup d'émotions dans une seule journée pour un petit d'homme ! Enfin, de manière tacite, l'adulte à l'origine du cadeau demande à l'enfant de montrer sa gratitude en exprimant sa joie. Si le cadeau laisse l'enfant indifférent, ce qui arrive régulièrement quand les enfants sont petits, celui qui offre est déçu. Cette pression émotionnelle est multipliée par le nombre de cadeaux et elle peut provoquer un certain stress chez l'enfant, en tout cas une saturation si la situation se répète et dure. Il n'est donc pas étonnant que la journée finisse dans les cris et les larmes, pour un rien. Sans doute les fêtes familiales gagneraient-elles à être plus sobres en cadeaux. Un gros plutôt que trois petits, pourquoi pas ? Cela éviterait aussi que l'enfant, las de devoir ouvrir tous ces paquets, finisse par laisser les derniers en plan et file jouer dans le jardin avec une feuille et un bâton, au grand dam des invités !

Mais pourquoi donc mon enfant préfère-t-il jouer avec mes jouets à moi (télécommande de la télé, téléphone mobile, cuillère en bois) plutôt qu'avec ses jouets à lui ?

Les petits empruntent des objets d'adultes pour jouer à être des adultes. Dès 12-18 mois, il n'y a rien de plus intéressant, excitant, rigolo et surtout valorisant que d'imiter ses parents ! Faire la cuisine, passer un coup de fil, lire le journal, porter des chaussures ou un sac à main… Singeant les poses et le discours des adultes, ils « font les grands ». Certains objets les fascinent parce qu'ils leur sont interdits et/ou que leurs parents s'y intéressaient particulièrement. Ainsi les téléphones portables et les télécommandes reçoivent-ils la palme des objets les plus désirables, car ils ont le pouvoir de provoquer des émotions chez leurs parents et de happer totalement leur attention. Un exemple ? Maman joue avec bébé, c'est formidable, quand soudain son téléphone mobile sonne. Elle arrête tout immédiatement et saisit l'objet. Elle lui parle, son intonation change, elle rit ou elle prend un ton grave. Imaginons un peu ce que ledit bébé se dit alors : « Mais quel est cet objet qui est, aux yeux de ma maman, plus important que moi-même ? Quel est cet objet qui fait naître en elle tant de sentiments ? Il doit véritablement être génial, il me le faut ! » À dire vrai, aucun joujou du commerce ne pourra jamais susciter davantage de convoitise…

Je veux décrocher la médaille d'or du super-parent : quel jeu faut-il donc que j'offre à mon enfant de moins de 3 ans ?

Aucun. Les meilleurs jeux ne s'achètent pas, ils ont traversé les âges et attirent encore les enfants d'aujourd'hui. Si le vôtre est petit, jouez à cache-cache, c'est LE jeu essentiel de l'enfance, le préféré de bien des filles et des garçons. « Caché-coucou » derrière un lange ou une serviette, puis une vraie partie de cache-cache dans le square ou dans le jardin, et votre progéniture sera aux anges. Pourquoi ? Dans ce jeu-là, l'enfant met en scène ce qui lui fait le plus peur, la séparation, et celle-ci se termine toujours bien : on se retrouve après un temps de suspense, c'est formidablement réconfortant.

Si votre enfant est « grand », 2 ou 3 ans, vous pouvez aussi lui montrer comment construire une cabane avec quelques branches et feuilles, ou avec des coussins et une couverture. Votre petit se sentira le roi du monde, assis dans la cahute que vous aurez fabriquée rien que pour lui. « Mon père/ma mère sait faire une maison à partir de rien ! » : succès et admiration garantis.

Quels jouets pour quel âge ?

De 0 à 6 mois : misez sur des jouets faciles à attraper pour les micro-mains. Hochets, doudous et petits jouets ou « livres » texturés suffiront à occuper le Scotch quelques instants.

De 6 à 12 mois : c'est le début des jouets ! Cubes à empiler, gobelets gigognes, tableaux d'éveil, jeux de contenant-contenu, petits instruments de musique adaptés... Les livres et le trotteur à roulettes ou le chariot de marche peuvent aussi faire leur apparition.

De 12 à 24 mois : c'est souvent à cet âge qu'on offre au bébé un animal à tirer. Sans garantie quant à la passion qu'il provoquera chez lui ! Parfois, ce sera le coup de foudre et parfois, il faudra attendre encore quelques mois avant qu'il ne s'en amourache. Dans ce cas, bon courage pour lui retirer son vrai-faux chien en laisse. Les livres, cubes et Lego sont toujours d'actualité. Les portiques d'extérieur et les bacs à sable avec seau et pelles promettent de longues heures de jeux. Vers 18 mois, peut-être votre enfant s'intéressera-t-il à la peinture, au modelage avec de la « patate à modeler » *(sic)*, aux gommettes et même au tableau à craie. Succès garanti !

Après 2 ans : les premiers puzzles avec très peu de pièces peuvent faire irruption dans la vie du greffon, tout comme les jeux d'imitation (marchande, dînette...), les « mini-univers » (maison de poupée, ferme et animaux...) et les costumes. Le tricycle peut être utilisé dès cet âge, parfois même avant. La draisienne, vélo sans pédales, et la mini-moto sans moteur et bien stable sont parfaitement adaptées à l'enfant qui ne sait pas pédaler.

P.-S. : À n'importe quel âge, les bulles de savon sont toujours un succès. On peut même faire son liquide à bulles soi-même, moins cher et sans ammoniaque. Recette sur : www.mespetitsbonheurs.com/bulles-de-savon-recette-et-astuces-testees-par-les-enfants/

Jouer... sans massacrer votre budget

• Les piles rechargeables sont des alliées de tous les instants pour ne pas vous ruiner.

• Pensez brocantes ! On y trouve pour quelques euros des jeux en très bon état. Lieux et dates sur http://vide-greniers.org

• À visiter également, les sites de vente en ligne de jeux et jouets d'occasion :

www.toyslegend.com/fr

www.okajouet.com

www.leboncoin.fr (catégorie loisirs/jeux et jouets)

• Certains sites Internet proposent de la location de jouets. Pratique et économique :

www.monjoujou.com

www.club-des-ptits-loups.fr

www.dimdom.fr

• Enfin, les ludothèques sont aux jouets ce que les bibliothèques sont aux livres : de véritables cavernes d'Ali Baba. On peut s'y amuser sur place et aussi emprunter des jeux et jouets. Pour trouver la plus proche de chez vous, consultez le site de l'association des ludothèques de France : www.alf-ludotheques.org

Jumeaux

Avant les enfants

Hasard extraordinaire n'arrivant qu'aux autres.

Quand j'étais petite, je rêvais d'avoir une sœur jumelle pour faire les quatre cents coups à base de changement d'identité. Il n'est d'ailleurs pas rare que je prenne encore aujourd'hui le prétexte de la sœur jumelle.

Toc, toc, toc !

« Bonjour, nous sommes les frères Jéhovus et nous venons prêcher la bonne parole et rendre votre vie meilleure. Nous vous avions laissé un fascicule la semaine dernière...

— Ah bon ? C'était sûrement ma sœur jumelle, je ne suis pas au courant, au revoir. »

Ça s'appelle se dégonfler (et être un peu mythomane).

Quant à avoir des jumeaux pour de vrai, ça a l'air vraiment super comme expérience. Deux enfants d'un seul coup, qu'on élève ensemble et dont la relation est extraordinaire... Ça doit être magique, hein ?

Après les enfants

Big-bang familial.

Les jumeaux, c'est mignon mais chez les autres. Là, tout de suite, alors que le test de grossesse affiche positif, on se rappelle que notre arrière-grand-tante avait une jumelle. Mouiiii, mais bon, c'est fort peu probable que ça m'arrive à moi, n'est-ce pas ? Pourtant, l'inquiétude monte pendant la première échographie.

Moue de l'échographe.

— Quelque chose ne va pas ? *(stress maximal, palpitations.)*

— Tout va bien, je vérifie quelque chose.

— ... *(Soulagement mitigé.)*

— Ah ! bah, vous n'avez pas fait semblant, vous. Vous attendez des jumeaux ! »

Coup de massue.

Avoir des jumeaux, ça n'arrive qu'aux autres. Jusqu'au jour où les autres, c'est nous.

Avoir des jumeaux, c'est concevoir sa parentalité d'une autre manière. On pensait être trois dans neuf mois, on sera quatre. On pensait être quatre, on sera cinq (oui, on sait compter, mais bon, ça change tout quand même). Quoi qu'il arrive, « + 1 » s'est invité à la fête. Joe l'Incruste.

Mais Joe, malgré cette boule au ventre, malgré le papa qui a besoin d'un certificat écrit du gynéco pour lui prouver que sa femme ne lui fait pas une blague, malgré tout, on l'aime déjà.

En tout cas, on finira par l'aimer, hein, mais quand le choc sera passé. Quand la future mère aura fini de pleurer. Quand le père aura repris l'usage de la parole. Parce que là, tout de suite, ce + 1 on ne l'avait pas prévu, on ne l'avait pas imaginé, on n'avait pas du tout signé pour deux pages du livret de famille remplies d'un seul coup.

Cela dit, l'avantage des jumeaux, pour toutes celles qui n'aiment pas spécialement être enceintes, c'est qu'on gagne une grossesse. Neuf mois, deux enfants, c'est rentable. Bon point.

Mais tout de même... DEUX enfants ? D'un coup ? Dans notre appart, dans notre voiture, dans notre vie ? On espère presque que cette grossesse multiple dure trois ou quatre mois de plus, histoire d'avoir vraiment le temps de s'y faire.

Entre « ça sera une expérience hors du commun » et « mais bordel, pourquoi nous ? POURQUOI ? », l'ambivalence des sentiments met un certain temps à s'estomper.

Mi-heureux, mi-flippés, pour ne pas dire complètement sonnés, on se prépare à annoncer la nouvelle à notre entourage.

« On va avoir des jumeaux ! »

Réaction de notre beau-père : « Ça, c'est MON fils ! »

Réaction de notre frère : « Ouf, c'est pas tombé sur moi, tu viens de faire chuter mes chances de 75 %. »

Réaction de notre meilleur pote : « Désolé, je capte plus, je passe sous un tunnel... »

Réaction de notre super copine : « Waouh ! la chance que vous avez, c'est mon rêve ! »

Réaction de notre belle-mère : pas de réaction (elle vient de tomber dans le coma).

Pour la postérité, notez les meilleures répliques de vos amis, soyez sûrs que vous trouverez ça très drôle... Plus tard.

Passé l'effet de surprise, il faut quand même se rendre à l'évidence, il va falloir s'or-ga-ni-ser. Nous en aurons deux pour le prix d'un, mais ce n'est pas le cas au niveau matériel.

Liste de courses :

2 sièges auto.

1 poussette double.

2 lits.

2 fois plus de couches (et de lait à acheter si bébé n'est pas allaité au sein).

Si on avait déjà un enfant, il faudra peut-être revendre la Twingo. Avez-vous déjà essayé de faire entrer trois sièges auto à l'arrière d'une voiture normale ? Bah... voilà. Le constat est sans appel, il va falloir en changer. Il faudra peut-être déménager aussi. Surtout si on habitait un F3 et qu'on comptait faire cohabiter l'aîné avec le petit dernier. Pas sûr que tout ce joyeux monde puisse partager la chambre de 8 m^2.

Une fois les bébés nés, c'est... du sport. Deux fois plus de bonheur, sans doute, sans doute, mais a-t-on seulement le temps de s'en rendre compte ? Un duo d'enfants, au départ, c'est surtout deux fois plus de biberons, deux fois plus de linge sale, deux fois plus de tétées, deux fois plus de... cernes. Et deux fois plus de phrases-chocs entendues çà et là :

« Ce sont des vrais jumeaux ? » Non, ils sont en carton.

« Oh ! là, là, je vous plains ! » Au lieu de perdre de l'énergie à me plaindre, va donc leur changer la couche.

« Oh ! là, là, c'est merveilleux ! » Tu veux essayer ? Ils ont besoin d'un bain, là.

« C'est naturel ? » Non, mais de quoi je me mêle ? Est-ce que je te cause de ta sécheresse vaginale, moi ?

« Je peux les toucher ? » Non, sauf si c'est pour leur changer la couche.

« Ils sont nés le même jour ? » Non, on a fait une pause d'une semaine entre les deux, sinon j'allais rater la finale de Roland-Garros.

« Pourquoi tu ne les habilles pas pareil, puisque ce sont les mêmes ? » Parce que ce ne sont PAS les mêmes, justement !

« Tu les reconnais ? Vraiment ? » Non, c'est pour ça que je vais les faire tatouer, là ! Non, mais tu me prends pour qui ?

Bon, évidemment, on se garde bien de dire la vérité. En fait, il arrive que l'un des parents – celui qui n'a pas accouché, souvent – ait un peu de mal à déterminer qui est qui, au départ. Surtout quand Théo et Lucas sortent tout mouillés du bain, les cheveux en bataille, et patatras, on ne peut plus les distinguer grâce à leur épi. Mais bon, cette légère confusion finit par disparaître. Comme passent le stress, les nuits hachées menu, les milliards de biberons, les couches changées à la chaîne et les quatre bras qu'on rêve d'avoir. Un jour arrive, quelques mois après la naissance de notre duo, où le rush ralentit, où l'on peut se poser, où l'on arrive juste à profiter de leur complicité, de leurs câlins ++, de cette extraordinaire aventure qui nous est tombée sur le coin du nez.

Des jumeaux, et alors ?

Le mot du pédiatre

En France, de nos jours, *seize accouchements sur mille donnent naissance à deux enfants*. D'après l'Institut national des études démographiques, la fréquence de ces accouchements gémellaires a connu une hausse de plus de 80 % en quarante ans.

Pourquoi une recrudescence aussi spectaculaire ? Pour deux raisons. D'abord, la procréation médicalement assistée et les stimulations hormonales génèrent davantage de grossesses multiples. La forte hausse du taux de gémellité s'explique aux deux tiers par ces traitements contre la stérilité. Ensuite, les femmes font leurs enfants de plus en plus tard, et les jumeaux sont plus fréquents à mesure que l'âge de la mère augmente.

Les grossesses multiples sont souvent plus médicalisées, car plus difficiles. Les accouchements se terminent plus fréquemment que les autres par une césarienne, et la prématurité touche davantage les « jumeaux et plus » que les « singletons ».

Bref, de retour à la maison, il est probable que les heureux parents se retrouvent dans une situation assez épique. Parfois, leurs nourrissons sont nés prématurément ou petits, ils sont donc plus difficiles à nourrir, ils peinent à téter. Dans tous les cas, les bébés sont plusieurs à avoir faim/sommeil en même temps, ou quasiment. Et question couches, le premier mois, on dit que des jumeaux en usent au minimum 420 ! À raison d'une seule paire de bras par parent, sachant que le père reste bien moins longtemps en congé que la mère, l'équation n'est guère évidente. Et elle se complexifie avec le nombre d'enfants arrivés en même temps, et le nombre d'enfants que le couple avait avant d'accueillir ses nouveau-nés.

Bref, le défi de ces parents hypersollicités est énorme. Il s'agit avant tout de résister à…

• *la déprime*. Il arrive en effet que la mère, épuisée, surmenée, craque. Une étude sociologique a démontré que la complication numéro un des grossesses triples était, sans conteste, la dépression maternelle. Les mères qui s'en tirent sans trop de bleus au moral sont les mieux entourées et les plus aidées. Par leur conjoint notamment, mais celui-ci aussi peut flancher – les papas ne sont pas épargnés par le *burn-out* qui suit parfois la naissance des multiples. Dans les premiers temps, l'entourage joue donc un rôle crucial dans l'équilibre de ces familles XL. Malheureusement, les grands-mères, grands-pères, tantes ou copains pensent rarement à accueillir l'un des enfants une heure ou deux, voire une nuit. Personne ou presque ne songe à proposer aux parents de s'occuper de leurs jumeaux ou de leurs triplés. Pourtant, cela les soulagerait considérablement… Parents, osez donc demander de l'aide ! À vos proches, à l'assistante sociale du coin, à la mairie de votre municipalité, à la CAF, tout coup de main sera bon à prendre.

• *la culpabilité*. « Quand on s'occupe de l'un, on ne s'occupe pas de l'autre. » Combien de fois le pédiatre a-t-il entendu cette phrase de la bouche des parents de multiples ! Beaucoup ont l'impression de ne pas apporter tout ce qu'ils pourraient à leurs enfants, vu qu'ils ont, pensent-ils « moitié moins de temps à leur accorder ». Un sentiment d'insatisfaction et d'insuffisance les habite parfois. Qu'ils se rassurent : un enfant n'a pas besoin qu'on lui consacre « tout son temps ».

Pour se développer sereinement, il n'a pas besoin de parents « perpétuellement disponibles » mais de parents concernés, aimants, qui répondent à ses besoins vitaux. Par ailleurs, il est totalement vain de penser qu'on réussira à donner « la même chose en même temps » à tous les enfants : les parents consacreront plus de temps/de câlins au plus faible, à celui qui est malade, parfois ils ont plus d'affinités avec l'un qu'avec l'autre : c'est ainsi. L'important – et c'est ce qui se passe dans la grande majorité des cas – est de moduler notre attention en fonction des besoins de chacun, et que le « favorisé » ne soit pas toujours le même.

• *la comparaison.* « Tiens, celui-là est plus grand/grossit mieux/fait plus de sourires que son frère jumeau ! » Comparer l'un avec l'autre est une tendance spontanée, mais elle n'est pas à encourager. Chacun des enfants est unique, il a son identité singulière. Le comparer à son jumeau ou sa jumelle peut s'avérer légèrement dénigrant pour lui (dans le cas où il est « moins ») ou culpabilisant (s'il est « plus ») ; par ailleurs, la comparaison permanente enferme les enfants dans des parcours préétablis : celui qui est « plus », notamment, pensera devoir le rester, et ne s'autorisera guère la défaillance. Dans tous les cas, évaluer sans cesse les jumeaux l'un par rapport à l'autre ne les incite pas à apprécier et affirmer leur propre personnalité, seule façon de grandir sereinement et de s'épanouir.

• *l'assimilation forcenée et la dégémellisation à outrance.* Il y a quelques années encore, on élevait les jumeaux en duo : mêmes vêtements, prénoms à consonances identiques, scolarisation dans la même classe… « Les filles », « les garçons », « les jumelles » : voilà comment on les surnommait dans bien des familles ! Comment développer son caractère propre quand on est ainsi systématiquement pris dans un groupe ? À l'heure actuelle, la tendance est plutôt à l'individualisation de l'éducation et du parcours de chaque jumeau : chacun sa garde-robe, ses amis, ses centres d'intérêt… Ouvrir ses enfants au monde plutôt que de les enfermer dans leur fratrie est formidable, bien sûr, à condition que l'on ne tente pas à tout prix de gommer leur gémellité et la relation si riche, si structurante qui les lie, car celle-ci s'avère nécessaire à leur équilibre. Aujourd'hui, le défi des parents de multiples est donc bien de trouver une troisième voie, entre respect de leur gémellité et respect de leur singularité. Pas facile tous les jours !

• *la négativité ambiante.* Le regard que l'entourage et la société portent sur les naissances multiples n'est pas toujours très optimiste. Parce que l'expérience est, à juste raison, suivie de près médicalement, puis fatigante et souvent bouleversante, on plaint « ces pauvres parents de jumeaux » ! Or, l'accueil d'enfants multiples peut aussi être vécu comme une source de joie, de fierté, d'amour filial démultiplié, bref de grands bonheurs, surtout après un combat contre l'infertilité. La naissance de multiples est aussi l'occasion pour bien des mères et des pères de vivre une aventure très spéciale qui leur permet de « se dépasser ». Par ailleurs, si les débuts à la maison sont extrêmement intenses – bien davantage que lors d'une naissance unique –, la frénésie se calme un jour. Les bébés jumeaux ou triplés sont souvent, par la force des choses, moins « couvés » par leurs parents que les enfants « singletons », ils ont donc l'occasion de faire leurs propres expériences et de s'occuper seuls. Si demandeurs quand ils sont bébés, il n'est pas rare que les jumeaux ou les triplés de 18 mois ou 2 ans se révèlent ainsi particulièrement « autonomes ». Ayant depuis toujours une relation étroite l'un avec l'autre, parfois jusqu'à développer un langage préverbal qui n'appartient qu'à eux, les multiples jouent ensemble. Ils permettent ainsi à leurs parents de souffler un peu, en étant moins « demandeurs » d'attention que le sont certains aînés « uniques ». Juste retour des choses !

Des jumeaux ? À l'aide !

• Après un accouchement de « jumeaux et plus », les parents ont droit à quelques légitimes coups de pouce, dont l'intervention d'une travailleuse familiale et/ou d'une aide-ménagère (au tarif variable selon le quotient familial), pour les aider dans leurs multiples tâches. En guise de prime de naissance, des aides financières sont aussi débloquées dans certains départements, par la CAF, le Conseil général, les municipalités, ou même les mutuelles.

• Heureusement, vous n'êtes pas seuls. Vous n'êtes ni les premiers ni les derniers à devenir parents de « multiples » et grâce aux nouvelles technologies vous pouvez prendre contact avec une association spécialisée, ayant éventuellement une antenne près de chez vous, afin de trouver de l'aide, une écoute et même des bons plans pour vous équiper sans y laisser un rein.

www.jumeaux-et-plus.fr : l'association de référence. Vous y trouverez les adresses des associations dans votre département, des prêts de poussette double ou triple et des tas de conseils.

www.jumeaux.com : pour parler de la gémellité et des naissances multiples.

• En plus des associations, il ne faut bien sûr pas hésiter à demander de l'aide à son entourage et à ses amis. Avec le rythme qu'imposent des jumeaux, on se retrouve facilement isolé. Demander à sa copine Sabine ou son pote Michaël de passer prendre un café est un moyen de décompresser aussi… Et de voir du monde, même un quart d'heure !

Pour aller plus loin

• Le Net regorge de blogs tenus par des parents de multiples. Voici ceux qu'on aime, légers et divertissants :

www.8alamaison.com

http://sabineetassocies.hautetfort.com

http://la-tribu-de-juju.net

www.papacube.com

www.123-bebes.fr

http://stephiedomi.blogspot.fr

Un site instructif : http://jumeauxandco.com

• Des livres :

Le Paradoxe des jumeaux, René Zazzo, précédé d'un dialogue avec Michel Tournier, Éditions Stock/Laurence Pernoud.

Jumeaux, mode d'emploi, Janet Poland et Patricia Maxwell-Malmstrom, Éditions Marabout.

J'attends et j'élève des jumeaux, Dominique Dufour, Éditions Ideo.

Tom et Lou, Sophie Faudais, illustré par Julien De Man, Éditions Anabet Jeunesse. Nombreux volumes dans cette série idéale pour les petits.

Kama-sutra

Avant l'enfant

Livre orgasmique pour adultes.

Les hormones en ébullition, nous nous retrouvons chauds comme la braise à chaque instant de notre vie commune, si bien que faire l'amour devient tellement banal que nous entamons des démarches pour nous assouplir le corps et tenter quelques positions inédites à des heures incongrues et dans des endroits insolites. C'est beau, la passion.

Après l'enfant

Livre poussiéreux pour contorsionnistes.

Depuis la naissance du greffon et même avant, ce bouquin-là a été relégué en fond de bibliothèque, derrière *La Grossesse pour les nuls*, les manuels d'éducation et les recueils de recettes de cuisine mixée.

Alors, quand la gynéco nous demande, à nous les mères, peu après l'accouchement, quel type de contraception nous souhaitons, ah ah ah ah ah ! cette bonne blague, refaire l'amour ? Qui me parle ? Bougez pas, docteur, je vous explique : la vie sexuelle post-bébé, ce n'est plus ce que c'était.

Ben oui. On n'a pas trop envie, quoi. Libido zéro ou alors tellement faiblarde que la flemme l'emporte sur le plaisir. Tapi dans l'ombre, le père de l'enfant commence parfois à trouver le temps long. Oui, mais bon, on pense à autre chose, au bébé ou à rien, en tout cas pas aux galipettes. C'est limite inquiétant, si bien qu'un beau matin on tape sur Internet « fréquence des relations sexuelles chez l'adulte » (humain, pas bonobo). Les chiffres sont formels : « entre 9 et 13 fois par mois » (ça vous évitera une recherche Google). Les gens sont mythos ou bien ? Le fait est : nous, avec notre bébé tout neuf, on fait gravement chuter la moyenne. Mais pourquoi, au fait ?

• *Parce que l'accouchement.* Question sensations fortes, on a eu notre dose avec les contractions et la sortie du bébé, alors notre utérus, merci bien, on le met en veilleuse.

• *Parce que la fatigue.* Voilà plusieurs semaines que nous enchaînons les nuits blanches, que nous avons le teint d'un albinos sur le retour et que même cet anticernes à 8 000 brouzhoufs n'arrive pas à bout des valises que nous transportons sous nos yeux. Donc, pour nous, le lit, la couette, tout ça, c'est pour dormir. Et rien d'autre.

• *Parce que pas le temps.* Les lessives. Les visites. Les biberons, les tétées. Le ménage. Les changes. La rééducation périnéale. On peine à prendre une douche chaque jour, alors le soir venu, pas le temps ni l'envie de faire des folies de notre corps/d'enfiler une nuisette sexy/un costume d'infirmière coquine. De toute façon, on ne le faisait pas non plus avant… Quant à notre marichéri, depuis qu'on l'appelle « papa » et que toutes nos conversations comportent les mots « couche » et « caca », il nous fait un peu moins penser à George Clooney, voyez. Quand, enfin, on trouve un créneau câlin, tout à coup l'enfant pleure. Ou tousse. Ou vomit. Ou doit manger. Ou veut juste éviter d'avoir un frère ou une sœur. Et ça fonctionne parfaitement.

• *Parce que pas belle toute nue*. On a beau avoir perdu un beau paquet de kilos en accouchant, le ventre flasque surplombant des hanches élargies sur lit de peau d'orange, c'est moyennement glamour et encore moins sexy, donc pour l'instant, la salle des fêtes est fermée – nous vous enverrons un flyer pour la réouverture. Peut-être.

• *Parce qu'aïe, aïe, aïe*. Nos seins sont encore plus tendus que ceux de Lolo Ferrari à 10 000 mètres d'altitude à cause de l'allaitement, donc celui qui souhaite s'amuser avec et qui possède plus de quatre incisives est prié de malaxer une boule antistress à la place. Quant à l'idée même de venir se faire chatouiller l'épisiotomie fraîchement cicatrisée, elle nous donne plutôt envie de nous suicider au Doliprane nourrisson.

• *Parce que la trouille*. La peur de recommencer à faire l'amour avec la cicatrice de l'épisio, la peur de ne pas être vraiment désirable, la peur que notre conjoint finisse par aller voir ailleurs – toute cette pétoche s'avère moyennement propice à la relaxation torride.

• *Parce que le bruit*. La chambre du greffon étant collée à la nôtre et vu que pour la première fois de sa vie, il DORT, on ne va même pas tenter un râle de plaisir au risque de ficher en l'air une nuit qui s'annonçait presque entière.

• *Parce que Monsieur a la migraine*. Si, ça existe. La maman a eu neuf mois de révolution interne suivis d'un accouchement éreintant pour finir avec un greffon qui, malgré toutes les prières et poulets égorgés, préfère encore pleurer à heures fixes. Mais le père lui aussi peut être fatigué, tout chamboulé par cette naissance, voire légèrement bloqué par ce qu'il a vu (sang, utérus XXL et Cie). Remettre le couvert ? De son côté également, c'est non merci pour l'instant.

Pfffffff ! mais qu'est-ce qui nous arrive ? Et est-ce que ça va revenir un jour ? On se le demande.

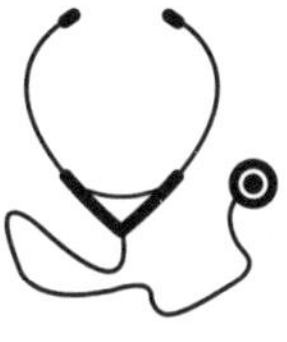

Le mot du pédiatre

Quelques jours après l'accouchement, le médecin de l'hôpital sort systématiquement son ordonnancier pour proposer la pilule à la jeune accouchée. Cette pratique, disons-le, est d'une grande violence, tant la majorité des jeunes mères est loin de penser à reprendre une activité sexuelle.

Blouses blanches mais aussi médias et sondages : dans notre société, tout est fait pour véhiculer l'idée qu'il « faut », qu'on « doit », qu'il est « normal » de retrouver une sexualité identique très rapidement après la naissance de l'enfant. C'est parfaitement dictatorial et très loin de la réalité des couples.

La vérité, celle que les jeunes parents vivent dans leur intimité et que les médecins entrevoient parfois, c'est que...

L'écrasante majorité des couples reprend une activité sexuelle longtemps après la naissance de leur enfant – pas trois semaines ni même trois mois après, mais bien plutôt six mois, voire davantage. Par ailleurs, très souvent, leur sexualité change durablement, elle s'adapte à leur nouveau statut de parent et n'est pas forcément identique à ce qu'elle était avant que le couple ait un enfant. Les pratiques érotiques de cet homme et de cette femme, la fréquence et la régularité de leurs rapports sexuels peuvent évoluer sensiblement en raison d'un manque de temps ou de disponibilité mentale, de nouvelles envies, de désagréments physiques post-grossesse qui tardent à disparaître, de la difficulté à passer en quelques minutes du rôle de parent à celui d'amant…

Résultat : la plupart des nouveaux parents déclarent faire moins l'amour que par le passé, ce qui ne veut pas dire que leur sexualité soit moins épanouie ni moins agréable. Cela ne signifie pas non plus que la fréquence de leurs rapports sexuels sera à tout jamais revue à la baisse – la vie conjugale est longue et leurs petits vont grandir vite.

Une sexualité différente et moins intense une fois que l'enfant paraît : bien des couples taisent cette vérité par pudeur ou pour garder la face. Quant aux statistiques officielles sur le nombre de rapports sexuels, elles fournissent une moyenne « toutes catégories d'âge confondues » et se basent sur les déclarations des sondés, ce qui les rend peu pertinentes voire complètement fausses. Nul n'étalant sur la place publique les aléas de sa vie érotique, certains jeunes parents, notamment des jeunes mères, sont assaillis par la culpabilité et le sentiment de « ne pas être normaux » lorsqu'ils constatent la baisse de leur libido. Au contraire, ils sont tout à fait normaux.

Un couple peut parfaitement survivre à un ralentissement de sa vie sexuelle et continuer d'être heureux. Les vieux amoureux le savent bien : au cours de la vie, la sexualité peu connaître des hauts et des bas, des pics de fréquence et des endormissements, sans que cela provoque de rupture fatale.

Pour éviter que la suspension des rapports sexuels ou leur espacement devienne un poids dans le couple, un tabou, une source de conflits et une cause d'éloignement, *il est néanmoins nécessaire de garder le contact avec son conjoint,* mentalement et physiquement. Le but ? Maintenir une forme d'intimité.

• Expliquez à votre moitié ce que vous vivez, parlez-lui, partagez vos doutes, vos peurs, afin que l'autre, qui peut-être est davantage en demande, ne se sente pas rejeté.

• Continuez d'être proches physiquement : à défaut de retrouvailles torrides après la naissance de l'enfant, prenez-vous la main, câlinez-vous, serrez-vous dans les bras.

• Répondez aux besoins matériels et moraux de votre conjoint. En effet, c'est la meilleure façon de conserver un bon climat dans le couple, nécessaire à l'émergence du désir sexuel. La jeune mère a souvent besoin d'être soutenue concrètement et psychologiquement dans sa tâche parentale, exaltante certes, mais compliquée et parfois ingrate. De son côté, le père a besoin d'être rassuré et valorisé dans son rôle. Aider son conjoint au quotidien, reconnaître ses efforts, le remercier, en un mot le chouchouter en dehors du lit conjugal est la meilleure façon d'y revenir pour autre chose que pour dormir.

Afin de retrouver l'envie de faire l'amour, il est essentiel de disposer de temps pour soi (pour se reconnecter à son corps, se détendre, penser à autre chose qu'à l'enfant) et de temps pour l'autre (l'écouter, le regarder, le toucher). Sans ce temps libre, le désir aura du mal à émerger de nouveau. Il existe donc une solution simple au problème de la sexualité endormie : confier le bébé régulièrement, quelques heures ou une soirée, afin de faire « autre chose » ensemble — un restaurant, un ciné, une balade, peu importe. Juste pour se retrouver, se parler, se reposer puis voir en l'autre, de nouveau, son amoureux et non le père/la mère de son enfant. La suite vient naturellement, sous la couette.

Chez la jeune mère, quelques soucis peuvent survenir lors des rapports sexuels. Bien des femmes ont du mal à en parler et certaines culpabilisent, à tort. Tous ces problèmes ont leur solution. La sécheresse vaginale, notamment chez les femmes qui allaitent, se résout notamment avec du gel lubrifiant. Les douleurs dues à l'épisiotomie s'apaisent en quelques semaines. Si ces désagréments durent, n'ayez aucun scrupule à consulter un médecin ou un gynécologue.

Par ailleurs, pour celles et ceux que la pénétration ne branche pas (et ils ne sont pas rares parmi les tout jeunes parents), rappelons-nous qu'elle n'est pas obligatoire : on peut avoir un *rapport sexuel formidable sans pénétration*, avec un peu d'imagination…

Enfin, la *rééducation du périnée,* remboursée par la sécurité sociale et recommandée aux jeunes mères, contribuera à le tonifier pour le plus grand plaisir de la femme comme de l'homme. Et une bonne nouvelle, une !

(Cf. *Allaitement* ; *Baby clash.*)

Lire

Avant l'enfant

Hobby.

Un bon polar, *La Critique de la raison pure*, la biographie du médecin de Louis XIII ou les pages « Sports » du journal *Métro*, peu importe : bouquiner, c'est bon, ça informe, ça détend, ça instruit, ça permet de s'évader. Même les moins fans s'y mettent un jour ou l'autre. Si. Que celui qui n'a jamais lu les mises en garde d'utilisation du « Canard W.-C. » pour passer le temps aux toilettes nous jette le premier pavé.

Après l'enfant

Phobie.

On le sait : lire des histoires à son greffon, c'est super. D'abord, ça l'éveille, ça booste son imaginaire et son vocabulaire. Et puis, ça lui donne le goût de la littérature, ce qui ne manquera pas de le rendre heureux plus tard, quand il saura lire tout seul. Cela dit, on n'est pas pressés, parce que bouquiner ensemble, quel régal ! Un album et c'est parti pour un chouette moment de partage, de transmission et de rigolade entre celui qui parle (vous) et celui qui écoute (lui) : on peut aussi faire l'inverse, c'est drôle aussi, dans un tout autre genre. Page après page, le greffon est fasciné par les exploits des Zertes sur leur île *(aaah ! suspense)* ou par les mésaventures de Petit Poisson, dont la tour de cailloux s'est fait percuter par un requin *(houuuuu ! peur)*.

Voilà, voilà. Lire en famille, c'est du bonheur en barre.

Enfin, pas seulement.

Parce que le greffon est un monomaniaque pur jus : pour lui, point de salut hors son histoire préférée. Non, surtout ne pas en changer, jamais. Ou alors après 342 lectures. Nos préférences à nous ? Il s'en bat l'œil.

Tchoupi a une petite sœur, donc. Passionnant, vraiment. Ou *Petit Ours Brun aime pique-niquer*, exaltant lui aussi. Après la deuxième lecture de ces aventures palpitantes pleines de rebondissements (le héros cueille un brin d'herbe/enfile sa chaussette/mange une tomate), on n'en peut plus. Remarquez que le format de ce type de bouquins convient bien aux parents fatigués : huit pages seulement avec un texte indigent de cinq mots par page, c'est bien suffisant (pour nous, parce que l'enfant, lui, en redemande toujours).

Le souci avec la monomanie greffonnale, c'est qu'à force de le parcourir en tous sens et chaque jour que Dieu fait ce fameux livre favori, il le connaît par cœur. VRAIMENT par cœur.

Par exemple, si on veut expédier la corvée lecture et, naïfs que nous sommes, sauter une ou deux pages :

erreur fatale ! Le Scotch va tout nous faire reprendre du début. Oui, il sait. Il sait tellement qu'il finit même nos phrases. On aimerait lui dire : « Si c'est comme ça, t'as qu'à le lire tout seul, ton bouquin », mais on est de bons parents. Et parfois, c'est dur.

Donc, *Tchoupi a une petite sœur.*

Maintenant qu'on connaît tout l'album par cœur, attardons-nous sur les illustrations. Non pas qu'on y tienne personnellement, mais le greffon, lui, pense que c'est très important, les images.

Surtout cette petite tache, là, sur le coin de la page 4.

« C'est quoi ?, demande-t-il immuablement.

— La page était collée, qu'on répond.

— Et pourquoi elle était collée, la page ?

— Ça devait être un défaut, mais tu vois, c'est réglé, maintenant on peut la tourner sans souci. »

Sur les 342 lectures, ce dialogue a été énoncé au bas mot 256 fois. Lorsqu'il y a des invités à la maison, l'enfant partage avec eux son obsession de la page 4 : « Là, a y a oune tache, é collé le live et mainan est pu collé y toune la pache. » Et de 92 fois (la passion du détail est bien la preuve de la grande faculté d'observation du greffon = méthode Coué parentale).

L'enfant aime également beaucoup commenter sa lecture. En s'identifiant. Tchoupi, c'est lui. Alors, si Tchoupi a une petite sœur, eh bien, lui aussi. Osons le dire, ce transfert forcené ne favorise pas toujours l'harmonie familiale.

« Hé, t'as vu maman, Choupi y fait un bissou a sœur, é moi bissou à ma sœur.

— Mais tu as un petit frère, toi, pas une sœur.

— Pas bien un fère, méchan le fère, veu une sœur comme Choupiiiii.

— Mais, mon chéri, ce n'est pas possible, ton frère, c'est Thomas.

— Noooooooooon, mon fère, c'est lui », conclut l'enfant-lecteur en pointant du doigt le caca dans la couche de la sœur de Tchoupi.

OK, plus que quatre ans avant qu'il sache lire tout seul. Ça va être un peu long, finalement.

Sur le Web

Pour varier les plaisirs et concurrencer *Tchoupi*, *Petit Ours Brun* et *Mimi la Souris*, voici trois excellents sites Internet où piocher des idées de lecture :

• www.ricochet-jeunes.org : le portail européen sur la littérature jeunesse. Un site super complet sur « l'univers du livre de jeunesse, son histoire et son actualité ». Plus des sélections et des fiches de lecture critiques sur des centaines de bouquins, classés par âge. Une adresse essentielle pour qui aime lire.

• http://lajoieparleslivres.bnf.fr : le centre national de la littérature pour la jeunesse distille sur ce site ses infos et coups de cœur. Très bien fait.

• Sur le blog Pensées By Caro, une lectrice assidue, Marjolaine Plassart, offre régulièrement sa sélection d'ouvrages pour enfants, toujours alléchante et bien argumentée, mêlant grands classiques et pépites de petites maisons d'édition : www.penseesbycaro.fr/category/les-chroniques-de-marje/

Marjolaine a aussi son blog, où des centaines de livres pour enfant sont commentés : www.deslivresetlesenfants.blogspot.fr

Maladie infantile

Avant l'enfant

Souvenir du passé.

Ahhhh ! la scarlatine, la rougeole, on s'en souvient comme si c'était hier ! Ou pas, mais nos parents, si. Ils ont gardé les photos et nous les cicatrices. Heureusement, une fois qu'on est majeur et vacciné, cette parenthèse de maladies infantiles se ferme définitivement. Sauf pour quelques malchanceux – comme Sophie Marceau, qui s'est chopé la varicelle à 43 ans (oui, je suis toujours à la pointe de l'info).

Après l'enfant

Casse-tête du présent.

Le greffon échappe rarement aux maladies infantiles, encore moins lorsqu'il fréquente au quotidien d'autres copains de son âge – à la crèche, par exemple. Vous, parents, n'y échappez pas non plus : entre le coup de fil inopiné de la puéricultrice vous demandant poliment de venir fissa chercher le petit malade, les deux heures d'attente chez le pédiatre, la virée à la pharmacie de garde et les médocs à donner toutes les six heures, votre agenda implose littéralement. Finalement, les maladies infantiles, c'est toujours pareil, y a que les symptômes qui changent...

Option 1 : *l'éruption dégueu*. Ce matin, vous aviez un petit greffon mignon, la pommette à croquer et la bonne humeur communicative. Mais en fin de journée, vous lui découvrez quelques boutons en lui changeant la couche. Deux heures plus tard, dix de plus sur le ventre. Le lendemain, il en a absolument partout, même sur la langue et les paupières. Premier constat : l'humeur du greffon est moins enjouée et tout aussi communicative. Deuxième constat : le greffon est moche et on ne sait plus trop où poser nos baisers (de toute façon, on n'avait plus trop envie de l'embrasser). Conclusion : la varicelle, c'est beurk.

Option 2 : *le teint PMU*. Ce matin, le greffon a 40 °C et des joues aussi rubicondes que José, le pilier du bistrot d'à côté. Du coup, plus personne n'en veut à la crèche et c'est la quarantaine pour tout le monde. Conclusion : la rougeole, c'est pas pratique.

Option 3 : *la fièvre fourbe*. Ce matin et depuis trois jours, le greffon oscille entre 39 et 40 °C sans pour autant être de trop mauvaise humeur ni montrer d'autres symptômes. Le pédiatre ne s'inquiète pas, vous si. Qu'est-ce que c'est que ce virus bizarre qui ne veut ni partir ni se déclarer franchement ? En mettant le greffon en pyjama, on effectue une petite danse de la joie en constatant que tout son corps est couvert de minuscules plaques rouges. Enfin, on sait ce que c'est, et ce n'est pas grave ! Conclusion : la roséole, c'est sournois.

Option 4 : *l'oreille aïe-aïe-aïe*. Ce matin, le greffon hurle. Comme toute la nuit d'ailleurs. Conclusion : l'otite, c'est douloureux. Très.

Option 5 : *le cou d'Elephant Man*. Ce matin, vous venez de comprendre ce que signifiait l'expression « avoir les boules » en constatant les énormes ganglions au niveau de la gorge du greffon. Conclusion : les oreillons ne portent pas bien leur nom.

Option 6 : *les cloques ici et là, entre les doigts et les orteils*. Et pis le greffon ne veut rien manger, il se plaint de sa gorge mais ne tousse pas vraiment… Waouh, il a aussi des cloques dans la bouche ! Et son cousin en a aussi attrapé, dis donc ! Conclusion : le virus pied-main-bouche réussit l'exploit d'être à la fois inconnu au bataillon ET super contagieux.

Option 7 : *la fontaine de morve*. Ce matin, bébé a le nez qui coule, cette nuit il s'est réveillé à 4 heures du matin parce que ses narines étaient bouchées, puis il a glissé au fond de son lit qu'on a surélevé pour qu'il respire mieux (*N. B.* : une serviette roulée sous le drap-housse au niveau de ses fesses lui évitera de faire du toboggan toute la nuit). Conclusion : la rhinopharyngite, autrement dit le rhume, c'est fatigant. Pour les parents aussi.

Le mot du pédiatre

Tomber malade fait partie de la vie de l'enfant ; ça lui est même nécessaire, puisque c'est ainsi qu'il va fabriquer ses propres défenses immunitaires. Comment cela fonctionne-t-il ? Après avoir profité pendant ses tout premiers mois de vie du stock d'anticorps de sa mère, celui-ci va s'épuiser et le nourrisson se retrouve sans défense. Confronté à une multiplicité de virus et de bactéries, il va donc tomber malade. À ce moment-là, ses globules blancs vont fabriquer des anticorps pour le guérir, il va en conserver quelques-uns et surtout garder en mémoire leur processus de fabrication. Résultat : quand l'organisme de l'enfant rencontrera de nouveau tel ou tel virus, il aura déjà le mode d'emploi pour s'en débarrasser, générera immédiatement les bons anticorps, et le vaincra sans lui laisser le temps de se développer. L'enfant sera donc de plus en plus résistant. Pendant les trois premières années de sa vie, il va ainsi construire son immunité, rhume après rhume, virus après virus (cf. *Crèche*).

Certains enfants fabriquent leur immunité plus vite et plus efficacement que d'autres. Certains, sujets à une petite rhino, se surinfecteront systématiquement et déclencheront une otite quand chez leurs camarades du même âge le rhume passera presque inaperçu. Cette résistance aux microbes peut également varier chez l'enfant d'un moment de l'année à l'autre, sans logique : il attrapera tout ce qui traîne en juin mais pas en janvier, ou l'inverse, allez comprendre ! Néanmoins, le fait est que tous les bébés, tous les bambins tombent malades ; c'est ennuyeux mais c'est rarement grave. Et malheureusement, les médicaments censés stimuler l'immunité ne sont pas d'une efficacité miraculeuse.

La même maladie peut avoir des manifestations plus ou moins importantes selon l'enfant. Exemple type : la varicelle. Un petit pourra avoir trois boutons en tout et pour tout et se porter comme un charme, quand un autre sera littéralement couvert de pustules sur chaque centimètre carré de son corps, fiévreux et très endolori.

Les pathologies d'aujourd'hui ne sont pas celles d'hier. Chaque parent aura sans doute l'occasion de s'en rendre compte : les maladies qu'il a attrapées enfant ne sont pas forcément celles que sa progéniture va connaître. Il y a quelques décennies, les petits « faisaient » la rougeole, la rubéole, la varicelle, la scarlatine, la coqueluche. Aujourd'hui, de « nouvelles » maladies existent, comme l'exanthème subit, le syndrome d'Apec, le syndrome Pfapa et bien d'autres virus aux noms exotiques qui donnent de la fièvre et des boutons, que le médecin peine à définir précisément mais dont il sait pertinemment qu'ils sont bénins. Celles-ci disparaissent sans traitement et sans causer de cicatrices, après avoir ennuyé l'enfant (et ses parents) pendant une période plus ou moins longue.

Pourquoi un tel changement dans le paysage des maladies infantiles ? Parce que l'écosystème microbien a été bouleversé par les progrès de la médecine ! Plusieurs maladies virales, dont la rougeole, ont disparu grâce aux vaccins et beaucoup de maladies bactériennes ont été éradiquées par les antibiotiques.

Résultat : la nature ayant horreur du vide, et comme il est impossible de supprimer tous les micro-organismes, de nouveaux virus ont germé à la place laissée vacante. Ces pathologies infantiles inquiètent les parents qui n'en ont, souvent, jamais entendu parler. Mais rassurons-nous, elles ne sont pas plus graves et le sont souvent même bien moins que leurs aïeules.

Faut-il systématiquement faire de la kiné respiratoire en cas de bronchiolite/bronchite/toux chronique ?

Non. La kinésithérapie respiratoire, qui consiste à dégager quotidiennement les bronches de l'enfant avec des mouvements énergiques effectués par un professionnel, est agressive, inconfortable, inquiétante, bref bébé la déteste et ses parents aussi. On sait désormais qu'elle est également inefficace dans la grande majorité des cas. Des études récentes montrent qu'en cas de bronchiolite aiguë du nourrisson, la durée et l'évolution de la pathologie est la même avec ou sans « kiné respiratoire ». Cela dit, la kinésithérapie respiratoire peut être utile dans certains cas bien précis de bronchite et de bronchiolite, notamment quand l'encombrement est très gênant et qu'il dure. Elle permet également à un professionnel de santé de surveiller quotidiennement le bébé malade et de détecter les signes inquiétants (forte fièvre, toux incessante, difficulté à manger, aggravation de la gêne respiratoire...). Mais en aucun cas elle ne doit être prescrite systématiquement.

Marche

Avant l'enfant

Moyen de locomotion basique.

La marche, eh bien, il n'y a pas grand-chose à en dire : c'est simple, pratique, tout le monde sait faire depuis toujours ou presque. Partout, tout le temps, un pied après l'autre, on marche, dans la ville, on marche seul, dans les rues qui se donnent, en oubliant les heures... et en pensant inévitablement à Goldman — voilà, vous avez la chanson dans la tête, ne me remerciez pas.

Après l'enfant

Acquisition progressive, casse-gueule, pourvoyeuse d'hématomes et de fierté.

Longtemps, bébé reste immobile. Comme c'est pratique pour les photos, le change, l'habillage ! Puis un beau jour, il se met à bouger. Un bras en l'air, une jambe par-dessus l'autre, un coup de reins aussi inattendu que prompt et paf ! voilà le greffon sur le ventre. Bon, là, tout de suite, il est fier comme Artaban, mais il faut le voir tenter le mouvement inverse, nettement moins maîtrisé au départ : ça l'énerve, oh que ça l'énerve ! Malgré tout, il peut maintenant se déplacer.

Et cela sonne la fin de notre tranquillité. Si.

De ce jour, notre bébé n'aura de cesse de se mouvoir de toutes les façons possibles, de la plus ridiculement vaine à la plus efficace.

Passons au banc d'essai tous les modes de locomotion du greffon.

La Rambo attitude

« Ils l'ont voulue, cette putain d'guerre », disait John Rambo. Et vous l'avez voulu, avouez, que le greffon se déplace enfin. Du coup, il a choisi l'option GI pour débuter l'expérience : sur le ventre, il hisse son petit corps à la force des bras et rampe comme s'il devait passer sous des barbelés. Lui enrouler un bandana rouge autour du crâne vous démange. Tout comme lui coller des Swiffers sur le ventre, histoire de rentabiliser l'expérience.

Avantage : serpillière incluse.

Inconvénient : on se rend compte que notre parquet n'est pas aussi propre qu'il en a l'air.

La technique de Tigrou

Ce que préfèrent certains bébés dans la vie, c'est être assis. Ils n'en peuvent plus de joie de tenir droit sans virer tête la première dans les barreaux du parc ! Et puis sur leur derrière, ils dominent le monde, c'est cool. Du coup, hors de question pour eux de ramper. Alors, ils tentent un truc : « Et si on avançait sur les fesses ? » Le pire, c'est qu'ils y parviennent, en sautant ou en raclant les jambes par terre. En revanche, leurs fonds de culotte s'usent à la vitesse de la lumière.

Avantage : c'est rigolo, ce côté estropié, ça vous vaut des tas de nouvelles rencontres au square.

Inconvénient : les merceries ne font pas de renforts thermocollants pour fessier.

Le quatre pattes

Eh ben voilà, une façon d'avancer motriciellement correcte ! Bravo greffon, tu fais tout bien comme dans les livres.

Avantage : sauf à investir dans des genouillères en titane, bébé va un peu souffrir l'été, en short, sur les gravillons. Peut-être marchera-t-il plus vite ?

Inconvénient : manque cruellement d'originalité.

Le Mowgli style

Avant la station « debout », une phase intermédiaire peut apparaître : mains et pieds au sol, la fesse relevée et bombée par une couche épaissie, l'héritier se croit au royaume des grands singes et vit sa vie ainsi, le cul relevé pour avancer.

Avantage : bébé n'abîme plus ses vêtements.

Inconvénient : il n'y voit pas grand-chose et se prend le moindre obstacle en pleine tête.

Qu'il adopte une technique ou une autre, le fait est qu'un jour, votre bébé va marcher. Devant vous ou discrètement dans son coin (certainement pour éviter votre hystérie émotionnelle), ses petits pieds fouleront le sol pour la première fois. Mais quand, bon Dieu, quand ? Quatre mois que vous avez la main collée à la caméra pour immortaliser ce moment crucial. Ça commence à faire long.

Le mot du pédiatre

Sauf handicap, tous les enfants réussiront à marcher. Même un enfant sauvage y arriverait, pour la simple et bonne raison que les êtres humains sont programmés pour cela. Quand un bébé va-t-il marcher ? Peut-être à 9 mois, peut-être à 2 ans. Entre ces deux extrêmes, tous les cas de figure sont possibles, cela dépend de trois choses :

• *Le patrimoine génétique.* Dans certaines familles, on marche globalement tôt, dans d'autres plus tard. En outre, psychiquement et physiquement, le bébé n'est pas apte à marcher avant un certain âge, éminemment variable d'un individu à l'autre. Au sein d'une même fratrie, deux enfants peuvent se déplacer très différemment et acquérir cette compétence à plusieurs mois d'intervalle.

• *Le développement corporel et neurologique du bébé, qui lui est personnel.* Le passage à la position verticale, donc à la marche adviendra quand l'enfant sera prêt physiquement. En revanche, le sentiment d'être en sécurité dans la séparation et le désir de s'autonomiser sont davantage induits par l'entourage et stimuleront l'envie de se déplacer.

• *Les expériences que fait le bébé par lui-même.* L'enfant progresse de la manière suivante : il fait quelque chose par hasard et s'aperçoit qu'il y a un bénéfice à en tirer. Donc, il le reproduit. Exemple : il est assis, ou allongé et, par le plus grand des hasards, en bougeant ses jambes, se rend compte qu'il avance. C'est rigolo ! Il recommence. D'expérience en tentative, de succès en ratage, il va ainsi apprendre à marcher.

Pas la peine de vous inquiéter si votre enfant tarde à marcher. Chacun son rythme ! Ce qui est important, c'est que l'enfant évolue positivement et sache faire de plus en plus de choses. Un enfant qui stagne, ou qui régresse, inquiétera son pédiatre, pas un enfant qui se développe lentement.

Pas la peine de vous inquiéter non plus si votre progéniture se déplace « bizarrement ». Chacun son style ! Certains petits ne feront jamais de quatre pattes, d'autres avanceront en lançant une seule jambe sur le côté. Par ailleurs, un bébé qui a trouvé un moyen sympathique et tout personnel de se déplacer, par exemple en « shuffle » (autrement dit sur les fesses), pourra se contenter de cela pendant quelque temps. En position verticale, ce qui lui permet de voir le monde, en sécurité (il tombe de moins haut), il sera capable d'aller où il le souhaite et ne sera pas forcément pressé d'avancer « comme un grand », sur ses deux jambes.

Pas la peine d'essayer « d'apprendre » à votre enfant à marcher. Il le fera lui-même, spontanément, quand il le pourra et lorsqu'il en aura envie. Ce n'est pas parce que vous « l'entraînerez » qu'il gambadera plus tôt. Au contraire, si vous le mettez debout avant qu'il en sente l'utilité ou qu'il puisse le faire tout seul, il n'apprendra pas à bien marcher. Il avancera par réflexe, avec les jambes raides. Cela pourra même retarder son acquisition de la bonne façon de marcher. Pour ce qui est des « youpalas », ces trotteurs qui maintiennent l'enfant en suspension, le problème est identique : tenu, bébé bat des pieds, ce qui le fait avancer. Mais il n'apprend pas à marcher ; dans l'état de surexcitation qui est le sien à ce moment, il ne contrôle pas les mouvements. Aucune étude n'a pu démontrer que les enfants habitués au youpala marchaient mieux ou plus tôt que les autres. En revanche, les youpalas sont générateurs d'accidents, provoquent des chutes et s'avèrent dangereux. Certains pays les ont interdits (cf. *Accident domestique*).

En revanche, si votre petit bébé est souvent coincé dans un cosy/transat, il aura peu d'occasions d'expérimenter et d'affiner ses capacités motrices. Idem si vous le placez vous-même assis alors qu'il ne sait pas le faire seul : il n'apprendra pas la méthode pour y arriver par lui-même. Vous pouvez fort bien laisser votre nourrisson allongé sur un tapis ou une couverture afin qu'il ait la possibilité de bouger en toute liberté. Peu à peu, il regardera à gauche, à droite, tentera de se mouvoir, de se retourner, puis de se déplacer à sa façon, puis de tenir assis, puis debout. La marche, alors, sera en marche !

Quelles chaussures pour « bien apprendre à marcher » ?

Aucune ! Que n'a-t-on pas entendu sur les chaussures ! Qu'elles devaient être bien rigides pour « tenir la cheville » afin que l'enfant « apprenne correctement à marcher »... Oublions tout ceci. Contrairement à ce que beaucoup de gens pensent, *il n'est pas nécessaire d'avoir de « bonnes » chaussures pour apprendre à marcher*. Pour acquérir cette compétence, l'enfant doit maîtriser son équilibre et muscler sa voûte plantaire. Or, c'est pieds nus que cet apprentissage et cette stimulation se font le plus efficacement. Laissez donc votre bébé les petons à l'air !

Si vous êtes obligés d'enfiler quelque chose aux pieds de votre enfant, pour les protéger des chocs, faire joli ou éviter qu'il prenne froid, rien n'oblige à investir dans une paire à 80 euros – surtout qu'elle sera trop petite dans trois mois. Vous pouvez sans souci opter pour des souliers discount, ou des petits chaussons souples tellement à la mode actuellement, ou encore de simples chaussettes antidérapantes. Et contrairement à une idée reçue très répandue on peut mettre à un petit des chaussures qui ont été portées par un autre. Sans danger. En résumé : peu importe la marque, le prix, la qualité, ce n'est pas la chaussure qui fera mieux ou moins bien marcher votre progéniture !

L'éveil corporel : à deux, c'est bien aussi !

Si vous souhaitez accompagner votre nourrisson dans la découverte de ses compétences motrices (et surtout vous amuser avec lui), vous pouvez tenter un cours d'éveil corporel ou de yoga en tandem maman-bébé. Ou encore vous inspirer des livres suivants, aux Éditions Nathan :

100 postures de yoga avec mon bébé, Sophie Dumoutet.

100 massages et activités de relaxation pour mon bébé 0/2 ans, Gilles Diederichs et Isabelle Gambet-Drago.

Matériel

Avant l'enfant

Trucs et machins indispensables pour construire, bricoler, coudre…

Après l'enfant

Trucs et machins souvent inutiles (mais achetés quand même) pour accueillir un nouveau-né.

Il existe des achats « spécial bébés » inévitables. Et il y a les autres.

Enceinte, déjà, l'envie frénétique de posséder « ce qui se fait de mieux pour notre greffon » nous titille régulièrement, surtout qu'on a sous le coude tous les catalogues de puériculture ainsi qu'Internet à portée de main. En attendant notre premier enfant, donc, notre congé mat est régulièrement ponctué de longues réflexions (transat ou babycocoon ? poussette ou écharpe ? couffin ou lit à barreaux ?), suivies de non moins intenses séances de shopping, réel ou en ligne. Cette frénésie ne passe guère avec la naissance du Jésus.

« Ohhh, que c'est mignon ça ! Et ça, ça m'a l'air pratique non ? Regarde, c'est marqué "miracle"… Peut-être qu'il va faire ses nuits si on l'achète ! Ohhh ! et t'as vu ça, Steph m'en a parlé l'autre jour : ré-vo-lu-tion-naire paraît-il ! »

Oui, on veut tout. Car on veut bien faire. Surtout qu'on a peur, un peu. Peur de ne pas être au top, peur qu'il ne dorme pas, peur qu'il ne se réveille pas.

Du coup, on achète.

Un écoute-bébé, par exemple, même quand on habite dans un appartement de moins de 50 m² où on entend le voisin déglutir. Un soir de grande faiblesse, on s'offre aussi un sac à langer à 49,99 euros (qui n'est autre qu'un sac normal dans lequel on a ajouté un pauvre tapis plastifié pour poser le popotin de bébé, franchement une de nos besaces et un lange auraient bien fait l'affaire). Le lendemain, gros craquage, on commande un chauffe-lingette. Oui, ça existe, le chauffe-lingette, pour préserver la peau sensible du fessier princier, des fois qu'il attrape une pneumonie pendant le change. Non, vraiment, était-ce nécessaire ? Autant que la poubelle à couches sans doute – un « bijou de haute technologie » (en vrai, un seau avec couvercle en plastoc) qui emballe automatiquement chaque Pampers dégueu dans un sac plastique parfumé, nous léguant ainsi un chapelet assez déroutant, empestant le caca vanillé à trois kilomètres. Espérance de vie de ce genre d'achat ? Le temps d'épuiser les recharges, qui coûtent chacune le PIB du Burundi.

On l'aura compris, le ravissant bébé, fesses rebondies et joues roses, reste l'argument marketing le plus efficace de l'histoire de l'économie de marché, plus balèze que Mamie Nova, Bonne Maman et les Bigoudènes Tipiak réunies. Ce qui explique que les marques de puériculture tentent de nous vendre tout et n'importe quoi à des prix hilarants.

On n'est pas obligé de tomber dans le panneau.

Le mot du pédiatre

Jusqu'aux années 1960, le business de la puériculture était à l'état embryonnaire. On changeait les enfants sur le lit, sur un lange ou une serviette de toilette. Dans la journée, on les posait sur un édredon ou sur un coussin. On les transportait dans des landaus basiques. Et puis la technique a progressé, le marché s'est développé, sont arrivés les tables à langer, les transats, les stérilisateurs pour micro-ondes, les poussettes à options, les baby-phones. Désireux de « tout donner » à leur enfant, et pensant qu'une bonne partie de ce « tout » s'achetait en magasin, les couples ont investi. Ils se sont entourés de machines, de gadgets. Habités par leurs légitimes inquiétudes de parents débutants, ils se sont raccrochés aux avatars de la modernité. Ainsi armés, ils ont eu l'illusion de pouvoir maîtriser le cours des choses, mieux sécuriser et mieux choyer leur bébé que ne l'avaient fait les générations précédentes.

Et le soir, ils se sont retrouvés avec les mêmes peurs et les mêmes questions que leurs parents, et avant eux les parents de leurs parents : mais pourquoi bébé pleure-t-il ? Pourquoi ne dort-il pas ? Mais qu'est-ce qu'il veut, cet enfant, à la fin ?

Autant le savoir, *investir dans du matériel de puériculture perfectionné et onéreux ne sert strictement à rien, à part se rassurer ou se faire plaisir.*

Mis à part les sièges auto, qui permettent au bébé de ne pas s'envoler dans l'habitacle en cas de choc, peu d'objets de puériculture représentent un progrès à la fois réel et utile. Tout l'attirail qu'on tente de vendre aux parents pour se « faciliter la vie », en réalité, souvent, la complique.

Un bambin ne sera pas plus confortablement installé sur une chaise haute ultrasophistiquée que sur les genoux de son papa. La qualité de sa poussette n'aura aucun impact sur son développement moteur. Psychologiquement, ce nourrisson ne sera pas plus épanoui, ni plus heureux, ni plus intelligent, si on le lave, on l'habille, on le promène avec tel produit plutôt que tel autre. Par ailleurs, bébé se fiche comme d'une guigne d'être allongé sur un transat à 12 ou 128 euros – s'il chouine, ce n'est pas pour cette raison. Ce qui l'épanouit et le sécurise profondément n'est pas matériel, c'est la relation d'amour qui le lie à ses parents. C'est la confiance qu'ils ont en eux et en lui, confiance qui s'acquiert au fil des ans... et des enfants !

Prenez une maman lambda. Lorsqu'elle débarque dans le cabinet du pédiatre avec son premier bébé, c'est le branle-bas de combat. Elle arrive lestée comme un sherpa, embarrassée du doudou, de la poussette-cosy-nacelle qui pèse 25 kilos, les bras chargés d'un sac à langer bourré à craquer – pour surtout ne « rien oublier » et ne pas « traumatiser » l'enfant, « habitué », pense-t-elle, à tout cet attirail. Sept ans plus tard, on la voit arriver tranquillement avec son troisième bébé sous le bras, sa carte Vitale dans une main, le carnet de santé dans l'autre et une couche de rechange dans son sac. Rien de plus. Elle sait que cet enfant grandira correctement et qu'elle est apte à s'en occuper. Ces quelques certitudes lui suffisent. Le matériel ? Elle n'en a plus vraiment besoin.

Le matériel indispensable (et seulement celui-là)

Pour accueillir un nouveau-né, quels objets sont *vraiment* nécessaires ?

• *Un truc pour le coucher.* Un petit lit à barreaux, ou un couffin pour les débuts (de toute façon, il y a de grandes chances pour que Junior dorme dans VOTRE lit au départ. Si, c'est vrai). Il existe aussi des lits de bébé « side-bed », qui se collent au vôtre, pour les parents qui ne veulent pas se lever la nuit quand bébé pleure et/ou pour les bébés qui aiment dormir à côté de leurs doudous préférés (vous). La turbulette (ou « douillette ») devra être préférée à la couette, pour éviter que bébé surchauffe. Dans cette espèce de sac de couchage pour crevette, il n'y a plus que les bras et la tête qui dépassent — très pratique pour être bien couvert, moins pour les jours de gastro puisque la turbulette se transforme vite en réceptacle à liquide malodorant. En prévoir au moins deux pour pouvoir les laver tranquillement.

• *Un truc pour le poser* : un transat par exemple, sorte de fauteuil-relax pour nourrissons. Il en existe à tous les prix, du plus simple au plus design. Cela dit, un gros coussin, un traversin, voire une bonne couverture ou un tapis d'éveil font aussi l'affaire : être allongé par terre est très bon pour sa motricité. La balancelle, transat amélioré qui bouge façon balançoire en faisant de la musique, est censée bercer l'enfant à votre place. Certains bébés adorent ce type de manège à sensations, les autres détestent et l'objet reste très encombrant. Superflu, donc.

• *Un truc pour le transporter à pied*. Vos bras et/ou une poussette, dont le critère principal doit être la praticité : si elle pèse un âne mort ou qu'elle ne rentre pas dans l'ascenseur, oubliez. Pour les grands froids, ajoutez-y éventuellement une chancelière (sorte de couverture qui monte jusqu'à mi-torse) et une cape de pluie s'il tombe des cordes ou s'il vente. Évitez l'ombrelle, soi-disant faite pour protéger du soleil et qui ne sert pas à grand-chose. Déjà, celle que vous allez acheter ne s'adaptera pas forcément à votre poussette. Même s'il y a écrit « universel » dessus, en gros. Et puis, le soleil ne fait rien qu'à changer de position, il faut réorienter le parasol toutes les trois minutes. Autant user de plans B tel le paréo ou le grand lange : pas toujours jolis, mais efficaces. Parfois, la poussette est vendue avec un « cosy », coque rigide qui accueille bébé et fait aussi office de siège auto ; l'objet peut rendre service, mais il ne dure que trois-quatre mois et pèse lourd.

Si on préfère porter bébé contre soi et avoir les mains libres, deux options : *le porte-bébé ou l'écharpe*.

— De multiples porte-bébés existent sur le marché, et les plus connus ne sont pas forcément les mieux adaptés à la physiologie de l'enfant. Meï-tai, Manduca, Sling, Ergobaby, Baby-Carrier, Boba... : ces marques-là sont plébiscitées par les fans de portage ; à vous de forger votre opinion ! Afin de vous y aider, des sites Web proposent des comparatifs intéressants, comme www.boutiqueduportage.be/quel-porte-bebe-choisir.html et www.portersonenfant.fr

— Maintenant, l'écharpe. En sergé croisé ou en stretch, elle est longue, plusieurs mètres. En outre, on doit la nouer d'une certaine façon. Le risque existe que, dépitée devant l'ampleur de la tâche, vous la remisiez au placard. Pas de panique : des vidéos fort bien faites sur le Web expliquent l'art et la manière de faire des nœuds et il ne faut pas avoir bac + 12 pour y arriver. Les parents les plus gâtés se feront offrir une initiation au portage, des dizaines de cours et d'atelier existent en région parisienne et ailleurs. Taper « atelier de portage » sur Google et choisissez !

• *Un truc pour promener bébé en voiture.* Un siège auto, donc, adapté à son poids. Il existe plusieurs groupes de sièges auto, pour les nourrissons, c'est dans la catégorie « zéro » ou « zéro + » qu'il faut taper. Le siège auto sera d'autant plus utile s'il est déhoussable, en cas d'accident d'ordre digestif – soyons prudents. À part ça, le prix d'un siège auto peut s'élever à des hauteurs astronomiques. Les marques et le magazine *Que choisir* nous enjoignent pourtant de l'acheter neuf « pour être sûr qu'il n'ait pas été accidenté ». Si personne de votre entourage ne peut vous donner/vendre son siège auto « garanti non accidenté » ou si vous tenez absolument à investir dans le neuf, les grandes surfaces proposent de jolis modèles, pas hors de prix. Envie de lire un banc d'essai ? www.quechoisir.org/auto/piece-detachee/guide-d-achat-sieges-auto-comment-choisir-le-bon-siege-auto-adapte-a-son-enfant (attention, il faut payer pour voir).

En voiture, on peut aussi poser Babychou dans une « nacelle », un mini-lit rigide ressemblant à un couffin. Sachez qu'elle prend énormément de place et sera très rapidement obsolète, dès que l'enfant pourra tenir assis. Elle sera judicieusement recyclée en panier pour le Yorkshire de tata Simone. Vous l'aurez compris, cet achat n'est pas indispensable.

• *Un truc pour qu'il mange.* Vos seins. Ou des biberons. Il en existe à peu près 2 milliards sur le marché, en plastique ou en verre, avec tétine en caoutchouc ou en silicone, avec ou sans valve antireflux... L'important étant que bébé s'alimente, et l'influence du biberon sur la qualité de sa digestion étant tout à fait marginale d'après les pédiatres, faites comme vous le sentez : adoptez le biberon dont la tête vous revient. Stériliser les biberons ? Autrefois, c'était en effet bien utile : les vaches tombaient souvent malades, les biberons étaient en métal et la rouille attaquait le lait, que bébé consommait cru, bref, c'était la fête de la bactérie et la mortalité infantile faisait des bonds. Pas glop. Dès la fin du XIXe siècle, les autorités sanitaires recommandèrent donc le lait bouilli, puis la stérilisation des biberons.

Cent vingt-cinq ans plus tard, les bébés ne boivent plus le lait des vaches (qui par ailleurs n'ont plus la tuberculose), les laits artificiels sont équilibrés et soigneusement contrôlés, l'eau n'est pas dangereuse, les biberons ne sont plus en métal et l'hygiène domestique a fait de mirifiques progrès. Par conséquent, l'Agence nationale de sécurité sanitaire de l'alimentation, de l'environnement et du travail est aujourd'hui formelle : « Il n'y pas lieu de stériliser le biberon. »

Sourdingues, les marchands de stérilisateurs continuent d'inonder le marché avec leurs machines aussi sophistiquées qu'inutiles. Nul besoin de mettre le bib dans un stérilisateur chimique, électrique ou micro-ondable : après le repas, un tour au lave-vaisselle (ou un lavage à la main, au savon et au goupillon) suffit amplement à le nettoyer. Après avoir rincé, faites sécher biberons et tétines puis gardez-les au sec (les bactéries aiment bien l'humidité). Pour lire les recommandations officielles au sujet de l'alimentation des nourrissons, jetez un œil ici :

http://www.anses.fr/sites/default/files/documents/MIC-Ra-BIB.pdf

• *Un truc pour laver l'enfant.* Des petites baignoires, il y en a de toutes sortes : certaines se placent par terre (aïe ! mon dos), d'autres sur votre grande baignoire, dans la douche ou bien sur un pied que l'on peut plier et ranger derrière une porte. Bon. Pour immerger le greffon, qui mesure à la naissance environ 50 centimètres, on peut aussi utiliser son lavabo ou une jolie bassine. Pour changer votre bébé, une table à langer (fixe ou rétractable, ou encore intégrée à une commode). Ou bien simplement un petit matelas, voire une serviette, posée sur le lit ou par terre.

C'est tout.

Évitez d'acheter avant la naissance, surtout si c'est votre premier enfant : vous ne saurez souvent que « sur le tas » ce dont vous avez vraiment besoin. Forgez-vous une opinion en écoutant d'autres mamans. Surfez, par exemple, sur www.avisdemamans.com. Sur ce formidable site Internet, créé par une chroniqueuse de l'émission de télé *Les Maternelles,* des mères testent, commentent et notent des objets de puériculture, des livres pour enfants, des jouets...

Si, malgré tout, vous avez accumulé les achats inutiles, les sites de ventes d'occasion (Le bon coin, eBay...) sont vos meilleurs alliés pour refourguer tout ça à d'autres jeunes parents qui n'auront pas lu ce livre (les pauvres).

D'ailleurs, n'hésitez pas, vous-mêmes, à acheter d'occasion : le temps passe très vite et les articles de puériculture ne servent pas longtemps. Pour dégoter le matériel qu'il vous faut à moindre coût, Leboncoin est une mine d'or, ainsi que les braderies et les vide-greniers — il y en a même des « spéciaux enfants » organisés aux beaux jours, partout en France. Renseignements : http://vide-greniers.org/

Mauvais goût

Avant l'enfant

Goût des autres.

Notre salon, c'est la page 46 d'*Elle Déco,* en presque mieux. D'ailleurs, nous comptons bientôt repeindre le mur porteur en fuchsia – teinte qui, selon les plus pointus des designers, sera LA couleur de l'hiver. Notre linge de lit est assorti aux rideaux ainsi qu'à notre petite culotte, les bibelots sont savamment placés dans la pièce à vivre. Quant à notre garde-robe, en toute modestie, elle déchire mémée. Le bon goût, c'est simple, c'est nous.

Après l'enfant

Invité surprise.

Bébé arrive ! Et voilà que, quelques semaines plus tard, vous vous rendez compte qu'il a apporté dans ses valises une notion auparavant inconnue : le mauvais goût. Tout le monde y participe : lui, belle-maman, votre copine Cylia et même vous. À croire que c'est une action terroriste en bande organisée.

La déco craignos

Ça a commencé par le placard de la cuisine où, avant, tous vos verres à pied s'alignaient soigneusement par ordre de taille. Petit à petit, poussés vers le fond, ils ont laissé leur place aux flacons de médicaments en tous genres et aux étiquettes criardes. Juste à côté d'une armée de tétines, de bavoirs tachés de carotte et de biberons multi-tailles. Magnifique amalgame de couleurs ! Avec un peu de chance, on peut encore ajouter un rideau à la porte vitrée histoire de cacher la misère.

Sur le plan de travail auparavant immaculé, on trouve désormais un chauffe-biberon turquoise et vert (moche) et un égoutte-biberon à quatorze branches aux faux airs d'arbre sec (moche). En sus, un stérilisateur en plastoc (donc moche) s'est installé juste devant votre magnifique grille-pain chromé. FOR-MI-DA-BLE. Il ne manque plus que le cadeau de la fête des Mères en coquillages cassés collé sur le frigo, au milieu des cent quatorze magnets trouvés dans les packs de petits-suisses, et on y sera : bienvenue à Mocheland.

C'est en retournant au salon qu'on renonce définitivement à tout sens esthétique. Le tapis-route est collé à notre belle table basse ultramoderne, rayée par des courses de petites voitures effrénées. Trois milliards de peluches criardes et de jouets *made in China* cachent notre sublime parquet en jatoba massif... Soudain, fort las, on s'affale sur le canapé beige couvert d'auréoles de lait caillé et on jette un œil par la fenêtre pour penser à autre chose. Au loin, notre voiture nous attend bien à l'ombre, sur le parking, avec ses pare-soleil Babar ventousés aux vitres, et la première paire de pantoufles en forme de singe accrochée au rétroviseur.

On n'est pas bien, là ?

Le vêtement atroce

Vous rêviez d'habiller votre enfant comme une pub Bonpoint ? Vous imaginiez son armoire pleine de délicieux petits pantalons à fronces et/ou de jupettes élégantes aux coloris délicats ? Arrivera le jour fatal où quelqu'un (qu'il se dénonce !) offrira plutôt à votre enfant un sweatshirt à l'effigie d'un personnage qu'il affectionne particulièrement. Ne cherchez pas, ce vêtement sera forcément hideux. Avez-vous bien regardé la tronche des héros enfantins ? Spiderman, avec ses couleurs bleu et rouge qui brûlent la rétine ? La grosse tête de Hello Kitty surmontée d'un niaiseux petit nœunœud ? Excusez-moi, je vais vomir. La seule solution est de cacher l'horrible vêtement à tout jamais, quitte à vexer belle-maman. Sinon, reste l'option négociation : pas de T-shirt orange fluo avec Diego et Dora floqués en gros dessus, mais OK pour un slip estampillé Oui-Oui (look sauvegardé et succès garanti auprès des copains dans les toilettes de la crèche).

Vous-même, question fringues, ce n'est pas tout à fait comme avant. Il vous arrive désormais d'enfiler un pantalon pas repassé (si), voire de mettre du bleu marine avec du noir, pressé(e) que vous êtes le matin. Bref, au niveau vêture, y a un peu de vent dans les voiles.

Malheureusement, il n'y a pas que la déco et la garde-robe qui se dégradent à la naissance d'un enfant. L'air ambiant et même le langage sont également touchés. Voyez plutôt.

L'odeur louche

Avant, chez vous, ça sentait les roses fraîches, *Brume d'été* de Chamel, et le thé au jasmin. Maintenant, ce serait plutôt la purée patate-chou-fleur et le parfum doucereux des sacs à couche Carrefour. Ce n'est pas mieux. Du tout.

Le surnom improbable

« Hahaha, nan mais les gens qui parlent à leur bébé en leur donnant des petits noms ridicules, franchement, c'est vraiment cucul ! »

On s'était juré qu'on ne le surnommerait pas, nous. Et pourtant.

Supposons que vous ayez baptisé votre enfant Alexandre. Très rapidement, c'est à peine si ce prénom vous parlera, remplacé par une foultitude de dénominations étranges du type « bébé » ou « Alex », voire « Bibounet », « crogneugneu », « biquet », « cuisse-dodue » (vous devez avoir des ancêtres Peaux-Rouges). Dopée par la choupitude de votre enfant, votre imagination fertile ne tarira jamais, si bien que « bébichou » risque de ne plus bien savoir comment il s'appelle le jour de sa première rentrée scolaire.

En revanche, si jamais votre beau-père ou votre voisine ose affubler votre greffon du doux patronyme de « chaton » ou de « poussinette », vous bondissez tel un chat enragé en hurlant à la sottise.

Un surnom laid, OK, mais il faut qu'il soit choisi par vous. Non mais.

Mensonge

Avant l'enfant

Solution de repli, rare.

Le dossier Grospognon ? En cours de traitement (= pas encore sorti du tiroir).

Avant toi ? Avant toi, je n'ai connu personne (= personne d'important bien sûr).

Combien j'ai payé ma nouvelle robe ? 45 euros (= 45 euros de moins que son prix réel de 238 euros, c'est pas mal les soldes cette année).

Si j'ai bu ? Juste un verre (de Martini, avant le vin rouge).

Ainsi nous arrive-t-il de garder certains faits secrets, et pour les dissimuler de tricoter de jolis petits mensonges. C'est pour notre bien ou celui d'autrui, et ce n'est pas tous les jours, hein.

Après l'enfant

Solution de facilité, fréquente.

Le père Noël existe. Si. C'est même un gros monsieur barbu habillé d'un manteau rouge, qui traverse le ciel sur un traîneau tiré par des rennes. Des rennes qui volent, parfaitement. Sinon, comment pourrait-il livrer des cadeaux aux enfants du monde entier en une seule nuit, plus vite que La Redoute ? Oui, on peut lui écrire, à papa Noël, et lui laisser un verre de lait au pied de notre sapin, aussi. Les lapins et les cloches de Pâques ? C'est pareil, 100 % garantis scientifiquement. Ils distribuent des chocolats, les mêmes que ceux du magasin, incroyable mais vrai. Quant aux cadeaux que tu m'offres, mon fils chéri, ils sont sublimes. Pas juste beaux, su-bli-mes. Même le collier en tortellinis, même le cadre en papier mâché, et surtout, surtout le porte-lunettes en pâte à modeler. Disparus ? Naanananan. Rangés. Pour qu'ils s'abîment pas. Va jouer maintenant. Sans bruit parce que la voisine est fatiguée, elle a un bébé dans son ventre. Non, elle n'a pas mangé son enfant, elle le couve à l'intérieur. Comme une poule ? Oui et non, c'est le papa qui y a déposé une petite graine... Comme celles des oiseaux, oui. Ton papa à toi, il est où ? Tiens, prend plutôt un gâteau. Un deuxième gâteau ? Non, y en n'a plus mon choupinet. Tu as dû te tromper, notre placard à provisions n'est pas plein à craquer de barquettes à la fraise, ce sont les croquettes du chien. Des biscuits y en n'a plus un seul. C'est mamie qui a tout mangé. Papi ? Ben non, tu sais bien Papi est parti en voyage. Pour longtemps.

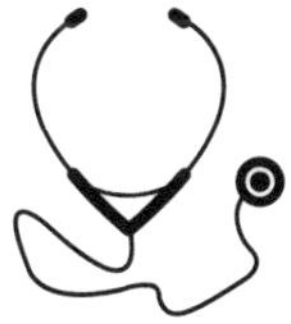

Le mot du pédiatre

Il est quasiment impossible de mentir à son enfant, particulièrement quand il est petit. Tout simplement parce qu'il devine beaucoup de choses. À l'écoute de nos émotions, il capte beaucoup de nos petits arrangements avec la réalité. Quand on lui ment, donc, il fera souvent semblant de nous croire, par peur de nous mettre mal à l'aise.

Les sujets rigolos : père Noël, cloches de Pâques…

Commençons par les plus innocentes des menteries ! En matière de « légendes de société », aux parents de faire ce qu'ils souhaitent : peut-être ne voudront-ils pas marcher dans la combine et broder sur l'existence de papa Noël. C'est leur choix, et leur enfant n'en sera pas malheureux. D'autres adultes, au contraire, retomberont en enfance et se feront plaisir à eux-mêmes en exhumant de leur mémoire, à destination de leur progéniture, l'attirail fantastique du père Noël : rennes, hotte, barbe blanche et cheminée. Grand bien leur fasse ! Leurs enfants seront curieux, hilares et heureux de voir leurs parents s'amuser à raconter ces jolies salades. Très jeunes, ils seront fascinés par ce gros bonhomme qui fait le tour du monde en un clin d'œil – cette pensée magique est si proche de la leur ! Rapidement, ils devineront que tout n'est qu'invention. Vers 3, 4, 5 ou 6 ans pour les plus crédules, et souvent bien avant que vous ne leur révéliez le pot aux roses, les enfants ne souscriront plus à la faribole – sauf pour rire et parce que cela semble vous faire plaisir. Peu importe si le « mensonge » est éventé : les petits comme les grands auront pris du plaisir.

Une fois que l'enfant a découvert la vérité, point n'est besoin de culpabiliser sur le mode « oui, je t'ai menti », car faire croire à un enfant qu'un personnage mythique existe bel et bien, ce n'est pas vraiment le duper. C'est bien plutôt l'emmener en balade sur les sentiers de l'imaginaire. Alors, quand le vôtre vous percera à jour et devinera que le père Noël, la petite souris et le lapin de Pâques ne vivent que dans votre esprit farceur, revendiquez fièrement d'avoir pris ces chemins de traverse : « On a bien joué n'est-ce pas ? » Par contre, ne soyez pas fâché que votre enfant, tout comme vous l'avez fait, emprunte à son tour les raccourcis de l'imaginaire et fabule de temps en temps. Raconter des histoires, c'est avant tout jouer. Tout en montrant que vous n'êtes pas dupes, n'hésitez pas à entrer dans son jeu, c'est tellement plaisant de s'amuser avec ses parents !

Les questions existentielles : « Comment on fait les bébés ? », « Pourquoi j'ai le zizi tout dur ? », « Est-ce que deux hommes peuvent avoir un enfant ? », « C'est quoi la mort ? »...

Là, le mensonge est tentant, tant ces interrogations peuvent nous jeter dans l'embarras. Si vous ne répondez pas ou si vous noyez le poisson, deux options : soit votre enfant comprendra que ce sujet vous met mal à l'aise et battra en retraite, mais il restera avec son interrogation en tête et/ou imaginera des réponses inquiétantes. Soit, tout simplement, il reviendra à l'assaut avec sa question ! *Mieux vaut sans doute lui donner une vraie réponse, claire et courte, adaptée à son âge.*

Les explications imagées ou poétiques ne sont pas forcément les plus adaptées. Exemples à propos de la mort : si on explique à l'enfant que, quand on décède, « on va au ciel » ou « on s'endort pour toujours », il pourrait prendre cette explication au pied de la lettre et se mettre à avoir très peur de s'endormir le soir ou de prendre l'avion. L'enfant comprend des concepts simples émis avec des mots simples, et n'a pas accès à la métaphore. Mieux vaut donc être concret et concis : « Notre corps s'arrête de fonctionner. »

Pour la procréation, par exemple, nous ne sommes pas obligés de donner dans les choux, les roses et la petite graine. Un simple « quand un homme et une femme se rencontrent, tombent amoureux et ont beaucoup de plaisir à être ensemble, ça fait parfois un bébé » peut suffire. En fonction de l'âge de l'enfant, on peut détailler avec les zizis, les spermatozoïdes, etc. Dans tous les cas, quand l'enfant n'a que 2 ou 3 ans, pas besoin de se lancer dans une logorrhée sur la conception d'un bébé, la fin de vie, l'homoparentalité ou le fonctionnement d'une érection : résumez et ayez confiance en vous, vous trouverez les mots adaptés.

Finalement, peu importe ce que vous dites (dans la mesure du raisonnable), *le fait même que vous répondiez à votre enfant le soulagera, en lui montrant que sa question n'est ni taboue, ni gênante.* Si vous séchez sur telle ou telle question, répondez quand même quelque chose ; un enfant de 3 ans, qui vous considère comme « surpuissant », ne comprendrait pas que vous ne sachiez pas, devinerait sans doute que vous êtes gêné et serait gêné à son tour. N'hésitez pas à impliquer l'autre parent : « Moi, je pense que c'est ça mais peut être ton papa (ta maman) aura une autre chose à te dire, demande-le-lui. » Si vraiment vous ne savez pas quoi dire, achetez ou empruntez à la bibliothèque *un livre sur le sujet* : il y a des ouvrages sur tous les thèmes, souvent fort bien faits, pour chaque âge, dont vous pourrez vous inspirer pour parler à votre enfant.

Les secrets de famille liés à la filiation de l'enfant : décès d'un aîné, adoption, naissance par don de sperme/d'ovocyte/PMA…

Cacher la vérité à un enfant n'est pas souhaitable car primo, cela le concerne au premier chef et secundo, un jour ou l'autre, il se doutera de quelque chose et s'inquiétera. Plus on aura attendu pour lui en parler, plus il sera difficile de lui « révéler » le secret en question. S'il est grand, il pourra être choqué d'apprendre la vérité et/ou fâché qu'on la lui ait dissimulée. À l'inverse, *plus on en parlera tôt dans la vie de l'enfant, moins il sera difficile d'aborder le sujet. On peut expliquer des choses importantes à un enfant, même à un petit bébé.* Peu importe ce qu'il comprend vraiment, l'important est d'ouvrir le dialogue et de ne pas poser une chape de plomb. Même si tel ou tel sujet douloureux est abordé dans les larmes et l'émotion, cela ne perturbera pas l'enfant outre mesure (en tout cas beaucoup moins que de faire de cette question un tabou) ; il devinera ainsi que le sujet est sérieux mais saura également, et c'est fondamental, qu'il peut vous en parler sans crainte s'il le souhaite.

Les soucis d'adultes : problèmes professionnels, de santé, d'argent, conjugaux, de fécondité…

Quel que soit son âge, l'enfant se doute toujours quand quelque chose cloche dans la vie de ses parents. Il perçoit le malaise, même si eux font semblant d'aller bien. *Partager avec lui le détail de ses ennuis n'est sans doute pas souhaitable,* car cela ne le concerne pas directement et, de plus, il n'est pas en mesure de comprendre les tenants et aboutissants de sujets complexes. Il n'est pas question non plus de se confier à sa progéniture pour se soulager, comme on le ferait avec un ami. En revanche, *même si c'est difficile pour un adulte de montrer ses limites et ses soucis, il peut être nécessaire de le faire pour en dédouaner l'enfant.*

En effet, il arrive fréquemment que celui-ci se sente, à tort, responsable des soucis de ses parents. Il va donc essayer de les aider… à sa façon, parfois maladroite ! Il pourra devenir plus sollicitant, plus intrusif ou plus agité – ce qui n'aidera en rien, bien au contraire. Il faut donc parler à l'enfant de ce qui préoccupe l'adulte, pour l'en déresponsabiliser et le *rassurer* : « En ce moment, je ne suis pas drôle, moins patient(e), moins disponible. Cela n'est pas lié à toi, c'est un problème de grand auquel toi, tu ne peux rien. Il n'y a que les adultes qui peuvent m'aider en ce moment, et particulièrement ton papa/ta maman, qui sait drôlement bien le faire (ou les amis/les grands-parents si le problème est d'ordre conjugal). Tu peux avoir confiance en nous, nous allons trouver des solutions. »

Décès, rupture, secret de famille, question existentielle... Pour tous les sujets épineux, *ne pensez pas que vous serez quitte avec une seule conversation* ! Il est presque certain qu'un jour ou l'autre, votre enfant vous reposera les mêmes questions et qu'il vous faudra répondre de nouveau. Sa compréhension du problème évoluera avec l'âge, les explications devront donc s'adapter à son degré de compréhension !

Si vous ne trouvez pas ou plus les mots, ou que vous ne vous sentez pas à l'aise avec tel ou tel sujet sensible, *n'hésitez pas à faire appel, pour vous aider, à un tiers* en qui vous avez confiance (ami, médecin, puéricultrice, nounou de l'enfant ou, évidemment, un psy, le spécialiste du sujet qui fâche...).

De la lecture

• Des livres pour comprendre ce qu'est un secret de famille et libérer la parole…

Secrets de famille mode d'emploi, Quand et comment faut-il en parler ?, Serge Tisseron, Éditions Marabout. Un ouvrage clair, écrit pour les adultes par le psychiatre spécialiste du sujet.

Et du même auteur, mais à lire en famille : *Le Petit Livre pour mieux vivre les secrets en famille*, Éditions Bayard Jeunesse (à acheter d'occasion ou à emprunter, car épuisé).

• Des livres pour répondre aux questions existentielles des petits…

Orienté philo : *Les Philozenfants*, Éditions Nathan, dès 3 ans. Pourquoi j'existe ? Pourquoi tu m'aimes ?

Orienté foi/éveil spirituel : *Les Grandes Questions des tout-petits,* Éditions Bayard Jeunesse, 3-6 ans. Pourquoi y a-t-il des méchants ? Qui suis-je ? Pourquoi est-ce que je ne peux pas faire ce que je veux ? Pourquoi on n'est pas tous pareils ?

Mouche-bébé

Avant l'enfant

Bébé de la mouche.

Ben oui quoi, qu'est-ce que ça pourrait désigner d'autre ? Après avoir été une larve et avant de devenir une grosse bête moche, le petit de la mouche est appelé mouche-bébé. Non ? Ah bon.

Après l'enfant

Instrument de torture pour parents et nourrisson.

Au début de leur vie, les bébés ne savent pas se moucher seuls. C'est normal me direz-vous, et on ne peut pas vraiment leur en vouloir, mais c'est aussi terriblement peu pratique.

En théorie, le mouche-bébé est donc un outil indispensable aux parents qui permet de déboucher le nez de leur progéniture. En pratique, c'est un cauchemardesque aspirateur à morve dont ils se passeraient bien.

Le plus basique des mouche-bébés est manuel, en plastique : il se compose d'un embout profilé qu'on fiche dans la micro-narine du greffon enrhumé et qui est relié à un tuyau. On place ce tuyau dans notre bouche et on aspire les crottes de nez. Qui, heureusement, sont arrêtées par un filtre amovible. Ouf ! Mais beurk tout de même.

Les parents les moins téméraires opteront pour un mouche-bébé électrique qui aspire tout seul (*exit* le shot de Slime) mais qui fait un bruit de tondeuse relativement traumatisant pour notre enfant (au moins, un seul d'entre nous souffrira).

Dans la plupart des cas, le greffon déteste ce truc autant que nous et gigote comme un forcené quand on approche la chose de son appendice nasal. Vu qu'on doit aspirer l'une de ses narines tout en bouchant l'autre ET en empêchant son crâne de se fracasser sur le carrelage, le moment est riche en émotions. Après une dizaine de combats de catch ponctués de haut-le-cœur catastrophiques, il arrive que nous, l'adulte pourtant raisonnable, remisions l'engin de malheur au fond d'un placard fermé à triple tour.

« Vous avez un mouche-bébé à la maison ?

— Bien sûr, docteur ! » (= « moi vivant, plus jamais »).

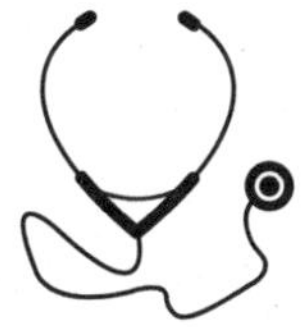

Le mot du pédiatre

Le mouche-bébé électrique ou manuel peut être utilisé dans le cas où le nourrisson a le nez vraiment très bouché. Cela l'aidera ponctuellement à mieux respirer. Cela dit, n'essayez pas de « tout » aspirer : il est impossible de « vider totalement » le nez de l'enfant car les sécrétions sont produites non-stop et reviennent. Aspirez doucement : un mouchage trop violent au mouche-bébé peut provoquer un œdème de la muqueuse nasale, ce qui aurait pour conséquence de diminuer davantage le calibre des voies respiratoires, déjà étroites chez l'enfant et encore rétrécies quand il est enrhumé.

Pour information, il existe également des poires nasales en caoutchouc : le principe est le même que le mouche-bébé manuel, mais on pompe les mucosités au lieu de les aspirer. Certains parents préfèrent.

En cas de gros rhume, l'utilisation du mouche-bébé (pas plus de trois fois par jour pour la raison indiquée ci-dessus) ne dispense pas de laver le nez de votre enfant au sérum physiologique plusieurs fois dans la journée. Si bébé n'a qu'« un petit rhume » et que son nez n'est pas trop bouché, ne vous servez pas du mouche-bébé et contentez-vous de lui rincer régulièrement le nez au sérum physiologique.

Comment nettoyer le nez de bébé avec du sérum phy ?

Cette technique de nettoyage au sérum phy se nomme DRP (pour « désinfection rhino-pharyngée ») et elle est très efficace, même si bien des enfants ne l'aiment pas.

La technique : couchez votre bébé sur le côté et maintenez sa tête sur le côté, puis vaporisez doucement une dose de sérum physiologique dans la narine du dessus. Le liquide va sans doute ressortir par l'autre narine avec les mucosités, mais si l'enfant les avale ce n'est pas grave du tout. Couchez maintenant votre enfant sur l'autre côté et recommencez. Ensuite, mettez-le sur le ventre pour que son nez coule bien ! C'est tout.

Ne cherchez pas à reproduire les savantes manœuvres des puéricultrices et des kinésithérapeutes, il est suffisant que du sérum passe dans les fosses nasales pour les rincer.

MSN

Avant l'enfant

Portail Internet pour connectés, since 1995 (avant-guerre, donc).

Aaaah… comme nous étions jeunes, beaux et fougueux à l'époque où la messagerie MSN est venue toquer à notre porte ! Notre modem qui ramait moins vite qu'un manchot borgne, notre première adresse mail chez Hotmail, Caramail, Yahoo ! ou Club Internet… Qui a oublié cette petite fenêtre de tchat s'ouvrant en bas de notre écran ? Qui ne se souvient des premiers « lol » et « mdr », qui apparaissaient au fur et à mesure que la vitesse de téléchargement augmentait ? Un temps que les moins de 20 ans ne peuvent pas connaître et qui nous rend légèrement nostalgique, le temps où nous découvrions, fascinés, ce qui nous est à tous quasi indispensable aujourd'hui : INTERNET ! *(fin des violons, larmichette, rideau).*

Après l'enfant

Acronyme de Mort subite du nourrisson. Angoisse primale, irrationnelle, majeure et irrépressible de bien des jeunes parents.

Déjà, pendant neuf mois, on ne peut pas dire que la sérénité colle forcément à la peau de la future mère, rapport à tous les changements hormonaux et corporels qui l'assaillent de toutes parts, il lui arrive de ruminer des scénarios plus ou moins catastrophes. « Et si mon bébé arrivait trop tôt ? Ou trop tard ? » Le papa n'est pas épargné par les questions existentielles : « Et si le ventre de ma femme ne reprenait jamais sa forme normale ? Et si c'était le bébé qui n'avait pas une forme normale ? » Après l'accouchement, ce n'est pas mieux. Entre le greffon et le placenta, voici venir les petits bonus de la vie de parents : les angoisses intempestives.

Celle de ne pas être à la hauteur. Celle de la mort, de notre mort. Parce que bon, maintenant qu'on a fondé une famille, faudrait voir à ne pas passer sous un train tout de suite, histoire qu'on en profite un peu quand même. Et puis, que deviendraient nos greffons sans nous (images d'orphelinat roumain/du salon de belle-maman) ? Mais la vraie grosse frayeur, c'est celle du décès de notre bébé.

Cette trouille est simplement la pire qui puisse exister. Elle s'immisce fielleusement sous la couette, certains soirs, grimpe comme du lierre, tord nos tripes, nous serre la gorge et soudain c'est plus triste que *La Liste de Schindler* dans notre tête.

Ce qui nous travaille, ce sont les maladies subites et incurables, les accidents, les psychopathes qui rôdent. Notre imagination fertile dopée aux hormones du post-partum fait de nous le plus talentueux des dramaturges.

On se met à sangloter pathétiquement au fond du lit quand notre moitié nous demande si « quelque chose ne va pas ». S'ensuit une scène surréaliste où on lui explique à quel point la vie est injuste, « troporrible », épouvantablement sombre, et puis qu'on a peur, une peur grise et collante, une peur nouvelle.

Pendant ce temps, le greffon dort à poings fermés et on aurait pu gratter une heure de sommeil en plus, mais on a préféré vivre cet instant si riche en émotions.

Il dort, le tout petit greffon, oui, il dort. En voilà une belle situation anxiogène prompte à s'ajouter à toutes les autres, c'est-à-dire quand bébé tousse (il va mourir), quand il éternue (il va mourir), quand il ne finit pas son repas (il va mourir) ou quand on part voir un « petit truc » sur un forum parental du Web (après trois pages lues, le verdict est sans appel : il va mourir).

Il dort, l'enfant, mais respire-t-il encore ? Dès lors, c'est nous qui ne respirons plus. Si l'homme décide de faire une pause pipi pendant le film, on le somme d'aller quand même voir « si tout va bien » (parce qu'on sait que si on lui demande de « vérifier si bébé respire », il va nous regarder avec son air moqueur en haussant les épaules). Avant d'aller dormir, la confiance règne, nous nous faufilons nous-même dans la chambre du nourrisson pour double-checker (plusieurs fois, on n'est jamais trop prudent). Si nous n'entendons aucune respiration, notre cœur s'emballe, on pose alors notre main sur son torse. Panique, on ne sent toujours pas grand-chose ! Parce que, parfois, le greffon ronfle comme une locomotive mais souvent c'est à peine s'il ronronne. Alors, on le secoue un peu, histoire de le faire sursauter. Ahhhh ! soulagement, il hurle DONC il respire. C.Q.F.D.

Notre attitude est légèrement exagérée, ça va, on sait, mais quand ça nous vient, on ne peut pas s'en empêcher.

La prochaine fois que quelqu'un nous demandera « et bébé, il fait ses nuits ? », l'honnêteté nous poussera à répondre « lui, oui, moi, moins ».

Le mot du pédiatre

La mort subite du nourrisson est un arrêt cardiorespiratoire inopiné du bébé. C'est un phénomène extrêmement rare que l'on peut en grande partie anticiper. Malgré cela, il hante l'esprit de nombreux parents.

Il arrive de voir arriver, dans le cabinet du pédiatre, des bébés hurlants et des parents exténués par des nuits sans sommeil. L'enfant crie, pleure, se réveille tout le temps. Parfois, sur les symptômes du braillard, le médecin pose des noms de pathologies : « otite » ou « reflux gastro-œsophagien ». D'autres fois, il s'interroge et interroge les parents : qu'est-ce qui se trame avec l'arrivée de la nuit ? Il est très fréquent que les parents appréhendent « la mort subite du nourrisson », phénomène dont presque tous ont entendu parler, par des proches, à la maternité ou dans les médias. Certains s'inquiètent énormément, surtout quand arrive l'heure de coucher leur nouveau-né. Véritable éponge à émotions, le bébé répond à cette grande angoisse par sa vivacité, en hurlant le jour et en se réveillant la nuit – quel moyen serait plus efficace pour rassurer ses parents ?

À ces adultes inquiets, il n'est pas inutile de rappeler que « les bébés ne meurent pas si facilement ». Cela les détend, et cela est vrai.

Sur les quelque 800 000 naissances chaque année, la France compte environ 450 nourrissons morts subitement. La grande majorité des décès inattendus advient avant les 6 mois du bébé. Après cet âge, c'est très rare.

Quelles sont les causes de ces morts brutales ?

Les tout petits bébés ne régulent pas encore parfaitement leur température corporelle. On suppose actuellement que cette mauvaise gestion des élévations de température joue un rôle dans les arrêts cardiorespiratoires inopinés.

De plus, les systèmes de contrôle cardiaque et respiratoire du nourrisson ne fonctionnent pas non plus de manière optimale, ce qui peut le mettre en danger. Un exemple : alors qu'un adulte qui manque d'air ou peine à respirer tourne sa tête du bon côté ou se réveille, un bébé qui commence à s'asphyxier ne se rend compte de rien – ses signaux d'alarme ne marchent pas encore très bien.

Par ailleurs, certaines maladies infectieuses, cardiaques ou métaboliques augmentent le risque de mort subite du nourrisson.

Le tabagisme de la mère pendant la grossesse, puis de l'entourage du nouveau-né, aggrave le risque de mort subite.

Enfin, certains décès de bébés sont causés par des accidents et d'autres par des violences.

Un petit nombre de MSN restent inexpliquées. Y aurait-il des rejetons « programmés » pour vivre brièvement ? Mystère. Cependant, il est hautement probable que l'on compte des infanticides discrets parmi ces décès sans cause apparente.

Dans bien de cas de MSN, plusieurs facteurs se sont cumulés pour arriver au drame.

On connaît donc la majorité des situations à proscrire ; ce sont celles qui aggravent le risque de mort subite en sollicitant des compétences neurophysiologiques immatures chez le bébé.

Les bonnes habitudes à prendre

• Le nouveau-né régulant imparfaitement sa température, il ne faut pas le couvrir trop ni le coucher près du radiateur ou en plein soleil. La chambre où il dort ne doit pas être chauffée à plus de 19 °C.

• Le nourrisson ne pouvant pas compter sur des signaux d'alerte cardio-respiratoire performants, on évite les situations propices à son étouffement. Dans son petit lit, on ne met rien, ni tour de lit ni doudous (ou alors un seul, tout petit). On choisit un matelas ferme, un drap bien tendu, pas de lange sous la tête du bébé. On ne le met pas sous une couette ou des couvertures, mais dans une turbulette.

• On le couche sur le dos car, sur le ventre, sa régulation thermique se fait incomparablement moins bien et les risques d'arrêt respiratoire augmentent. Cette recommandation est cruciale : depuis qu'elle est passée dans le grand public, le nombre de MSN a chuté de 75 %. Certains bébés, on le sait, ne dorment bien que sur le ventre. Qu'ils l'avouent ou non, leurs parents se plient à cette particularité de leur nouveau-né (des mois d'insomnie sont insoutenables et, de toute façon, dès qu'il saura se retourner, l'enfant prendra la position qui lui convient). Pour ces petits qui ne trouvent leur sommeil que sur le ventre, il est particulièrement nécessaire de prendre des précautions lorsqu'ils ont de la fièvre ou quand ils sont enrhumés, avec le nez pris : on les couche alors sur le côté, en les bloquant avec un cale-bébé (ou avec deux gros sacs de riz, ou encore deux serviettes roulées sous le drap-housse) au niveau de l'abdomen.

• Votre bébé a l'habitude de dormir dans une écharpe de portage ou un porte-bébé ? Veillez à bien le positionner, pas trop bas, et à surveiller son confort. Pour apprendre les bonnes positions de portage, facile : un coup d'œil sur le mode d'emploi de l'écharpe, les vidéos sur Internet ou un tour dans une association ou un atelier. (Pour les coordonnées, cf. *Matériel.*)

• Votre bébé dort avec vous, dans le même lit ? Sur ce point, les études scientifiques divergent : certaines admettent que le « cododo », ou « cosleeping », augmente le risque de mort subite, d'autres mettent en lumière le caractère préventif de la présence des parents dans le même lit que le nourrisson. Cela dit, le cododo ne doit pas être pratiqué sans quelques mesures de sécurité : le matelas ne doit être ni trop mou ni collé au mur, il ne faut pas placer le bébé entre les parents ni plusieurs enfants dans le même lit, pas de cododo si les parents sont obèses, boivent ou prennent des médicaments... (Cf. *Dormir.*)

Les gadgets, vraiment utiles ?

De nos jours, de nombreux gadgets technologiques, parfaitement hors de prix, sont proposés aux parents anxieux afin de vérifier si bébé se porte bien pendant son sommeil.

• Des « *baby-phones* » ou « écoute-bébé » avec écran vidéo (Motorola, Philips, Samsung, Babymoov, Chicco, Nuk, Tommee Tippee...) pouvant aller jusqu'à 300 euros.

• Des *capteurs de respiration*. La plupart d'entre eux se posent sous le matelas, afin de détecter les mouvements de la cage thoracique du bébé. Si souci, une alarme se déclenche (Angelcare, Nanny, BabySense, Tomy, Snuza...). Jusqu'à 300 euros.

• Des *adaptateurs* qui transforment votre Smartphone, ou votre tablette, en superflic : baby-phone vidéo avec zoom-thermomètre extérieur/détecteur de bruits/de mouvements/de respiration/d'humidité (Withings, 250 euros).

Sachez que ces appareils ne sont pas infaillibles et qu'un bébé qui meurt le fait souvent en toute discrétion, à l'insu des parents les plus vigilants. Vendus et marketés comme « outils de rassurance », ces appareils peuvent aggraver le stress parental en rendant la situation encore plus anxiogène. La technique ne tue pas la peur… et la peur n'évite pas le danger.

Ce qui s'avère très efficace, en revanche, c'est la prévention. La grande majorité des rares décès de nouveau-nés s'expliquent ; pour protéger le vôtre, suivez simplement les recommandations d'usage.

Nounou

Avant l'enfant

Voisine du premier.

Perso, mes parents avaient vraiment la trouille de nous laisser, mon frère et moi, à une baby-sitter juste le temps de se faire un resto... Alors une nounou qui nous gardait toute la journée, c'était inenvisageable ! Pourtant, quand la voisine s'occupait de nous, de temps et en temps, on adorait. Elle nous mitonnait de chouettes goûters, elle nous emmenait au parc bien plus longtemps que maman et chez elle, on avait même le droit d'écrire sur les murs... Enfin, je crois.

Parfois, on la recroise dans le quartier. Elle est vieille maintenant, mais quand elle nous sourit elle a de nouveau 25 ans... et nous 4.

Après l'enfant

Mary Poppins.

Parmi les grandes quêtes jalonnant le parcours du parent, figure dans le peloton de tête la recherche de

« la » nounou. THE personne qui va s'occuper du Scotch dès la fin du congé maternité. THE personne à qui nous allons confier notre plus belle réussite et, pour cette raison, bien difficile à trouver (ou à reconnaître comme étant vraiment la bonne).

Choisir sa nounou, mode d'emploi.

Il s'agit de trouver :

— une employée qui gardera notre enfant chez nous ou chez elle ;

— une personne qui pourra aussi être un homme (ça n'arrive pas tous les jours, mais de plus en plus) ;

— quelqu'un qui aura un rôle essentiel dans l'éducation et le développement de notre greffon.

Alors, pour dénicher la perle rare, on prend son temps.

Il est possible de passer *par une agence, une association ou simplement par le bouche à oreille.* Voilà trois solutions passablement rassurantes pour le parent un peu perdu : les candidat(e)s sont déjà trié(e)s, ce qui nous évite une présélection longue et hasardeuse.

On prend au moins deux rendez-vous avec les postulant(e)s : le premier que nous passerons seul avec le ou la candidate, et un second en présence de l'enfant afin de constater si le courant passe entre eux.

En prévision de ces entretiens, il est judicieux de *préparer ses questions* : petits tests pour savoir ce que la nounou connaît effectivement des enfants (sécurité, hygiène, nourriture...), questions administratives, dates de ses vacances, habitudes de vie. A-t-elle des enfants, des animaux, des clopes à portée de main ? On pose toutes nos questions, sans tabou.

La qualité de ses réponses compte, bien évidemment, mais ce n'est pas une raison pour snober notre première impression – *on recrute aussi « au feeling »*, en somme. Notre enfant et nous-mêmes allons fréquenter cette dame ou ce monsieur pendant des mois, voire des années, il est important que nous soyons à l'aise en sa présence, et inversement. Est-ce le cas ? On scrute aussi son environnement : si elle garde notre enfant chez elle, son domicile est-il à notre goût ? Son mari a-t-il une bonne tête ? Y a-t-il des jouets en quantité ? Dans une maison sans aucun désordre, notre bébé aura-t-il sa place ? On observe enfin les réactions de la nounou lors de sa première rencontre avec le greffon. Par principe, il va certainement se mettre à hurler, voyons comment elle s'en sort !

On se renseigne sur elle, auprès de la PMI où on l'a dégotée, auprès de mamans de l'école ou de ses anciens employeurs. Sans scrupules, on joue à Sherlock Holmes. Une fois le contrat signé, il n'est pas interdit de débarquer chez la nounou plus tôt que prévu, à l'improviste, ou d'envoyer une amie au parc à l'heure où elle sort avec les enfants, histoire de voir comment elle se débrouille avec le vôtre.

Dans les faits, il y a plusieurs types de nounous et il est fort possible que toutes, sans exception, nous agacent.

La nounou maternante. Elle aime les enfants au point d'en avoir fait son métier, c'est dire. Cette dame ne jure que par l'écoute du greffon, le respect de son rythme et les petits plats bio, bref elle n'est que bienveillance, douceur et disponibilité envers le bébé – alors même que ce n'est pas le sien.

Bilan : waouh, elle est vrrrrraiment super. Limite trop. Vive la culpabilité qui s'abat sur nous, qui ne jurons que par les petits pots, les journées de neuf heures au taf et les bodys pleins de pesticides.

La nounou cool. Elle ne connaît pas le stress. Jamais. Quand nous rentrons haletante du boulot avec en tête les affres du dossier Martin-Dupont, elle arrive à nous requinquer avec ses « votre bébé est génial », ses « tout a été parfaitement » et ses « il grandit vite ce petit, vous savez ». Entre deux compliments greffonnesques, on entend à peine quelques annonces moins réjouissantes, comme « il a fait dix fois dans sa culotte aujourd'hui », « il s'est pris le muret du parc dans les tibias, il a donc onze bleus et demi » et « la sieste ? Oui parfait, 22 minutes en tout entre 8 heures et 18 heures ».

Zen. Nous, on aurait déjà démissionné. Elle, elle est relax.

La nounou radiche en paroles. On sait que tout va bien, on sait qu'elle est super avec le Scotch, on sait qu'entre eux, ça va... Et c'est tout. Cette nounou est mutique devant l'adulte que nous sommes, alors qu'elle parle bébé couramment et avec joie, et qu'elle est capable de dérouler au premier greffon venu un répertoire de 189 comptines. Chaque soir, nous, les parents repartons avec notre progéniture sous le bras en ayant appris quelques broutilles, du type « caca à 15 heures, dodo de deux heures ce matin ». Bref, le flou total et l'impression de rater des petits bouts de la vie de l'héritier.

La nounou parfaite. Très pro mais rigolote, dynamique mais tendre, elle s'est mis le greffon direct in the pocket, il la réclame même le week-end et il ne pleure jamais (JA-MAIS) quand on le dépose chez elle. Cette nounou-là, on l'adore de nous relayer si bien, et on la déteste parce qu'un jour le Scotch pourrait bien exiger qu'elle l'adopte. Nous, jaloux ? Meu noooonnnnn...

Le mot du pédiatre

Les nounous regroupent deux types d'employées : les auxiliaires parentales, qui travaillent au domicile des parents, et les assistantes maternelles, qui accueillent les enfants chez elles. Ces « nounous » représentent en France le deuxième mode de garde le plus important. 18 % des enfants moins de 3 ans sont gardés par une nounou, 63 % par leurs parents et 10 % par les crèches et autres structures collectives (étude réalisée en 2008 par le ministère des Affaires sociales et de la Santé).

Est-ce préférable de faire garder mon enfant à la crèche ou par une assistante maternelle ?

Cela dépend. Des possibilités, d'abord – certaines villes souffrent d'une forte pénurie de places en crèches. Cela dépend aussi de vos envies. Qu'est-ce que vous préférez, vous ? Qu'est-ce qui vous sécurise ? Dans quel univers, collectif ou plus individualisé, vous sentirez-vous tranquillisés ? C'est très important. Un bébé sent si ses parents sont confiants ou tendus à l'idée de le laisser, et cet état d'âme influe grandement sur la facilité de la séparation. Un autre critère de choix du mode de garde peut être l'âge du bébé à la date de la séparation. Détaillons.

À la fin du congé de maternité légal, le bébé est âgé de 10 semaines. C'est très petit. Trop petit sans doute pour être confié à « quelqu'un d'autre », nounou ou puéricultrice de crèche, malgré ce qu'impose la loi française. À l'âge de 10 semaines, le nourrisson n'a pas forcément trouvé son rythme de sommeil, il est encore très loin de rechercher son autonomie, il a besoin d'être sécurisé. Il n'est pas du tout dans une dynamique de séparation, comme lorsqu'il va commencer à se mouvoir et à explorer le monde, entre 6 mois et 1 an. Dix semaines après son accouchement, la mère, dans la plupart des cas, est encore bien fatiguée et n'a pas envie de repartir au travail. La séparation est alors peu ou prou une déchirure, teintée de culpabilité.

Dans d'autres pays européens, le temps octroyé par l'État aux parents pour rester avec leur bébé est beaucoup plus long (entre 49 et 59 semaines en Norvège par exemple), ce qui permet à l'enfant de s'autonomiser et aux parents d'envisager plus sereinement leur retour au travail. Pour les grands comme pour le petit, la séparation est alors plus douce.

Moralité : mamans françaises, n'hésitez pas à rallonger au maximum votre congé de maternité ! Collez-y vos vacances, vos RTT, tout ce que vous pouvez grappiller est bon à prendre. Vous pouvez aussi, sans scrupules et avant même la fin de votre grossesse, demander à votre gynécologue quatre semaines de congés de maternité supplémentaires pour « suites de couches pathologiques ». Si vous n'osez pas le demander avant la naissance, faites-le après, en prétextant si besoin une déprime/une très grande fatigue/un *burn-out*. Bref, soyez convaincantes.

Si vous êtes obligés de faire garder votre bébé de 10 semaines, mieux vaut opter pour un mode de garde individualisé, type assistante maternelle, sauf si vous êtes personnellement hostile à cette idée ou qu'aucun(e) salarié(e) ne corresponde à vos critères. À cet âge, pour bien se développer, le bébé a besoin d'une relation intime et étroite avec la personne qui s'occupe de lui. En crèche, les enfants sont plus nombreux et les puéricultrices plus sollicitées, ce qui rend l'individualisation des soins moins évidente. Qui plus est, la crèche est aussi un lieu de socialisation… bactériologique : les virus s'y échangent allégrement (cf. *Crèche*). Un nourrisson enrhumé inquiète les parents et s'avère difficile à moucher. Il sera moins confronté aux microbes chez une nounou, mais il s'y enrhumera quand même, surtout si elle garde d'autres enfants.

Si vous devez retourner au travail quand votre bébé a 7, 8 mois, voire, mieux, 1 an ou plus, la crèche est une bonne option. Déjà, à cet âge, votre enfant peut exprimer son désaccord. Même s'il n'est pas content et le fait savoir en criant ou en pleurant quand vous le laissez, il est sur le chemin de l'autonomisation. Il bouge, il tente de faire des choses par lui-même, d'aller d'une pièce à l'autre sans vous. La séparation lui est plus naturelle, moins difficile. De plus, votre bébé est de plus en plus sociable en grandissant, et peut profiter des avantages de la collectivité. La fréquentation d'autres enfants de son âge est très enrichissante, très structurante, et il n'en bénéficiera pas forcément chez une nounou, la plupart gardant des bambins d'âges différents. Si votre enfant est gardé par une assistante maternelle, veillez à ce qu'elle fréquente un Relais assistantes maternelles – lieu où les « ass mat » et les enfants qu'elles gardent se retrouvent et où des ateliers éducatifs et ludiques sont proposés. Votre enfant expérimentera à ces moments-là la vie en collectivité avec des enfants de son âge.

Comment puis-je savoir si mon enfant est heureux chez sa nounou ?

Beaucoup de professionnel(le)s de la petite enfance sont parfaitement compétent(e)s. Dans le cas contraire, certains signes peuvent alerter les parents d'un éventuel mal-être de leur bébé : il change de fonctionnement et de rythme, il ne mange plus ou ne dort plus, ou bien au contraire, mange et dort beaucoup plus que d'habitude, et ceci de manière durable ; il est normal d'observer des changements de comportement lors de la mise en place d'un nouveau mode de garde. Mais tout finit par rentrer dans l'ordre. Si ces chamboulements persistent longtemps, on peut s'interroger sur le bien-être de l'enfant. Si votre petit est moins réactif, amorphe, triste, s'il regarde dans le vide, questionnez-vous également. Si vous faites appel à une assistante maternelle agréée pour garder votre enfant, vous pouvez aussi contacter les puéricultrices de la PMI : elles pourront intervenir pour comprendre ce qu'il se passe et vous aider, vous, les parents, ainsi que la nounou.

Mon fils me fait la tête quand je viens le chercher chez sa nounou, il se détourne et/ou hurle quand il faut rentrer à la maison, c'est grave, docteur ?

Cette situation fréquente fait mal au cœur des parents ! Projetant leur propre culpabilité sur leur bébé, ils pensent, à tort, qu'il leur fait « payer » la séparation. C'est une fausse interprétation. Cette réaction enfantine est logique. Le bébé ne peut pas anticiper le temps des retrouvailles. Vous, l'adulte, si. « Dans quelques minutes, je vais revoir mon bébé et on fera un câlin », avez-vous pensé. Vous vous êtes extrait du temps du travail et mis dans le temps maternel. Votre enfant, lui, en est tout à fait incapable. Il ne peut pas se réjouir à l'avance et se dire « Tout à l'heure, je vais retrouver maman, c'est chouette ! » Il vit dans l'instant. Donc il est chez sa nounou, dans son transat, à regarder le hochet devant lui quand tout d'un coup vous réapparaissez ! Il ne l'a pas prévu et la surprise de vous revoir est tellement forte, tellement brusque qu'il tourne la tête. Il a besoin de quelques minutes pour s'y faire. Laissez-lui le temps de réaliser ce qui se passe.

Ce « sas de décompression » est aussi utile à un enfant plus grand. Certains rechignent à rentrer à la maison après une journée chez la nounou car changer de lieu et d'activité, surtout si celle-ci est plaisante comme jouer aux petites voitures ou se faire maquiller, n'est jamais facile pour un bambin. La transition n'est pas leur fort. Pas la peine d'insister : « Il faut qu'on rentre à la maison, il n'y a rien à manger, il faut qu'on passe au supermarché… » Ces arguments d'adulte raisonnable ne sont pas vraiment convaincants pour un petit. Laissez-lui le temps de s'habituer à l'idée de partir, puis faites-le.

J'ai l'impression que ma fille préfère sa nounou à moi, est-ce possible ?

Non. Jamais un enfant n'investira affectivement qui que ce soit autant que sa mère. La mère reste toujours la mère. Si votre bébé est visiblement épanoui chez sa nounou, réjouissez-vous !

Cela vous épargne les doutes et la culpabilité larvée que connaissent un certain nombre de parents qui font garder leur enfant. Cela signifie aussi et surtout que vous avez bien travaillé en tant que parent. En effet, la relation à la mère, qui est le premier lien que tisse l'enfant avec le monde, sert de modèle à toutes les relations suivantes. Si le bébé est en sécurité affective auprès de sa maman, il aura la capacité de se sentir bien auprès d'autres figures maternantes, à savoir la mamie, la nounou, l'institutrice… Il saura reproduire cette belle relation de confiance avec d'autres êtres humains. En résumé, bien des parents pensent que si leur enfant est heureux avec sa nounou, c'est qu'il doit être bien malheureux avec eux. C'est exactement le contraire : si votre enfant se plaît avec sa « tata » ou sa « nounou », c'est qu'il se sent parfaitement bien avec vous, ses parents. Bravo !

Mon bébé ne supporte pas de me voir partir le matin et pleure chez sa nounou, que faire ?

Que l'enfant ne soit pas satisfait de quitter ses parents est bien légitime. Si en revanche il ne s'habitue pas, si cette situation pénible dure, il est peut-être bon d'agir.

• Vous pouvez réexpliquer à votre enfant pourquoi vous le laissez pendant la journée et lui dire que vous en êtes contents.

• Vous pouvez aussi passer davantage de temps avec lui le matin chez sa nounou.

• Vous pouvez enfin prolonger la « période d'adaptation », ces quelques jours qui séparent la fin de votre congé des vrais débuts de la garde, et pendant lesquels votre bébé s'habitue peu à peu à passer du temps chez l'assistante maternelle.

En cas de difficulté à se séparer, les questions à se poser s'adressent aussi à vous : avez-vous réellement confiance en la personne qui garde votre enfant ? Êtes-vous contents, ou du moins sereins quand vous l'y laissez ? Sinon, est-ce le bon mode de garde à vos yeux ? Par ailleurs, supportez-vous bien la séparation d'avec votre bébé ? Parvenez-vous à réinvestir votre vie, votre travail ? Arrivez-vous à être heureux et à vous sentir bien sans votre enfant ? Sinon, il est logique qu'il fasse écho à votre mal-être.

Pour réussir à se séparer, il faut au moins que l'un des deux le souhaite, et que les deux se sentent en sécurité. Tant que les parents ne sont pas profondément porteurs d'un message positif (« nous sommes contents que tu ailles chez la nounou où tu vas être bien »), il est vain de demander au bébé de bien supporter la séparation. Au cas où vous souffririez beaucoup de devoir quitter votre bébé, parlez-en à vos proches, ou à un professionnel si le cœur vous en dit (certaines PMI proposent des consultations de psy gratuites pour les parents).

Comment trouver la nounou de mes rêves ?

Pour trouver la perle rare, le bouche à oreille est souvent gage de qualité, mais vous pouvez également faire appel aux ressources suivantes :

• Si vous cherchez une chouette assistante maternelle qui garde les enfants à son domicile, *la PMI* vous aidera, en vous fournissant une liste de celles qui sont « agréées » dans votre quartier. Certaines mairies mettent aussi des listings à disposition, contactez le service petite enfance. Vous pouvez également solliciter le Relais assistantes maternelles (ou RAM) de votre ville.

• Si vous optez pour *une garde partagée* au domicile des parents, vous pourrez trouver une autre famille et/ou une nounou sur les sites Web suivants :

www.garde-partagee.net

http://garde-partagee.com

http://www.gardes-enfants.com

http://paris-servicesfamilles.com.fr/ Ce site ne propose que des annonces sur Paris, mais il contient de nombreuses informations fiables sur la garde d'enfants à domicile.

• De nombreuses *agences de mise en relation* entre parents et nounous ont vu le jour ces dernières années : Family Sphere, O2, La Compagnie des familles, Babychou, Decliceveil... Elles présélectionnent les candidats mais ont un coût et ne se valent pas toutes. Une petite recherche sur Internet s'impose pour consulter les avis des parents-clients et jauger la véritable qualité du service de telle ou telle agence.

(Cf. aussi *Baby-sitter*.)

Pour aller plus loin...

• Tout comprendre et déclarer son employé(e) :

http://www.pajemploi.urssaf.fr/

• S'informer :

http://garde-d-enfants.comprendrechoisir.com, www.parent-employeur-zen.com et www.zen-avec-mon-assmat.com

• Préparer l'entretien d'embauche et établir sa liste de questions :

http://www.petitestetes.com/modes-de-garde/nounou-a-domicile-guide-dentretien-dembauche.html et http://www.apege.com/spip/article.php3?id_article=132

• Trouver les modèles de contrats de travail gratuits pour une garde d'enfant à domicile simple / une garde partagée / une assistante maternelle :

http://enfance.ted.fr/ressources/modele-de-contrat-de-travail

http://www.maminou.com/art_contrat-de-travail-garde-d-enfant-plein-temps_10_67.html

http://garde-d-enfants.comprendrechoisir.com/ebibliotheque/voir/129296/cdd-pour-employe-e-a-domicile-gardant-des-enfants

http://www.paris.fr/pratique/garde-d-enfant-a-domicile/devenir-employeur-d-un-e-garde-d-enfantsa-domicile/etablir-un-contrat-de-travail/rub_10333_stand_133946_port_26104

• Un blog de nounou qui nous relate son expérience avec « ses » enfants :

http://mattitaetlesautres.hautetfort.com/

De la lecture

Papa, maman, ma nounou et moi, Patricia Denat, Éditions Érès.

Une nounou ? Éviter les pièges et bien la choisir, Juliette Viatte, Éditions du Toucan.

Pour les petits :

Tchoupi aime sa nounou, Thierry Courtin, Éditions Nathan.

Les Trois Loulous de Nounou, Isabelle Damaret et Camille Piantanida, Éditions Libre Label.

Oubli

Avant l'enfant

Chose qui arrive.

On peut nous donner tous les agendas du monde, numérique ou non, notre cerveau n'en fait qu'à sa tête et nous offre régulièrement de beaux moments de solitude. Notamment le soir où on a zappé l'anniversaire de notre conjoint, notre carte Vitale chez le docteur et notre argent à même le distributeur de billets (ça existe). On oublie aussi, en vrac, où sont les clés de la voiture, dans quelle poche on a fourré notre carte bleue, le code de ladite carte bleue et où est Charlie.

Après l'enfant

Bouclier protecteur.

Avec le temps, les enfants grandissent et certains stades de notre parentalité s'effacent, voire disparaissent totalement de notre esprit. Ainsi, en se repenchant sur nos débuts de parents quelques mois ou années plus tard, on se rend compte qu'on a beaucoup, beaucoup oublié. Et heureusement.

Les principaux oublis :

• *La grossesse*. On a tellement de remontées d'hormones à chaque fois qu'on croise une femme enceinte qu'on a des pensées incongrues comme « quand même, c'était bien d'attendre un bébé ».

POST-IT MÉMOIRE : On était grosse, on avait mal, on ne dormait pas, on faisait des cauchemars d'accouchement sanguinolent, on avait toujours trop chaud et on vomissait avant même le petit déjeuner en guise de « bonjour ».

• *La douleur.* Bon, certes, on oublie toutes sortes de bobos. Mais la douleur, voire la souffrance qu'on a éprouvée durant l'accouchement, celle-là même qui nous a fait dire l'incroyable du genre « MOURIIIIR MAINTENAAAANT !!! », on croyait l'avoir gravée bien profond dans notre cortex... Eh bien, elle s'est envolée aussi. Écran noir. Certaines vont jusqu'à dire que c'était le plus beau jour de leur vie, il n'y a qu'à voir.

POST-IT MÉMOIRE : Votre cicatrice d'épisio, de césarienne ou de déchirure, ça vous rappelle quelque chose ?

• *Les nuits blanches.* Ces soirées hachées menu, ces réveils nocturnes, ces pleurs de l'aube, tout ça disparaît de notre mémoire après plusieurs nuits complètes. On a même envie de remettre le couvert, dites donc !

POST-IT MÉMOIRE : Une fois par mois, mettez votre réveil à minuit, 2 heures, 4 heures et 5 heures 54 (non, pas 6 heures, c'est psychologiquement plus difficile avant 6 heures) et allez laver un biberon, juste pour le fun. Alors ?

• *Les couches.* Un jour, le greffon devient propre et on prend un malin plaisir à offrir à notre voisine le reste du Jumbo Pack de couches taille 5. Fin des bodys trempés et auréolés, fin des cacas jusqu'au cou et des doigts qui sentent la couche. Libertéééééé !

POST-IT MÉMOIRE : Ne pas hésiter à donner un coup de main à notre copine/voisine/frère qui vient d'avoir le second, ça nous rafraîchira la mémoire très vite.

• *Sa petitesse*. Tout bébé, il était si gracieux, mignon, trognon, bref, sa choupitude était extrême. Les petites mains de notre enfant étaient fragiles, ses cuissots bien dodus, son sourire édenté et il avait le plus joli des « areu » du monde. Mais tout ceci n'est plus qu'un souvenir, et vous le voyez aujourd'hui, cet ex-bébé, sourire à pleines dents, fuir vos bisous dans le cou et courir dans sa chambre sur ses grandes quilles élancées. Pffff...

POST-IT MÉMOIRE : Penser à refaire un bébé. Quand même.

Une astuce en plus

Pour garder une trace du temps qui file, rien de tel que des petits livres de souvenirs à compléter. Le choix est vaste, et les styles variés.

Classique : *Le Journal de ma grossesse,* Nathalie Delhaye, Virginie Mahieux et Frédéric Gervais, Éditions Marabout.

Moderne : *Le Journal de ma grossesse,* Olivia Toja, Éditions First.

Pastel : *Mon journal de Bébé,* Claire Garland et Amy Nebens, Éditions Gründ.

Illustré : *Le Journal de mon Bébé,* Soledad Bravi, Éditions Marabout'chou by Marabout.

Pour les jumeaux : *Coucou c'est nous !!!,* Olivia Toja et Bérangère Motuelle, Éditions Piccolia.

Équipé, avec boîte en 3D et toise : *L'Album des trésors de Bébé,* Olivia Toja et Fifi Mandirac, Éditions First.

Exhaustif (huit carnets à remplir tout de même) : *La Petite Bibliothèque de Bébé,* Alain Boyer, Éditions Larousse.

Pédiatre

Avant l'enfant

Médecin de quand on était petit.

On se souvient de son pédiatre avec, au choix, la boule au ventre ou le sourire aux lèvres. C'était celui qui nous rentrait des aiguilles de 20 centimètres (au moins) dans l'épaule, nous laissant une belle cicatrice. Ou celui qui nous offrait une sucette quand la visite était finie parce qu'on avait « été bien gentil » (même si on avait beuglé juste avant pire qu'une vuvuzela). Aaah, bénie soit l'époque où les mots « gynéco », « dentiste » et « gastro-entérologue » ne faisaient pas encore partie de notre vocabulaire !

Après l'enfant

Dieu. Ou équivalent.

Le Scotch encore couvert de vernix, tout juste sorti du ventre maternel, doit déjà prendre rendez-vous avec son pédiatre. Si tant est que vous, ses parents, en ayez trouvé un qui, primo, ait pu vous donner un rendez-vous avant les 18 ans de l'enfant, secundo, vous convienne, ce médecin des tout-petits devient un peu le mentor de votre parentalité.

Le pédiatre SAIT. En tout cas, il devrait savoir. On l'écoute toujours et on le croit souvent, car il en a vu passer, des enfants. Et surtout des parents. Alors, il est calme, pédagogue et de bon conseil. Ou expéditif et blasé. Oui, parce que des bons spécialistes ès greffons, y en a de toutes sortes.

Le pédiatre de la vieille école

« Vous avez huit minutes de retard » ou « Alors, Théo, on ne dit pas "merci" ? » ou encore « De mon temps, madame, les enfants se taisaient quand les parents parlaient. »

C'est sûr, le médecin *old school* ne nous met pas forcément à l'aise. Ses principes sont ceux de Nadine de Rothschild et il faut chausser les patins avant d'entrer dans sa salle d'attente, mais vu qu'il a 73 ans aux fraises, son expérience le rend irremplaçable. Alors, on fera avec : un bon pédiatre, même psychorigide, reste un bon pédiatre.

Le pédiatre détendu du genou

Peace & Love est son surnom, il aime tout, tout le monde et plus encore. Son but dans la vie, c'est semer la joie et la sérénité au sein des familles. Il a la patience d'un moine Shaolin et la diplomatie d'un conseiller au Quai d'Orsay. Bref, il sait parler aux parents.

« Mon bébé de 1 mois ne dort jamais, alors c'est grave docteur ?

— Mais non, voyons, c'est parce qu'il est très éveillé ! »

« Mon bébé de 1 mois dort tout le temps, c'est grave docteur ?

— Mais non, voyons, c'est parce qu'il est en confiance ! »

Bombardé de bonnes ondes, on ressort de son cabinet légèrement dans le gaz, en se demandant quand même s'il nous dit bien toute la vérité. Mais le greffon, parfaitement zen, sourit aux anges et ne pleure pas. Donc, tout va bien.

Le pédiatre Slim-Fast

« Manger-bouger », « 5 fruits et légumes par jour », « Indice de masse corporelle » : ce docteur-là, on le dirait sponsorisé par le ministère de la Santé. Obsédé par le poids du greffon et le nombre de plis qui s'accumulent sur ses cuissots, il nous fait redouter la pesée de notre enfant autant qu'une opération à cœur ouvert. C'est dommage, on stressait déjà pour tellement d'autres choses…

Le pédiatre psy

Avec lui, il faut se méfier : pas moyen de lui cacher le moindre de nos soucis d'adultes. Non seulement il diagnostique le problème médical du greffon, mais il nous gratifie de quelques phrases bien pensées visant à semer la graine de la réflexion en nous. Une psychothérapie exprès, inattendue et gratuite, en somme.

« Je ne comprends pas, docteur, le Scotch fait de drôles de grimaces quand il fait caca.

— Je ne doute pas que vous ayez l'air décontracté quand vous-même allez à la selle, n'est-ce pas ? »

« Docteur, mon enfant se réveille quatorze fois entre 20 heures et 5 heures du matin, c'est normal ?

— Mais cher monsieur, êtes-vous vraiment prêt à vous en séparer toute la nuit ? »

« Docteur, je n'en peux plus, mon enfant ne me lâche pas d'une semelle...

— Et à propos, ça va bien, vous, avec le père de l'enfant ? »

Après la première consultation – qui dure au bas mot une heure et demie –, certains parents fuient à toutes jambes, horripilés d'avoir attendu leur tour trois quarts d'heure et reçu des questions en guise de réponses. Les autres, limite accros, sont presque contents que bébé ait une rhino pour aller consulter le Sigmund Dolto de La Garenne-Bezons.

Le pédiatre que votre enfant déteste

Parce qu'il porte des mocassins à glands et qu'il fait un peu peur, parce qu'« ipik avec la grosse aiguille » ou qu'il a du poil dans les narines, ce pédiatre-là fait trembler votre gamin. C'est simple : greffon n'entre dans le cabinet médical qu'avec des hurlements de goret qu'on égorge. Parfois même, on l'entend déjà dans le parking vociférer « il est méchaaaaaannnnnt » à hauteur d'environ 142 décibels. Et ça nous colle bien la honte.

Le pédiatre qui n'est pas pédiatre

Celui-là n'est ni très expérimenté, ni très psychologue, il n'est même pas spécialiste des enfants puisque c'est votre généraliste mais, au moins, il a le mérite d'exister. Et il y a pléthore de *Petit Ours Brun* dans sa salle d'attente. Normal : depuis que le dernier pédiatre de notre petite ville a pris sa retraite, il y a douze ans, tous les petits malades du coin débarquent chez lui.

C'est aussi pour ça qu'on le garde, notre vrai pédiatre, même s'il est trop raide/trop consensuel/obsédé par l'obésité infantile/toujours à la bourre et que notre môme ne peut pas l'encadrer… *Because* comme le tigre de Sumatra et l'albatros des Galapagos, le pédiatre du coin de la rue fait partie d'une espèce en voie de disparition…

Le mot du pédiatre

Le pédiatre est le médecin spécialiste des enfants et des adolescents.

En France, on compte quelque 6 000 pédiatres, aux deux tiers des femmes. 20 % des enfants sont suivis par ces spécialistes, qui ont fait entre dix et treize années d'études. Certains exercent en libéral, d'autres dans les hôpitaux et les maternités, les crèches, les centres de PMI, les centres médicaux spécialisés pour enfants handicapés…

L'âge moyen des pédiatres ? 48 ans, et le nombre d'internes en pédiatrie n'est pas suffisant pour que leur relève soit assurée. Déjà, dans certains coins de l'Hexagone, la région Centre notamment, on manque cruellement de pédiatres.

Du fœtus jusqu'au postado, le pédiatre s'occupe de tous les petits patients, quel que soit leur âge, jusqu'à leur majorité.

Son rôle est triple :

— *Il assure le suivi régulier des enfants :* pesée, mesure, vaccins, dépistage précoce des troubles du langage, des troubles de la statique vertébrale (scoliose...), des troubles sensoriels, de l'audition, de la vision... Au fil des consultations régulières (quatorze avant les 3 ans de l'enfant, au minimum), le pédiatre apprend à bien connaître l'enfant et son mode de vie, il est donc à même de faire de la prévention, dans des domaines variés : obésité, caries, dépression...

— *Il soigne les maladies de l'enfant.* Même s'il ne peut assurer toutes les urgences, 40 % de son activité y est consacrée. Pour les maladies chroniques, il assure le suivi régulier. La plupart des pédiatres acceptent de prendre les parents des patients qu'ils connaissent au téléphone (ou répondent à leurs mails), pour évaluer le problème et orienter/donner un rendez-vous.

— *Le pédiatre coordonne souvent les différentes prises en charge dont a besoin l'enfant.* Orthophoniste, kinésithérapeute, allergologue, psychologue... Quand c'est nécessaire, le pédiatre conseille ses parents, les dirige vers tel ou tel spécialiste ou service hospitalier, puis centralise les résultats.

Les 10 indices pour reconnaître un bon pédiatre

1. *Il guérit votre enfant* et vous avez confiance en ses compétences. D'ailleurs, il vous a été recommandé, ou bien vous connaissez au moins une autre personne de votre entourage qui le fréquente avec satisfaction.

2. *Il parle (gentiment) à votre enfant et fait attention à son bien-être pendant la consultation.* Il se présente à lui, tente de le mettre à l'aise, lui évite au maximum d'avoir mal et le considère comme un patient à part entière.

3. *Il explique,* à l'enfant et à vous, ses parents, ce qu'il va faire avant de le faire. Vaccins, manipulations, prescriptions : chez lui, on n'est pas pris par surprise.

4. Avec lui, *vous vous sentez à l'aise* pour poser toutes les questions que vous souhaitez et exprimer vos incertitudes. Même si vous n'en êtes pas spécialement fière. Chez lui, il n'y a pas de question bête.

5. *Il vous répond avec des mots que vous comprenez* et réexplique si nécessaire, sans s'agacer.

6. *Il vous pose des questions*.

7. *Il écoute* vos propos, vos opinions, vos envies, vos façons de faire *et sait s'y adapter* dans la mesure du possible, sans vous asséner des « yaka » et des « fautqu'on » à tout bout de champ. Vaccins, diversification alimentaire, cododo, allaitement maternel... Pas de tabou, même s'il vous fait part de ses convictions.

8. *Il est capable de prendre votre enfant en urgence* quand c'est nécessaire.

9. Avec lui, *vous ne vous sentez pas jugés*.

10. *Le bon médecin pour vos enfants peut être un généraliste*. Même s'ils n'ont pas suivi de spécialisation en pédiatrie durant leurs études, et même s'ils voient moins de petits patients que les pédiatres, il existe des médecins généralistes formés et parfaitement compétents en la matière, tout à fait aptes à suivre vos enfants. Renseignez-vous auprès de la maternité où vous avez accouché ou auprès de vos amis, de vos voisins ; puis allez voir le généraliste sur lequel personne ne tarit d'éloges.

Votre enfant déteste aller chez son pédiatre : que faire ?

Beaucoup d'enfants hurlent chez le pédiatre. Surtout les petits entre 9 et 18 mois. Ils pleurent et crient parce qu'ils ont peur ou mal, parce que ce pédiatre-là est un inconnu et que la situation est inhabituelle, parce que, somme toute, l'examen médical n'est guère plaisant. Qui trouve agréable de se faire piquer la cuisse, enfoncer un bâton dans la gorge et un tube dans l'oreille, franchement ?

1. Positivez. Expliquez à votre enfant qu'aller chez le pédiatre n'est pas du tout rigolo, parfois même détestable, mais pas du tout dangereux et absolument nécessaire. « Nous, ton papa et ta maman, même si nous sommes très forts, ne savons pas reconnaître une maladie ni vérifier que tout va bien dans ton corps, c'est pour cela que nous faisons appel au pédiatre. Nous sommes très contents de t'emmener chez le médecin car lui saura vérifier que tu vas bien, il nous aidera à prendre soin de toi et à bien te soigner si tu es malade. »

2. En cas de grosse crise de larmes, demandez au pédiatre d'examiner votre enfant dans vos bras, voire au sein s'il tète encore. Ça le rassurera et calmera tout le monde.

3. N'en rajoutez pas dans le drame. Quand votre enfant commence à pleurer dans le cabinet du docteur, ne lui dites pas « eh bien, arrête, il ne t'a encore rien fait ! », comme si son pédiatre allait forcément lui faire mal un peu plus tard. Évitez aussi les phrases du type « ne t'inquiète pas, mon chou, le docteur ne te fait pas de piqûre, aujourd'hui ». L'enfant comprendra que la prochaine fois, il y passera à coup sûr, ce qui n'est pas forcément vrai et toujours inquiétant.

Vaccins : vous, les parents, avez le droit d'avoir votre avis !

La vaccination est cruciale pour la préservation de la santé des individus, grands et petits. Elle a permis d'éradiquer des maladies graves et sauve chaque année des milliers de vies rien qu'en France.

À l'heure actuelle, il existe une grande quantité de vaccins pour les enfants.

• Quelques vaccins sont *obligatoires* : les vaccins contre la diphtérie, le tétanos et la poliomyélite doivent être absolument injectés à votre enfant.

• Certains vaccins sont *recommandés* par les autorités de santé, sans être obligatoires. Ainsi, vous serez incités à vacciner votre bébé contre la coqueluche, l'hépatite B, la rougeole, les oreillons et la rubéole, les infections à Haemophilus influenza B, les infections invasives à méningocoque C, les infections à pneumocoque.

• D'autres vaccins sont également *recommandés par les autorités de santé, mais dans certains cas seulement*, comme le vaccin contre l'hépatite A ou celui contre la varicelle.

• Enfin, il existe encore *d'autres vaccins* sur le marché, comme le vaccin contre les infections à rotavirus (qui immunise contre quelques-uns des virus qui causent la gastro-entérite). Les autorités de santé ne recommandent pas leur utilisation systématique sur les bébés, néanmoins les parents et les médecins sont libres de faire comme bon leur semble.

Vous, les parents, avez donc le droit d'accepter ou de refuser que votre enfant ait tel ou tel vaccin non obligatoire. Vous avez le droit d'avoir une opinion, d'autant plus que...

Les vaccins ne sont pas anodins. Certains ont donné lieu à débats et polémiques. On a accusé le vaccin contre l'hépatite B de provoquer la sclérose en plaques et le vaccin contre la rougeole de favoriser l'autisme. La vérité est éminemment plus complexe que cela et il est totalement simpliste d'affirmer que tel vaccin « donne » telle maladie. Néanmoins, injecter à un tout-petit des stimulations immunologiques violentes et répétées, ce n'est pas rien. On méconnaît les effets sur la santé des vaccinations précoces et multiples. Il est donc important de ne pas banaliser cet acte et, avant de vacciner un enfant, de peser le pour comme le contre.

N'oublions pas que les vaccins représentent un marché. L'intérêt des fabricants de vaccins est bien évidemment d'en vendre un maximum et pour cela d'en élargir la gamme. Ainsi voit-on ces dernières années une inflation du nombre de vaccins disponibles, avec l'apparition régulière de nouvelles formules (vaccins contre la gastro-entérite, notamment...). Le but des industriels de la chimie est de convaincre les gouvernements, les médecins et l'opinion publique de l'utilité de leurs produits. Ils mettent des moyens financiers et humains importants pour y arriver. Dans ce contexte, il n'est pas interdit aux parents de garder leur esprit critique.

Les vaccins ne sont pas utiles à tous les enfants au même moment. Il existe un calendrier vaccinal (consultable sur www.inpes.sante.fr/CFESBases/catalogue/pdf/1175.pdf), qui indique quand vacciner les enfants. Ce calendrier est publié par le ministère de la Santé sur avis du Haut Conseil de la santé publique et s'applique indifféremment à tous les enfants de France. Or, en réalité, chaque petit patient a un mode de vie différent et des risques plus ou moins importants de contracter telle ou telle maladie.

Exemple avec l'hépatite B. Cette maladie se transmet comme le Sida, par le sang et les relations sexuelles, et elle reste peu fréquente en France. Chez nous, un bébé a donc un risque très faible de l'attraper, sauf s'il a une maladie cardiaque qui nécessite une transfusion ou s'il voyage énormément avec ses parents dans des pays à risque. On pourra donc attendre la préadolescence pour vacciner contre l'hépatite B un enfant casanier sans souci de santé, mais on prendra soin de vacciner tôt un enfant cardiaque ou globe-trotter. Ainsi, il est raisonnable d'adapter les vaccinations à chaque enfant, à son mode de vie et à celui de sa famille.

En conclusion et pour toutes ces raisons, il est normal que vous, les parents, puissiez interroger le pédiatre de votre enfant au sujet des vaccins et partager avec lui vos questions et vos points de vue. Attention, le sujet est épidermique, certains médecins sont plus ouverts que d'autres à la discussion.

P.-S. : Les aiguilles sont devenues très fines, mais certains vaccins (pas tous) restent douloureux. Pour éviter à votre nouveau-né d'avoir mal, vous pouvez investir dans de la crème anesthésiante (ou patch) Emla et du Pacidol (une sucette contenant du liquide sucré dont l'ingestion détend l'enfant de moins de 1 an). Demandez l'ordonnance à votre médecin.

Des astuces en plus

• Les pédiatres sont souvent débordés et certains refusent de recevoir de nouveaux patients. Dans ce cas, n'hésitez pas une seconde à vous faire « recommander » par une de vos amies dont les enfants consultent ce médecin, ou même par votre généraliste/votre gynéco qui le connaît sans doute. Appeler « de la part de » est toujours plus efficace. Oui, c'est du piston, et souvent ça fonctionne.

• www.mpedia.fr : un site très utile, consacré à la santé et au bien-être des enfants de 0 à 6 ans, lancé par l'Association française de pédiatrie ambulatoire. Il fourmille d'articles clairs et instructifs, sur tous les sujets qui intéressent les parents : des caprices à la poussée dentaire, du sommeil à l'allaitement, de la socialisation aux troubles du langage, en passant par les allergies, les vacances avec bébé, le surpoids, l'alimentation, le développement, les jeux, les pleurs… On peut aussi y lire des témoignages de parents et y poser ses propres questions, auxquelles un pédiatre répondra. À fréquenter sans modération.

Photo

Avant l'enfant

Loisir à tendance artistique.

L'ère du numérique a changé notre pratique de l'image. Aujourd'hui, grâce à n'importe quel appareil photo ou téléphone récent, on peut tous s'essayer aux clichés esthétiques et même aux courts métrages conceptuels. On s'en fiche pas mal de rater, avec le numérique on peut faire, défaire et refaire à loisir.

À nous beaux paysages, poses dans le sable, montages en tout genre, cadrages fantaisistes et idées farfelues ! Tant qu'on a de la batterie, de l'espace de stockage et un peu de créativité, on a le droit de se prendre pour un Robert Doisneau du dimanche. De l'art ? Si je veux !

Après l'enfant

Obsession.

Garder des souvenirs au point de ne regarder son enfant qu'au travers du viseur. Téléphones, appareils photo numériques, caméras de poche ou plus perfectionnées, tout est bon pour conserver une empreinte de chaque minute de la vie du greffon.

« Regarde, il sourit ! L'appareil, vite ! Attends, je le prends sur le portable aussi ! Où est la caméra, il va dire quelque chose, faut pas rater ça... »

Le Scotch a 1 mois tout rond et vous voilà déjà avec 1 800 photos stockées sur votre ordinateur. Les trier ? Mais comment choisir ? Sur celle-ci, bébé a un rictus trop mignon et sur la suivante le regard qui pétille. On garde les deux. Et les 1 798 autres.

Du coup, c'est l'euphorie chez les fabricants de disques durs externes. Oui, parce que ce n'est pas tout ça d'être le paparazzi officiel de l'héritier du trône, encore faut-il ne prendre aucun risque. Perdre les traces de sa petite enfance ? Cauchemar total, on en pleure d'avance.

Donc, on stocke sur l'ordinateur. Puis, sur un disque dur externe. Voire sur un deuxième, « au cas où ». On est devenu « photo-maniaque ».

Les plus atteints d'entre nous transforment toutes ces images en blogs, albums sur Facebook, diaporamas pour leurs fonds d'écrans de bureau ou de téléphone... Partout, la trombine du greffon remplace le coucher de soleil sur la plage.

Bonne nouvelle : la très grande majorité des parents sont victimes du même mal.

Quelques années plus tard, tous retrouvent les premiers mois de leur enfant sous 47 012 fichiers JPEG. Dans le désordre. Un œil, une oreille, un pied, des orteils, des mains ouvertes, des mains fermées, des grimaces, des sourires, des pleurs, des souvenirs en somme. Des milliers de souvenirs.

Comme le temps file... Et à cette affaire-là, le numérique ne peut rien changer.

Le mot du pédiatre

Photographier son bébé n'est pas qu'agréable, cela peut s'avérer utile médicalement parlant. En effet, *c'est la meilleure façon de dépister précocement un éventuel strabisme*. Prenez de temps en temps votre enfant en photo, au flash et sans l'option anti-yeux rouges, puis observez le résultat : ses deux yeux doivent être rouges ; si un œil seulement l'est, consultez un ophtalmo.

Sur le Web

Une bonne adresse pour se renseigner sur les sites de stockage et de partage de photos et de vidéos. http://stocker-partager.fr/

Des dizaines de sites Web vous facilitent la tâche pour réaliser de jolis albums et ainsi profiter de vos clichés sur papier (et avoir enfin l'occasion de faire le tri). blurb.fr, photobox.fr, monalbumphoto.fr, pixum.fr…

Pleurs

Avant l'enfant

Débordement lacrymal rare.

Une mauvaise nouvelle, un film triste, une dispute avec l'être cher ou, pire, la bande-son de *Rémi sans famille,* et c'est parti pour les chutes du Niagara. Quand on est adulte aussi, pleurer permet de décompresser. Pas de honte à avoir, donc.

Mais bon, quand on ne sait pas chouiner sans gros sanglots ni hoquets bruyants (comme certaines personnes que je ne citerai pas), ça peut néanmoins poser problème en société.

Après l'enfant

Bruit de fond.

Le greffon, peu poli, arrive au monde avec, en guise de « bonjour », un grand cri qui déchirerait le cœur du plus insensible d'entre nous.

Le *la* est donné.

Avant qu'il sache parler et souvent longtemps après, bébé pleure. Avec le hurlement (son jumeau démoniaque), le pleur est même la meilleure façon qu'il a de se faire comprendre. Ou du moins entendre, car niveau compréhension l'adulte est parfois loin du compte.

« Tu comprendras vite pourquoi il pleure, tu verras ! » Mouais. Bof, en fait. Quand la grosse chouinerie survient après une pause « visage rouge et crispé + odeur d'égout », oui, on comprend. Quand ça fait trois heures que bébé a mangé, oui, on devine aussi le pourquoi des grosses larmes.

Mais parfois (ou souvent, ça dépend des bébés), c'est plus difficile à saisir. Est-il fatigué ? A-t-il déjà faim ? Ou soif ? Ou froid ? Ou envie d'un câlin ? Mal au ventre ? Mystère et poil à gratter.

Exemple : la colère du soir. Après quelques semaines de vie commune avec notre greffon tout juste né, nous voilà confrontés à cette grande nouveauté : le pleur inexplicable de 18 heures à 20 heures. En même temps que la nuit tombe, le Scotch monte. Dans les aigus.

Fais dodoooo, Colas, mon p'tit…

« OUIIIIIIIN ! »

Allez, allez mon petit ché…

« OUIIIIIIIIN ! »

Ah ! vous dirai-je mam…

« OUIIIIIN ! »

Et vas-y que je te retourne bébé sur le ventre, sur l'épaule, et que je lui caresse le dos, et que je te fais de grands sourires pour lui redonner le sien.

« OUIIIN ! »

Rien n'y fait.

Au lieu de perdre foi en l'humanité, vous pouvez choisir plusieurs options :

• Vous prenez sur vous et en profitez pour réaliser des fentes à chaque pas, histoire de remuscler votre fessier au rythme des cris.

• Vous montez le son de votre MP3 et continuez votre marche, casque sur les oreilles, en attendant que ça passe.

• Vous pleurez en même temps que votre enfant, vous aussi avez besoin de vous décharger de cette journée harassante.

Eh oui, si votre culture musicale ou vos fessiers se voient ragaillardis grâce à la colère du soir, vos nerfs sont mis à rude épreuve, et pour cause : personne ne saisit vraiment ce qui se passe dans la caboche mignonne du greffon quand il pleure. « Tu verras, tu comprendras vite... » Quelle intox !

Et la nuit, misère, la nuit à 3 h 27 du matin, alors qu'on rêvait d'une plage ensoleillée et que cela fait six semaines qu'on n'a pas dormi plus de deux heures d'affilée, on comprend surtout qu'ON EN A ASSEZ DE CE GOSSE QUI PLEURE POUR UN OUI POUR UN NON SANS EXPLICATION ! Il pourrait pas parler, non ? Non.

Alors, on se calme et on extrapole, on tâtonne, et on donne de l'eau, un câlin, une tétée, une couche propre, sans vraiment savoir si c'est ça le problème, peu importe, cette débauche d'énergie nous rassure. Parfois, bébé arrête net de crier et on se met dans la tête, à tort ou à raison, qu'on a réussi à régler le problème. Fierté.

Si ça se trouve, il en avait juste marre de nous voir gesticuler.

Le mot du pédiatre

Le pleur est la première langue vivante du bébé.

Dix choses à savoir :

1. Personne n'aime entendre pleurer son nourrisson, mais n'oublions pas que souvent *il crie sans larmes plus qu'il ne « pleure »*. De plus, le nouveau-né n'étant pas un adulte, ce « pleur » n'est pas forcément un signe de grande tristesse ou de douleur intense. *C'est sa façon de parler,* son mode d'expression pour dire que quelque chose cloche. Pleurer pour un bébé, c'est normal. Dédramatisons !

2. *Il est tout à fait normal pour un parent de ne pas comprendre la cause du pleur de son petit bébé.* Pour la simple raison que celui-ci, dans ses premières semaines de vie, n'a pas un pleur dirigé. En clair, il ne pleure pas « pour quelque chose », « parce qu'il a faim » ou « parce qu'il a soif ». Il pleure, c'est tout, et *lui-même ignore ce qui ne va pas* et ne saurait dire précisément ce qu'il souhaite. « Comprendre l'origine du pleur » est donc parfaitement illusoire – surtout, ne vous torturez pas et ne vous dénigrez pas si vous n'y parvenez pas. Le mieux : n'essayez même pas. Ne réfléchissez pas trop.

3. Si, quand votre bébé pleure, vous essayez activement de résoudre « son problème », en lui proposant de manger/changer sa couche/un hochet/des guilis-guilis/une chanson, c'est peut être une bonne solution :

votre bébé sera diverti, *heureux que vous vous occupiez de lui, sans doute finira-t-il par arrêter de crier.* Mais à l'inverse, si, quand votre bébé pleure, vous ne faites rien de spécial excepté un gros câlin, cela peut être une bonne solution aussi, car *il est possible qu'il en ait assez d'être stimulé.* Le bébé pleure parfois après avoir beaucoup joué, vu de monde, entendu de bruit, été touché ou sollicité. Son pleur est alors l'expression de sa saturation. Il a besoin de calme. Pas la peine d'en rajouter en faisant les marionnettes ou en l'emmenant en balade.

4. *Les « pleurs du soir », qu'on explique fréquemment par une peur ancestrale de la nuit, expriment aussi, probablement, cette saturation.* Depuis le matin, bébé a été stimulé, il est allé de découverte en surprise, alors quand arrive le soir il est fatigué, un peu énervé, donc il pleure. Mais sa mère, qui a passé la journée avec lui, est dans le même état ! Par conséquent, elle peine à garder son calme et à le rasséréner. Lui qui est une éponge à émotions sent cette contrariété dans l'air – il ne cesse donc de crier, ce qui inquiète la maman, qui ne se sent pas compétente. Cercle vicieux bien connu de la femme en congé maternité ! Quand son conjoint arrive, elle lui colle leur enfant dans les bras et celui-ci s'endort dans la minute. Scénario agaçant mais ô combien classique, contre lequel on ne peut pas grand-chose, à part peut-être tenter de *rester « zen »* et ne pas hésiter à confier le bébé, même un court moment, afin de faire une pause.

5. *Rares sont les bébés qui pleurent parce qu'ils ont la couche pleine.* Sauf irritation du siège, les « fesses sales » ne sont ni douloureuses ni gênantes, malgré une idée reçue persistante. Pas la peine de vous ruer dessus au moindre pipi/caca, donc.

6. *Il arrive que bébé pleure de fatigue.* Il arrive aussi qu'une fois au lit certains enfants âgés de quelques

mois crient systématiquement, cinq ou dix minutes, avant de s'endormir. C'est un besoin, une sorte de rituel. Sauf à vouloir les empêcher de s'endormir, *mieux vaut résister à l'envie d'aller les réconforter* ou « voir ce qui ne va pas ». Tout va très bien, c'est leur façon personnelle de cheminer vers le sommeil (cf. *Dormir.*)

7. *Laisser pleurer un bébé quelques instants n'est pas dramatique, au contraire.* Il s'exprime, on l'écoute. On lui laisse la possibilité de trouver sa solution tout seul. On ne lui donne pas l'habitude de se précipiter au moindre bruit. *Inversement, le laisser pleurer longtemps n'est pas souhaitable,* ni agréable, ni utile, ni formateur en aucune façon. Cela n'apprend rien à bébé, surtout pas à « se faire les poumons », comme l'assuraient les anciens, à tort.

8. *Si bébé pleure, il a peut-être des gaz.* Cela arrive : le système digestif du nourrisson est immature et mettra plusieurs mois avant de fonctionner parfaitement bien. Cela dit, n'allons pas tout expliquer par les viscères ! Les pleurs du petit bébé ne sont pas forcément un signe de mal de ventre, de « coliques » ou, comme ont tendance à le diagnostiquer hâtivement bien des médecins contemporains, de reflux gastro-œsophagien (cf. *Renvoi*). *Veillons à ne pas dispenser des traitements médicamenteux à des bébés qui n'en ont nul besoin.*

9. Une chose est sûre : *un petit bébé ne pleure jamais « par caprice »* ou « pour nous faire marcher ». Un nouveau-né est beaucoup trop petit pour avoir la capacité de nous manipuler. Les pleurs de frustration arrivent plus tard, à mesure que l'enfant grandit, et persistent d'autant plus que les parents se précipitent pour combler les moindres désirs de leur enfant et vivent dans la peur qu'il « manque de quelque chose ».

10. Si bébé pleure et que vous notez d'autres signes étranges (mauvaise mine, regard terne, manque d'ap-

pétit, fièvre...) ou *s'il n'arrête pas de pleurer, consultez son médecin.*

Des astuces en plus

Pour vous occuper pendant que votre enfant hurle à pleins poumons...

Une appli débile : le « crytranslator ». Surfant sans complexe sur l'inquiétude parentale, ce programme disponible sur Apple Store permet (prétendument) de décrypter les pleurs du bébé. On enregistre le hurlement du nourrisson sur Smartphone et celui-ci nous révèle s'il a faim, froid, sommeil... Ça ne marche pas du tout, évidemment, mais ça occupe. www.crytranslator.com

Un tumblr rigolo : une exceptionnelle collection de photos d'enfants en pleurs, avec, en commentaire, l'explication supposée de ces crises. Véridique et hilarant, ce tumblr est alimenté par des parents du monde entier. http://reasonsmysoniscrying.tumblr.com/

Un livre de référence sur la cause des pleurs, mais aussi plus généralement sur le développement psychologique et affectif de l'enfant :

L'Enfant et sa famille, du psy et pédiatre anglais Donald Winnicott, Petite Bibliothèque Payot.

Pourquoi

Avant l'enfant

Cause du comment.

On est humain, on se pose donc mille questions, même si nous n'avons pas tous les capacités de philosopher sur la réponse pendant des heures.

Pourquoi est-ce que la tartine tombe toujours du mauvais côté et le chat sur ses pattes ? Pourquoi ma belle-mère ? Et surtout POURQUOI n'y a-t-il plus ma pointure ?

Tant de questions, si peu de réponses...

Après l'enfant

Test de patience du parent.

L'enfant naît, l'enfant grandit, l'enfant marche. Et soudain, l'enfant parle. Le moldave de l'Ouest au début ; puis, petit à petit, il souhaite enrichir son vocabulaire et ses connaissances. Ainsi, sort de sa bouche le premier « pourquoi ? », qui nous attendrit.

Il est si vif d'esprit, si curieux du monde, notre tout-petit ! Tout l'intéresse, tout l'interroge, c'est formidable.

À raison de huit questions par heure (voire vingt-trois aux heures de pointe), nous allons très vite découvrir à quel point un enfant vif d'esprit et curieux peut être... disons fatigant.

Même si nous pensons être bien plus aguerris que ce parent qui vient de rétorquer à son enfant, d'une voix excédée « MAIS MERDE À LA FIN ! », ça va forcément nous démanger. Voire sortir de notre bouche avant que notre cerveau ait le temps de dire « stop ».

Une préparation mentale est donc nécessaire. Voici un petit test qui nous permettra de savoir si nous sommes fin prêts à affronter le déluge des « pourquoi ».

POURQUOI il est moche le monsieur ?

a) Parce qu'il a fait trop de grimaces quand il était petit.

b) Moins fort enfin, on ne dit pas ça mon poussin, il n'a pas de chance, c'est tout. Et puis c'est quoi, quelqu'un de beau ou quelqu'un de moche après tout ?

c) Il posait trop de questions. Tais-toi maintenant.

POURQUOI il faut toujours manger des légumes ?

a) Pour être fort et intelligent.

b) C'est pour ton bien, ça fait du bien à ton corps et tu feras de beaux cacas. Aller, encore trois cuillères.

c) Parce que.

POURQUOI le ciel est bleu ?

a) Parce que vert on confondait avec la pelouse.

b) Je crois que c'est un peu compliqué à expliquer mon cœur, mais on va trouver un livre pour comprendre ensemble.

c) Parce que c'est comme ça.

POURQUOI le feu ça brûle ?

a) Pour faire cuire ton steak, c'est plus pratique.

b) C'est la chaleur qui s'en dégage qui brûle. Plus c'est chaud, plus tu as des risques de te brûler. Il faut faire très attention.

c) Pour pas que tu y touches.

POURQUOI il pleut ?

a) Pour faire travailler les gens de la météo.

b) Les nuages étaient « trop pleins » et il fallait qu'ils enlèvent un peu de leur eau, du coup il pleut.

c) Pour faire parler les bavards.

POURQUOI t'es énervé(e) ?

a) C'est le café. Et ta grand-mère aussi.

b) Oui, pardon mon chéri. Je vais me calmer, mais parfois, les grands aussi ont besoin de se défouler un peu. Je tâcherai de faire attention.

c) Vraiment ? Tu veux VRAIMENT que je te dise ?

Résultats :

Une majorité de a : vous avez le mérite d'être drôle, mais pas certain que l'enfant en bas âge puisse comprendre le second degré.

Une majorité de b : Félicitations ! Vous êtes prêts, mais ne vous endormez pas sur vos lauriers : le test en conditions réelles est bien plus éprouvant.

Une majorité de c : « Courage, fuyons ! » est votre devise. Tout ce que vous risquez, c'est que le greffon revienne à la charge, encore plus armé de questionnements. Faites un effort !

Dans tous les cas, n'oublions pas que le « pourquoi » enfantin se balade en troupeau. Dans la plupart des cas, une réponse amène inévitablement une autre question et ainsi de suite - il est bien difficile pour un petit curieux de s'en tenir à un seul et unique « pourquoi ». Notre bonne humeur, notre patience, nos connaissances et notre imagination seront mises à rude épreuve. Un exemple ?

« Pourquoi l'herbe est verte ?

— Parce qu'elle contient de la chlorophylle, c'est comme un produit qui la rendrait verte.

— Pourquoi elle a de la connophyle ?

— De la chlo-ro-phylle. Parce qu'elle respire, l'herbe, et ça produit ça.

— Pourquoi elle respire l'herbe ?

— Pour vivre.

— Pourquoi elle veut vivre ?

— Bah... parce que c'est sympa la vie !

— Pourquoi c'est sympa ?

— Parce qu'on est bien non, là ?

— Pourquoi on est bien ?

— Parce qu'on est ensemble.

— Pourquoi on est ensemble ?

— Parce que tu es mon fils.

— Pourquoi ?

— Parce qu'on a voulu un enfant avec papa.

— Et comment vous avez fait ?

— MAIS MERDE À LA FIN ! »

Le mot du pédiatre

Pourquoi « pourquoi » ? Mais parce que l'enfant est curieux ! Dès 2 ou 3 ans, à l'âge où *son activité principale est de découvrir le monde,* ce « pourquoi » lui est formidablement utile : il lui permet de comprendre comment marche l'univers qui l'entoure. C'est une machine à savoir, à comprendre, mais elle s'emballe parfois !

Quand les « pourquoi » de l'enfant partent en rafale, nous, les adultes, pouvons lui retourner la question : « toi, qu'en penses-tu ? », puis partir de sa petite idée pour lui répondre, ce qui primo stimulera sa propre réflexion et secundo nous permettra d'adapter notre laïus à ce qu'il est capable de comprendre et à ce qu'il a déjà compris.

Avouons-le, la réponse ne lui importe pas toujours : *demander « pourquoi » est également une activité ludique* pour l'enfant. Il aime à mettre en scène ses nouvelles compétences : interroger en est une, il ne se prive donc pas d'en jouer tant et plus.

Demander pourquoi est aussi *un prétexte pour être en contact avec ses parents et mobiliser leur attention.* En effet, quand le petit demande « pourquoi… », l'adulte cesse son activité et lui répond quasiment à tous les coups, et en plus il a l'air content ! Alors, l'enfant recommence une fois, deux fois, dix fois… Jusqu'à ce que ses parents aient épuisé leur stock de réponses, leur patience ou les deux.

Alors, *faut-il répondre aux questions de son enfant ? Sans nul doute.* En récompensant sa curiosité, vous lui ouvrez les yeux, vous lui transmettez ce que vous savez, vous l'aidez à grandir et à comprendre le monde, quel joli aspect du rôle de parent ! En revanche, si ses questions s'enchaînent les unes aux autres sans arrêt, sans qu'il écoute vraiment la réponse, si les « pourquoi » ne servent qu'à capter votre attention, ne vous sentez pas obligé de continuer ce dialogue. Répondez plutôt à sa vraie demande, qui est d'être l'objet de votre attention : occupez-vous de lui, proposez-lui un jeu, de faire un gâteau ou une partie de cache-cache, peu importe.

Globalement, *répondez de manière simple à ses questions*, faites court et adapté à ce que l'enfant peut comprendre. Il n'a pas besoin de tout savoir, il a besoin qu'on lui fournisse une explication claire, vraie et qu'il peut saisir, juste légèrement plus étoffée que ce qu'il sait déjà. S'il demande pourquoi le soleil brille dans le ciel, n'en profitez pas pour lui narrer tout le fonctionnement du système solaire. Peut-être retiendrait-il vos explications, mais à quoi cela lui servirait-il ? Est-ce pertinent de « doper » sa matière grise ? Cela ne se ferait-il pas aux dépens d'autres activités, notamment physiques et émotionnelles, qui lui sont aussi nécessaires à son âge ? Allons un peu plus loin sur cette question.

Les enfants sont naturellement curieux, et ceux du XXIe siècle sont plus vifs d'esprit que jamais. Pourquoi ? Parce que nous, les adultes, étanchons leur soif d'apprendre. Parce qu'on répond à leurs « pourquoi » ; parfois même devance-t-on leurs interrogations afin de leur transmettre le plus de connaissances possible. Ainsi, les petits d'aujourd'hui sont-ils très informés et très stimulés par des parents qui leur parlent beaucoup, par plaisir et aussi pour maximiser leur réussite scolaire. Résultat : de nos jours, beaucoup d'enfants, dès leur plus jeune âge, parlent bien et connaissent une foule de choses. Dans bien des familles, on se demande même si tel petit garçon ou telle petite fille, particulièrement cultivé(e) et malin/maligne, ne serait pas intellectuellement précoce.

Parfois, et c'est le revers de cette formidable vivacité mentale, *un fossé se creuse entre la rapidité cognitive de ces enfants et leurs capacités physiques et émotionnelles.* Soit, tout à leur désir d'apprendre, ils ont désinvesti leur corps, soit celui-ci se développe à un rythme plus lent et impossible à accélérer, mais le fait est que certains rejetons ont un esprit vif dans un corps pataud. Ils savent reconnaître l'étoile du berger mais sont bien embarrassés de leurs dix doigts. Ils peuvent décrire un château fort par le menu — meurtrières, douves et pont-levis inclus — mais peinent à tenir un crayon et s'en rendent parfaitement compte. Ce déséquilibre mental/physique ne les rend pas heureux et peut même leur poser problème à l'école. Les enseignants voient de plus en plus de petits élèves ayant parfaitement compris à quoi servait l'écriture et désireux de s'y mettre, mais n'y arrivant pas, à leur grand désespoir.

Par ailleurs, si l'enfant engrange une foule de données théoriques, encouragé en cela par ses parents ravis, il peut se retrouver face à un océan de savoirs dont il ne sait que faire. À chaque acquisition de connaissance, mieux vaut laisser le temps au petit d'en trouver des applications pratiques.

De manière générale, *il n'est pas judicieux de surinvestir l'éveil intellectuel d'un enfant aux dépens de son éveil physiologique.* Un petit a aussi besoin d'appréhender le monde par le corps, de se défouler et de s'éveiller physiquement, de faire des galipettes, de patouiller dans le sable, de malaxer, de pétrir, d'éclabousser, de touiller, de tamiser, de se rouler dans l'herbe, de cueillir des cerises, de faire un gâteau ou un tour de vélo. Évitons donc de dénigrer ces activités, par exemple en traitant l'enfant de « bébé » ou en lui reprochant de se salir. Ces activités physiques sont indispensables au développement harmonieux d'un petit.

À lire, à écouter

Pour les petits

À lire :

Le Kididoc des Pourquoi ?, Sylvie Baussier, Éditions Nathan. Dès 4 ans.

Mon premier Larousse des pourquoi, Laure Cambournac, Éditions Larousse. Dès 4-5 ans.

Et aussi, l'histoire d'un petit chaperon rouge très curieux : *Et pourquoi ?,* Michel Van Zeveren, Éditions Pastel-L'École des loisirs. Dès 3 ans.

Pour les grands

À lire :

Pourquoi les manchots n'ont-ils pas froid aux pieds ? Et 111 autres questions stupides et passionnantes, New Scientist, Science Ouverte-Le Seuil.

Les Pourquoi en images, Philippe Vandel, Éditions Kero, 2012 et 2013.

Pour les petits et les grands

À écouter :

Les P'tits Bateaux, émission de radio présentée par Noëlle Bréham, répond aux questions des enfants chaque dimanche sur France Inter à 19 h 28, et en podcast (www.franceinter.fr/emission-les-ptits-bateaux-archives).

Principe

Avant l'enfant

Règle de conduite que l'on entend appliquer et faire appliquer à nos futurs descendants.

Le respect, la politesse, l'honnêteté, c'est sacré. Sinon c'est l'anarchie et tant va la cruche à l'eau qu'à la fin elle met le feu aux poudres. Bref, avoir des principes et s'y tenir, c'est primordial. Surtout dans l'éducation des enfants, sinon ça fait des mal élevés.

Après l'enfant

Désuet.

Ma petite maman,

Oui, c'est ta grande fille de 30 ans et des poussières qui t'écrit. Ma chère maman, donc, aujourd'hui, je me souviens.

Je me souviens qu'enfant, je maudissais ces lubies que tu appelais tes principes. Pourquoi forcément une douche après la balade au parc ? Pourquoi jamais de chewing-gum à la caisse ? Pourquoi pas de télé la veille d'un jour d'école ? Je me souviens que tu criais trop et ne parlais pas assez. Je me souviens que tu étais plus à cheval sur la politesse que sur le ménage. Je me souviens que le repas n'était jamais prêt à l'heure et que sur la photo de classe un jour tu m'as mis des collants violets avec une robe verte, parce que le reste était au sale. Je me souviens que la maman de ma meilleure copine n'ouvrait jamais de boîtes de conserve, elle.

Alors, une fois adulte, je me suis promis de faire mieux que toi. Je me suis juré d'être une mère douce mais pas molle, complice, à l'écoute, organisée mais pas rigide, tolérante mais ferme sur l'essentiel : pas de désobéissance, pas d'impertinence. Du respect mutuel. Des repas équilibrés. C'était tout ça, mes principes d'éducation. Sur le papier.

Et puis ce fut mon tour d'avoir des enfants. De vrais enfants. Des bébés qui dorment mal, puis qui dorment bien, puis qui se réveillent et finissent dans notre lit. Des enfants qui veulent « mamaaaaan », qui veulent du pain, qui veulent tout-tout-de-suite, un câlin, un jouet, deux jouets, le chausson jaune, le canard bleu, pas celui-ci, celui-là. Des gamins qui ne veulent pas avancer, pas s'habiller, pas marcher, pas le bain, pas la purée. Des mioches qui parlent fort, qui chouinent strident, qui pleurnichent sans raison, qui rient aux éclats. Des bambins qui ont faim à 11 h 02 alors que le rôti sera prêt dans une heure. Des enfants qui ronchonnent, qui supplient, qui insistent, qui tapent du pied, qui nous ont au charme, qui nous ont au culot, qui font notre fierté et nous fichent la honte, qui sont mignons, qui sont pénibles.

Alors, je soupire, je ris et je cours beaucoup. J'explique quand j'ai le temps et je crie régulièrement. Je fais au mieux et pas toujours ce que j'avais prévu. Je ne suis pas toujours la mère que je voudrais ni celle que je m'étais inventée, avant. Moi qui m'imaginais intraitable face aux caprices, je flanche devant les moues boudeuses de mes petits. Je pensais que je serais très à cheval sur la politesse, et je les autorise à envoyer bouler tatie Kipik qui veut absolument un bisou. J'étais sûre que, chez moi, les repas en famille seraient des moments de retrouvailles sereins et de partage... Mais j'envoie leur repas en dix minutes chrono, pressée de dîner entre adultes une fois qu'ils sont couchés. Je m'étais promis de ne jamais dire de gros mots devant eux, et voilà qu'aujourd'hui, à coup d'un euro par vulgarité prononcée, je leur dois un bon petit pactole. Je me voyais emmener mes enfants, forcément calmes, au musée comme au marché, et je crains leurs cavalcades démentes en public. Je pensais qu'on ne fréquenterait pas le fast-food avant qu'ils sachent lire, mais bah c'est quand même bien pratique finalement ce Happy Meal le dimanche soir, non ?

Bref, j'avais des principes, et puis j'ai eu des enfants. Comme toi, jadis. Comme toi, jadis, je vois comme c'est bon et comme c'est difficile. Je fais au mieux, je pare au plus pressé, je bricole, j'improvise, je m'adapte, je tente de nager avec le courant. Je fais ce que je peux. Comme toi jadis et comme tous les parents, sans doute.

Comme je te comprends un peu mieux, je te juge un peu moins.

Pardon, maman.

♥♥♥

(Au fait, serais-tu dispo samedi soir pour garder les petits, par hasard ?)

Propreté

Avant l'enfant

Fait d'être propre.

On conçoit très bien le principe, même si certains, sans citer de noms, oublient un tantinet de l'appliquer. Globalement, tant qu'on ne sent pas le yack rance, qu'on range un minimum son intérieur et qu'on fait preuve d'un soupçon de soin et d'hygiène, la propreté, pour nous, c'est les doigts dans le nez. Évidemment, ce qui nous pose problème le plus souvent reste la propreté *des autres* qui, il faut bien le reconnaître, est parfois un concept abscons de la vie en communauté. N'insistez pas, nous ne citerons personne.

Après l'enfant

Galère du parent, moyen de pression de l'enfant.

Sitôt le greffon collé tout gluant sur notre poitrine, encore chaud de liquide amniotique, on sent que le dossier « hygiène » ne va pas être spécialement simple à gérer. Les milliards de plis de notre enfant, remplis de substances non identifiables, nous donnent des envies subites de voyage sans retour dans un temple bouddhiste. Pour décompresser.

Après plus de vingt-quatre mois passés avec le greffon, le mot « propreté » prend un sens tout différent. Il ne s'agit plus uniquement de baigner. Il est temps que Sa Majesté le Scotch quitte ses sacro-saintes couches, *because* on en a assez d'essuyer ses princières fesses six fois par jour et parce que, éventuellement, l'entrée en maternelle est au bout du chemin. Comme chacun sait, l'enfant est censé « savoir contrôler ses sphincters » (= se retenir de faire ses besoins inopinément) pour être admis à l'école. Glurps. Alors, nous, parents lambda, entreprenons d'an-ti-ci-per : on investit dans un pot/dans un réducteur de toilette/dans des slips à l'effigie de Dora (ou de Spiderman, ou de BHL, chacun ses goûts). Puis, on rassemble tout le courage qu'il nous reste dans le but unique de « rendre propre » la chair de notre chair. Cette mission s'avère parfois aussi chaotique que périlleuse.

Car nous, parents, traversons dès lors différentes phases, allant de la danse de la joie (quand un premier pipi-coup-de-chance arrive au fond du trône) jusqu'à l'envie de défenestration (quand l'inverse se produit pour la huitième fois de la journée). Nous passons nos journées à imiter le perroquet, répétant « tu veux faire pipi ? » à peu près tous les quarts d'heure jusqu'à l'accident de parcours. Et recommençons une fois que le désastre est épongé.

Notre enfant, lui, s'en moque souvent pas mal. Il fait ce qu'il peut, ou ce qu'il veut, quand il peut, où il peut, et met parfois les nerfs parentaux en pelote. Nous, les adultes responsables de petit-ange-d'amour sommes alors amenés, si, si, à user de diverses stratégies afin de lui faire comprendre qu'il est ô combien plus confortable d'avoir la fesse sèche et fraîche que chaude et humide. La plupart de nos abracadabrantesques ruses se révéleront catastrophiquement inefficaces et péniblement chronophages. Dans un souci d'utilité publique, chers lecteurs, passons donc en revue **les dix**

meilleures méthodes pour rater la propreté de son enfant.

Ne me remerciez pas.

L'ultimatum : « Tu vas rentrer à l'école, il faut donc enlever ta couche. »

Effet : Stress de l'enfant et du parent, rejet de l'école.

Bilan : On gagne sur tous les plans. Non seulement le petit n'est toujours pas propre, mais en plus il angoisse de mettre un pied à la maternelle. Si l'enfant ne veut pas aller à l'école, il peut aussi faire exprès de faire pipi par terre. Génial.

Taux d'échec : 75 %.

Le chantage affectif : « Si tu fais pipi dans le pot, maman sera vraiment contente et très fière de toi. »

Effet : Parfait pour ajouter une louche d'angoisse de séparation dans le cartable de l'enfant. Ce qu'il comprend : « Si tu fais encore pipi dans ta couche, ou par terre, maman t'aimera moins. »

Bilan : Pas glorieux. En prime, des cauchemars. Elle est pas belle, la vie ?

Taux d'échec : 95 %.

La carotte : « Si tu vas sur le pot, on ira au manège. »

Effet : aucun. L'enfant s'en tape le coquillard de ne pas grimper dans l'hélico de la police, il a un milliard de Playmo dans sa chambre. En tout cas, c'est ce qu'il veut nous faire croire.

Bilan : On va quand même au manège parce qu'on a un aîné, et le cadet finit par avoir son tour aussi. Et pan, sur le bec de l'autorité parentale.

Taux d'échec : 88 %.

Le bâton : « Si tu refais pipi dans ta culotte, tu iras au coin. »

Effet : Aléatoire. Soit l'enfant fera pipi dans le coin (dans la mesure où on pousse jusqu'à l'application de la punition), soit il associera la propreté à une menace.

Bilan : Meilleur plan anti-propreté de toute l'histoire de la puériculture.

Taux d'échec : 100 %.

Le coup de la maturité : « Tu es grand(e) maintenant, il faut enlever la couche. »

Effet : Pour peu qu'il soit le cadet de la fratrie, votre enfant comprendra instantanément que viser dans le pot signe la fin de son statut de bébé-petit-dernier. Veut-il grandir au point de perdre cette couronne ? Pas sûr.

Bilan : Cette ruse peut fonctionner, mais on note tout de même un gros risque de récolter l'exact contraire de ce que l'on veut semer.

Taux d'échec : 50 %.

Les fesses à l'air, nos mères nous l'ont dit : « Cul nu pendant l'été, et ça va se faire tout seul. »

Effet : Étrangement, ça ne marche pas si bien que cela. Il suffit à notre bout de chou d'écarter les jambes pour ne pas s'en mettre partout – pas bien compliqué finalement.

Bilan : Fort risque parental de se faire greffer une serpillière à la place de la main.

Taux d'échec : 70 %.

Le pantalon moulant ou le jean. Certaines copines sont formelles : « Tu lui mets un pantalon bien épais et/ou moulant et ça va le déranger bien comme il faut une fois mouillé. »

Effet : Effectivement, ça le dérange. Il hurle, donc. Mode « mère indigne » enclenché et greffe de boules Quies obligatoire.

Bilan : Maintenant, notre gamin sait se déshabiller seul. C'est déjà ça. Et nous, on a vaguement l'impression que la voisine songe à appeler SOS enfance maltraitée.

Taux d'échec : 55 %.

La dépression parentale. Crise de larmes maternelle quand l'enfant refait pipi sur le canapé, l'avant-veille de sa première rentrée des classes.

Effet : Angoisse de l'enfant. Et, la seconde d'après, découverte de sa nouvelle force, le sadisme.

Bilan : Il sait maintenant qu'il peut nous tenir par les émotions, ça pourra lui être utile. Reste à espérer qu'il ne devine pas qu'on pleure en cachette quand il est malade, quand il tombe, quand il ne mange pas, quand il ne dort pas, etc.

Taux d'échec : 99 %.

Le mensonge : « Oooooh, dommage, on n'a plus de couches et le magasin est fermé, va falloir faire sans. »

Effet : Prendre son héritier pour un abruti est moralement discutable. Et totalement inefficace en cas d'incompétence parentale en matière de mensonge. Si on annonce la rupture de stock devant le placard ouvert sur deux Jumbo Packs de couches taille 5 +, c'est le ratage assuré.

Bilan : Non seulement l'enfant va doucement ricaner, mais il aura désormais une confiance toute relative en votre bonne foi.

Taux d'échec : 60 %.

Le renoncement : « Je m'en fiche, de toute façon ce gosse sera propre un jour, à 18 ans il ne portera plus de couche, n'est-ce pas ? »

Effet : Fin du stress pour tout le monde.

Bilan : Opter pour la patience n'incitera pas votre minot à aller plus vite sur ce fichu pot. Ni moins vite d'ailleurs. Mais maintenant, vous vous en fichez, ce sain détachement vous a retiré un poids de la poitrine. Et c'est bon.

Taux d'échec : 45 %.

Le mot du pédiatre

Ayez confiance dans votre enfant : il sera propre un jour. Quand ? Quand il sera prêt. Quand, notamment, il saura marcher, grimper quelques marches, se déshabiller en partie seul, dire « pipi » et « caca », accessoirement quand il sera capable de s'asseoir et de se lever tout seul de son pot. Et surtout quand il s'intéressera à cette question. Comme pour toutes les autres acquisitions, *la propreté se fait au rythme de l'enfant*. Certains marchent à 9 mois, d'autres à 20 mois, c'est *idem* pour le pot : certains abandonnent leurs couches à 18 mois, d'autres à 3 ans et demi, d'aucuns font encore caca dans leur couche à 5 ans.

Parole de pédiatre qui a vu passer des milliers d'enfants et de parents, vouloir accélérer le rythme ne sert à rien sinon à créer des blocages, des soucis, des tensions et des conflits. Bref, cela ralentit la cadence et s'avère souvent parfaitement contre-productif. L'acquisition de la propreté est le résultat d'un « apprentissage », non d'une « éducation ». En clair, vous les grands ne pouvez pas acquérir la propreté à la place de votre progéniture, et sans qu'elle le souhaite. Il faut donc, et c'est sans doute le plus difficile, que l'adulte renonce à maîtriser quoi que ce soit dans cet apprentissage : la propreté, c'est l'affaire de l'enfant, pas la sienne. *Parents, pour préserver votre sérénité mais aussi, et surtout, par souci d'efficacité, mêlez-vous-en le moins possible !*

• Ne décidez pas « d'enlever les couches » à la place de votre enfant : si vous voulez qu'il acquière la propreté sans stress et rapidement, il faut d'abord qu'il en ait envie et que cela l'intéresse. Sinon, ne le faites pas.

• Forcer votre enfant à retirer ses couches a fort peu de chance de fonctionner. Pis : cela aura sans doute pour effet pervers de l'inquiéter et de le mettre en échec s'il n'y arrive pas.

• Ne le mettez pas sur le pot à heures fixes, ou systématiquement après le repas, ce conditionnement pavlovien, très en vogue au siècle passé, a généré des générations de constipés. En effet, on apprend ainsi à l'enfant à se retenir jusqu'à « l'heure du pot », et à ne pas faire quand il en a envie.

• Mieux vaut ne pas lui demander chaque matin ou chaque soir s'il veut enlever sa couche. Il se sentira probablement nul en disant « non », finira par dire « oui » pour vous faire plaisir puis, quand il fera pipi par terre, pourra connaître un sentiment d'échec et de déception de ne pas y être arrivé.

• Évitez de faire de la propreté une source d'inquiétude, un sujet de conversation récurrent ; ne partez pas du principe que « cela va être long/pénible/difficile ». Devenir propre est naturel, simple, rapide, si on respecte le tempo de l'enfant et qu'on lui laisse prendre l'initiative. Si, au contraire, on veut aller plus vite que la musique ou que l'on dramatise, en faisant de la propreté un enjeu ou un problème, cela risque véritablement de le devenir.

Le mieux à faire pour aider votre enfant à être propre, c'est ne rien faire du tout, à part lui fournir une explication simple : « Quand on grandit, on arrête de porter des couches : on fait pipi et caca dans le pot puis dans les toilettes. C'est comme ça et c'est pratique. Regarde, les W.-C. de la maison sont ici, ton pot se trouve là. Quand tu as envie de faire tes besoins, tu vas dessus. Maintenant que tu sais comment ça fonctionne, tu commenceras quand tu te sentiras prêt. Le jour où tu ne souhaites plus mettre de couche, tu me le dis et on les retire. Voilà ! »

Félicitez-le, sans en faire des tonnes, quand il décide de se rendre sur le pot et d'y faire ses besoins. Après avoir décidé d'enlever sa couche, votre enfant peut connaître des accidents, voire des phases de « régression ». C'est normal, ce n'est pas grave. Nettoyez, sans y accorder aucune attention, faites vraiment comme si de rien n'était, ça va passer.

Ainsi y a-t-il de très fortes probabilités pour que votre enfant soit propre à son entrée en maternelle, et même bien avant.

Cela dit... Trois mots à retenir :

• *Confiance.* Certains petits, et ils ne sont pas rares, font « durer le plaisir » des couches jusqu'à la veille de leur première rentrée scolaire, mettant les nerfs de leurs parents à rude épreuve. Il en va de la propreté comme de tout le reste : plus un « jeu » provoque de l'émotion parentale, plus il est rigolo et plus l'enfant le fait durer ! On a vu souvent des enfants jeter la couche une heure avant d'enfiler leur cartable, voire le lendemain de la rentrée.

• *Patience.* La propreté de nuit vient après la propreté de jour, quelques mois plus tard, voire l'année suivante ou plus tard.

• *Indulgence.* Certains enfants, même grands, ont peur de faire pipi, mais le plus souvent caca, dans le pot ou dans les toilettes, et c'est leur droit le plus strict. Le mieux à faire est de les rassurer, sans insister sur leur « problème », sans en parler à tout bout de champ, sans en faire un drame, sans les gronder. Il est conseillé de les autoriser à demander une couche pour faire leurs besoins dedans quand ils en ont envie. Cela leur passera aussi (cf. *Caca*).

Si vous vous sentez dépassée, si votre enfant ne manifeste strictement aucun intérêt pour la propreté, s'il n'est toujours pas propre ni le jour ni la nuit à 4 ans, consultez.

De la lecture pour enfants

Caillou : le pot, Joceline Sanschagrin et Pierre Brignaud, Éditions Chouette. Maman a une surprise pour Caillou : un pot pour y faire ses besoins. Un petit bouquin très réaliste et doux (qui raconte ce qu'est le pot, les essais infructueux, puis la réussite), inspiré des écrits de la psychanalyste Françoise Dolto.

Tous les cacas, Alex Sanders et Pierrick Bisinski, Éditions L'École des loisirs. Une rigolote galerie de portraits de cacas, qui se clôt par un « au revoir caca » et un tirage de chasse d'eau, ce qui parlera à l'enfant.

J'y vais !, Matthieu Maudet, Éditions L'École des loisirs. Poussin y va, mais où donc ? Aux W.-C. bien sûr, mais on ne l'apprend qu'à la fin de ce livre drôle sur le thème de la propreté.

Renvoi

Avant l'enfant

Trouille de salarié.

Nul n'est à l'abri d'une jolie bourde ou d'un plan social surprise avec, à la clé, un joli recommandé nous demandant gentiment de vider les tiroirs de notre bureau d'ici la fin du mois.

Se faire renvoyer reste la hantise de chaque employé, surtout quand on pense à ce qui nous attend chez Pôle emploi : apporter des papiers, faire la queue, entendre dire qu'il manque le formulaire B64, refaire la queue, faire des photocopies, rerefaire la queue, devoir répondre à des annonces de boucher-charcutier alors qu'on est tourneur-fraiseur, flûte alors.

Après l'enfant

Trouille de salarié.

Le premier rot de votre bébé signe l'arrêt de mort de votre épaulette. Vous apprenez à cette occasion que le greffon, si choupi-mignon soit-il, est capable de faire sortir de son petit corps le plus fétide des filets : le renvoi. Ou régurgitation. Ou mini-dégueulis. En clair, une substance mi-bave mi-lait caillé que bébé-cette-lumière-de-nos-jours dépose sans ciller sur le support le plus proche : nous. Le renvoi, c'est un peu l'eau de toilette du parent, mais version *cheap*.

Le problème, c'est qu'on n'y prend pas garde. Oublieux de ce soulagement digestif, nous partons, la jambe légère, vers d'autres occupations, une longue trace blanchâtre plus que douteuse sur le haut de la veste (voire dans le dos).

Quand nous nous rendons compte du méfait, c'est trop tard : nous avons déjà dit bonjour à toute la direction commerciale (et pris l'ascenseur avec GrandChef).

Renvoi 1, crédibilité 0.

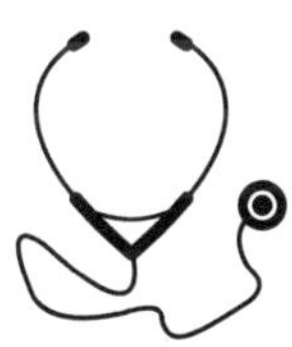

Le mot du pédiatre

Le bébé mange beaucoup (et surtout liquide), il avale quelquefois de l'air en tétant et vit le plus souvent allongé. En outre, les muscles de son estomac ne fonctionnent pas encore parfaitement – le cardia notamment, cette petite soupape qui doit empêcher les aliments de remonter dans l'œsophage, est encore immature. Pour toutes ces raisons, le nourrisson a souvent un peu de nourriture qui lui remonte jusque dans la bouche. Le plus souvent, l'enfant recrache ainsi le « trop-plein » de nourriture, peu après le repas. On appelle cela les « régurgitations » ou « renvois ».

C'est pour cela qu'on met des bavoirs aux enfants, ce n'est le plus souvent pas grave du tout et dans l'écrasante majorité des cas ces régurgitations ne sont pas douloureuses. Au contraire des vomissements, ce rejet de nourriture ne demande à l'enfant aucun effort musculaire.

Des mesures simples peuvent permettre de limiter les remontées gastriques : positionner son bébé à la verticale pendant et après les tétées, vérifier le débit de son biberon (il ne doit pas être trop rapide), ne pas forcer un enfant à manger, le laisser s'alimenter quand il a faim et non quand « c'est l'heure »... Si un bébé nourri au biberon présente des régurgitations fréquentes, on peut également lui donner un lait épaissi, qu'il digérera mieux.

Les régurgitations ne sont pas inquiétantes, donc. Sauf quand elles sont trop importantes, très fréquentes ou qu'elles deviennent douloureuses.

Les régurgitations, courantes et bénignes chez les nourrissons, doivent être distinguées des remontées acides qui ont lieu lorsque l'enfant souffre d'un reflux gastro-œsophagien (ou RGO). Le RGO est une maladie. Il se traduit par des remontées fréquentes du contenu gastrique, très acide, dans l'œsophage. Ces remontées provoquent souvent des régurgitations ou des vomissements, mais parfois elles restent invisibles. Elles peuvent nuire au confort du bébé, qui va dans ce cas pleurer et se réveiller la nuit.

Une fois le reflux gastro-œsophagien identifié, il faut mettre en place un traitement : des règles hygiéno-diététiques renforcées parfois de médicaments (pansements digestifs et, éventuellement, antiacides et/ou prokinétiques).

Le traitement du reflux gastrique, une dérive ?

Le reflux gastro-œsophagien se caractérise par la remontée de tout ou partie du contenu de l'estomac dans l'œsophage, puis, souvent, dans la bouche. Ces remontées acides sont douloureuses.

Quand il souffre d'un RGO, bébé a donc mal. Il se tortille, il se réveille en pleine nuit, anxieux, avec des larmes dans les yeux ; il pleure subitement, sans raison, à distance des tétées. Il peut régurgiter ou même vomir, et parfois ses vomissements sont teintés de sang. Il va mieux quand on le place à la verticale. Certains enfants atteints de RGO ne régurgitent ni ne vomissent pas (ou très peu), mais ils présentent les autres symptômes.

Le reflux gastro-œsophagien est une pathologie qui ne touche qu'entre 1 % et 6 % des bébés, d'après différentes études récentes.

Pourtant, de nos jours, un très grand nombre de bébés prennent un traitement médicamenteux fort contre le RGO. Pourquoi ? Sans doute parce que cette solution apaise les maux des adultes, à défaut de soulager ceux des enfants. Un exemple type : bébé est âgé de 5 mois, il pleure sans pouvoir être consolé, souvent au milieu de la nuit, il se tortille brusquement, il semble avoir mal, il régurgite... Légitimement inquiets et désireux d'aider leur enfant, ses parents arrivent chez le pédiatre. Ils décrivent les symptômes et attendent que l'homme de l'art leur trouve une solution.

Peut-être ce bébé crie-t-il parce qu'il en a besoin ou parce qu'il supporte mal une alimentation liquide, peut-être pleure-t-il de faim, peut-être régurgite-t-il parce qu'il a trop mangé, peut-être est-il inquiet, peut-être a-t-il encore besoin d'être câliné la nuit, peut-être décharge-t-il le stress de sa journée... Mais cela, personne ne peut le deviner, car nul n'a encore inventé la machine à comprendre le nourrisson. Bébé n'est pas bien, et la vérité c'est qu'on ne sait pas pourquoi. Cette réponse, bien évidemment, est insatisfaisante pour tout le monde.

Pour trouver des pistes d'explication, il faudrait creuser, causer, essayer ceci ou cela. Peut-être pourrait-on proposer à ce bébé-là de passer plus rapidement que prévu à l'alimentation solide ? Peut-être, en parlant à cœur ouvert, pourrions-nous voir si l'enfant a des raisons d'être anxieux et ses parents inquiets par ses cris ? Mais cela nécessite du temps, de l'introspection, l'envie commune du médecin et des parents de tâtonner ensemble, le tout pour un résultat aléatoire.

Alors, soucieux de soulager quand même le nourrisson et les parents, le médecin suggère souvent que le problème de ce bébé peut être un « petit RGO », avec des symptômes « légers ». Pour être certain de ce diagnostic et savoir à coup sûr si oui ou non bébé a un RGO, il faudrait des examens complémentaires, invasifs et pénibles, comme la pHmétrie ou la fibroscopie digestive. Ils ne sont que rarement effectués sur les bébés. En revanche, il est facile de prescrire des médicaments antiacides, qui, eux, ne sont pas douloureux. Mais pas inoffensifs non plus.

Soulagés par cette perspective d'amélioration, les parents repartent donc avec quelque espoir, leur ordonnance sous le bras. Voilà comment des bataillons de bébés tout juste nés se retrouvent sous traitement chimique... Alors même qu'une bonne part d'entre eux n'ont sans doute pas l'ombre d'un reflux gastro-œsophagien.

Le plus souvent, comme l'a prouvé une étude américaine réalisée en avril 2009, ce traitement médicamenteux contre le RGO fait exactement le même effet qu'un placebo. Sans doute parce que le problème se situe ailleurs. Mais où ?

Pourquoi donc bébé se tortille et souffre, et se réveille en sursaut ? Pourquoi ces pleurs incessants ? Tous ces maux dont souffrent la plupart des nourrissons sont souvent impossibles à expliquer comme à empêcher. Les adultes d'hier acceptaient ces mystères du début de la vie avec un certain fatalisme : « Un nouveau-né, ça crie, ça se réveille la nuit, c'est comme ça. » De nos jours, soucieux de soulager les plus petits, nous voulons comprendre leur mal et agir vite : les étiqueter « RGO » nous le permet, mais le traitement qui en découle n'est pas anodin.

Mieux vaut explorer toutes les pistes et solutions avant de dégainer les médicaments. Quitte à prendre plus de temps...

Repas

Avant l'enfant

Gueuleton convivial.

Qu'il soit en famille ou entre amis, le repas (tradition française oblige... et réputation à tenir aussi, du coup), c'est LE moment de la journée qu'on ne manquerait pour rien au monde. Du poulet basquaise au gratin dauphinois, du fromage au lait cru au fraisier à cinq étages (j'exagère à peine, vous ne connaissez pas ma grand-mère), le repas, c'est un peu The Place To Be pour passer un bon moment.

Votre foie vous le dira : « Hâtons-nous de succomber à la tentation, avant qu'elle ne s'éloigne. » Ah, non, c'est Épicure en fait, je me disais aussi.

Après l'enfant

Bataille navale version petits pois-carottes.

« Il faut manger pour vivre. » Ce dicton pris au pied de la lettre, on met un point d'honneur à ce que le Scotch mange à sa faim. Et même parfois plus. Souvent plus, en vrai.

« Une cuillère pour papaaaaa... Une cuillère pour mamaaaaaan... Une cuillère pour... »

« L'avion va rentrer dans le garage on ouvre la bouche, on ouvre la bouche, on ouvre la boooooouche ! »

« Il faut manger mon chéri, c'est pour grandir. »

« Il faut manger mon chéri, les carottes ça rend aimable. »

« Allez, fais-moi plaisir, encore trois cuillères. »

« Si tu finis, tu auras du gâteau. »

Eh oui, il nous arrive parfois d'user de ces stratagèmes pour faire gober les œufs-épinards à l'héritier. Car enfin, on veut qu'il mange, ce petit ! On lui offre donc sur un plateau une magnifique occasion de nous mener par le bout du nez. Il nous tient, il le sait, et nous sommes quittes pour un repas à rallonge, voire pour un pur drame shakespearien.

Enfin, « drame » pour vous, *because* le greffon, lui, s'amuse comme un fou à nous faire tourner en bourrique, mangeant à trois à l'heure et chipotant ses choux-fleurs pendant que notre tension nerveuse fait des bonds.

Touché-coulé.

Une fois l'épreuve du feu terminée, on doit se rendre à l'évidence : notre « il n'a rien mangé » est un tantinet exagéré : trois petits-suisses, une compote, la moitié de la purée et quelques morceaux de jambon. Pas si mal finalement, proportionnellement à son mini estomac !

Maintenant, faudrait penser au repas des grands, non ? Ah, c'est vrai. Oui, m'enfin... On est crevés, on va plutôt commander des sushis. Quand j'aurai pris ma douche. À 22 heures donc, c'est bon ?

Le mot du pédiatre

Le repas est un plaisir et une nécessité.

C'est un moment de partage en famille. C'est aussi l'occasion de découvrir des goûts, des couleurs, des produits. À ce propos, n'hésitez pas à emmener votre enfant au marché ou dans les magasins pour lui montrer ce qu'il mange : il en sera ravi et instruit.

Le repas est aussi, bien sûr, le moment de se nourrir. Gardez-vous d'en faire une source d'inquiétude : un enfant, même tout petit, ne se laisse jamais manquer de nourriture ; il ne mange jamais trop. Il sait parfaitement quand il a un creux et quand il est repu. Il écoute naturellement ses signaux biologiques de faim et de satiété et, ce faisant, il mange ce qu'il lui faut, ni plus, ni moins.

En consultation, le pédiatre entend souvent cette question : « grossit-il bien, mon bébé ? » ; suivie, quelques mois plus tard, de l'exacte inverse : « Ne pensez-vous pas qu'il soit trop dodu ? » Ces deux interrogations n'ont pas lieu d'être. En tant que parent, il n'y a nullement à s'inquiéter des quantités de nourriture avalées par son enfant et des conséquences sur son poids : si on le laisse suivre son instinct alimentaire sans interférer, bébé aura la croissance et la corpulence qui doivent être les siennes.

Ainsi, le parent n'a pas à « donner » à manger à son bébé. Il lui « propose » à manger, puis le petit prend ce qu'il doit prendre. Question quantité, ne comptez pas : votre progéniture, redisons-le, possède en lui des capacités de régulation et cesse de s'alimenter quand il le faut. Faites-lui donc confiance ! Si vous nourrissez votre enfant au biberon, ne vous souciez pas des graduations : voyez grand, préparez un biberon bien rempli et laissez bébé prendre ce qu'il veut. S'il mange à la cuillère, ne le forcez pas à finir son assiette.

L'adulte n'a pas à apprendre à manger à son enfant ; il doit juste, quand le moment est venu, l'initier doucement à nos pratiques culturelles et aux bonnes habitudes (manger avec des couverts et aux heures qui conviennent, éviter de grignoter entre les repas...). Le parent doit aussi offrir à son enfant une alimentation saine, c'est-à-dire composée d'un peu de tout. Il n'y a pas d'aliment à diaboliser. Dans les trois premières années, mieux vaut éviter cependant de donner régulièrement des sucreries à son petit ; il aura bien le temps d'en devenir fou plus tard. Comme le sucré, les aliments très gras et très salés sont à consommer avec modération, c'est valable pour les adultes comme pour les enfants.

Comment savoir si mon enfant a assez mangé ?

Regardez-le, certains signes montrent qu'il n'a plus faim :

• Il est au sein : il ne veut plus téter, il repousse le sein, il s'endort.

• Il est au biberon : d'abord serrés, les poings du bébé se détendent, il tète de moins en moins vite, ses bras et ses mains s'ouvrent... Un peu de lait, éventuellement, coule de sa bouche ? Il est repu.

• Il mange à la cuillère : il mâche de plus en plus lentement, il détourne la tête, il repousse la cuillère, il recrache, il ferme la bouche.

N. B. Même au bout de trois cuillères, il est possible que votre enfant n'ait plus faim.

Comment préparer des repas équilibrés ?

Ne soyez pas obnubilé(e) à chaque repas par l'équilibre alimentaire. Ne devenez pas le diététicien de votre enfant. Si vous raisonnez en termes de glucides/protides/lipides, vous offrirez du repas une image bien triste, fort médicalisée et vaguement dangereuse. Au contraire, laissez-vous guider par votre plaisir, vos envies ; vous les transmettrez à votre progéniture, pour son bien. Mangez vous-même à votre faim, ni plus ni moins, vous lui donnerez alors ce bon exemple.

L'important est de fournir à votre enfant un peu de tout, pas dans le même repas bien sûr, mais sur la semaine ou le mois. Légumes, féculents, viande, poissons, laitages… L'homme est omnivore, alors variez les plaisirs, en ayant la main légère sur le gras, le sucre et le sel. Laissez votre enfant manger à sa faim, parfois peu, parfois plus selon son appétit. « L'équilibre alimentaire » n'est pas plus compliqué que cela.

Ne soyez pas obsédé par le slogan « cinq fruits et légumes par jour ». L'hiver, c'est plus difficile, et à l'impossible nul n'est tenu. L'été, ne vous forcez pas à mitonner une ratatouille à chaque repas ! Si vous souhaitez cuisiner « comme il faut » selon la doctrine officielle, faites simple : un jus de fruits le matin, des crudités en entrée le midi, une compote à quatre heures, un légume le soir plus une feuille de salade. Et voilà les cinq !

Mon enfant ne mange rien : que faire ?

Pas grand-chose. On ne peut pas ouvrir l'appétit d'un enfant qui mange peu. Il y a des gros mangeurs et des becs d'oiseaux : c'est ainsi et c'est grandement génétique. L'appétit, comme la corpulence, est en grande partie héréditaire. Alors, si la courbe de poids de votre enfant évolue normalement, sans rupture, faites-vous une raison et rassurez-vous : il n'est pas en danger. N'oubliez pas que, sauf en cas de disette majeure ou de pathologie grave et rarissime, un petit mangera toujours à sa faim.

Globalement, il faut se départir de l'idée que l'enfant va manquer de nourriture. Cette hantise de la carence est profondément ancrée dans notre inconscient collectif. Nourrir son enfant est crucial pour un parent, notamment pour une mère – c'est sa fonction première, primordiale. Ainsi, le bébé qui ne veut pas manger lui renvoie quelque chose d'inquiétant et parfois d'insupportable. Cette peur du manque est largement irrationnelle. En France, même dans les populations défavorisées, il n'y a plus guère de malnutrition. Soyez-en convaincu : un bébé à qui l'on propose à manger et qui mange peu mange toujours assez.

Une astuce : n'hésitez pas à profiter de l'esprit curieux et imitateur de l'enfant. Dès 12 mois, prenez-le à table avec vous, il sera peut-être tenté de faire comme les grands. À vous de le laisser alors piquer dans votre assiette !

Mon enfant ne mange que des pâtes, ou que des tomates, ou que des saucisses : que faire ?

À l'âge de 2-3 ans, l'enfant va sans doute traverser une phase de néophobie : en clair, il voudra toujours manger la même chose et rechignera à la nouveauté. Ce n'est absolument pas grave. Beaucoup d'Italiens mangent des pâtes deux fois par jour et ne s'en portent pas plus mal.

Plus sérieusement, en regardant bien, on s'aperçoit que ces enfants qui « ne mangent que des pâtes » ne mangent pas vraiment que cela, mais un radis par-ci, une feuille de salade par-là, une grappe de groseilles, un morceau de munster, bref ils s'alimentent peu, discrètement, et pas forcément avec des mets qu'on aurait cru appréciés des enfants. Mais finalement, ils ingèrent une certaine variété de nutriments différents, ce qui suffit à les maintenir en bonne santé.

Ne vous inquiétez donc pas, surtout que cette phase de néophobie aiguë va passer. Certains enfants sont programmés pour manger peu – c'est comme ça.

Enfin, mieux vaut éviter de demander à votre enfant ce qu'il veut manger, car il réclamera immuablement des frites et du jambon, ou bien n'en saura strictement rien. Qui plus est, choisir le menu de la famille est une responsabilité, petite mais réelle, c'est donc aux parents de l'assumer. Sinon, vous risquez d'ouvrir la porte à une agaçante ribambelle de volte-face : « Finalement, je préfère de la purée/des spaghettis. » Sauf exception, c'est papa ou maman, le chef (cuisinier).

Mon enfant mange beaucoup : c'est grave, docteur ?

Il est tout à fait normal qu'un petit enfant mange beaucoup. Il est en pleine croissance, c'est même sa caractéristique principale ! Pour se développer, il a besoin de « carburant », à savoir de nourriture. Jusqu'aux environs de 18 mois, il n'y a pas lieu de s'inquiéter de la corpulence d'un enfant : il y a et il y aura toujours des dodus, des potelés, des plissés aux cuisses et aux genoux… Cela ne présage en rien de leur silhouette future.

Dès qu'il se mettra debout pour marcher, votre enfant bien en chair va s'affiner et sans doute cesser de prendre du poids pendant plusieurs mois. Car la dépense énergétique est alors très forte. Il n'y a pas un muscle du corps qui ne soit sollicité par cet apprentissage de la marche !

Si, par la suite, votre enfant gourmand conserve une courbe de poids et de taille normale, ne vous inquiétez pas : il a un bon coup de fourchette mais se dépense beaucoup.

Que votre enfant soit doté d'un solide appétit ou non, ne survalorisez pas le fait de manger. N'incitez pas non plus votre petit à se resservir. « Tu as bien fini ton assiette, c'est formidable, bravo ! Regarde comme c'est bon, reprends-en » : ce genre de phrases n'aide pas l'enfant à écouter ses sensations de faim et de satiété, or c'est ainsi qu'il convient de s'alimenter. Les adultes ayant des problèmes de poids sont avant tout des hommes et des femmes qui n'écoutent plus les signaux que leur envoie leur corps.

Enfin, évitez la « double alimentation ». Une fois que votre enfant mange comme un grand, à table avec les adultes et des aliments diversifiés, ne lui proposez pas en plus un biberon de lait. Un « grand » de 18 mois ou 2 ans qui boit encore trois biberons par jour court le risque d'être suralimenté.

Tous les repas se terminent en conflit : c'est grave, docteur ?

C'est surtout inutile et contre-productif. Lâchez prise. Cela ne vaut jamais la peine de se battre pour un repas.

Si votre enfant mange peu, beaucoup ou toujours la même chose, nous avons vu que ce n'était pas un problème tant que ses courbes de poids et surtout de taille évoluaient sans heurt.

Plus vous dramatiserez le repas, moins bien il se passera. À l'inverse, plus vous serez détendus, mieux il va se dérouler et moins il y aura de crispation et de souci. Allons plus loin dans l'explication de ce phénomène...

Entre 18 mois et 3 ans, l'enfant entre dans une phase d'opposition (cf. *Colère*). Les repas n'y échappent pas, bien au contraire. Adorant déclencher des émotions chez ses parents, le petit va trouver dans les repas une source inépuisable de divertissement. En effet, celui qui refuse de manger devient immédiatement le centre de l'attention familiale. Il va rendre ses parents inquiets/colériques/tristes. Peut-être même vont-ils se disputer entre eux. Quel feu d'artifice d'affects ! Sans méchanceté aucune, mais heureux de susciter tant d'intérêt et de réactions, l'enfant sera ravi d'être le clou du spectacle et recommencera ce jeu – car pour lui c'en est un – au repas suivant.

Quand l'enfant dit « non » à la nourriture, il faut arriver à rester tout à fait neutre émotionnellement. « Ce n'est pas grave » doit être votre seule réaction. Continuez le repas comme si de rien n'était. Si votre fils ou votre fille ne touche pas à son plat principal, ne lui en proposez pas un autre – le repas n'est pas à la carte. Passez calmement au dessert. Ne l'en privez pas (ce serait alors une réaction affective), mais n'en donnez pas le double non plus (il/elle prendrait vite l'habitude). Privé de spectacle, il y a des chances que votre progéniture ne se serve plus du repas pour s'amuser et finisse par manger, tout simplement, à sa faim.

Mon enfant mange comme un cochon, au secours !

Eh oui ! Ce n'est qu'à l'âge de 2 ans et demi ou 3 ans que l'enfant se servira de ses couverts dans les règles de l'art. En attendant, il apprend, il teste, il touche, il découvre les aliments, et cette initiation passe aussi par les mains. Salissant mais indispensable, cela fait partie pour lui du plaisir de manger.

Faut-il donner du lait de croissance ?

Non. Inventé il y a quelques années par l'industrie agroalimentaire, le lait de croissance (ou « lait de suite ») est destiné aux enfants âgés de 1 an et plus. Il est censé être plus adapté aux bébés que le bête lait de vache normal, notamment parce qu'il est « enrichi » en fer, en zinc, vitamines... En réalité, si votre enfant a une alimentation diversifiée, il ne court aucun risque de carence et n'a nul besoin d'un supplément de fer, de zinc ou de quoi que ce soit. Dans son assiette, bébé va trouver absolument tout ce dont il a besoin pour grandir, notamment le fer dans les légumes, les légumineuses et la viande. Par conséquent, il n'est absolument pas nécessaire de lui donner du lait de croissance enrichi en ceci ou en cela : le lait de vache demi-écrémé, bien moins cher, lui conviendra parfaitement. À éviter, donc.

Des astuces en plus

• Votre enfant déteste tout ? Peut-être aimera-t-il manger ses fruits trempés dans le chocolat ou mixés. On peut acheter des compotes à boire ou bien, plus économique et plus écologique, une gourde à compote réutilisable, comme la « babypote » de la marque Beaba, en plastique sans bisphénols A (environ dix euros).

• Pour les légumes ? Ils passent mieux sur une pizza, ou mangés avec les doigts (artichauts, bâtonnets de crudités...), ou encore plongés dans de la sauce au yaourt.

• Autre piste : on mange avec plus d'appétit ce que l'on a mitonné soi-même. N'hésitez pas à demander à votre enfant de mettre la main à la pâte...

(*Cf. Balance* ; *Diversification.*)

De la lecture

• Des sites de recettes, pratiques :

www.marmiton.org/pratique/jeune-maman.aspx (pour les bébés) et www.marmikid.org (pour les plus grands). Les annexes du célèbre site culinaire sont dédiées aux petits.

www.saveursdenfants.com : un site malin qui fournit chaque semaine des idées de menu pour 8 jours + la liste des courses.

• Des blogs de mères, gourmands :

www.mamanchef.fr

www.cubesetpetitspois.fr

http://agapes.canalblog.com

• Des recettes pour les robots-autocuiseurs spéciales bébé :

Les livres « Babycook Books » réunissent des recettes pour le Babycook de la marque Beaba.

Le site Internet www.cuisine-de-bebe.com propose des recettes pour le Nutribaby de la marque Babymoov.

• Un livre très complet signé de quatre diététiciennes canadiennes :

Jouer à bien manger : nourrir mon enfant de 1 à 2 ans, Éditions du CHU Sainte-Justine.

Ressemblance

Avant l'enfant

Jeu de piste.

« Oh, regarde le gars, là-bas, il ressemble à... mais si tu saiiis, le chanteur, là, qui est marié à cette femme, lààà... J'ai son nom sur le bout de la langue, ça m'agace. Le brun, tu vois ? Ou chauve, je sais plus. Il est grand je crois, il a chanté la chanson lààà, tu sais ? »

Non, on ne sait pas. On ne sait plus, on est perdu.

Fugain. Michel Fugain ! C'est ça.

Oui, bon, le monsieur ressemblait peut-être davantage à Michel Sardou qu'à Michel Fugain. Ou à Michel, le charcutier. Mais ce jeu est palpitant, avouez-le, vous trouvez des ressemblances partout, entre les chiens et les maîtres, les stars et les voisins, les bébés et leurs parents... Oh, tiens, c'est vrai ça, tu ne trouves pas que le bébé de Juliette et Ben ressemble à Marc ? C'est rigolo.

Nous y voilà.

Après l'enfant

Tic très répandu donnant aux nouveaux parents des envies de meurtres.

« Oh... Qu'il est mignon ce bébé, il a tout de son père. »

« Qu'est-ce qu'il ressemble à ta belle-mère ! »

« Oh, c'est marrant, avec sa petite mèche, on dirait Tintin ! »

Oui, c'est marrant, très marrant, cette manie qu'ont les gens de trouver des ressemblances entre notre greffon adoré et un peu tout le monde. C'est le portrait craché de son père, de sa grand-mère ou d'Oscar l'oncle par alliance. Les plus délicats diront que le Scotch a tout de sa mère ou de son père, selon qu'il se trouve devant l'un ou l'autre. Puisque l'enfant nouveau est mignon, autant flatter le parent concerné qui se trouve en face, ça lui fera plaisir.

Enfin, oui et non.

Perso, je vois bien que mes enfants sont des clones de leur père, qu'ils se ressemblent tous les deux (du coup). Je le vois. J'en suis consciente, vraiment. Alors, quand on vient me dire que mon fils a mon nez (le pauvre), je ris. Comme quand on me dit que ma fille a mes yeux d'ailleurs. Bande de gros menteurs, arrêtez donc de jouer à ce jeu-là, ça devient ridicule à la fin, on est parent, on n'est pas aveugle !

Bon, d'un autre côté, si chacun disait la vérité sur le physique de nos enfants, ce ne serait pas brillant :

« Oh là là, c'est dingue ce que ta grande (3 ans) te ressemble, elle a ta taille dis donc ! »

Mouiiiii, faut pas exagérer tout de même.

« Ton gamin, là, c'est le portrait craché du facteur, c'est fou, non ? »

Non.

« Dis donc, ton nouveau-né, on dirait carrément Yoda. »

Bon, ça, c'est potentiellement vrai. Désolée, mais on ne va pas se mentir, beaucoup de nourrissons ressemblent dans les premiers jours de leur vie au maître Jedi de *La Guerre des étoiles*. En clair, le tout petit bébé est souvent un peu moche, parfois franchement laid. Voire, dans le pire des cas, carrément hideux.

D'abord, il est d'une teinte qui n'existe pas. Pas rouge, pas blanc, pas vert, ni jaune, mais comme un subtil mélange de tout ça. On croirait qu'il vient de se faire maroufler par Valérie Damidot, tellement elle est étrange, sa couleur.

Ensuite, il est fripé. Quid du joli joufflu tout lisse dont nous rêvions ? Y en avait plus en magasin. À la place, on nous a mis un petit maigrichon qui a plus de peau que de surface à couvrir, ce qui lui donne un aspect de Shar-Peï dénutri. Comme s'il avait un costume trop grand. Flippant.

Enfin, bébé est en mue permanente. Nous, on pèle du nez après une semaine de ski. Lui, il pèle de partout après neuf mois d'utérus. Ça nous rappelle vaguement de vieux épisodes de la série *V*, mais heureusement, pas encore d'écailles en vue.

Dans un éclair de lucidité, il se peut que vous, les parents, trouviez assez moche la chair de votre chair. Juste avant de refouler cette pensée au tréfonds de votre inconscient. Vos proches, eux, positivent comme ils peuvent. Y a qu'à voir leur première réaction, à la maternité. Décodons :

« Oh... il est marrant ce bébé » = « tête de Yoda ».

« Oh, regardez-moi ces petites mains comme c'est petit » = « parce qu'il a une tête de Yoda donc je préfère parler du reste, hein ».

« Oh, mais alors... Y a pas, tu as fait du bon travail » = « tête de Yoda, franchement, chapeau, tu bats des records ».

« Oh, c'est fou comme il ressemble à son papa » = « tête de Yoda ».

« Oh, c'est dingue comme il te ressemble » = « tête de... » NON MAIS ÇA VA BIEN, NON !

Oui, bon, OK, on repassera pour la gravure de mode. L'aspect Yoda du nouveau-né s'estompe heureusement après quelques jours de vie.

À l'âge de 6 mois, bébé ressemblera au bonhomme Michelin.

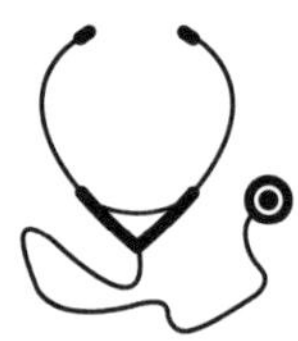

Le mot du pédiatre

« Docteur, ce teint étrange, ces plis, ces boutons partout, cette absence totale de cheveux, comment dire, c'est normal pour un bébé ? »

Oui, ça l'est.

À la naissance, un bébé n'est pas bien coloré pour deux raisons. Lorsqu'il nageait dans le ventre de sa mère, son sang contenait moins d'oxygène ; ainsi, sans doute, le fœtus avait-il le teint légèrement violet. De plus, quand bébé sort de l'utérus, le fonctionnement de sa circulation sanguine n'est pas encore optimal. Dans un but de survie, le sang arrive prioritairement aux organes vitaux (foie, rein, cœur, poumons, cerveau) et néglige les organes périphériques tels que la peau et les extrémités, mains et pieds, qui ne sont dès lors ni bien chauffées ni parfaitement irriguées.

La circulation sanguine, par conséquent la régulation thermique mettront 24 à 48 heures pour se mettre en place, rendant alors au bébé sa couleur naturelle, jolie et uniformément répartie…

Par ailleurs, le tout nouveau-né est souvent fripé, et c'est bien légitime ! Nous-mêmes avons le bout des doigts légèrement ondulé quand nous sortons d'un bon bain. Alors, neuf mois dans le liquide amniotique, imaginez donc tout ce que sa peau a subi ! Pour cette même raison, elle pèle. Au contact du monde extérieur, elle s'adapte, non sans mal. Parfois, elle craquelle. Souvent, 24 heures après la naissance, elle commence à bourgeonner de boutons, voire, plus tard, de pustules, que les grands-mères nommaient « acné du nourrisson » et que les médecins appellent « érythème toxi-allergique ». On sait désormais qu'il n'est pas lié à l'élimination de « toxines », ni à une réaction « allergique ». D'après la Société française de dermatopédiatrie, ce phénomène encore assez mystérieux dans ses causes touche un nouveau-né sur deux. Il est parfaitement transitoire et s'avère tout à fait bénin.

Les cheveux, maintenant. Du bébé touffu au bébé totalement dégarni, il n'y a pas un nouveau-né qui ressemble à son voisin, capillairement parlant. Certains nourrissons perdront une partie de leur chevelure, les autres la conserveront, certains changeront de teinte du tout au tout, d'autres resteront bruns ou blonds. Une seule chose est sûre, la « coupe » du nouveau-né ne présage en rien de celle de l'adulte qu'il deviendra : on connaît des bébés parfaitement chauves pendant un an, puis comptant un centimètre de cheveux jusqu'à 3 ans, qui possèdent aujourd'hui une chevelure fournie.

Enfin, les yeux. « Les aura-t-il clairs comme son papa/sa grand-mère/sa trisaïeule Antoinette » ? C'est LE sujet de conversation n° 1 dans les couloirs de la maternité. Seules les lois complexes de la génétique, mises au jour par l'Autrichien Mendel au XIXe siècle, vont en décider. Même si bébé est né avec le regard sombre, certains parents espèrent encore du bleu – jusqu'à l'âge de 9 mois, la couleur des yeux du nourrisson peut changer. (Cela dit, pourquoi donc est-ce si important qu'un enfant ait le regard azur ? Il y a des bébés aux yeux marron qui deviennent des adultes épanouis. Si, si.)

Plus important, le nouveau-né voit-il bien ? Certains semblent loucher, alors qu'il n'en est rien : la forme du visage va changer, les fausses impressions de strabisme vont disparaître. On peut s'inquiéter néanmoins si l'un des yeux paraît fixe, immobile.

Sur le Web

Souvent, enfant varie. Le visage est même l'une des parties du corps qui changent le plus au cours du début de la vie. Ainsi, bébé peut ressembler à maman un jour, et à tonton Serge trois mois après. La preuve ? Tapez « timelapse enfant » dans Google et admirez : des parents ont photographié leur rejeton une fois par jour pendant des années, puis ont rassemblé ces clichés dans un petit film où l'on voit, en accéléré, grandir le bébé. Moralité : le visage des enfants change. Et certains parents sont vraiment monomaniaques du Nikon. Par exemple, ce père-là : http://www.gentside.com/insolite/il-photographie-son-fils-pendant-21-ans-et-cree-un-time-lapse_art45631.html. Ou celui-là, avec une caméra cette fois : http://vimeo.com/40448182

Réunion de parents

Avant l'enfant

Truc qui nous a fait bien stresser dans le temps.

18 h. Dans une heure, ma mère, mon père, voire les deux en même temps vont aller dans mon bahut rencontrer mes profs. MES profs. Ceux qui me voient toute la journée. Ceux qui m'ont vu(e) fumer une clope devant la grille, ceux qui savent que je sors avec Tina/Tim. Ceux qui ne savent pas que j'ai moi-même signé la punition et falsifié mon carnet de notes. Gros flip.

Après l'enfant

***Remake d'*Alice au pays des merveilles.**

« Madame, Monsieur, le 12 septembre, à 17 h 30, se tiendra la réunion pour les parents afin de les informer de la vie à la crèche et plus particulièrement de votre enfant. Un pot sera organisé à l'issue de cette réunion, riche de ce que vous apporterez. Répondre avant le 06/09. »

Grande joie ! On va enfin savoir ce qu'il se passe dans l'existence de notre greffon lorsque nous ne sommes pas là ! Mais avant cela, il faudra surmonter plusieurs épreuves, petit scarabée.

Les chaises miniatures

17 h 30, bien à l'heure pour cette grande première qui vous inclut enfin dans ce cercle fermé du parent investi, vous arrivez à la porte, le cœur battant, fier d'avoir dégagé du temps pour participer à la vie en collectivité de votre bambin.

« Vous êtes la maman de Gentilgreffon ? Asseyez-vous, je vous en prie. »

Le regard perdu, vous scannez la salle de votre œil bionique. Oui, oui, vous aimeriez bien vous asseoir, mais où donc ? La charmante dame vous sourit en vous montrant une chaise dont l'assise ne dépasse pas le quart de votre tibia.

Vous y voilà. S'investir, c'est aussi se caner deux heures de réunion les genoux dans les dents, avec les fesses qui débordent de part et d'autre d'une chaise de Minimoys.

Les autres parents

Comme vous, les genoux encastrés aux oreilles, ils écoutent attentivement chaque intervenant en hochant la tête. Certains prennent même des notes (certainement les mêmes qui voulaient toujours effacer le tableau en CE1). Du coup, vous trifouillez au fond de votre sac à main pour y trouver un stylo et le dos de votre chéquier, histoire de tenter d'être le chouchou vous aussi, sait-on jamais, ce serait bien la première fois.

La séance photo

Le diaporama sur la journée type du greffon arrive. C'est avec émotion que vous découvrez qu'il a une vraie vie sans vous. Vous voyez des groupes d'enfants faire des collages, de la peinture à doigts, manger autour d'une petite table ronde, jouer dehors... Analysant chaque photo, vous êtes au regret de constater qu'on ne voit quasiment pas le greffon. Ah, si, je reconnais son pull rayé au loin, là. Vous commencez à en vouloir sérieusement à la maman de Michaël qui, elle, se pâme devant son fils, au premier plan sur chaque cliché (apparemment, votre enfant tient de vous, ce n'est pas le chouchou non plus, hein).

L'envie pressante

Deux heures en comprimant sa vessie, c'est du sport. On vous indique enfin les toilettes... aussi petites que les chaises, donc. Vous hésitez, d'autant que les micro-cuvettes se trouvent au milieu d'une salle de bains vitrée. Finalement, vous allez vous retenir encore un peu.

Le pot pourri

18 h 44, la réunion touche à sa fin et Marion, la directrice, vous propose de boire un pot. Mais bien sûr, pourquoi pas, on est toujours partant ! Vous vous approchez de la table en même temps que vingt-trois autres parents et admirez ce qui s'offre à vous : eau plate, jus de pomme, Oasis tropical. Hmmmmm, c'est la fête. Du coup, vous n'osez pas trop sortir la bouteille de château-latour de votre sac. Et vous vous enfilez un verre d'Oasis qui finit de compresser votre vessie hurlant au drame imminent.

Vous finissez par vous enfuir et croisez sur le chemin deux autres parents dont les sacs font, comme le vôtre, un bruit de clés contre bouteille. Zut ! la prochaine fois, on la sortira pour lancer le mouvement...

Séparation

Avant l'enfant

Angoisse d'amoureux.

Ah, l'amour, c'est beau quand c'est neuf, tous les deux, doigts entrelacés, sourire benêt aux lèvres ! On pourrait vivre d'eau fraîche et d'amour. Si, si. La séparation ? Un cauchemar. Qu'on chasse bien vite en courant changer notre statut Facebook de « célibataire » à « en couple ».

Après l'enfant

Angoisse de greffon.

Ah ! un bébé, c'est naïf quand c'est neuf ! Tout petit, le nourrisson ne se rend même pas compte que nous et lui, ça fait deux. Il pense sérieusement être un prolongement du corps de sa maman, alors il vit tranquille peinard, comme le centre unique du monde qu'il croit être. Même que le jour où il prend conscience de l'affreuse vérité (= il est un individu parmi d'autres), ça lui fait comme un choc. Aux alentours de 4, 6, 8 ou 9 mois, il réalise clairement que nous, l'adulte, pouvons partir (au bureau) ou bien fermer la porte et disparaître (aux W.-C.). Il se rend également compte qu'il vit entouré de gens. Pas toujours familiers, les gens. Pas toujours avec une bonne tête, les gens. Si on a baptisé cette période « crise des 8 mois », y a pas besoin de vous faire un dessin, c'est que bébé stresse un brin.

Oh et puis si, tiens, un dessin.

RECONNAÎTRE LA CRISE DES 8 MOIS
(à peu près)

On ne peut pas la rater. Vraiment pas. La crise des 8 mois peut survenir à 4 mois ou 12 certes, mais elle va ostensiblement chiantifier le greffon. Un peu comme la crise d'adolescence et la crise du milieu de vie, oui. Mais beaucoup plus tôt. Comme son nom l'indique.

Comparatif avant/après non exhaustif	*Mignon greffon <8 mois*	*Greffon diabolique >8 mois*
Changement de pièce du parent	Bébé trouve une autre occupation. « Oh, une main ! »	Bébé hurle et se roule au sol. Appeler la Comédie-Française.
C'est l'heure de dormir	Rituel Bisous Dodo	Hurlements. Greffon triste comme les pierres. Un Grand Canyon.
Un inconnu entre dans le champ de vision de bébé	Chouette, un nouveau joueur !	Yeux de bête traquée. Transformation en bande de cire froide sur la jambe parentale.

Le mot du pédiatre

Aller à la crèche, passer le dimanche chez mamie, dormir dans sa propre chambre, ou du moins sans appeler maman toutes les heures… *La séparation fait partie de la vie de l'enfant. Elle lui est nécessaire pour grandir.* C'est même la finalité de l'éducation : on élève des enfants pour qu'un jour ils soient autonomes et s'en aillent. Tout le travail des parents est de permettre à leur enfant d'être heureux sans eux…

Au début de la vie, cette séparation ne se fait pas toujours sans mal.

Peur des inconnus, pleurs quand maman ou papa disparaît, détournement du regard face à mamie… Il arrive fréquemment que bébé montre des signes d'inquiétude quand il quitte ses parents. Cela arrive très tôt, c'est notable dès l'âge de 4 mois mais plus clairement dans le second semestre de la vie de bébé, et c'est plus ou moins marqué selon les enfants. Certains se séparent assez facilement, pour d'autres c'est plus ardu. Pour une minorité d'enfants, cette crise, appelée de manière un peu rapide « crise des 8 mois » ou « crise du 9e mois », dure longtemps. Ces petits-là refusent de dormir seuls et d'être gardés par qui que ce soit d'autre que leurs parents. Ils les sollicitent sans cesse ; la séparation est très difficile et l'ambiance à la maison s'en ressent.

Comment aider son bébé à vivre sereinement les séparations ?

Les enfants, même tout petits, ont des antennes. Ils comprennent tout, même ce qu'on ne leur dit pas. Si vous, parents, vous inquiétez dès que bébé s'éloigne, si vous culpabilisez à l'idée de le quitter, si vous pensez qu'il sera malheureux sans vous, si vous avez peur qu'il vous oublie ou vous remplace, bref, *si vous associez la séparation à quelque chose de négatif, vous risquez de transmettre cette émotion anxieuse à votre enfant.* Cela ne l'aide pas à se détacher de vous.

De la même façon, si vous avez construit toute votre vie autour de ce bébé, si vous n'avez plus de centres d'intérêt autres que lui, si vous avez désinvesti votre travail, votre couple, bref si vous ne vivez plus que pour lui, l'enfant le ressent probablement aussi. Sans qu'on lui explique, il peut parfaitement comprendre qu'il est devenu votre raison de vivre et, comme il souhaite plus que tout vous faire plaisir, il fait en sorte de bien remplir votre existence : il vous sollicite sans cesse et refuse de se séparer de vous.

En résumé, l'enfant n'arrivera à lâcher ses parents que s'il sent que ses parents sont bien sans lui. Donc, si vous souhaitez adoucir les séparations avec votre petit...

Ayez confiance en lui, en vous. Entre parents et enfant, se séparer n'est ni grave, ni triste. Bébé surmontera sans aucun doute son stress passager et trouvera là l'occasion de faire de nouvelles expériences. Votre relation s'en trouvera enrichie, en aucun cas menacée. Ne culpabilisez pas : permettre à son enfant de quitter ses parents pour découvrir le monde est un acte d'amour. Et c'est parce qu'il est tout plein de l'affection de ses parents, rassuré et serein, que bébé est capable d'aller voir ailleurs.

Continuez à vivre pour vous-mêmes. Rappelez-vous que vous avez un conjoint, un travail, des hobbys. Vous avez d'autres centres d'intérêt que le bébé, n'est-ce pas ? Alors même si vous en réduisez la cadence, ne les oubliez pas. Expliquez à votre enfant que vous n'êtes pas que son père ou sa mère, mais bien un adulte avec une vie à mener. Dites-lui que c'est pour cette raison que vous vous séparez, pour pouvoir mener vos activités personnelles. Si vous lui montrez qu'un monde existe en dehors de lui, vous lui donnerez envie d'aller l'explorer. Si vous arrivez sans mal à vous détacher de lui, vous lui donnez la permission de faire de même. Vous lui permettez ainsi de faire ses propres expériences, de vivre sa vie. N'est-ce pas le plus joli cadeau que vous pouvez lui offrir ?

Soyez heureux sans votre enfant et expliquez-le-lui. Vous sortez un soir en tête à tête avec votre amoureux ? Vous allez dîner chez des amis ? Vous vous rendez à la gym, au bureau ? Partez sans culpabilité et dans la joie. Dites à votre bébé comme vous êtes satisfaits d'y aller. Montrez-lui qu'on peut aussi être heureux l'un sans l'autre – il retiendra cette belle leçon.

Réjouissez-vous des initiatives que votre bébé prend pour explorer le monde sans vous. Dès que l'enfant peut se déplacer seul, il va aller voir ailleurs. Souvent, dans la pièce d'à côté, où vous n'êtes pas. À ce moment-là, si vous multipliez les « attention ! », les « reviens ! » et les « tu as dû avoir peur sans moi », vous risquez d'associer, dans son esprit, le monde extérieur au danger. Au contraire, il est bon de valoriser ce type d'expérience : « C'est super, tu grandis, tu sais aller dans la pièce à côté tout seul ! » Montrez-lui que dans la pièce d'à côté justement il y a tout un tas de choses intéressantes avec lesquelles jouer. Vers 18 mois, demandez-lui d'aller chercher un objet ailleurs dans la maison. Rassurez-le s'il est légèrement inquiet : « Tu sais que tu peux toujours revenir. » Si besoin, accompagnez-le dans sa découverte.

Si votre enfant refuse de vous quitter pour dormir, interrogez-vous : êtes-vous à l'aise avec cette séparation ? Bien des parents ont, en réalité, du mal à laisser leur petit bébé pour une aussi longue période... Puis *soyez très clairs* avec votre enfant : expliquez-lui que vous ne souhaitez pas le voir jusqu'au matin, qu'il n'a pas besoin de vous la nuit, ni vous de lui. Posez des paroles sécurisantes sur cette séparation, dites à votre bébé que vous serez parfaitement bien dans votre lit et lui dans le sien.

Souvent, c'est l'un des parents qui est systématiquement réclamé par le bébé. Si la situation s'éternise, il peut être utile d'*envoyer l'autre parent* expliquer à l'enfant que la nuit appartient aux adultes. Exemple : si le bébé appelle sa mère à cor et à cri, missionner le père : « Maman n'a pas besoin de te voir jusqu'à demain matin ; si elle a un problème ce n'est pas à toi de t'en occuper mais à moi. Je suis là pour l'aider. »

Il n'est jamais inutile de rappeler à son enfant que ses parents sont bien sans lui, et que sa place n'est pas entre eux deux.

En cas de famille monoparentale, un parent ou un ami que votre enfant connaît bien peut également intervenir.

(Cf. *Dormir.*)

Saperlipopette

Avant l'enfant

Vieux juron inusité.

Désuet, ce juron a été plus ou moins remis au goût du jour par le comédien Hugh Grant, dans la version française du film *Coup de foudre à Notting Hill*. Mais en vrai, plus personne ne l'utilise depuis l'an 1512 environ.

Après l'enfant

Équivalent greffonnistiquement correct de « merde alors ! ».

Une fois devenus parents, certaines responsabilités s'imposent à vous. Celle de ne plus dire de gros mots en fait partie.

Le greffon, en sa qualité d'éponge, sera bien trop content de répéter ce que vous-même répétez régulièrement, que ce soit vos tics de langage ou votre vocabulaire de tavernier. Le pli est aussi dur à perdre qu'une fin d'origami niveau 9 mais il va falloir songer à remanier fissa votre champ lexical. Y a du travail, car il faut bien avouer que depuis l'école primaire votre langage n'a pas forcément évolué vers une prose poétique (et chez certains c'est pire que chez d'autres, suivez mon regard).

Un verre tombe ? « Merde ! »

Le petit doigt de pied contre la table basse : « P** de b** de m** de sa ** ! »

Un chauffard vous fait une queue-de-poisson ? « C*** !! »

Les noms d'oiseaux s'envolent.

Pas étonnant que le greffon, après avoir péniblement balbutié l'un de ses premiers « Mamaaa », ajoute dans un sourire édenté un magnifique « Bourdel de Merte ». En public, bien sûr, pour que tout le monde en profite, sinon c'est moins rigolo.

C'est l'arroseur arrosé.

Pour éviter de vous trouver de nouveau dans cette situation ô combien gênante, nous ne saurions trop vous conseiller de troquer les horreurs qui sortent de votre bouche contre de joyeuses interjections d'un autre temps : saperlipopette, fichtre, bigre, sacrebleu, flûte, morte couille (ah non, pas celui-là).

Sachez néanmoins que tous ces efforts pour protéger les oreilles et la langue de votre héritier seront anéantis dès son entrée à l'école. Diantre !

Sexe

Avant l'enfant

Truc d'adulte.

Andouille à col roulé, pivot de la joie, thermomètre à moustache ou mont-chauve pour les hommes, salle des fêtes, losange sacré, divertissoire ou as de carreau pour ces dames... Pour désigner ce que les adultes ont entre les jambes, que d'expressions fleuries ! Pas toujours bien élégantes, hein, mais ce n'est pas grave, on ne les utilise quasiment jamais (ou alors uniquement dans l'intimité).

Après l'enfant

Truc de notre enfant.

Zizi, zézette, zigounette, foufounette, trilili, choupinette, kiki, bijou, nénette, pépette et même le sublime « derrière du devant »... Pour désigner le pénis ou la vulve des tout-petits, que de synonymes curieux utilisés à haute voix, et même parfois en public ! La créativité des parents est débridée. Leur honte aussi, quand l'enfant chéri exhibe « son champignon à lui » devant l'étal du maraîcher.

Le mot du pédiatre

• *Le zizi de mon petit garçon est « coincé », il ne peut pas apparaître, est-ce normal ?*

Oui.

Explications : le prépuce est un cylindre de peau qui recouvre et protège le pénis. À la naissance, chez la plupart des petits garçons, ce cylindre est replié et collé au gland ; il empêche donc leur sexe d'apparaître.

Ce n'est pas grave du tout et il n'y a aucune urgence à ce que le pénis des garçons puisse librement « surgir », puisque cela ne sera nécessaire que lorsqu'ils auront des rapports sexuels.

Pourtant, certains médecins et sages-femmes tentent de faire sortir de force le pénis des petits : on appelle cela le décalottage. Cette pratique vieillotte est à éviter absolument car elle peut entraîner des plaies au niveau du prépuce, suivies de cicatrisations plus ou moins douloureuses et, éventuellement, de rétractations de la peau. Bref, le décalottage violent est à bannir.

Si votre garçonnet a le pénis « coincé » dans le prépuce, ne vous inquiétez donc pas, et ne faites rien du tout. Au fil des mois, il se passera sans doute la chose suivante : votre enfant va avoir ses érections et se toucher le sexe, ce qui va « pousser » peu à peu son pénis hors du prépuce. Il y a des chances pour que le prépuce s'assouplisse alors et finisse par se décoller.

Si vraiment le prépuce reste collé au pénis durablement (plusieurs années), il existe des moyens médicaux doux, à base de crème corticoïde, pour supprimer ces adhérences.

Une fois que son pénis est « libéré », il suffira d'apprendre à votre enfant à se décalotter à chaque fois qu'il fait pipi et qu'il prend son bain, afin que le prépuce ne se recolle pas.

• *Comment nettoyer le sexe de votre bébé ?*

Il faut le laver bien sûr, sans en faire un objet de fixation ni d'évitement, comme une autre partie du corps. Comment faire ?

Chez la petite fille, tant que celle-ci met des couches, on va écarter délicatement les lèvres afin d'éviter qu'elles ne se collent l'une à l'autre et nettoyer les excréments qui, éventuellement, s'y sont mis. Il s'agit alors de nettoyer, sans récurer. Pas la peine de s'efforcer de retirer tout l'enduit blanchâtre qu'on peut trouver à cet endroit, ce sont des sécrétions normales.

Chez le petit garçon, on décalotte le pénis pour le nettoyer ; si le prépuce colle encore au pénis, on ne force pas, on nettoie la partie visible et puis c'est tout.

Dès qu'il en est capable, vers 2 ou 3 ans, vous pouvez montrer à votre enfant comment se laver tout seul. Cela lui apprend que son corps est à lui, de plus la plupart des petits adorent se savonner avec un gant !

• *Mon enfant se tripote le zizi régulièrement, est-ce normal ?*

Oui. Dès qu'il n'aura plus de couche et souvent même avant, l'enfant passera un certain temps à se toucher le sexe, par curiosité mais aussi et surtout parce qu'il trouve cela plaisant. C'est tout à fait naturel. Si vous grondez votre enfant ou que vous lui dites que c'est sale, il pourra s'en trouver honteux et associer la masturbation à la culpabilité. Mieux vaut expliquer simplement que ce fait est courant (« tout le monde le fait ») mais relève de l'intimité de chacun (« ça n'appartient qu'à toi, et tu ne dois pas le partager »). On peut préciser à l'enfant que ces choses-là ne se font pas en public, et qu'il sera bien mieux dans une pièce à l'abri des regards. Il faudra sans doute rappeler cette règle à plusieurs reprises : la pudeur s'acquiert avec le temps !

En résumé, un enfant qui se masturbe n'est pas du tout inquiétant, sauf s'il le fait extrêmement souvent (jusqu'à délaisser ses jeux habituels), ou d'une manière étrange/violente/« comme les adultes ». Dans ce cas, menez votre enquête et/ou parlez-en à un professionnel (pédiatre, psy...) pour savoir ce qui cloche et vous assurer que votre enfant ne reproduit pas des pratiques qu'il aurait pu voir ou, éventuellement, subir.

« Dis maman, pourquoi mon zizi il est tout gros ? »

Bien, bien, bien ! Les petits garçons, dès la naissance, ont des érections. Pour eux, c'est intrigant, parfois même angoissant. Arrivera donc un jour où votre enfant vous questionnera sur ce sujet. Si vous bottez en touche, sans doute en conclura-t-il que ce sujet vous gêne ou qu'il est interdit. Pour éviter de faire de la sexualité enfantine un tabou, mieux vaut répondre clairement et simplement. « C'est normal, parfois même c'est agréable, en tout cas ce n'est jamais dangereux et ça redescend toujours... » Ce type de réponses concises vous permettra sans doute de satisfaire la légitime curiosité de votre tout petit garçon… Jusqu'à la prochaine fois !

« Ton corps est à toi »

Il n'y a pas d'âge pour expliquer à un petit que son corps lui appartient. N'hésitez pas à lui dire que personne (ni enfant ni adulte, ni proche ni inconnu) n'a le droit de toucher ses parties génitales, ni de faire avec son corps ce dont il n'a pas envie. *Un enfant doit savoir qu'il a le droit de dire non.*

Si vous ne savez pas comment délivrer ce message, des livres destinés aux enfants peuvent vous y aider :

Respecte mon corps, Catherine Dolto et Colline Faure-Poirée, Éditions Gallimard Jeunesse.

Petit Doux n'a pas peur, Marie Wabbes, Éditions de La Martinière Jeunesse.

Le Petit Livre pour dire non à la maltraitance, Dominique de Saint-Mars et Serge Bloch, Éditions Bayard.

Et aussi : www.onnetouchepasici.org

Un site Web du Conseil de l'Europe, où l'on trouve des conseils pour les adultes et un livre pour enfants *(Kiko et la main),* à télécharger gratuitement.

Soins

Avant l'enfant

Rituel journalier plus agréable qu'utile.
Ensemble des gestes superflus que l'on s'offre rien que pour son plaisir.

Crème de jour, crème de nuit, BB crème, rasage, après-rasage, masque, peeling, crème ultranourrissante, lotion dynamisante, spray capillaire, démêlant, épilation... On prend soin de soi, plus ou moins selon les cas. Les plus assidus iront jusqu'à se faire masser chaque semaine afin d'ouvrir leurs chakras, les moins passionnés auront des sourcils en bataille, plus quelques boutons non traités qui leur redonnent la fraîcheur de leurs 15 ans.

Après l'enfant

Rituel journalier plus utile qu'agréable.
Ensemble des gestes supposés nécessaires à l'hygiène et au bon fonctionnement du greffon.

« Il va falloir prendre soin de lui maintenant » (*dixit* votre conscience, trois minutes après l'accouchement).

« Purée, mais comment je vais faire ? » (*dixit* votre réalisme, quatre minutes après l'accouchement).

Heureusement, une puéricultrice bienveillante, diplômée d'État, vous explique le mode d'emploi du lavage de bébé. Dans la plupart des cas, elle énumère ceci :

• Il faut baigner et shampouiner le nourrisson chaque jour parce qu'il transpire et qu'il peut avoir des croûtes de lait (petites peaux qui fleurissent sur le haut de son crâne).

• Il faut nettoyer les oreilles de l'enfant avec une « mèche » (morceau de coton roulé entre les doigts), que l'on passe sur le bord de l'oreille et sur le pavillon (pas dedans, ça fait mal).

• Il faut nettoyer le nez quotidiennement, toujours avec une mèche imbibée de sérum phy, une pour chaque narine, en tournoyant délicatement et longtemps pour enlever ce qui obstrue et permettre à bébé de bien respirer.

• Il faut laver les yeux du nourrisson en lui mettant dans chaque œil quelques gouttes de sérum physiologique, puis en essuyant avec une compresse stérile de l'extérieur vers l'intérieur (ou du plus sale au moins sale), sans repasser plusieurs fois avec le même coton, et en changeant de compresse pour le second œil.

• Il faut bien désinfecter le cordon ombilical, au moins une fois par jour, et placer une compresse stérile dessus, jusqu'à ce qu'il se dessèche et tombe.

• Il faut chauffer l'eau du bain à 37 °C et la salle de bains à 22 °C, plonger bébé cinq minutes et pas dix pour qu'il n'attrape pas froid, ne pas lui couper les ongles avant l'âge de 1 mois, tapoter pour le sécher et non l'essuyer... Il faut, il faut, il faut.

Aaaaaaaaaaaaaaah !

À ce stade de la démonstration, nous sommes à ça de la crise de nerfs.

S'abat sur nous, pauvres jeunes parents, une véritable vision d'horreur faite de morve dégoulinante, de crottes d'yeux récalcitrantes, de cordon pourrissant et de pellicules jaunâtres collées au crâne.

Surtout ne pas vomir.

Pire : nous devrons nous coltiner ce cortège anti-glamour chaque jour, et la peur au ventre. Car le danger semble nous guetter à chaque coin de greffon. Un coton-tige pour lui nettoyer les oreilles ? Pas de ça, malheureux, vous pourriez lui crever un œil ! Et si vous le lavez sans avoir monté le chauffage ? C'est l'hypothermie assurée ! Et si vous vous trompez de sens pour lui laver les yeux ? S'il a une infection oculaire, elle pourrait s'étendre !

Expliqués ainsi, les soins au nouveau-né réussissent l'exploit d'apparaître à la fois crados, compliqués et risqués. Rappelez-nous pourquoi on a voulu un enfant, déjà ?

Le mot du pédiatre

« Il faut, il faut, il faut… » Une fois rentrés à la maison avec bébé, ce qu'il faut surtout en matière de soins et d'hygiène, c'est oublier une bonne part des recommandations qu'on a lues/vues/entendues et faire simple.

Baigner bébé une ou deux fois par semaine suffit amplement. Le seul endroit potentiellement sale (ses fesses) étant nettoyé à chaque change, nul besoin de laver entièrement l'enfant chaque jour. Le récurage est nocif pour la peau. Trop nettoyer irrite, surtout si votre bébé a la peau sèche ou une tendance à l'eczéma. *Idem* pour le savon : on en utilise le moins possible, et de préférence surgras. Il existe de bons produits pour laver bébé sans savon. Pour la toilette des fesses, on peut utiliser de l'eau ou du liniment oléo-calcaire, qui est très doux et ne contient aucun agent irritant (juste de l'huile et de l'eau de chaux).

On nettoie ses yeux seulement quand il en a besoin et comme on peut, c'est-à-dire avec quelque chose de propre (une compresse pas forcément stérile, un mouchoir en papier) imbibé de sérum phy. Dans quel sens ? Mais celui qui nous est permis par un enfant qui gigote !

Pour les oreilles, on nettoie derrière avec de l'eau (et du savon si vous y tenez), car c'est souvent là que la saleté s'incruste et que la peau s'irrite. Mais on laisse l'intérieur tranquille. Oubliées, les « mèches » ! Le conduit auditif est autonettoyant : il pousse vers l'extérieur le cérumen qui lui est, par ailleurs, indispensable. Donc, on ne le nettoie pas. On laisse juste l'eau du bain entrer dans l'oreille pour la laver, gentiment. Les cotons-tiges, même les « spécial bébés », repoussent le cérumen vers le fond de l'oreille et favorisent l'apparition de bouchons. Les utiliser n'est pas une bonne idée.

Pour le nez, s'il ne fait pas de bruit, c'est qu'il va très bien ; dans ce cas, le parent ne doit strictement rien faire. Si, en revanche, le nez siffle ou est bouché, on agit, car l'enfant, jusqu'à l'âge de 3 ou 4 mois, ne sait pas respirer par la bouche. Donc, on lui nettoie le nez bouché avec du sérum physiologique. (Pour le mode d'emploi, cf. *Mouche-bébé*.)

Pour les ongles, pas de précipitation. En général, au début de la vie de bébé, ils se cassent tout seuls et on

« épluche » ce qui dépasse. Quand les ongles sont longs et suffisamment durs, quel que soit l'âge de votre bébé (parfois dès la naissance), s'il commence à se griffer, coupez-les-lui, peu importe avec quel instrument mais pas trop court et sans toucher aux coins. On ne coupe pas les ongles bien ronds, mais on les laisse plutôt « au carré », pour ne pas risquer de blesser la chair. Si vous avez du mal à faire la manucure de bébé parce qu'il bouge, essayez quand il dort.

Quant au cordon ombilical, il n'a quasiment pas besoin de nous : il est naturellement programmé pour se parcheminer, dessécher puis tomber. Certes, en 1850, des enfants sont morts de tétanos néonatal parce que leur cordon s'était infecté mais aujourd'hui le niveau d'hygiène dans notre société étant incomparablement plus élevé, il n'y a guère de raison de s'inquiéter. On met un petit peu de désinfectant à la base du cordon quand on y pense, voilà tout. Pas de compresse, de façon à ce que le cordon soit aéré et qu'il sèche plus vite. On plie la couche de façon à ce qu'elle ne frotte pas dessus. Le cordon va tomber dans un délai compris entre trois jours et trois semaines. S'il persiste un bourgeon, il faut faire appel au pédiatre, qui appliquera dessus du nitrate d'argent.

C'est tout pour les soins.

Les soins, avec quel matériel ?

Franchement, il n'y a pas besoin d'acheter grand-chose de spécifique pour s'occuper de l'hygiène de bébé : du coton, un gant, du sérum phy, un petit coupe-ongles... Néanmoins et en dépit du bon sens, il y a embouteillage sur le marché du kit de soins pour bébé. Toutes les marques proposent leur trousse « fouzy-tout », contenant le nécessaire (et même le superflu) afin de prendre soin de Choupinet : limes, ciseaux à bouts ronds, thermomètre de bain, brosse à dents (!), peigne, brosse à cheveux douce… Chez Nuk, Tigex, Summer Infant, Safety First, etc.

Le massage, dès le berceau !

Le bébé est très sensible aux échanges corporels. C'est même ainsi, dans le corps-à-corps, qu'il tisse ses premiers liens. Par ailleurs, les massages lui permettent de mieux percevoir son corps, ce qui est important dans cette période de la toute petite enfance où bébé se développe à vitesse grand V ! Enfin, le massage est l'occasion d'hydrater la peau du nouveau-né.

Pour apprendre à masser, il y a :

Des vidéos sur le Net

Le site de l'association Edelweiss, qui promeut le « toucher bienveillant » des bébés. Une mine ! http://massage-bebe.fr

Des livres

Shantala, un art traditionnel, le massage des enfants, Patrick Leboyer, Éditions du Seuil.

Masser bébé pour les nuls, Joanne Bagshaw, Éditions First.

Le Guide des massages de bébé, Sophie Dumoutet, Éditions Larousse.

Et aussi, un chapitre sur les massages dans le *Guide de mon bébé au naturel*, Dominique Leyronnas, Éditions Nathan.

Et pour l'huile de massage ?

N'importe laquelle fera l'affaire, on peut même utiliser de l'huile alimentaire, sans souci.

À lire :

Mon bébé, Soins et gestes du quotidien, Sylvianne Deymié, Éditions Glénat. Petit guide de puériculture avec photos. Un livre pour réviser.

Mes soins bio : 40 recettes pour bébé et maman, Émilie Hébert, Éditions Eyrolles. Un livre pour concocter des produits de soins « maison » (liniment pour nettoyer les fesses, lait de toilette, huile de massage…).

Sucer

Avant l'enfant

Truc d'adulte.

[…]

Après l'enfant

Truc de gosse. Partenaire officiel de la tranquillité parentale. Syn. : « Ta gueule. »

Oui, l'enfant a besoin de téter. Ça le calme – et nous aussi par la même occasion. Néanmoins, tous les enfants ne jettent pas leur dévolu sur la même sucette.

Option n° 1 : greffon suce un doigt.

D'abord le nôtre et puis le sien, quand il finit, au bout de plusieurs semaines de touchants efforts et après s'être éborgné douze fois, par le trouver. C'est tout mignon, un bébé qui tète son pouce, c'est même reposant à regarder. Heureusement, parce qu'on ne peut pas y faire grand-chose. Sauf à amputer l'enfant, ça va être compliqué de lui faire abandonner cette manie sans son consentement.

Option n° 2 : greffon a une tétine.

On le voyait bien, là, chercher son pouce. Mais c'est balèze à attraper, ce truc au bout de la main. Par le plus grand des hasards, nous avions une sucette au fond du sac, achetée « au cas où ». Ni une ni deux, la voilà dans le bec du greffon avant même qu'il ait eu le temps de faire son premier méconium.

Bon, on va pas se mentir, la tétine, c'est moche. Mais c'est bien pratique.

Bébé pleure ? Sucette.

Il est triste ? Sucette.

Il est fatigué ? Sucette.

Il s'est fait mal ? Sucette.

La tétine arrête les pleurs comme si on appuyait sur le bouton *mute* de la stéréo.

Oui, mamie n'est pas contente qu'on ait imposé un appendice supplémentaire au greffon, mais ce n'est pas elle qui supporte ses cris, donc elle n'a pas son mot à dire. D'ailleurs, ce ne serait pas mal de lui trouver le bouton *mute*, à mamie.

La tétine n'est pas autocollante (misère), et elle est joueuse. En pleine nuit, elle se cache quelque part entre la turbulette et l'armée de doudous et on peine à la trouver, alors même que Mini nous la réclame à cor et à cri. Passablement énervé, on finit par acheter des actions chez Tototte-destock et parsemons le lit à barreaux de 84 tétines, histoire que notre greffon en retrouve au moins une tout seul, et qu'on arrête de se lever « pour ça ».

Le vrai souci avec la tétine, c'est que plus le Scotch grandit, plus… c'est vilain. Et agaçant, surtout quand il se met à parler sans l'enlever. Alors, on négocie : « La tétine, ce ne sera que pour dormir. » Parle à ma main, pense le greffon tout bas, qui ruse tel le Sioux pour récupérer la tototte pour un oui pour un non. Pas évident de lui retirer une chose à laquelle il tient tant, sachant que c'est nous-mêmes qui la lui avons imposée quelques années auparavant. Oui, bon, ça va, hein.

Option n° 3 : greffon suce son doudou.

C'est peu ragoûtant (beurk) et odorant (rebeurk).

Option 4 : greffon ne suce rien.

Non ? Si ! C'est l'angoisse. Pourquoi mon enfant ne suce-t-il rien alors que les autres le font ? On a tout essayé pourtant, lui mettre le pouce directement entre les gencives, la sucette à embout « cerise », plutôt ronde, la tétine physiologique, plus plate... Rien n'y a fait. On aura mis le temps à renoncer, mais ce n'est pas peu fière qu'on dira à notre copine Isa : « Oh ? Ton fils a quatre tétines et deux doudous ? Ah bon ? Le mien n'a besoin de rien » (si vous avez rajouté « parce qu'il est tout à fait épanoui et se sent suffisamment en sécurité », vous cherchez vraiment à mettre un terme à votre vie sociale).

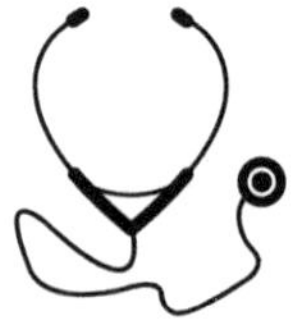

Le mot du pédiatre

Pour un petit enfant, sucer son pouce ou une tétine est agréable, rassurant, ludique. La plupart des bébés le font, jusqu'à 2 ou 3 ans, parfois plus tard et la majorité d'entre eux arrêtent spontanément. Malgré tout ce qu'on entend, cette habitude n'est, dans la plupart des cas, pas dangereuse pour la dentition.

Si un enfant a les quenottes en avant, dans l'écrasante majorité des cas, ce n'est pas la faute de son pouce, c'est qu'il est constitué ainsi. De nos jours, si quasiment tous les préados vont chez l'orthodontiste, ce n'est nullement à cause du pouce ou de la tototte qu'ils suçaient autrefois. C'est bien plutôt que cette spécialité médicale s'est banalisée et qu'on aime désormais les sourires bien ordonnés.

Les problèmes dentaires ou autres (déformation du palais, encoche sur l'arcade dentaire, pouce abîmé, difficultés de prononciation...) n'adviennent que si l'enfant a une pratique intensive et prolongée de la succion. Par conséquent, il importe que votre rejeton ait arrêté de suçoter quoi que ce soit vers l'âge de 4 ans et que, jusque-là, il ne soit pas systématiquement et à tout moment de la journée le pouce ou la tétine dans la bouche. Si tel est le cas, il faut avant tout de s'interroger sur cette place démesurée qu'a pris le pouce/la tétine dans le quotidien de l'enfant. Est-il particulièrement inquiet ? Si oui, pourquoi ? Quoi qu'il en soit, il n'y a aucune contre-indication au suçotage.

Néanmoins, si vous en avez assez de voir votre enfant avec quelque chose dans la bouche, ou si cela nuit à sa communication verbale, il est peut-être temps de remiser quelque peu ces « doudous buccaux ». Expliquez-lui pourquoi. S'il rechigne, vous pouvez éventuellement ruser.

Certaines familles se servent des astuces suivantes :

La zone à tétine/à pouce. En dehors d'un territoire bien balisé, choisi avec l'enfant, il ne tète pas son pouce, son chiffon ni quoi que ce soit d'autre. Petit à petit, on réduit la zone jusqu'à ce qu'il n'y ait plus que dans son lit que l'enfant soit autorisé à suçoter.

La petite souris. De temps en temps, quand l'enfant est couché, coupez un petit bout de sa tétine. Racontez l'histoire de la petite souris qui a tellement faim qu'elle grignote la sucette… Un jour, il ne reste à l'enfant que l'embout rigide de la tétine, pas très agréable à mettre à la bouche. Certains enfants finissent par jeter ce qu'il reste.

Le colis humanitaire. « Sais-tu qu'il y a des enfants qui n'ont pas de tétine ? Toi qui es grand maintenant, tu pourrais leur offrir la tienne… » On emballe la totette et bye-bye, au courrier ! Heureux de faire des heureux et valorisés, certains enfants marchent dans la combine et abandonnent fièrement leur tétine.

À vous d'inventer l'histoire qui vous convient !

Dans tous les cas, le mieux est sans doute de faire de la prévention, et de veiller à ne pas donner trop d'importance à la tétine ou au pouce. Si vous, les adultes, les proposez systématiquement à votre enfant quand il pleure, si vous craignez le drame lorsqu'il les oublie, si vous angoissez vous-même à l'idée de les perdre, il y a de fortes chances que votre progéniture s'y attache encore davantage. Plus les grands se seront appuyés sur ces objets au quotidien, plus il sera difficile au petit de s'en passer. En résumé, parents, soyez décontractés de la tétine !

Téléphoner

Avant l'enfant

Façon de communiquer oralement et à distance.

Passer trois heures au téléphone avec Sabine ? On ne voit pas où est le problème. Même si on vient juste de boire un café avec elle. D'ailleurs, faut que je la rappelle, j'ai oublié de lui dire un truc. Avant d'avoir une descendance, appeler nos amis à 22 h 30 pendant une heure est un véritable plaisir. Il faut bien cela pour traiter en profondeur tous nos sujets de conversation. Un exemple ?

« Et le boulot, ça va ?

— Non, enfin oui, enfin pas trop... »

Suivi de quarante-cinq minutes d'explications détaillées sur le pourquoi du comment de l'incompétence patronale.

Du coup, le lendemain matin, c'est un peu dur. Surtout quand mamie nous passe son coup de fil dominical à 7 h 55, pour qu'on lui réexplique comment écouter sa messagerie vocale.

Après l'enfant

Défi quotidien.

Le greffon adore faire l'intéressant quand on téléphone. Preuve en est sa tendance à nous avouer son amour fou pile à ce moment-là, en nous léchant les joues au besoin. En cas d'entretien téléphonique très important, notre interlocuteur pourra constater qu'il nous est possible de répondre à une question métaphysique du type « dis, maman, pourquoi on pue des pieds ? », tout en gardant le fil de la conversation.

Il est également fort probable que greffon, doué d'un indéniable sens du timing et d'un charmant égocentrisme naturel, fasse ses premiers pas, dise son premier « maman » ou déclenche sa première gastro juste au moment où on nous annonce dans le combiné une nouvelle cruciale : mariage de notre frère cadet, naissance d'une nièce, etc., etc.

À part ça, avec Sabine, on s'appelle toujours autant depuis qu'on est mamans. Mais jamais entre 18 heures et 20 heures (heure bénie des trois B, bouffe-bain-bed). Et plus après 22 heures (on dort). Quand on arrive à se joindre, c'est super, sauf qu'on est huit en ligne (elle a quatre enfants et nous deux, tous spécialistes de l'incruste téléphonique). Ce n'est pas compliqué, on entend mieux les hurlements de nos mômes que le son de nos voix, et la moulinette du quotidien parental rabote méchamment nos conversations.

« Et ton boulot, ça va ? Chouchou, viens là que je t'essuie.

— Non c'est l'horreur. Arrête de dessiner sur la nappe !

— Mais viens lààà, t'en mets partout. Ah oui, pourquoi ?

— Ben comme d'hab. Je te laisse, ça crie en haut. »

À part ça, mamie a fait de réels progrès en matière de téléphonie : aujourd'hui, elle a hacké son Smartphone grâce à un tutoriel déniché sur Internet, elle nous montrera ça jeudi prochain.

Les temps changent.

Urgences

Avant l'enfant

Lieu où on s'inquiète, où on nous soigne vite, bien, et où on peut éventuellement rencontrer George Clooney.

« Gaz du sang, chimi, iono ! Carter, vous prenez ce patient. Docteur Ross, vite, cette femme ne respire plus, elle a besoin d'assistance. »

Oui, les urgences, c'est comme dans *Urgences*, la série, c'est palpitant. On n'y va presque jamais mais quand on s'y retrouve et qu'on n'est pas trop mal en point, quel spectacle ! Les pompiers, les ivrognes, le ballet des brancards... Y a même des internes si avenant(e)s qu'on aimerait presque se faire rouler sur le pied plus souvent.

Après l'enfant

Lieu de stress, d'échanges de miasmes et de stimulation de la patience.

Une fois qu'on est parents, les urgences, on connaît le chemin. Surtout si notre enfant est poissard. Une demi-peau de banane sur le sol du sioupermarket ? Il glisse dessus. Un poteau visible à trente mètres ? Il se cogne dedans. Dans ce cas, c'est simple, les urgences, c'est notre résidence secondaire. On a même une place de parking réservée à côté de celle du chirurgien de service, et la standardiste nous fait coucou de la main quand on déboule, de jour comme de nuit (mais surtout les jours fériés). L'infirmière de l'accueil ? Elle connaît les prénoms de nos greffons. Et nous, on n'a pas besoin de faire faire des étiquettes ; on les prend direct dans notre dossier qui est dans une bannette, à notre nom. Depuis le temps qu'on vient, l'interne est devenu médecin et il est resté dans le service de pédiatrie rien que pour prendre les paris avec ses collègues sur ce qu'allait faire notre aîné lors de sa prochaine visite. Chute improbable ? Maladie imaginaire ? Vraie grippe carabinée le soir du réveillon ? Ils ont aussi parié qu'on transférerait notre côté hypocondriaque sur eux.

C'est dire si les urgentistes sont de mauvaise foi.

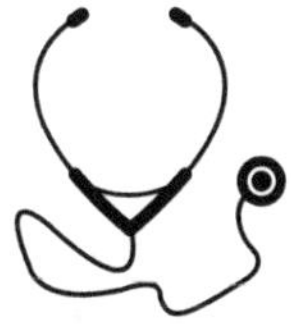

Le mot du pédiatre

Il faut aller rapidement aux urgences quand…

— Votre bébé de *moins de 3 mois* a de la *fièvre,* s'il ne mange plus ou s'il vous paraît amorphe.

— Votre enfant a une *intolérance digestive absolue,* c'est-à-dire qu'il vomit tout ce qu'il mange (et même quand il ne mange pas) pendant plus de trois heures d'affilée.

— Votre enfant a des *troubles de la conscience* : il s'endort brusquement, sans qu'on arrive à le réveiller. Il a le teint gris, il est tout raplapla, il ne répond pas quand on lui parle.

— Votre enfant a des *éruptions purpuriques* : ce sont des petites hémorragies sous la peau, des sortes de boutons rouge bien foncé. Pour les reconnaître, ce n'est pas difficile : quand on tire la peau de chaque côté d'un bouton normal, celui-ci se décolore. Les éruptions purpuriques, elles, ne se décolorent pas.

— Votre enfant a du mal à respirer et sa *gêne respiratoire ne s'estompe pas* après qu'on lui a lavé le nez et/ou son teint devient *bleu.*

— Votre enfant a de la *fièvre, vomit, a la nuque raide, ne supporte plus la lumière* (signes de méningite).

— Votre enfant a la *diarrhée et se déshydrate.* Les signes de déshydratation : il a la bouche sèche, la fontanelle creuse ou bien, quand vous pincez sa peau, le pli redescend tout doucement, voire reste en place.

— Votre enfant s'est blessé, et il a *une plaie profonde* de plus d'un centimètre de longueur.

— Votre enfant s'est blessé à *l'œil.*

— Votre enfant a fait une chute et *un de ses membres est déformé* ou alors il *ne peut plus le bouger.*

— Votre enfant a mal au ventre, éventuellement il vomit, et dans tous les cas ses *maux de ventre ne passent pas malgré vos petites attentions* (câlins, massage, homéopathie, tisane au miel…).

Que faire…

• *… en cas de brûlure ?*

Si votre enfant s'est brûlé, mettez le membre touché dans de l'eau avec des glaçons, et trempez-le le plus longtemps possible (15 minutes minimum). Enveloppez dans un linge propre et humide. Téléphonez, même la nuit, aux urgences de l'hôpital pour faire un bilan de l'étendue et du degré de profondeur de la brûlure. Si les cloques des brûlures ont éclaté, mieux vaut toujours se rendre à l'hôpital pour bénéficier d'un pansement en bonne et due forme.

• *... en cas de choc sur la tête ?*

Surveillez-le juste après sa chute mais aussi dans les 24 heures qui suivent, en le réveillant toutes les trois heures.

— Allez aux urgences si, dans les 24 heures qui suivent sa chute, votre enfant vomit/semble « ailleurs »/a du mal à marcher, à bouger ou à parler correctement/il saigne/un liquide coule de son oreille ou de son nez...

— Si votre enfant, après sa chute sur la tête, semble aller parfaitement bien, mais que vous redoutez tout de même un traumatisme crânien, sachez qu'il n'y a pas d'urgence. Pas la peine de courir faire une radio à l'hôpital, votre enfant sous le bras. Car en cas de trauma crânien isolé, sans complication, on ne lui donnera aucun traitement.

• *... en cas de doute ?*

Vous êtes inquiet mais vous n'êtes pas sûr que l'état de votre enfant soit suffisamment grave pour nécessiter une visite aux urgences ? Téléphonez à votre pédiatre ; si vous ne pouvez pas le joindre, contactez le 15 et demandez à parler au médecin régulateur, qui vous orientera. Ou bien téléphonez aux urgences de l'hôpital le plus proche de chez vous et expliquez votre cas. Par ailleurs, se rendre à l'hôpital « pour rien » n'est pas dramatique. Certes, votre enfant en bonne santé risque d'en repartir avec une gastro (le grand partage microbien des urgences !), mais mieux vaut vous déplacer inutilement que passer à côté d'un souci grave.

Sur le Web

• Pour en savoir plus sur le fonctionnement des services d'urgences en France :

www.hopital.fr/Hopitaux/Vos-demarches/Les-urgences/Ce-que-vous-devez-savoir-sur-les-services-d-urgence

• Pour connaître les coordonnées des services d'urgences pédiatriques des hôpitaux de Paris :

http://urgences.aphp.fr/urgences-pediatriques/

• Pour connaître les coordonnées des services d'urgences en Île-de-France :

http://urgences.aphp.fr/autres-services-durgences-en-ile-de-france/

VAE (Validation des acquis de l'expérience)

Avant l'enfant

Dispositif qui permet à toute personne, quels que soient son âge, son niveau d'études et son statut, de transformer son expérience en diplôme, titre ou certification professionnelle.

Ainsi, sans passer par la case « études » ni entamer une formation, mais en présentant un solide dossier devant un jury, chacun a le droit de faire reconnaître les compétences qu'il a acquises « sur le tas ». Exemples ? Un geek pourra obtenir un BTS de développeur informatique, la nounou un CAP petite enfance, etc.

Après l'enfant

Dispositif qui permettrait à tout parent, s'il avait le temps de l'utiliser, de décrocher à peu près une demi-douzaine de diplômes.

Qu'on se le dise, être parent est plus formateur que le plus efficace des stages en entreprise. C'est aussi professionnalisant que dix ans dans la meilleure des start-up. Quand on s'occupe d'enfants en bas âge, on « ne fait rien » ? AH, AH, AH ! Laissez-moi rire (et vous balancer un grand coup de poussette dans les tibias). Au contraire, les compétences parentales se ramassent à la pelle. La preuve ?

Depuis que j'ai des enfants…

• Je sais les ausculter et reconnaître la différence entre une toux de laryngite, de laryngite aiguë et de simple rhino. Je sais également à la minute près quand j'ai besoin de dégainer la ventoline, et je connais toutes les posologies des médicaments autorisés pour les moins de 3 ans. La pédiatre, elle valide juste ce que je dis. Clairement, je pourrais faire payer à mes greffons 34 euros à chaque fois que je devine de quoi ils souffrent.

En fait, je pourrais être médecin.

• Je sais associer les bons gestes aux paroles de comptines, si sottes soient-elles. Je sais aussi faire diversion quand l'enfant se met à chouiner : et hop ! une tour de cubes qui lui fait oublier que là, tout de suite, il veut juste déchirer mon permis de conduire. Je suis même capable de construire des cabanes en rouleaux de PQ et de faire semblant de boire des thés virtuels dans des tasses en plastique.

En fait, je pourrais avoir un diplôme d'animatrice.

• Je comprends le moindre mot qui sort de la bouche de mes Scotchs depuis qu'ils tentent d'articuler. Même que personne ne les capte, sauf moi. Évidemment, parfois je traduis de travers, mais leur langage étant en constante évolution, ce n'est pas vraiment une erreur.

En fait, je pourrais décrocher un doctorat en langues étrangères, option kurde.

• Je décode le moindre besoin de mes enfants, même – c'est là qu'est le tour de force – quand ils ne le verbalisent pas. Du tortillage de cul au jetage-sur-le-sol-en-hurlant, de l'arrêt momentané de la respiration au cri de détresse : je déchiffre, je comprends, je saisis. J'anticipe, même.

En fait, je pourrais être devin.

• Je peux avec une remarquable aisance faire semblant de m'intéresser à des dessins animés de toupies, ou bien à la grave maladie de ce chat en peluche à qui il faut une piqûre, là, tout de suite (« *é pompiers maman pin-pon a mal é chat maou maou* »). Je suis capable d'en rire, de trouver ça formidable et même d'en reparler plus tard dans la journée, histoire de prouver que j'ai bien tout suivi.

En fait, je pourrais être coiffeuse.

• Je sais mentir comme un arracheur de dents. Parce que oui, le DVD est cassé, mais il sera sûrement réparé demain et que là, si tu ne mets pas ton manteau, on sera en retard et ils ne voudront jamais ré-ouvrir la porte de la crèche, tu m'entends : JAMAIS ! Par ailleurs, filez vite au bain avant que les microbes vous fassent des trous dans la peau des pieds. Quant à toi, petite, si tu continues comme ça, je vais finir par me fâcher et te mettre au coin. Mais non, mon chéri, ce ne sont pas des corps calcinés, c'est un film, tu sais, c'est pour de faux (penser à ne plus regarder les informations). À 22 heures tu dis ? De drôles de bruits ? Aaaaah, non, je rigolais, papa m'avait fait une bonne blague.

En fait, je pourrais faire de la politique.

• Je peux garder mon calme et la tête froide pendant les devoirs, les bains et les épiques engueulades frère/sœur à propos de la belle-voiture-rouge-que-si-elle-me-la-rend-pas-je-me-jette-du-haut-du-lit.

En fait, je pourrais être maîtresse, maître-nageur ou médiateur pour le GIGN.

• Je suis parfaitement capable d'organiser un anniversaire pour huit enfants de moins de 3 ans, avec déco plus animations ET en prévoyant des options pour ceux qui ne veulent pas jouer à ci ou à ça « parce que c'est nul », dans le but que chacun reparte en s'étant amusé comme un petit fou.

En fait, je pourrais monter une boîte d'événementiel.

• Je peux répondre au téléphone, rédiger un courrier et préparer le repas du soir EN MÊME TEMPS. Tout en disant au greffon de ne pas embêter sa sœur et à sa sœur de venir là pour qu'elle se mouche.

En fait, je pourrais être Shiva.

• Je connais des tours de magie hors du commun. Une chute, un genou écorché ? Je dégaine mon « bisou magique » qui fait s'envoler le bobo. Un méchant rêve ? Je fais fuir le cauchemar d'un « shazaaaaam » ponctué d'un geste aussi théâtral qu'improbable. Le pire, c'est que ça marche.

En fait, je pourrais être Gérard Majax.

• Je sais m'inquiéter, et dorloter, et encourager, et aimer au point d'avoir le cœur tout fissuré quand j'entends un de mes deux trognons se plaindre un peu trop fort que la viiiiiie c'est trop porriiiiible.

En fait, je pourrais… ah non, en fait, je SUIS parent.

Voyage

Avant l'enfant

Rêve.

Le voyage, ce sont les vacances, les cocotiers, les cultures exotiques, la trouille de l'avion mais l'atterrissage sous vos applaudissements, le mangeur de pâté en guise de voisin de train mais le dépaysement, les bouchons en voiture mais le soleil, la mer, la montagne... Voyager, c'est surtout génial.

Après l'enfant

Cauchemar.

Le top 10 des trucs pénibles quand on voyage avec un ou plusieurs greffon(s).

1. Transpirer en fixant le fichu siège auto/bouclant le coffre de toit/portant les multiples bagages ET l'enfant.

2. Jouer à Tetris grandeur nature dans la voiture, dans le but d'y faire tenir un lit parapluie, un transat, une poussette, un Jumbo Pack de couches, les courses pour les premiers jours, trois valises + celle des draps et serviettes, un nécessaire de toilette aussi étendu que le rayon Soins au Printemps Haussmann, tout ça dans le coffre. Et sous les pieds du Scotch du coup. Et sur la

banquette arrière. Bon, OK, sous les pieds du passager aussi alors.

3. Écouter les comptines de Pioupiou le Lapinou en boucle dans les bouchons (si vous comptiez sur une sieste à rallonge de babychou, sachez-le d'avance, c'est mort).

4. Attendre en salle d'embarquement, le no man's land de tout aéroport qui se respecte. Les six places assises sont prises d'assaut par le groupe « voyager entre aînés ». Pour tuer le temps, le greffon s'amuse au loup-2-3-soleil. Un nouveau concept de jeu à base de cris et de jets de vêtements qui fait frémir les « entre aînés », lesquels, pourtant, ont dû en voir d'autres pendant la guerre.

5. « C'est quand qu'on arrive ? Hein ? C'est quand qu'on arrive ? »

6. Supporter les soupirs des autres passagers quand greffon pleure, geint ou gigote (tout le temps, donc).

7. « Burp... Beuarrrrr » ALERTE VOMITOOOOO !

8. Emmener son enfant faire « pipiiiiii » dans les toilettes de l'avion, 34 cm^2 pas toujours impec. On entre dans le placard à balais, on fait demi-tour, on ferme la porte, on refait demi-tour, « NE TOUCHE PAS LA CUVETTE, BON SANG ! » Une fois l'enfant posé sur le trône tapissé de PQ, il nous reste environ 3 cm^2 pour bouger. Une fois l'affaire terminée, on se retourne, on débloque la porte, on fait coulisser l'accordéon et... « OUIIIIIIIN ! ». On a coincé les doigts de l'enfant dedans. Si.

9. Se faire régurgiter dessus (en voiture, on mange). Se faire crayonner dessus (dans le train, on joue). Grâce à notre enfant maladroit, bénéficier d'un petit look « miss T-shirt mouillé » au jus d'orange (l'avion, ça se-

coue). Ne plus avoir de lingettes pour essuyer tout ça. Le trajet, c'est un peu aux antipodes de la machine à laver : on y rentre bien propre et on en ressort comme après un combat de boue.

10. Découvrir la lose digitale. En clair, avoir oublié le casque du lecteur DVD à la maison ou tomber sur l'écran-télé en panne dans l'avion, et se retrouver dans l'impossibilité de mettre un dessin animé au greffon. Pire : rester fidèle à ses principes et refuser que notre enfant, oui madame, regarde des DVD. Du coup, devoir l'occuper (en changeant d'activité toutes les six minutes, temps de concentration maximal du grand greffon).

Bébé a la nausée en voiture, dans le train...

Outre les sacs à vomi, vous pouvez miser sur :

- La Cocculine, un traitement homéopathique.
- La Nautamine, un médicament destiné aux enfants de 2 ans et plus (un demi-comprimé avant le départ à renouveler deux ou trois fois par jour après avis médical). Attention aux effets secondaires, dont une forte somnolence.
- Les gâteaux apéritifs. Il ne faut pas manger trop lourd avant de partir, mais si l'enfant a un petit creux, mieux vaut qu'il grignote salé plutôt que sucré. En effet, le mal des transports serait dû à une mauvaise circulation du sodium dans les cellules. Du sel en rab est donc conseillé (c'est pourquoi les marins bretons conseillent de boire de l'eau de mer pour lutter contre la nausée).

Inutile de trop donner à boire à bébé, ou de lui donner des médicaments contre les vomissements (Vogalène, Métopimazine, Dompéridone, Motilium, Peridys), ils n'ont aucun effet démontré.

Bébé prend l'avion

S'il est enrhumé, rincez-lui bien le nez au sérum physiologique avant le décollage et l'atterrissage.

S'il a tendance à souffrir des oreilles pendant le voyage, faites-le téter ou boire quand il semble avoir mal.

Si le vol est long, pensez à humidifier régulièrement les fosses nasales de l'enfant au sérum physiologique car la climatisation des avions assèche totalement l'air (0 % d'humidité), ce qui favorise l'arrivée du rhume !

Des astuces en plus

• Pour voyager heureux, *voyageons organisés.* Il existe des sociétés de location de matériel de puériculture, ça évite de se le trimballer. Sites sur http://goo.gl/rYdcK

• *Pour prendre l'avion sans stress,* il est possible de s'enregistrer en ligne, et d'éviter ainsi la file d'attente à l'aéroport. Si vous avez un petit bébé, il y a moyen de réserver un berceau. Premiers à demander, premiers servis. Si vous êtes doté d'un petit de moins de 2 ans, vous aurez la joie de voyager avec lui… sur vos genoux. Mieux vaut donc avoir de bonnes places. Sur le site de la compagnie aérienne, on peut parfois les préréserver en ligne avant le check-in. Et pour encore mieux viser, le site www.seatguru.com fournit le plan des sièges suivant le modèle de l'avion.

• *En train, penser à voyager dans la voiture inférieure,* ça bouge moins.

• *La bonne idée en voyage : le « sac à pochons »* – un grand sac dans lequel on fourre plusieurs petits sacs thématiques, ce qui nous évite de farfouiller des heures dans une valise pleine à craquer où tout gît en vrac. Donc, on met dans un grand sac le pochon « hygiène » : couche, changes, lingettes, eau nettoyante en petit flacon, cotons, mouchoirs ; le pochon « goûter » : gâteaux qui ne s'écrabouillent pas, bouts de fromage déjà coupés, compotes à boire, bouteilles d'eau avec bouchon « sport » si possible (LE truc qui les occupe des heures !) ; le pochon « jeux », selon l'âge de l'enfant : hochets, petites voitures pour faire des courses-poursuites sur les accoudoirs, coloriage, trousse bien large pour les crayons gras, petits livres, doudou, jouet préféré (sauf s'il s'agit de la voiture de Spiderman à l'échelle 1/2 ou de la guitare « son et lumière »).

Bon voyage, et surtout bon courage !

X-MEN

Avant l'enfant

Bande de superhéros mutants qui, parfois, sauvent la planète.

Qu'on soit fan ou non des comics Marvel, on connaît tous au moins un des X-Men. Ne serait-ce que Wolverine qui, dans le film éponyme, court nu dans un champ en balançant des phéromones à travers notre lecteur DVD et fait à beaucoup de spectatrices (et -teurs) un effet « graouuuu ».

Après l'enfant

Bande de super-héros humains qui, parfois, sauvent la vie de famille.

Nous sommes tous des héros du quotidien. Des X-Men, si, si, carrément. La preuve ?

Professeur X : Maman

Fondateur suprême de l'école du greffon. Idéaliste, Professeur X croit que les greffons seront un jour acceptés dans la société, et qu'en attendant ce jour-là il leur faut apprendre à maîtriser leurs caractéristiques surnaturelles. Professeur X s'y colle, donc. C'est du boulot. Heureusement, ses capacités télépathiques lui permettent de comprendre le langage mutant du greffon et d'anticiper ses malencontreuses initiatives (faire léviter la vaisselle/traverser les murs tête la première).

Wolverine : Papa

Homme-loup protecteur de sa meute. Entièrement fait d'adamantium, un alliage métallique qui lui confère sa force, il sait rétracter ses griffes pour devenir nounours. Son mauvais caractère peut générer des conflits, mais c'est aussi ce qui lui octroie son autorité auprès des greffons.

Storm (ou Tornade) : le Greffon

Possède la maîtrise absolue du climat familial. Elle sait déclencher des précipitations de toutes sortes, tels les pleurs de colère, de joie, de caprice ou de frustration. Elle domine également les montées en température et provoque ainsi des orages désastreux au foyer.

Malicia : Belle-Maman

Absorbe l'énergie de chacun pour faire régner le chaos. Malicia peut, en touchant une personne (notamment sa belle-fille), lui faire subir une fatigue extrême proportionnelle à la durée du contact.

Diablo : Papy et/ou Mamie.

Son épine dorsale est d'une grande souplesse, ses principes aussi. Participe activement à l'abolition des règles parentales auprès du greffon. Doté du pouvoir de téléportation, il peut en un clin d'œil se retrouver à la crèche à 18 h 12, alors que vous êtes coincé(e) en réunion.

Cyclope : le Tonton

Il est doté de rayons optiques capables de booster incroyablement la fréquence de bêtises à la seconde. Les rafales d'énergie émises par ses yeux mettent facilement le greffon en ébullition, provoquant l'excitation la plus extrême.

Shadowcat : notre Meilleure Amie

Un passe-muraille capable de nous téléporter des larmes au rire, en désamorçant les crises en un seul coup de fil bionique. Elle désintègre facilement nos solides principes, nos crises de larmes liquides et notre état de fatigue gazeux, dans l'unique but de court-circuiter notre mauvaise humeur.

Marvel Girl (Phénix) : Dora, Diego, Hello Kitty et leurs amis cathodiques

Phénix a des pouvoirs télékinésiques, elle est donc capable de manipuler à distance les personnes de son entourage. Résultat ? Dès qu'elle apparaît sur l'écran, le greffon se fige instantanément. Télépathe elle aussi, Phénix peut également faire répéter l'alphabet grec au greffon sans que celui-ci trouve que ce soit un travail difficile.

Mystique : la Voisine

Métamorphe, elle est donc capable de changer d'apparence selon son humeur. Un jour, c'est une personne remplie de compassion qui prend de nos nouvelles ; le lendemain, c'est la mégère de base qui nous prodigue remarques désobligeantes et conseils « alacon ». Mystique fait également preuve de précognition, visualisant à l'avance certaines scènes du futur :

« Ah, vous lui avez acheté un vélo... Ça va faire du bruit dans l'appartement, non ? »

« Ah, vous avez fait les courses, ça va sentir le brocoli ! »

« Ah, il a été bien excité aujourd'hui, il va bien dormir. »

Magneto : le Boulanger

Comme son nom l'indique, il magnétise l'attention du moindre enfant à l'aide de petits pains chocolatés et de quignons gratuits. Magneto génère un champ de force tel qu'il provoque chez le greffon une crise d'hystérie systématique : « Pain ! Pain ! Paiiiin !!! »

On vous l'avait dit, avec les enfants, l'aventure est au coin de la rue.

ZEN... Rester zen avec ses enfants. Il y a des jours où c'est plus facile que d'autres.

Les jours de bonne humeur, les jours de gros câlins, les jours de balades en famille, les matins à se chatouiller sous la couette, les goûters qui sentent les crêpes au Nutella, dans ces moments-là on se dit qu'on ne reviendrait en arrière pour rien au monde.

Et puis, il y a les autres jours. Ceux où on se coltine l'aller-retour chez le pédiatre après le boulot, plus les conseils de belle-maman et les coquillettes à ramasser. Ceux qui débutent à 5 h 23 parce que la tétine est tombée. Ceux qui sentent la couche pleine et la grosse colère.

Le métier de parent est ardu, et pas qu'en matière de logistique. Nous devons être tendres sans êtres laxistes, fermes sans être cassants, présents sans être étouffants, encourageants sans être intrusifs, vigilants sans être anxiogènes. Nous devons accompagner, rassurer, consoler, donner l'exemple. Nous devons, nous devons, nous devons !

Enfin, nous pensons que nous devons.

Car nous, pères et mères d'aujourd'hui, mettons la barre fort haut.

À tant vouloir donner « le meilleur pour nos enfants », à force de faire au mieux nos devoirs parentaux, nous oublions que nous avons aussi des droits. Des droits qu'au fil des pages le dictionnaire que vous tenez entre les mains a voulu rappeler. Des droits qu'en conclusion nous allons résumer. Et pourquoi pas déclarer, tant qu'on y est ?

Chiche ? Chiche !

La déclaration universellement nécessaire des droits des parents

Nous, les parents, avons le droit de faire comme bon nous semble !

Face aux médecins et aux sages-femmes, face aux grands-parents et aux beaux-parents, face aux voisins, face aux cousins, face à l'armée de gens qui savent et à tous ceux qui veulent penser à notre place, nous, les pères et les mères, avons le droit de suivre notre petite idée. Nous avons le droit de choisir la péridurale ou pas, le biberon ou le sein, à la demande ou à heures fixes, doudou or not doudou, nous avons le droit de décider quels seront nos principes d'éducation et nos priorités. Après tout, nous sommes les experts et les responsables de notre enfant – ce qui nous autorise à envoyer aux pelotes les conseilleurs de tout poil. Et si, en chemin, nous, les parents, nous apercevons que nos théories ne valent finalement pas un clou… Eh bien, libre à nous de faire marche arrière ! En matière de parentalité aussi, il n'y a que les imbéciles qui ne changent pas d'avis.

Nous, les parents, avons le droit de nous tromper !

Débarquer aux urgences parce que Junior a du sang dans les urines (alors qu'on lui a juste refilé des betteraves à midi). Le gronder parce qu'il refuse encore une fois de s'endormir (en fait, il a une otite). Lui demander de finir ses carottes (et le voir vomir juste après). Le couver trop (ou pas assez), le visser trop (ou pas assez), lui faire trop confiance (ou pas assez)… Nous les pères et les mères avons tous, de temps en temps, l'impression de taper à côté de la plaque. Beaucoup d'entre nous sont même experts dans l'art de l'autocritique et de la culpabilisation. Considérant leur enfant comme une personne, certains d'entre nous ont peur de le perturber, voire de le « traumatiser ». D'autres se mettent une pression folle pour « tout bien faire », comme si la vie de leur bébé en dépendait.

Mais nos présumés faux pas sont-ils si dramatiques ? Nous-mêmes, ayant eu des parents moins au fait de la psychologie enfantine, ne sommes pas tous désaxés ! Et s'il fallait au nourrisson des parents infaillibles pour survivre, la race humaine se serait éteinte depuis belle lurette.

Les petits, dit-on, nous imitent : alors, assumons nos choix et nos erreurs, soyons heureux d'être nous-mêmes, avec nos errements et nos défauts. Peut-être aiderons-nous ainsi notre progéniture à vivre en paix avec elle-même.

Nous, les parents, avons le droit d'être de mauvaise foi !

« Allô, docteur ? Oui, il a de la fièvre, si, si. Je vous assure, à 37,8 °C, il est déjà tout chaud. Vous allez quand même le voir aujourd'hui, n'est-ce pas ? »

« Oui, tante Marthe, toutes les trois heures son biberon, pile-poil. »

« Nooooon, tu penses, bébé ne dort plus dans notre lit, à son âge ! »

Nous, les parents, avons le droit de mentir. Certes, ce n'est pas joli-joli, mais ça permet d'arriver à nos fins et/ou d'éviter les conflits et/ou de ne pas gaspiller notre précieuse énergie.

Nous, les parents, avons le droit d'être légèrement bipolaires !

Ah, qu'ils sont pénibles, quand ils veulent, nos enfants ! Et qu'on les critique parfois, tout haut ou dans notre for intérieur ! Égocentriques, désordonnés, criards, chamailleurs, excessifs, têtus comme des bourriques, oui, ils sont souvent tout cela. Sauf que parfois, ils sont trop. Trop mignons, trop câlins, trop malins, trop charmants, trop désarmants. Alors, globalement, on reste fans d'eux, et gare à ceux qui s'avisent de les critiquer. Deux secondes après avoir pensé les rendre à la maternité, nous les trouvons soudainement formidables, merveilleux, bien élevés (naturellement), en un mot parfaits. L'ambivalence parentale, ça s'appelle.

Nous, les parents, avons le droit de ne pas savoir et de n'y rien comprendre !

On ne naît pas parent, on le devient. Et sans mode d'emploi, s'il vous plaît.

Nous aurons beau potasser avant et après la naissance (parce que pendant, on n'a pas le temps), il restera des zones d'ombre. Tant que notre enfant ne saura pas parler, il sera très difficile de savoir pourquoi il pleure, par exemple. A-t-il faim, froid, mal, envie de dormir, d'un câlin, d'une couche propre ? Pourquoi se réveille-t-il ? Mais qu'est-ce qu'il veut, enfin, ce gosse ?

On entend parfois que, avec le temps, on décrypte de mieux en mieux les besoins de son bébé. Mouais. La vérité vraie, c'est que nul ne réussit vraiment jamais à comprendre le nourrisson. Lui-même ne sait pas forcément ce qu'il a, alors nous !

Donc patauger, quand on est parent, c'est normal.

S'impatienter aussi.

Mais quand va-t-il dormir la nuit, et faire ses dents, et marcher, et parler ? Mystère.

À une époque où la technologie nous permet de maîtriser bien des choses, bébé vient mettre le bazar dans nos certitudes comme dans notre planning. Et il n'y a aucune solution à cela. Sauf peut-être faire confiance à son enfant.

Un jour, sans que nous sachions vraiment pourquoi, bébé va se mettre à dormir comme un loir et à marcher à quatre pattes. Que nous nous fassions des nœuds au cerveau ou pas, que nous investissions ou non dans de coûteux gadgets censés l'aider à acquérir telle ou telle compétence, cela ne changera pas grand-chose : bébé progressera à son rythme. Bébé grandira. Bébé parlera. Bébé marchera. Un jour.

On ne comprendra toujours pas pourquoi, mais on se demandera alors pourquoi on s'est tant questionné. Les Shadoks avaient peut-être raison sur ce coup-là : « S'il n'y a pas de solution, c'est sans doute qu'il n'y a pas de problème. »

Nous, les parents, avons le droit d'être inquiets !

Peur qu'il tombe malade, peur qu'il ait de la fièvre, peur qu'il nous appelle et qu'on ne l'entende pas. Peur de ne pas réussir à l'élever, peur de l'aimer trop, peur de ne pas l'aimer assez. Peur de lui faire un petit frère ou une petite sœur. Peur de ne pas réussir à faire le deuxième. Peur de prendre l'avion. Peur qu'il se fasse enlever, peur qu'il meure, peur qu'on meure. Peur d'être trop fusionnel. Peur de le socialiser trop tôt. Peur qu'il attrape la varicelle à la crèche. Peur qu'il n'attrape pas la varicelle à la crèche et qu'il l'attrape à l'école, du coup. Peur de la méningite. Et de la grippe A même quand elle n'est qu'à Dubai. C'est irrationnel ? Ben oui. C'est comme ça.

Nous, les parents, avons le droit de nous simplifier la vie !

Avant la naissance, nous avions de très solides théories : un enfant, ça dort ici, ça mange comme ci, ça se lave comme ça. Et puis finalement, une fois bébé arrivé, il y a des imprévus.

Notre nouveau-né exige les bras 22 heures sur 24, déteste la baignoire ou alors, c'est extrêmement fréquent, refuse tout net de dormir dans son lit. Habitué pendant neuf mois à un habitat bien douillet sentant bon sa maman, il crie comme un putois dès qu'on le dépose dans son joli berceau.

Épuisés, nous finissons par craquer : nous prenons bébé dans le lit avec nous sans oser l'avouer à nos proches et en pensant sincèrement avoir raté quelque chose.

Halte aux pensées négatives et culpabilisantes ! Il est normal, légitime et surtout bien plus pratique de répondre aux besoins de notre tout petit bébé que de lutter contre. La petite enfance est une zone de turbulences, pourquoi se compliquer davantage l'existence ? Soyons indulgents avec nous-mêmes et remettons nos théories à demain, sans crainte de donner à notre enfant de mauvaises habitudes. À quelques mois de vie, bébé ne peut prendre aucun « mauvais pli ». Il sera bien temps de l'« éduquer » plus tard et de l'inciter à dormir dans son berceau ou à rester tranquille dans son transat.

Nous, les parents, avons le droit d'aller au plus pratique, et qu'importe ce qu'en pensent tata Marthe et mamie Simone.

Nous, les parents, avons le droit de grève !

Élever un enfant est le métier le plus bouleversant ET le plus difficile qui soit. Pensez donc : un job 24 heures sur 24, 7 jours sur 7, sans aucun salaire et avec un patron tyrannique, voire plusieurs !

Alors de temps à autre, nous, les salariés de la parentalité, en avons ras le casque.

C'est le moment de débrayer.

Dans ces instants-là, nous avons parfaitement le droit de dire à nos chers petits « débrouillez-vous » et « ça, c'est non ». Nous avons également le droit de ne PAS faire à manger tous les jours (les tartines, c'est bon aussi le soir), de ne PAS repasser les vêtements (le fripé, c'est tendance) et de ne PAS faire le ménage (une maison trop bien rangée, surtout avec des marmots, c'est louche).

Nous, pères et mères, avons aussi le droit de vaquer à nos occupations sans se préoccuper de celles de nos enfants – c'est dans les moments d'ennui qu'ils fabriquent de la pensée, du rêve, de l'imaginaire, des projets.

Nous, pères et mères, avons le droit, et même le devoir, d'être aussi des amoureux, des salariés, des cinéphiles, des véliplanchistes ou des cruciverbistes. En clair : après la naissance de nos enfants, nous avons le droit de continuer à mener notre vie à nous. En voyant ses parents être heureux sans lui, bébé apprendra à être heureux sans eux. À se séparer. À s'autonomiser.

À vivre sa propre petite vie. N'est-ce pas là l'un des buts de l'éducation ?

Être un bon parent, c'est donc ne pas être qu'un parent.

C.Q.F.D.

Bibliographie générale

Des blogs :

http://mamanbavarde.fr

http://www.vivelespestes.fr/

http://madamereve.over-blog.com/

http://mesdoudouxetcompagnie.fr/

http://www.mercipourlechocolat.fr/

http://www.monblogdemaman.com/

http://parler-de-ma-vie.fr/

http://www.marjoliemaman.com/

http://www.mamanwhatelse.com/

http://www.feminelles.com/

http://www.surlenuagedelexou.fr/

http://danslapeaudunefille.blogspot.fr/

http://www.nipette.com/

Sur le développement psy :

L'Enfant et sa famille, Donald Winnicott, Petite Bibliothèque Payot.

Mon carnet de santé psy, Sophie Marinopoulos, Éditions Les Liens qui libèrent.

Sur l'accompagnement parental :

Écoutez votre enfant, T. Berry Brazelton, Petite Bibliothèque Payot.

Points forts, T. Berry Brazelton, Éditions Le Livre de Poche.

Sur le quotidien :

Le Guide de mon bébé au naturel, Dominique Leyronnas, Éditions Nathan.

Des bijoux de livres pour enfants bien utiles aux grands :

La Petite Casserole d'Anatole, Isabelle Carrier, Éditions Bilboquet (sur la différence).

Marie est partie, Isabelle Carrier, Éditions Bilboquet (sur le deuil).

Un très beau site belge pour les parents en difficulté :

Yapaka.be

Les mercis de...

Natacha Guilbert

Je peux difficilement conclure une telle expérience sans remercier tous ceux qui m'ont aidée, soutenue et supportée tout au long de ces mois d'écriture. Alors merci…

À Arthur et Cléo, muses en chef.

À Véronique Mougin, Alain Benoit et toute l'équipe des éditions Kero, Philippe Robinet en tête, mes partenaires de choc.

À mes parents, Mat, Alida, Ronan, Clément, Nicolas, Rozenn, Mahée, Thomas, Olivier, Louise et ma mamie aussi.

À Pauline et Florent, du café Frère et Sœur, à Lyon, qui fût mon refuge.

À Hélène, Renaud, Juliette, Ben, Alex, Philippe, Steph, P & C, Virginie, Rom, Zara, Xav, Caro, Gus, Flo, Julien, Sabine, Arnaud, Audrey, Cyl, Estelle, Hadyia, Tom, Sand, Ilie, Sonia, Anaïs, Sylvain et leurs parents, Thibaut, Céline, Nadège, Leslie, Tim, Quentin et Anne-Charlotte pour les rires, les cafés partagés et les tapes dans le dos.

Aux Gremlins bienveillants et essentiels, Cath, Didier, Steph, Antoine, Sam, Angela, Ludi, Phil et autres lyonnais connectés.

À Léonie, Sabine, Virginie, Nanette, Poulette, Caro et tous les gants de toilette libres du monde.

À Virginie, Marie, Isa, Michael, Benjamin, les indispensables.

À Coline, Marie, Claire et Vaness' et nos embrassades à tour de bras.

Aux fraises Tagada, aux Granola et à l'inventeur du café.

À la bonne humeur.

Aux absents.

À Tony Parker.

À Zaza, Julie, Camille, Juliette, Cécile, Olivier, Séverine, Virginie, Sandrine, Karine et tous les blogueurs de la première heure, et aux nouveaux à venir.

À Sandrine et Jean-Philippe, détourneurs de clichés.

À tous ceux qui croient en moi et qui savent encore rire.

À Batman.

À tous mes lecteurs du Web, aussi drôles qu'émouvants.

À tous les enfants inspirés et inspirants.

À tous les parents éreintés et aimants.

Dr Alain Benoit

Merci à Véronique Mougin, qui a porté et chouchouté ce livre pendant bien plus que neuf mois, à Natacha Guilbert, qui l'a égayé par sa belle plume et sa bonne humeur, et aux éditions Kero qui ont permis sa naissance…

Merci à tous les enfants du monde et aux miens en particulier. Ils m'ont beaucoup appris.

Merci à Jaya qui m'accompagne si bien.

Table des matières

Composé par Nord Compo Multimédia
7, rue de Fives, 59650 Villeneuve-d'Ascq

Achevé d'imprimé en mars 2014
par Normandie Roto Impression s.a.s.
N° d'impression : 1400852
Dépôt légal : avril 2014

Imprimé en France